本书为著者主持的国家社科基金重大专项
"中国马克思主义学术通史研究"（23VLS004）的阶段性成果

中国现代学术概论

第一卷

吴汉全 著

人民出版社

目　　录

第　一　卷

导　　论

通常意义上的"现代中国",特指 1919—1949 年时段的中国社会。现代中国是在近代中国(1840—1919)八十年积累的基础上运行的,处于量变到质变的急速转型期。因此,现代中国尽管在时间上只有三十年,但现代中国政治的、经济的、文化的变化都很剧烈,其变化的速度及所取得的成果,远远超过了近代中国八十年的发展历程。"现代学术"这个范畴亦有其源头的,至少在"现代中国"时段中,已经被学术界所认知。譬如,云南省教育会于 1927 年 8 月编辑了《现代学术论著》第 1 集和第 2 集。第 1 集收入论文 33 篇,包括《生艺术的胎》(鲁迅译)、《未来派文学之现势》(沈雁冰)、《社会主义下的经济组织》(李大钊)、《教育独立建设》(李石岑)等。第 2 集收入论文 27 篇,包括《什么是文化》(梁启超)、《杜威论思想》(胡适)、《文学之要素》(刘伯明)、《法律与民意及政治》(陈启修)、《纸币统一与发行纸币制度之研究》(程振基)等。① 又譬如,江苏省立教育学院研究实验部约请国内各科专家撰写关于哲学、教育学、心理学、社会学、政治学、经济学、农村社会、法学、农业研究、合作事业方面的发展状况,并于 1936 年 1 月出版了《现代学术鸟瞰》一书。② 再譬如,张其昀于 1948 年编辑出版了《现代学术文化概论》的第 1 册和第 2 册。其第 1 册为"人文学",收入论文 10 篇:《科学之方法与精神》(竺可桢)、《科学史与新人文主义》(钱宝琮)、《儒家思想》(贺麟)、《经术与政制》(任铭善)、《现代中国文学》(朱光潜)、《哲学与政治》(张荫麟)、《现代逻辑》(洪谦)、《现代伦理学之特征》(谢幼伟)、《教育之科学研究与现代教育学》(王承绪)、《新的世界观》(张其昀)。其第 2 册为"社会科学",收入论文 10 篇:《论社会科学的方法》(梁方仲)、《现代史学的特征》(周

---

① 国家图书馆编:《民国时期图书总目·社会科学总论》,国家图书馆出版社 2019 年 12 月版,第 73 页。

② 国家图书馆编:《民国时期图书总目·社会科学总论》,国家图书馆出版社 2019 年 12 月版,第 73 页。

一良）、《现代地理学》（李春芬）、《国际政治与原子能》（周鲠生）、《国际关系研究之新课题》（章巽）、《近代政治学的特色》（樊德芬）、《现代经济学》（严仁赓）、《现代社会学》（费孝通）、《比较法的意义方法目的及其现状》（李浩培）、《现代民族学》（刘咸）。① 此可见，现代中国的学人，在当时即开始注意到"中国现代学术"这个问题，并有意识地进行这方面的研究与总结。就现代中国的文化与学术而言，由于现代中国的文化演进处于特殊的条件下，不仅有文化上的中外之交汇，而且有文化上古今之嬗变，再加上现代中国社会的变动尤其剧烈，民族矛盾与阶级矛盾相互交错，新的社会现象层出不穷、变化多端，因而现代中国的学术研究非常活跃，学术流派纷呈，学理探索连绵不断，学术成果大量涌现，名家辈出，学科林立，并且各种学术思想处于激烈的竞争和较量之中。故而，现代中国的学术声势浩大，变动剧烈，异彩纷呈，颇为壮观，并在古今对接、中西会通、学科交融中呈现学术多元化发展的态势。概而言之，现代中国的学术具有独特的面貌和崭新的特点，不同于中国历史上以往的各个阶段。

一、对中国现代学术的总体性认知

研究现代中国学术的演变，不能不注意新文化运动所起到的奠基作用。中国现代学术史在时间上虽然以 1919 年为开端，但中国现代学术的诸多因素（如学术队伍、学术理念、研究范式、方法论等等）皆孕育于新文化运动之中，而架构中国现代学科的一些基础性东西，如学科分类、进化论、叙述样式、知识体系、学术话语等等，还在这之前。新文化运动是政治上的爱国救亡运动，同时也是一场声势浩大的思想启蒙运动、文化革新运动，开启了中国现代学术发展的道路。正是在新文化运动的有力影响下，现代中国的学术体系、学科体系、话语体系相继构建起来的，并形成了以进化论为指导思想及以唯物史观为指导思想的两大学术体系，其基本情形是：一方面以进化论为指导的资产阶级学术仍然接续中国近代以来的学术进路与学术范式，并在一定的时期内取得了较大的成绩，但在另一方面同时也是更为重要的方面，则是以唯物史观为指导的中国马克思主义学术得以创建起来，并在中国共产党人变革中国社会的新民主主义革命伟大实践的

---

① 国家图书馆编：《民国时期图书总目·社会科学总论》，国家图书馆出版社 2019 年 12 月版，第 73—74 页。

支撑下,形成了汹涌澎湃、势不可当的发展势头,进而演化为中国现代学术的主流。因此,研究中国现代学术史,必须高度注重新文化运动的巨大影响与独特性地位,必须把握中国马克思主义学术、中国资产阶级学术这两个方面的演化进路及其基本面貌。

　　现代中国的学术体系生长于现代中国社会的土壤,是在现代中国社会变迁的历史进程中形成和发展起来的,自然也就与当时的中国社会变迁有着密切的关联,并带有社会变迁的相关特征。从理论上说,一时代有一时代的学术,一社会有一社会的学术,没有脱离时代与社会的学术。换言之,学术乃是时代演进的突出反映、社会变迁的重要表征,亦即社会变迁乃是学术发展的最基本依据。其中,以马克思主义为指导的学术研究,密切贴近现代中国社会发展的特点,因应近代以来中国社会变迁的需要,并在提炼中国共产党领导人民革命经验的基础上,形成了中国马克思主义的学术研究体系,从而在反帝反封建的文化斗争中发挥了领导作用。对此,毛泽东在《新民主主义论》中指出:"在'五四'以后,中国产生了完全崭新的文化生力军,这就是中国共产党人所领导的共产主义的文化思想,即共产主义的宇宙观和社会革命论。……由于中国政治生力军即中国无产阶级和中国共产党登上了中国的政治舞台,这个文化生力军,就以新的装束和新的武器,联合一切可能的同盟军,摆开了自己的阵势,向着帝国主义文化和封建文化展开了英勇的进攻。这支生力军在社会科学领域和文学艺术领域中,不论在哲学方面,在经济学方面,在政治学方面,在军事学方面,在历史学方面,在文学方面,在艺术方面(又不论是戏剧,是电影,是音乐,是雕刻,是绘画),都有了极大的发展。二十年来,这个文化新军的锋芒所向,从思想形式(文字等),无不起了极大的革命。其声势之浩大,威力之猛烈,简直是所向无敌的。其动员之广大,超过中国任何历史时代。"①中国马克思主义学术之所以有这样无比强大的生命力,固然在于马克思主义是科学的思想武器、人类文明最先进的成果,同时也在于马克思主义入主中国后能够与中华优秀传统文化相结合,并有机地与现实的中国实际相结合而解决中国目前极为迫切的现实问题。正因为如此,马克思主义对现代中国的思想、文化和学术发生极大的影响,不仅推动思想观念的发展,而且引领社会思潮的前进。举一个例子:科学是新文化运动的一面旗帜,马克思主义传入中国之后就实现了"科学话语"的重建:一是建立"主义"与"科学"的意义关联,使"科学"在内涵上被赋予"主义"的价值意蕴;二是通过"革

---

① 《毛泽东选集》第二卷,人民出版社1992年版,第697—698页。

命"与"科学"的结合,凸显社会科学在科学体系中的位置,彰显科学变革社会的"革命"精神;三是从科学"致用"的讨论中探索科学方法,积极倡导马克思主义"科学方法"的方法论意义。这样,经过马克思主义的创造性诠释,"科学"这个范畴在内涵上得以拓展,不仅融入变革社会的革命精神,而且使科学方法更具体化为马克思主义的"唯物的科学方法"或包含着"辩证唯物论"与"理论经济学"的"正确的科学的方法",这就促成马克思主义科学方法论的地位得到进一步的提升。① 这里只是举例,说明马克思主义对现代中国的思想、学术的重大影响。需要指出的是,在现代中国时段中的那些非马克思主义学术,作为现代中国社会中社会存在的一种反映,自然亦有其存立的相关基础与条件,虽然不是以马克思主义为指导的,并且与社会变迁的状况及其方向的结合度上还有很大的空间,在因应现代中国社会变迁的需要上还存在着很大的问题,但在传播西方学术理念与引进西方学术研究方法上,或在对中国传统学术的现代解释及促进中国传统学术的现代转型上,也作出了很大的努力并取得了较为显著的成绩。故而,现代中国的非马克思主义学术,在现代中国学术界也有着极为重要的地位,并且也因为与现代中国的历史变迁有着这样与那样的联系,所以也是值得加以研究的重要内容。因此,研究中国现代学术史,一方面就要注重近代以来中国社会变迁所起的总体性制约作用,当然也得说明中国现代学术对现代中国社会变迁的巨大影响;另一方面,也要将马克思主义学术及非马克思主义学术作为研究的主要对象,并具体地呈现现代中国多学科发展的不同进路及其整体的学术发展概貌。

现代中国的学术处于独特的社会转型期,学术研究在继续探讨人文现象的同时,大致以中外文化为底色、以中国社会演进中的各种现象为研究对象,力图本真地呈现现代中国社会的整体面貌,并积极地发挥学术研究的"经世致用"和文化积累作用,从而引领中国现代社会的发展走向。从学理上说,"学术"乃是社会变迁中的一种具有特定内涵的上层建筑,是同为上层建筑的"文化"系统中的核心部分,其存在与演进不仅有着社会文化的厚重底色,而且表征着文化发展所处的阶段及其所具有的显著特色,因而"学术"不能疏离于社会的变迁及具体的文化状况而存在。这是研究中国现代学术发展问题,所应特别注意的。而从中国现代学术演进的结果来看,正是因为中国现代学术立足于中国现代社会的变迁,显示出"中国中心"的治学范式,故而比较成功地实现了与中国传统学术、近代以来西方新兴学科的对接,从而在古今会通及中外会通中构建了现代中国

---

① 吴汉全:《中国早期马克思主义者对"科学"话语的构建》,《江淮论坛》2023 年第 2 期。

的学科体系、学术体系及话语体系,形成了值得称道的学术专著,并产生了一批会通古今、学兼中西、视域宽阔的大师级人物。1948 年,国民政府评定了首届院士,遴选人文组的院士就有 28 人,现列表如下:

中国首届院士(人文组 28 人,1948 年)

姓名	字	出生年	逝世年	籍贯	领域
吴敬恒	稚晖	1865 年	1953 年	江苏常州	政治学、教育学
金岳霖	龙荪	1895 年	1984 年	浙江诸暨	哲学、逻辑学
汤用彤	锡予	1893 年	1964 年	湖北省黄梅县	哲学史、佛教史
冯友兰	芝生	1895 年	1990 年	河南省唐河县	哲学、历史学
余嘉锡	季豫	1884 年	1955 年	湖南省常德县	历史学、目录学
胡 适	适之	1891 年	1962 年	安徽省绩溪县	文学、哲学、历史学
张元济	筱斋	1867 年	1959 年	浙江省海盐县	出版业
杨树达	遇夫	1885 年	1956 年	湖南省长沙县	语言学、文字学
柳诒徵	翼谋	1880 年	1956 年	江苏省丹徒县	历史学、古典文学
陈 垣	援庵	1880 年	1971 年	广东新会	宗教史
陈寅恪	鹤寿	1890 年	1969 年	江西修水	历史学
傅斯年	孟真	1896 年	1950 年	山东聊城	历史学
顾颉刚	铭坚	1893 年	1980 年	江苏苏州	历史学、民俗学
李方桂		1902 年	1987 年	山西省昔阳县	语言学
赵元任	宜仲	1892 年	1982 年	江苏省阳湖县	语言学
李 济	济之	1896 年	1979 年	湖北省钟祥县	考古学
梁思永		1904 年	1954 年	广东省新会县	考古学、人类学
郭沫若	鼎堂	1892 年	1978 年	四川省乐山县	历史学、考古学、古文字学、文学
董作宾	彦堂	1895 年	1963 年	河南南阳	考古学、古文字学
梁思成		1901 年	1972 年	广东新会	建筑学
王世杰	雪艇	1891 年	1981 年	湖北崇阳	法学
王宠惠	亮畴	1881 年	1958 年	广东省东莞县	政治学、法学
周鲠生		1889 年	1971 年	湖南长沙	法学
钱端升	寿朋	1900 年	1990 年	江苏省上海县	法学、政治学、教育学
萧公权	恭甫	1897 年	1981 年	江西省泰和县	政治学、社会史
马寅初	元善	1882 年	1982 年	浙江省绍兴县	经济学、人口学
陈 达	通夫	1892 年	1975 年	浙江省余杭县	社会学、人口学
陶孟和	以行	1887 年	1960 年	直隶天津县	社会学

以上这个表格,大致反映了当时的国民政府所认可的部分著名学者。自然,在这个表格之外,还有不为国民党政府所认可但数量不少的马克思主义学者。中国的马克思主义学者是现代中国学术发展的主体力量,他们在极为艰苦的条件下,恪守马克思主义的政治信仰,关注现实问题的解决,求真务实,严谨治学,努力实现马克思主义学术思想的中国化,创造性地建构中国马克思主义学科体系、学术体系和话语体系,对中国现代学术的发展作出了突出的贡献。关于中国马克思主义学者的贡献,可参见拙著《中国马克思主义学术史概论(1919—1949)》(3卷本)、《中国马克思主义学术史》(5卷本)①等著作。

现代中国的学术体系、学科体系和话语体系是在现代中国的历史条件下产生和发展的,有着中国传统文化的深厚底蕴及其所提供的丰富学术资源,但所承继的并不是那种传统的经史子集式的学术谱系,而是在近代西方学术分类体系影响下创新性的发展,有着科学精神引领下所构建的现代知识学的基础。在传统的中国社会中,"经史子集"大致是关于文献资料的分类,主要的不是学术研究的体系。现代中国的学科体系中,自然也有中国传统的学科如哲学、史学、文学等,但又出现了一些崭新的学科,如经济学、政治学、社会学、民族学等等。故而,现代中国在学科体系上是直接地接续了西方近代以来的学术传统,这自然也有近代的严复、梁启超等学者在引进西学方面所起的开创性作用。在研究现代中国的各门学科时,要看到现代中国的有些学科如哲学、史学、文学等,尽管在总体上属于中国的传统学科,有着中国传统学术的深厚底蕴,并且在事实上也承继着中国既有的学术传统,但在时代的变迁中已经不是原来意义上的那种传统学科,而是有着学科性质、研究对象、研究方法上的许多重大变化。譬如,哲学是中国的传统学科,但传统中国社会中的哲学大致只是经学,不是现代学科意义上的哲学,尽管中国传统的学人具有丰富的哲学思想。又譬如,史学是中国的传统学科,中国的史料及历史著作也浩如烟海、汗牛充栋,但与西方近代以来史学的科学化方向是不同的,因而就现代中国的史学演变而言,尽管在相当的程度上继承了传统中国史学的不少传统,但在更多的方面却是承继了西方史学研究的学术理念和学科体系。至于那些现代中国的新学科,如政治学、经济学、社会学、法学等,更是来源于西方的学术体系之中,并且大体上也是按照西方学术路径开启其研究道路的。这就是说,中国现代学术乃是一个全新的学术体系,不仅有着现代

---

① 吴汉全:《中国马克思主义学术史概论(1919—1949)》(上、中、下卷),吉林人民出版社2010年版;《中国马克思主义学术史》(5卷本),人民出版社2019年版。

学科体系的强有力支撑,而且也是以现代知识学的相关基础为前提和条件,并且表征着新的研究范式和新的学术话语系统,因而也就以新的形态、新的面貌及新的发展方向,存在于现代中国的文化体系之中。

　　论及中国现代学术发展的问题,不得不注意"学术中国化"这个事实。"学术中国化"作为一个学术口号是在 20 世纪 30—40 年代提出的,这是中国学术界走向高度自觉的突出表现。很显然的是,现代中国的学术自"五四"以来,在承继西方学术理念与学术研究路径的同时,就开始了"学术中国化"的历程。可见,事物与事物的概念并不是一回事,事物的概念的提出时间,并不就是事物的出现时间。马克思主义学者嵇文甫在 1940 年发表的《漫谈学术中国化问题》中指出:"中国需要现代化,需要把世界上进步的学术文化尽量吸收,使自己迅速壮大起来。然后我们有自己的社会机构,有自己的民族传统,有自己的历史发展阶段;不是可以随便安上美国的头,美国的脚,要方就方,要圆就圆。世界上任何好东西,总须经过我们的咀嚼消化,融合到我们的血肉机体中,然后对于我们方为有用。我们不能像填鸭似的,把外边的东西尽管往自己肚里硬填;不能像小儿学舌似的,专去背诵旁人的言语,我们要'中国化',要适应着自己的需要,把世界上许多好东西都融化成自己的。"①在笔者看来,所谓"学术中国化"在本质上就是学术本土化、学术民族化,而其在学术研究中的突出表现,就是确立以中国社会的各种现象为研究对象的学术思路,而不是仅仅绍述西方学术研究的主题,其结果就是形成了具有中国特色的各个新学科,以及在现代新学科基础上所构建的现代学术体系、学科体系和话语体系。"学术中国化"无论是作为一种指导学术研究的理念还是作为学术研究的进程,"化"的特征是最为基本的、一以贯之的,但学术"自主性"的内涵也是十分显著的,这乃是中国现代学术研究走向高度自觉、高度自信的突出表现,它贯穿在现代中国学术发展进程之中,并且昭示着中国现代学术行进的趋势与目标。

　　学术研究及学术体系的建构皆具有历史演变的继承性特征,这为说明中国现代学术的影响提供了基本依据。事实正是,现代中国的学术研究及其成果,对于新中国成立以来学术的发展有很大的影响。知识分子是学术研究的载体,旧中国培养的、活跃在 20 世纪 30—40 年代的知识分子,在新中国成立以后的学术研究中还起着相当大的作用。尽管新中国成立以后,国家的学术政策发生重大的变化,学术研究的方向及学科体系等方面已有相当大的调整,甚至学术领域的

---

　　①　嵇文甫:《漫谈学术中国化问题》,《理论与现实》第 1 卷第 4 期,1940 年 2 月。

批判运动也声势浩大、连续不断,并且还有相当一部分的知识分子由于各种原因不得不退出学术舞台,但在中共十一届三中全会之后,随着政治上、思想上、学术上的拨乱反正,社会学、政治学等学科得以恢复,故而现代中国的学术思想得到不同程度的继承和发展。从繁荣学术与文化的角度看,现代中国所积累的学术成果乃是当今中国学术发展的本土化资源,因而也就有着加强整理和努力挖掘的必要。

"盛世修史"是中国既有的史学理念、学术传统,而新时代的开启则往往是总结既往学术成果、撰写学术史的最佳契机。1949 年中华人民共和国的建立,在中国历史发展进程中开启了新的时代。新中国成立初期,中国社会发生了翻天覆地的大变化,此时也有着创建"中国现代学术史"学科、撰写"中国现代学术史"的极端必要。但由于种种原因,中国学术界未能及时地总结新中国成立之前的"中国现代学术",也没有能够创建"中国现代学术史"的研究体系,甚至连"中国现代学术"这样的词语亦很少见到。这种状况固然有着政治上的因素,但也可能与当时人们的认识不到位有关。我们注意到,即使是"中国现代学术史"中的"中国马克思主义学术史"部分,尽管指导思想是马克思主义,与新中国成立后国家的主流意识形态有着同一性及思想上的承继关系,但也不为当时的中国学术界所重视。至于中国现代学术史中的那些"非马克思主义学术"的内容,当然更不会引起重视了。个中的原因十分复杂,牵涉的方面也很多,需要做专门的研究。可喜的是,在世纪之交,中国学术界高度重视 20 世纪中国学术遗产的总结,组织了一批学者进行分学科的研究,并相继撰写了 20 世纪的各个学科史。北京出版社 1999 年出版的"中国学术百年"丛书①、山东人民出版社 2001 年出版的"20 世纪的中国:学术与社会"丛书②、上海人民出版社 2005 年出版的"20世纪中国社会科学"丛书③,贡献很大。但由于学术界对于 20 世纪学术总结是在短时间进行的,采取的又是分工合作的"学术合作社"研究范式,又由于学术界对于具有基础性的、奠基性的 1919—1949 年的学术史,缺乏长期而又深入的

---

① 这套丛书共 9 本,包括《学界专家论百年》、《哲学百年》、《逻辑学百年》、《历史学百年》、《中共党史学百年》、《国际共运史学百年》、《文艺学百年》、《社会学百年》、《人口学百年》等。

② 这套丛书共 5 卷,包括《20 世纪的中国:学术与社会(哲学卷)》、《20 世纪的中国:学术与社会(文学卷)》、《20 世纪的中国:学术与社会(史学卷上、下)》、《20 世纪的中国:学术与社会(法学卷)》、《20 世纪的中国:学术与社会(社会学卷)》等。

③ 这套丛书共 13 卷,包括马克思主义卷、哲学卷、理论经济学卷、应用经济学卷、法学卷、政治学卷、教育学卷、历史学卷、社会学卷、语言学卷、新闻学卷、宗教学卷、文学卷等。

研究,因而也就表现出整体性研究的严重不足。故而,目前既有的各类有关20世纪中国学科史的著作,对于中国现代学术史的叙述大多是粗线条的,留下了很大的研究空间。自然,这不是说当代中国的所有学科,皆不重视本身的学术史,皆不重视对本学科既有成果的总结。事实上,就学术发展史的角度来看,有些学科如哲学、史学、文学等传统学科,还是比较重视总结自身研究的历史的,因而也有诸如《中国现代哲学史》、《中国现代史学史》、《中国现代文学史》等著作的出现,这些著作为其所对应的学科(哲学、史学、文学等)提供较好的研究基础,使得这些学科能够在既有研究成果基础上不断前进。这也是应该给予充分肯定的。但由于对现代中国学术整体状态的了解不够、研究的力度还不到位,既有的各门学科的专史大多只是关注本学科的演进进路及其成果,也就很少关注并了解其他学科研究的情形,故而学科间联系性的呈现与把握,从总体来看也就有很大的空间。这又制约着各门学科专史的研究水平。当代中国学科体系中的有些学科,尤其是与现实问题联系比较紧密的学科如政治学、法学等学科,也许学术研究的兴趣点主要集中在现实中的重要问题,对本学科自身发展的历史也就不大引起重视。譬如,政治学是现实性、政治性、应用性、政策性都很强的学科,近代以来西方的政治学资源十分丰厚,但现在有不少研究者对现代中国的政治学发展状况全无了解,能够知道邓初民、萧公权等政治学家就已经很不错了,至于高一涵、张慰慈等究竟为何人,则很少有知晓的,这反映学科研究中的历史意识、承继使命的严重缺乏。因此,从固化既有学术成果和繁荣与发展学术文化的高度来看,现在非常需要一部具有整体视域的中国现代学术史著作。

二、中国现代学术产生和发展的原因

现代中国的学术在时间上尽管只有三十年(1919—1949),这三十年在中华民族的历史长河中只是极为短暂的一瞬间,但学术研究取得了历史性的飞跃,形成了现代中国的学科体系、学术体系和话语体系。可以说,中国现代学术是在中国传统学术基础上的创造性发展,同时又在因应现代中国社会变革中产生了不少新学科,而且在相关学科中皆有学术大师级人物或杰出的学者,确实是出现了名家荟萃、大师涌现的生机勃勃的局面。因此,中国现代学术成为中国学术史上少有的辉煌期之一,并以其学术成果及显著特色在中国学术史上、中国文化史上占有重要的位置。那么,为什么会出现"中国现代学术"这样的学术辉煌时期呢？这个问题确实比较大，非一两句话能够说明白，但大致可以从以下五个方面来看：

第一，从社会演进来看，现代中国社会变迁十分剧烈，这为学术发展提供了土壤。学术研究及学术发展总体状况，整体上受制于社会的变迁。从近代中国社会变迁的视角来看，这是一个需要学术并且也能产生学术成果的新时代。学术乃是时代的学术，任何学术不能疏离于具体的时代而存在。在中国现代学术发展中，我们不仅能够看到那些把握时代脉搏、承担时代使命、反映时代需求、聚焦时代问题、引领时代走向的大批学术著作，而且亦能够从中体认这些著作的时代特征。故而，在现代中国的特定历史时代中，学者的治学皆有着时代的底色、社会的意蕴。说到底，中国现代学术变迁根源于大变革时代，是"时势造学术"、"时代出学者"。话又说回来，学术有着社会的经济基础所起到的最后规制性作用，但学术作为上层建筑中的重要组成部分，又与政治这种上层建筑也有着较强的依存关系，政治对学术的制约性作用在大多数情况下是更加直接的。一个显著的事实是，政治在中国现代学术体系中的作用是特别显著的，故而也就很难说有绝对地疏离于现实政治的那种所谓"纯粹"学术。现代中国的政治舞台上活跃着多种政治力量，政治斗争十分激烈，并渗透到社会生活的各方面。这是一个基本的事实。可以说，现代中国的各种政治力量不仅着力于从政治上变革中国社会，而且在思想上、文化上、学术上也加强了对社会现象的诠释，这自然也就会反过来影响并表现在现代中国学术的发展进程中。事实也是，现代中国的政治力量大多有反映自身思想理念的学术谱系，借以强化对现代中国社会的影响力，并为自身的政治活动提供学术的依据、学术的论证。这样，就使得现代中国的学术在许多方面，具有鲜明的政治性色彩。

第二，从思想源流来看，现代中国的思想呈现出多元互动、共进的发展态势，这引领着中国现代学术的演进历程。学术发展与学术体系的架构是以观念创新为前提、以学术实践为基础的，观念的创新乃是学术演进所不可或缺的重要条件。近代以来的"西学东渐"输入了西方的进化论，有力地冲击了中国几千年来既有观念和思想，引起了中国思想界、学术界观念的根本性变革。正是因为有进化论的深刻影响，同时也是为了应对"三千年未有之大变局"，晚清时期逐渐形成了哲学、法学、政治学、社会学、经济学、教育学、史学、文艺学、语言学等在内的新的学科构架。自然，近代中国在进化论指导下的学术变革，也是以"传播媒介及其他文化设施"的出现为有效支撑的。关于近代中国出现的"传播媒介及其他文化设施"，有学者指出："报纸、出版、图书馆、博物馆等文化设施，随着中国社会的逐渐开化而陆续出现,成为新兴的文化部门。大致说来,这些机构在中日甲午战争以前,多数由外国人创办,只有少数几个单位掌握在华人之手。甲午战争后,中国出现了新文化发展的高潮,以资产阶级维新派、革命派为主体的新型知识分子积极投入新式文化事业建设,推动了近代报刊、出版、图书馆、博物馆等事业的发展。其中近代报刊业发展最为蓬勃,近代出版事业也有长足发展。西方先进的印刷技术的输入,新式出版机构的创办,以及大量出版物的发行,使中国传统印刷业为之改观。随着近代新文化的发展,新式的图书馆取代了藏书楼。"①需要指出的是,时代是思想之母,思想的前进源于社会的变迁。五四时期在中国历史上是一个特殊而又充满生机的时代,当时古今思想交锋,中外思想激荡,整个的中国思想界都处于高度活跃的状态。由于社会处于思想活跃状态,则人们在思想上束缚较少,思维的空间得以拓展,这有助于彰显学者探求新知的欲望,增强学者的学术自主性;由于思想活跃,社会也就有崇尚自由、尊崇创造的风气,这也推进了学术竞争互进局面的形成。"五四"以来的中国学术界思想之活跃,不仅有着以进化论为指导的各种学术观点、学术主张、学术思想之间的相互竞争,而且尤为重要的是,为了有效地应对日益严重的民族危机、适应"救亡图存"的迫切需要,马克思主义在五四时期传播到中国思想界、学术界,并且马克思主义很快在各种新思潮中脱颖而出,成为中国人探索国家命运的武器,这就在社会变革的层面上深刻影响着中国的思想学术界,使得学术研究的多元互进的发展态势在马克思主义的作用下得以进一步强化,因而马克思主义在中国的传播和发展也就极大地推进了中国现代学术体系的构建。

　　第三,从学术基础及学术资源来看,中国现代学术有着自鸦片战争以来所积淀的基础,并有着中外文化的学术资源。就学术基础来说,学术发展具有连续性,并有其必备的基础和条件。鸦片战争以来的近代中国的学术,为现代中国的学术奠定了基础。从中国传统学术在近代中国的变迁来看,鸦片战争时期,几乎就要失传的今文经学,在林则徐、龚自珍、魏源的努力下得以在近代复兴;而康有为、梁启超等正是在今文经学的治学路径中谋求变法维新,使经世致用思想得以发展并深刻地影响着近代中国学术的走向;再之后,早期新文化运动中的李大钊承继先秦儒家主流学术思想、先秦道家等非主流学术思想以及明清之际的启蒙思想②,但大体上也是承继着今文经学注重社会现实研究的传统,而李大钊在十

---

① 龚书铎主编:《中国近代文化概论》,中华书局1997年版,第38页。
② 吴汉全:《李大钊学术思想的传统文化渊源》,《甘肃社会科学》2002年第3期。

月革命影响下转变为马克思主义者之后，又在批判地承继经世致用思想中成为中国现代马克思主义学术的开创者。从西学在近代中国发展的历程来看，自鸦片战争之后特别是 19 世纪的 90 年代，西学东渐从物质技术的层面而进入到输入西方社会科学的新阶段，以严复、梁启超等人为代表的先进学人在中国开创了以进化论为指导的各种新学科，为现代中国学科体系的架构作出了奠基性贡献。马克思主义唯物史观传入中国后，近代以来所形成的学术基础得到革命性的改造。尤其是中国共产党领导人民变革中国社会的实践活动，为中国现代学术发展提供了新的资源。这为现代中国学科体系的完善和学术的发展，奠定了必要的基础。而从学术资源来看，中国现代学术具有极为丰富的中外学术资源。理论上说，学术研究是在既有的学术资源中进行的，学术的繁盛也是以学术资源的有效利用为前提的。学术乃是文化的题中之义，学术发展以文化为其丰厚的土壤。中华文化源远流长、连绵不断、博大精深，这是中国现代学术的本土资源。西方近代以来的文化在近代中国的引入，尤其是作为西方文化最先进的成果——马克思主义的传入，彻底地整合了中国既有的学术资源。现代中国处于特定的中外文化交流的背景之中，异质性的中外学术资源使中国现代学术具有深厚的文化底蕴和学理性内涵。

第四，就学者队伍来说，现代中国的学术研究有着独特的学术共同体，这是成就现代中国学术体系的根本性因素。就知识基础而言，现代中国的学者大多具有深厚的国学基础，不少学者具有海外留学的经历，故而不仅通晓中学，而且亦精研于西学，具有中西合璧的知识基础。就治学领域而论，现代中国的学者不仅精于某一门或两三门学科，而且亦旁涉其他学科，治学上崇尚融会贯通，追求既专且博的学术目标。譬如，李大钊将马克思主义与相关学科结合起来，对于哲学、史学、政治学、社会学、文学等学科皆有重要贡献，是中国马克思主义学术的开创者。又譬如，李达运用马克思主义来研治学问，对于中国马克思主义哲学、政治学、经济学、法学、社会学等学科皆有重要的贡献，属于中国马克思主义学术史上百科全书式的学术大家。再譬如，胡适是现代中国的著名学者，运用进化论来研究学问，在哲学、文学、史学等学科皆有重要的贡献。总体来说，现代中国的学者，不管是马克思主义学者还是非马克思主义学者，尽管在治学的指导思想上不同，但大多恪守学术唯真的治学理念，追求学术上的境界与卓越，通过学术上的不断探索来彰显学术人生的魅力，故而那时的学者具有鲜明的学术个性和服务社会的强烈愿望。

第五，从学风及研究方法上来看，现代中国的学术亦有其显著特色。现代中国的学者有着纯正清雅的学风,具体表现在这样几个方面:一是探求学理、追求真知,有着独立的学术人格,而不是把学问作为敲门砖;二是以创新的理念对待学术研究工作,注重学术上的开拓与创新,努力形成独特的学术体系;三是研究者既在自己钻研的研究领域下功夫,同时又尽可能扩大学术领域,向综合的研究方向迈进;四是高度注重学术上的自律要求,敬重并敬畏学术,大多能严谨治学,很少有学术造假、学术不端的现象;五是有着开放的学术心态,理性地对待异己学说,摈弃门户之见,崇尚自由探索,体现学术自主性和独立性的品格。马克思主义传入中国所带来的实事求是学风,引领现代中国学术界学风的发展,并给现代中国的知识分子及其研究工作带来了巨大变化。从研究方法来说,中国现代学术崇尚科学的研究方法。这得益于现代科学方法论的指导。如前所述,新文化运动给予现代中国学术有着很大的影响,这包括科学的理念及科学方法的影响。在现代中国的学术界,世界观和方法论在治学中具有引领性的地位,以方法的运用来成就学术体系乃是学术上的一个显著特色。不仅以唯物史观为指导的学者注重方法论,而且以进化论为指导的学者亦十分注重方法论,尽管两者的方法论在基本含义上并不相同。因而,中国现代学术有着多种方法的并行与共存的方法论取向,相当数量的学者在具体的研究中亦善于借鉴其他学科的方法。

以上,简要说明在"现代中国"这个时段之内,能够出现"中国现代学术"辉煌时期的主要原因。进而言之,在这样的多种因素作用下所出现的"中国现代学术",其本身也有其特色之所在,为中国学术史上之少见,并因此在中国学术史上占有其相当的地位。

三、中国现代学术演进的显著特点

中国现代学术乃是既定的客观存在,不仅有其演进的客观历程,而且也有其丰富的学术成果。那么,从研究的角度来说,"中国现代学术"到底有着怎样的特色呢?这是一个需要认真探索的问题。就此,笔者现在想到这样几点:

其一,中国现代学术在多元互动中演进并呈现出本土化趋势。在现代中国学术界,多种因素作用于中国现代学术的发展进程,从而使中国现代学术呈现多元互动的演进模式。具体说,多种因素主要是:中国现代学术不仅有西方学术的影响,而且也有中国传统学术的影响,同时也有近现代中国社会运行所施加的影响;不仅有进化论为指导的学术进路,同时也有马克思主义唯物史观的治学路径;不仅有主要学科的竞争互进,而且也有相关的辅助性学科的不断跟进。故而,中国现代学术是多种因素作用的结果,且各种学科在相互影响、相互作用、互相制约中有着互动的关系。但不论如何,现代中国学术在对西方学术的汲取中自主性得到增强,并进至建构自己学术体系的阶段,故而学科发展的本土化进程不断加速。譬如,现代中国的社会学虽然在创建的初始阶段,介绍并汲取了西方社会学的研究成果,但其研究目标不是研究如何整治西方社会的问题,而是研究鸦片战争以来中国社会的变动及其所表现的各种社会问题,目的在于如何能够推进中国社会变迁,摆脱半殖民地半封建社会的形态,争取民族的独立和人民的解放,尽管社会学中各派与中国社会实际的结合有着程度的不同,所取的研究路径有激进与缓进的不同,取得的研究成果及其所产生的影响有大小的不同。又譬如,现代中国政治学尽管也努力介绍西方政治学研究的成果,并且也是以建设现代民主政治为主要目标,但学术的主流不是研究西方资本主义社会,而是研究近代中国历史条件下阶级的分化及阶级斗争问题、中国政治变动的问题等,借以为推进中国政治变迁提供学术上的依据,因而具有鲜明的中国特色。自然,由于学术指导思想的不同甚至对立,现代中国学术体系中的各派所遵循的研究范式、所凭借的学术资源、所承继的学术谱系、所采取的研究路径、所得出的学术结论等等也会相差很大,但"以中国为中心"的研究思路却是大体上相同的。当然,学术上的各派对"中国"的理解和认知、"中心"意识的强弱、研究中表现出的与中国实际相结合的紧密度等,也确实存在着很大的差异。这也是事实。

其二,中国现代学术形成了中外会通、古今通融的治学路径。学术研究中的治学路径有着文化的演进和学术的传承,但从根本上说乃是源于社会的变迁和时代的需要。近现代中国,中外文化的交流有着较为强劲的态势,从事学术研究的学者也是在这样的环境中成长起来的。中国现代学术的学术共同体是由留学生及接受现代学术训练的知识分子构成的。留学生在中国现代学术的发展中起着重要的作用,其他没有留学经历的学者大多亦有开放的学术眼光,注重在中外比较中探讨学术问题。一般来说,这些学者皆有比较深厚的中学基础,同时也具有较好的西学基础。有些学者因为年轻时接受了比较系统的传统学术的训练,故而中学基础较好,学术研究中擅长于古今会通;有些学者成年后或者留学国外接受现代西方学术的训练,或者在国内接受新式学堂教育,因而亦有相当的西学根基,故而在学术上有着会通中西的能力。知识储备与学术根基决定了治学上比较重视中西贯通、古今对接,因而在学术研究上有着中外会通、古今通融的治学路径。

其三,中国现代学术所关涉的学科有着整体推进态势及各学科发展的不平衡性。从学科体系来看,现代中国学科门类众多,为现代学术发展提供学科的体系性架构。学理上说,学术发展与学科体系的建构有着不可分割的关系:一方面,学术发展推动了学科体系的不断完善,并引起新的学术研究的需要;另一方面,学科体系的不断完善又反过来促进学术研究的深入,使既有的学术研究在精耕细作的基础上开疆拓土。从中国近现代学术发展史来看,现代中国的学科体系一方面是通过传统学科的现代性转型,如史学、文学等传统学科正是通过现代性转型而纳入到学科体系之中的,另一方面则是近代以来从西方引进的新学科,如哲学、经济学、政治学、社会学、伦理学、美学、逻辑学等。诚如有研究者所指出的那样,"19世纪末20世纪初,随着西方近代哲学、政治学及其他社会科学的介绍及传播,新兴学科哲学、逻辑学、美学、政治学、社会学、经济学等在中国先后建立,使中国近代学术文化领域发生了重大变化"[1]。而在现代中国时段之内,正是适应于学术发展的需要,各种新的学科不仅业已出现,而且在学科急剧分化基础上,又有着学科交叉融合的特点,呈现出传统学科与新建学科竞争互进的局面。可以说,在现代中国学术界,大凡现代西方的人文社会科学的所有学科,在现代中国皆有相关的学者予以研究和阐发,因而在现代中国也就形成了比较全面的人文社会科学的学科体系。自然,各个学科尽管在整体上都是在积极推进之中,但各学科发展的情况还是有所不同的。大致说来,哲学、史学、政治学、经济学、法学、文学、教育学、社会学等学科发展得比较快,取得的学术成果及其在学术界的影响力也就大一些,而宗教学、民俗学、新闻学、美学、民族学等学科的发展相对来说也就较慢一些,所取得的学术成果相对也就少一些。这说明,现代中国学术研究在学科层面上,是处于不平衡的状态。

其四,中国现代学术史上的学者有着从多科兼治向单一化学科的演进脉络。由"通学"到"专学"乃是现代中国学术演进的趋势,这源于科学观念在现代中国的引入和学术研究的学科化进程。在中国现代学术史上,李大钊最早注意到学术分化问题,认为研究工作过于分化会给学术带来弊端。他说:"近世科学之发达,分科日臻于繁备,同时与他科亦生不能联贯、不能汇通之弊,而呈机械之观。"[2]又说:"学问的分科别部以为研究,亦是学术进化的必然的结果,于是学者

① 龚书铎主编:《中国近代文化概论》,中华书局1997年版,第163页。
② 《讲演会之必要》(1917年4月),《李大钊全集》第2卷,人民出版社2013年版,第134—135页。

各分疆域,于自己所研究的范域内,专其力以精其业。顾其流弊所趋则于'专''精'之义做到十分,而于'贯通'之义,几付之阙如。学者于此,类皆疆域自守,老死不相往来,以遂其专一的责业,深造的工夫,殆无博征广涉的余暇。"①这里,李大钊十分中肯地指出自然科学兴起以来由于学术分科所造成的流弊,寄希望学术研究克服学科之间"疆域自守,老死不相往来"的现象,推动学术的进步。著名学者钱穆在《现代中国学术论衡》一书的序言中也说:"文化异,斯学术亦异。中国重和合,西方重分别。民国以来,中国学术界分门别类,务为专家,与中国传统通人通儒之学大相违异。循至通读古籍,格不相入。此其影响将来学术之发展实大,不可不加以讨论。"②纵观中国现代学术的演进历程,在 20 世纪 20年代和 30 年代的学者,大致是以一门或两门学科为主、同时兼治多种学科。20世纪 20 年代的胡适是文学家,也是哲学史家,在史学上亦有其独到的建树;李大钊是五四时期著名的马克思主义史学家,同时也是中国的马克思主义政治学家、教育学家、社会学家,是中国马克思主义学术的开创者;李达是现代中国的学术大家,研究领域涉及哲学、经济学、政治学、社会学等多个学科;恽代英在五四时期属于年轻一代的学者,但在史学尤其是中国近代史研究上有重要建树,写出了《中国民族革命运动史》(1926 年),同时也通晓政治学这门学科,写出《政治学概论》(1926 年)等政治学著作;20 世纪 30 年代的郭沫若是现代中国著名的文学家、杰出的史学家,同时也是很有影响的考古学家;20 世纪 30 年代业已成名的李平心,既是马克思主义社会学家,同时也是中国近代史研究专家,新中国成立后转而研究中国古代史和马克思主义生产力理论,成为有影响的马克思主义社会科学家。而到 20 世纪 40 年代出现的学者,除极少数之外,大多是专心研治一门学科,多科兼通的现象并不多见。这说明,现代中国的学者逐步地从多科兼治向单一化学科方向演进。

其五,中国现代学术体现着经世致用的学术追求。在中国现代学术史上,固然也有"为学术而学术"的学者,但绝大多数还是与社会现实相联系的学者。为了实现经世致用的研究目标,在学术研究的内容上,学术著作尽可能地联系中国的实际,引用中国的材料、研究中国的问题;学科发展方向上亦出现理论与应用的分野,如社会学出现理论社会学与应用社会学的分别,经济学也出现理论经济学与应用经济学的不同走向;而在形式上,研究性著作此时逐步地走向大众化、

① 《史学要论》(1924 年 5 月),《李大钊全集》第 4 卷,人民出版社 2013 年版,第 547 页。
② 钱穆:《现代中国学术论衡》,岳麓书社 1986 年版,第 1 页。

通俗化乃是一个极为重要的趋向。如在社会科学总论性著作中,出现了诸如
《通俗社会科学读本》(铁木著,红星出版社 1947 年版)、《通俗社会科学二十讲》
(曹伯韩著,大众书店 1936 年版)、《通俗社会科学讲话》(曹伯韩著,光华书店
1948 年 5 月版)等著作。可以说,在现代中国,无论是马克思主义学术还是自由
主义的学术,皆有着经世致用的学术追求,尽管在经世致用的程度上以及达至经
世致用的方法上有所不同,为社会现实服务的层面也有所不同。具体说,不同意
识形态的、不同学科范围和不同研究领域的学者,尽管在研究理念、研究对象的
选择、研究方法的使用、研究路径的选择等方面有着较大的差距,但就总体而言,
现代中国学术皆有着强烈的振兴中华的梦想,有着"中国中心"的学术追求和为
社会立学的旨趣,故而也就比较自觉地使学术研究契合中国社会的实际需要,努
力使学术成果为现实社会的进步服务。

其六,中国现代学术体现求"新"的特征。学术创新乃是现在中国学术的显
著标识,学者们在"求真"的基础上,往往以"新"的标准来进行学术研究工作,力
图创建新的学术话语、新的学术体系。譬如,在现代中国的学术发展中,学者们
研究"社会科学"问题,往往将"新"嵌入其著作之中,并在书名中以"新"表现出
来。因而,也就出现《新社会科学方法论》(黄淡如著,新学书店 1939 年 6 月
版)、《新社会科学基础知识》(王明之著,三户书店 1939 年 9 月版)、《新社会科
学讲话》(刘学欧著,新社会科学会 1939 年 5 月版)等著作。研究社会学的,有
《新社会》(谢东平著,人民出版社 1948 年 7 月版)、《新社会学》(马哲民著,上海
杂志公司 1938 年 12 月版)、《新社会学大纲》(李达著,生活书店 1948 年 2 月
版)、《新社会学底基本问题》(沈志远著,生活·读书·新知联合发行所 1946 年
6 月版)等以"新"字冠名的社会学著作。研究政治学的,有《新的政治学》(王诗
岩著,三民书店 1929 年 6 月初版)、《新政治学》(陈豹隐著,乐群书店 1929 年 8
月初版)、《新政治学大纲》(邓初民著,生活书店 1940 年版)、《新政治学原理》
(吴继美著,三民书店 1930 年版)、《政治学新论》(萨孟武著,大东书局 1948 年 7
月初版)、《政治新论》(张定中著,正义报社 1948 年 6 月版)等以"新"字冠名的
政治学著作。研究教育的,有《新教育大纲》(李浩吾编,南强书局 1930 年 2 月
版)、《新教育史》(方与严编,上海儿童书局 1934 年 11 月初版)、《新教育体系》
(程今吾著,文治出版社 1945 年 6 月初版)、《新教育讲话》(陆维德著,新教育学
会 1948 年 1 月版)等以"新"字冠名的教育学著作。其他学科,亦有"新哲学"、
"新法学"、"新史学"、"新伦理学"等冠名的著作。这大致可以说明,在学术研
究和著述体系中,求新乃是现代中国学术演进中的重要特色。

历史的车轮已经驶入 21 世纪的第三个十年了,中国的学术研究也有很好的学术基础和比较充分的研究条件,以马克思主义为指导的学术研究呈现了蓬勃发展的势头。如今,新中国成立已经七十多年了,1919—1949 年的中国现代学术距离现在已有较长的时间。故而,对于 1919—1949 年的"中国现代学术史",是可以而且也应该进行学术上的研究,并且大致亦可以作出比较科学的论断,形成一门具有科学性、基础性的学问也是可能的。就当今中国的学术发展与文化建设而言,也需要有一部多卷本的《中国现代学术史》这样的著作,集中地反映 1919—1949 年这一特殊时代的学术演变情形,借以从中汲取有益的学术智慧,为中华民族的伟大复兴提供学术资源,以推进当今中国学术的全面发展与繁荣。因此,撰写比较全面的、具有整体性的中国现代学术史著作,不仅有助于总结现代中国的学术遗产,批判地继承、合理地汲取、有效地利用其有益的学术传统,而且能为今天所进行的建设中国特色的学科体系、学术体系、话语体系提供本土化的资源,从而开启我们这个新时代的学术发展道路。笔者的看法是,在文化与学术进入繁荣时期的今天,在中国特色社会主义新时代的历史征程中,以马克思主义为指导来进行"中国现代学术史"的研究工作,不仅是时代赋予的艰巨任务,而且也应该说是大有作为的。

第一章　哲　学

　　哲学作为人文社会科学的"万邦之宗"，是社会意识的具体存在和表现形式，不仅以追求世界的本源、本质、共性或绝对、终极的形而上者为其形式，而成为理论化、系统化的世界观，而且也是自然知识、社会知识、思维知识的概括和总结，因而体现出世界观和方法论的统一。现代中国的哲学变化多端、纷纭复杂，派别众多，具有多样化的特点，但学习和引进西方哲学乃为各派之显著特征。有人说："现代中国哲学界的情形，实在复杂万分。有的人在努力介绍西洋哲学，有的人在竭力提倡中国哲学；有的人来作别人的哲学之钻研，有的人在作自己的哲学之创造；有的人要会通古今，有的人要调和中外；有的人主张这种新主义，有的人宣扬那种新学说；真可说五花八门，无奇不有。……现代中国哲学，可说十有八九是来自西洋的。"①而在笔者看来，中国现代哲学尽管流派纷呈、复杂多变，但大致可以说是以融汇中西哲学、沟通新旧文化为底色，以传播和应用马克思主义哲学为主流，以引进和评析西方哲学、重释和阐扬中国传统哲学、介绍和发展马克思主义哲学为基本内容，以哲学为武器寻求改造社会、探索人生目的、引领文化前进方向为总体特征。大体而言，中国现代哲学的发展有三个路向：一是马克思主义哲学在中国的传播、运用与发展，二是西方哲学在中国的传播、评论与融汇，三是中国现代新儒学体系的构建与衍化。

一、马克思主义哲学在中国的传播、运用与发展

　　马克思主义哲学是中国现代哲学体系中的重要组成部分，代表了中国现代哲学的根本方向，为以马克思主义为指导的人文社会科学的发展提供了学理基

---

① 　孙道升：《现代中国哲学界之解剖》，《国闻周报》第 12 卷第 45 期，1935 年 11 月。

础。中国马克思主义哲学发展道路的开启，是以马克思主义在中国的早期传播为其先导的，早期马克思主义者在其中起了决定性的作用。由李大钊、陈独秀、瞿秋白、恽代英等中国早期共产主义者介绍到中国的马克思主义哲学，后经李达（其代表作为《社会学大纲》）、艾思奇（其代表作为《大众哲学》）、陈唯实、沈志远等人的系统整理与通俗论证，在毛泽东的《实践论》、《矛盾论》等哲学名著中得到全面论述与创造性发挥，并在毛泽东的《中国革命战争的战略问题》、《论持久战》、《新民主主义论》等著作中得以具体应用和较为全面的发展。毛泽东哲学思想是现代中国哲学最可珍贵的精华所在，承继了中华传统哲学的优秀成果，创造性地实现了马克思主义哲学与中国革命的有机结合，因而是马克思主义哲学在中国传播和发展的集大成者，并成为马克思主义哲学中国化的显著标识。

（一）马克思主义哲学在现代中国的历史进程

马克思主义哲学在现代中国的发展并成为中国现代哲学的主流，不仅源于中国马克思主义者始终坚持马克思主义的指导地位、坚持哲学为社会变革服务的学术理念，而且也在于积极地推进马克思主义理论与中国社会实际的结合，既重视在实践基础上的理论创新，又重视理论指导的实践创新，走出了一条清晰可见的推进社会变革的现实道路，使马克思主义哲学中国化的进程不断加快，并形成了具有中国特色、中国风格、中国气派的马克思主义哲学理论形态。

辩证唯物主义和历史唯物主义是马克思主义哲学的重要组成部分，而历史唯物主义则是马克思在哲学上最重要的学术创造。在五四时期的思想学术界，马克思主义哲学中的唯物史观（历史唯物主义）的传播要早于唯物辩证法的传播，并且唯物史观在中国的具体运用也具有理论先导性地位。在早期的中国马克思主义者的著作中，重点传播了唯物史观（历史唯物主义），其中李大钊的《我的马克思主义观》和陈独秀的《马克思学说》等篇章，开启了运用唯物史观研究中国社会及其思想与学术之先河；其后，瞿秋白对马克思主义的唯物辩证法在哲学发展中的地位引起高度重视，发表《现代社会学》、《社会哲学概论》、《唯物的宇宙观概说》等著作，从哲学整体性视域对辩证唯物主义和历史唯物主义作了比较系统的论述，开启了唯物辩证法在中国传播的道路，扩大了中国学者对马克思主义哲学研究的范围；在 1927 年前后，毛泽东运用马克思主义哲学观点来研究中国的社会状况，写出了《中国社会各阶级的分析》、《湖南农民运动考察报告》等著作，科学地剖析了中国社会结构和中国农村的阶级结构，积极推进马克思主义哲学与社会实际斗争的紧密结合，树立了立足中国社会状况、联系中国实际运用马克思主义哲学的先进典范;20世纪30年代,一批代表性的马克思主义哲学原著经过中国马克思主义者的努力得以出版,如《费尔巴哈论》、《反杜林论》、《自然辩证法》、《唯物主义和经验批判主义》等都有了中文译本,从而在中国形成了唯物辩证法运动的高潮,由此也引起了资产阶级学者和唯心主义者的反对。于是,在中国哲学界出现了持续几年的关于新哲学和唯物辩证法的论战。

在此过程中,马克思主义学者表现出一往无前的奋斗精神,为推进马克思主义哲学在中国的发展和创新,做出了基础性工作。艾思奇从1934年11月起在杂志上连载发表《哲学讲话》(后来出单行本改名为《大众哲学》),开展了马克思主义哲学通俗化、大众化运动,沈志远、陈唯实等也积极地投入这一运动之中,接着就有中国人自己撰写的一部系统阐述马克思主义哲学的著作——李达的《社会学大纲》的问世,这对普及马克思主义哲学知识、扩大马克思主义哲学在社会生活领域中的影响产生了巨大的作用;在20世纪30年代后半期,毛泽东在将马克思主义哲学与中国革命实践相结合的基础上,汲取中国早期马克思主义者开展的马克思主义哲学研究的有益成果,集中全党智慧来提炼中国革命的经验,发表了《实践论》、《矛盾论》、《中国革命战争的战略问题》、《论持久战》等光辉篇章,全面地论述并发展了马克思主义哲学,使中国马克思主义哲学在革命实践的基础上有着自己的理论形态,为推进马克思主义哲学中国化作出了突出的贡献。

马克思主义哲学在中国的发展,是与马克思主义哲学的大众化历程紧密联系在一起的。早在五四时期马克思主义哲学在中国传播时,中国的马克思主义者结合中国革命的需要,出版了通俗版的马克思主义哲学著作,这对于促进马克思主义在中国的传播有着积极的作用。

譬如,范寿康1921年就在《东方杂志》上发表《马克思的唯物史观》文章,介绍马克思主义的唯物史观学说。其后,范寿康又出版《马克思主义与唯物史观》(商务印书馆1924年版),收入四篇介绍唯物史观的文章,即《马克思的唯物史观》(范寿康)、《马克思的理想及其实现的过程》(河上肇著,施存统译)、《唯物史观在马克思学上的位置》(栉田民藏著,施存统译)、《马克思主义的最近辩论》(化鲁译述)[1]。这不仅对当时思想界学术界有重要影响,而且对范寿康本人的

---

[1]　参见北京图书馆编:《民国时期总书目(1911—1949)哲学·心理学》,书目文献出版社1991年版,第39页。

治学亦有重要的影响①。

又譬如,刘宜之于1923年出版《唯物史观浅释》(刘宜之著,向警予校,上海书店1923年版)共8章,分别为唯心论与唯物论、唯物史观、唯物史观底意义、巴苦儿底物质的历史观、《经济学批评》底序言、阶级争斗、马克思底《资本论》、结语。该著作者于1922年11月20日在日本东京写的"序"中说,"唯物史观和阶级战争是很重要的学说",但原著者皆是"依著者的国情",并且有着"理论难解"的问题,故而作者"著了这一本书",其"本意是想离开深奥的理论而注重在简单的说明"②。这里,"离开深奥的理论"及"注重在简单的说明",就是著者本着通俗化、大众化的著述理念来传播马克思主义哲学。值得注意的是,刘宜之的这部《唯物史观浅释》在1929年10月,又由上海的平凡书局初版,书名改为《唯物史观ABC》③,且著者标为"刘毅志"而不是"刘宜之"④,但内容与刘宜之的《唯物史观浅释》则完全相同。此可见,此著的"刘毅志"与《唯物史观浅释》的"刘宜之"为同一人。其后,上海中学生书局于1933年2月初版《新哲学概论》,著者尽管标为"刘毅芝",但该著内容与刘宜之著《唯物史观浅释》也是相同的,只是《新哲学概论》封面作者题为"刘毅生",而版权页作者题为"刘毅芝"⑤。此可见,"刘毅志"、"刘毅生"、"刘毅芝"皆是著《唯物史观浅释》的"刘宜之"。刘宜之的《唯物史观浅释》自1923年初版,至1933年的10年间,相继有《唯物史观ABC》、《新哲学概论》等不同版本,足见此著在学术界思想界的影响。

再譬如,中国共产党在国共合作后,所领导的中国青年社编写了通俗读物《唯物史观》(上海书店1925年2月初版,1926年1月再版,36页、32开),分4章介绍历史唯物论的产生和内容:唯物史观的前提、唯物史观的历史、唯物史观

① 范寿康在五四时期主要从事美学研究,20世纪30年代则主要从事中国哲学史研究,亦相继将马克思主义观点贯彻在学术史研究之中。譬如,范寿康在20世纪30年代出版的《中国哲学史通论》(上海开明书店1937年6月初版、1948年4月出第4版),将中国哲学分为六个发展阶段,即先秦(子学)、两汉(经学)、魏晋(玄学)、隋唐(佛学)、宋明(经学)、清(经学)等阶段,并认为社会的发展归根到底取决于生产力的发展,故而应该从经济基础决定上层建筑、社会存在决定社会意识的观点出发,分析中国哲学的演变及其原因。

② 刘宜之:《唯物史观浅释·序》,上海书店1923年4月版,第1—2页。

③ 参见刘毅芝:《新哲学概论》,中学生书局1933年2月上海初版。

④ 参见刘毅志:《唯物史观ABC》,平凡书局1929年10月上海初版。

⑤ 参见北京图书馆编:《民国时期总书目(1911—1949)哲学·心理学》,书目文献出版社1991年版,第39页。

与社会组织、唯物史观与社会制度，并在书后附录唯物史观研究的参考书目。

又再譬如，大革命失败后，刘若诗等在1928年出版《辩证法浅说》①著作中收录论文两篇：其一为《辩证法的唯物论》（山川均著，施存统译），内容有哲学上的唯物论、唯物论的社会观、动的观点与现象间底关系、社会现象中的应用、从量的变化到质的变化、矛盾的发展、机械的唯物论等；其二为《辩证法是什么》（刘若诗著），内容有辩证法的性质、黑格尔与辩证法、辩证法与近代社会科学等。②该著通俗地介绍辩证法的基本内容，应该说是比较早地推进马克思主义哲学大众化的著作。

马克思主义哲学在中国的早期传播，与中国早期马克思主义者对马克思主义经典著作的思想解读和学术研究是分不开的。这个工作也是在马克思主义在中国传播时就开始了，并且最初也是借助于日本学者研究马克思主义所取得的成果。李大钊在向马克思主义者转变的过程中，接受了日本学者河上肇、福田德三、堺利彦等的影响。根据日本学者研究，李大钊《我的马克思主义观》中关于"经济论"的有关部分，来自日本学者福田德三的《续经济学研究》中的第一篇《马克思研究》；日本社会主义理论家堺利彦撰写的《道德之动物的起源及其历史的变迁》、《宗教及哲学之物质基础》两文，在李大钊《物质变动与道德变动》中也有反映，堺利彦的文章为李大钊完成向马克思主义者的转变提供了便利。在日本学者中，河上肇对李大钊学术思想的影响尤为特殊。李大钊所著《我的马克思主义观》，深受日本学者河上肇及其所编的《社会问题研究》杂志的影响，文中的有关马恩原著的引文大量来自河上肇的《马克思主义的理论体系》。日本学者後藤延子指出：李大钊写作《我的马克思主义观》之中的唯物史观、阶级斗争等内容时，参照并依据河上肇在《社会问题研究》杂志上连载的《马克思主义的理论体系》文章，因而李大钊的"《我的马克思主义观》中（四）部分对地理条件、人种条件的评价，及（六）部分对十字军的作用和宗教改革的经济背景的指出等，明显留有读过河上肇文章的痕迹"③。李达于1921年翻译荷兰学者郭泰（H.Gorter）的《唯物史观解说》④，该著14章，通俗地介绍了马克思主义的唯物史观，书末附有《马克思唯物史观要旨》及译者附言。该著至1936年中

---

① 刘若诗等：《辩证法浅说》，现代社1928年11月上海初版。
② 参见北京图书馆编：《民国时期总书目（1911—1949）哲学·心理学》，书目文献出版社1991年版，第36页。
③ ［日］後藤延子著，王青等编译：《李大钊思想研究》，中国社会出版社1999年版，第78页。
④ ［荷］郭泰（H.Gorter）著，李达译：《唯物史观解说》，中华书局1921年5月上海初版。

华书局出了 14 版①,在社会上产生很大的影响。中华学艺社编辑的《唯物史观研究》,上海商务印书馆 1926 年 2 月初版,收录日本学者及中国学者论述马克思主义唯物史观的论文 7 篇。其中 3 篇是何嵩龄译自日本学者河上肇著《唯物史观研究:〈经济学批评序〉》中之《唯物史观公式》、《唯物史观公式中之一句》及《唯物史观中所谓"生产"、"生产力"、"生产关系"的意义》;另外 4 篇为:《马克思主义经济学》(陈昭彦)、《马克思之资本复生产论》(萨孟武)、《亚当·斯密与马克思之关系》(资耀华)、《马克思和近时的批评家》(李希贤)②。1927 年初,吕一鸣③翻译日本学者桥野升的《唯物史观略解》在北新书局(北京)再版,以 9章的篇幅讲述唯物史观与哲学上的唯物论、唯物史观与精神的史观、唯物史观大意、唯物史观与人的物质的欲望、生产力与社会组织、生产关系与思想、阶级斗争与社会进化、唯物史观与近世社会主义等内容④。这说明,即使是在中国大革命时期,中国学者主要还是通过日本学者的马克思主义研究成果,来进行马克思主义哲学的宣传工作。

20 世纪 30 年代,苏俄马克思主义的学术成果在中国的引进,对于推进马克思主义哲学在中国的发展亦有着极为重要的意义。

譬如,苏联学者罗森塔尔撰写的马克思主义著作,在中国的影响就很大。罗森塔尔的《辩证认识论》,原载苏联刊物《在马克思主义旗帜下》1938 年第 12期,该文论述认识的产生和发展,把辩证法引入反映论,从而划清了与旧唯物论的界限⑤。张仲实将此文翻译后,先由上海生活书店 1939 年 3 月初版(生活书店初版后又有 1947 年胜利后再版、1947 年东北初版、1948 年 12 月哈尔滨版),后由哈尔滨光华书店于 1948 年 12 月出版。罗森塔尔依据《联共(布)党史》第四章第二节"辩证唯物论与历史唯物论",阐明辩证法的要点及认识的辩证发展

---

① 参见北京图书馆编:《民国时期总书目(1911—1949)哲学·心理学》,书目文献出版社1991 年版,第 39 页。

② 参见北京图书馆编:《民国时期总书目(1911—1949)哲学·心理学》,书目文献出版社1991 年版,第 39 页。

③ 吕一鸣,即闪大俭(1897—1947),字雨农,河南博爱县人。早年参加北京大学马克思主义学说研究会,1921 年加入中国共产党,从事青年团工作。大革命失败后,加入北京特科,在北方从事特工工作,1947 年被捕牺牲。著有《社会主义学说大要》、《列强在华经济的政治的势力及其外交政策》等,译著有《资本主义之玄妙》、《唯物史观略解》等。

④ 参见北京图书馆编:《民国时期总书目(1911—1949)哲学·心理学》,书目文献出版社1991 年版,第 40 页。

⑤ 参见北京图书馆编:《民国时期总书目(1911—1949)哲学·心理学》,书目文献出版社1991 年版,第 34 页。

进程著成《新哲学教程》。张实甫将罗森塔尔的《辩证唯物论与历史唯物论》翻译后,交由知识出版社出版①。罗森塔尔的《唯物辩证法》一书共 6 章,分序言、现象的普遍联系与相互依存、现象的运动与转化、新生与发展当作量变向质变转化着发展、作为对立面斗争看发展、唯物论辩证法的范畴等,比较全面地论述了唯物辩证法。岳光将此著翻译后,交由读书出版社于 1947 年出版。②

又譬如,苏联学者米丁的马克思主义著作,在 20 世纪 30 年代的中国学术界亦有多部被翻译,代表性的有:(1)《新哲学大纲》,[苏]米丁等著,艾思奇、郑易里译。该著即《辩证唯物主义》,分为两个部分:第一部分为辩证法唯物论之历史的准备和发展,第二部分为辩证唯物论。此著在中国至少有四个版本③。(2)《哲学》④,[苏]米丁著,张仲实译。此著译自《苏联大百科全书》,除绪论外,主要阐发哲学的基本问题、哲学的发生发展及马克思主义哲学问题。(3)《辩证唯物论与历史唯物论》(上、下册)⑤,[苏]米丁著,沈志远译。上册为辩证唯物论,共 6 章:当作宇宙看的马克思主义,唯物论与唯心论,辩证唯物论,唯物辩证法之诸法则,哲学中两条阵线上的斗争,辩证唯物论中的新阶段;下册为历史唯物论,共 9 章:辩证唯物论与唯物史观,论社会经济形态生产力与生产关系,资本主义和社会主义的经济体系,关于社会群和国家的学说,过渡时期之政权与社会斗争,意识形态论,战斗无神论,社会变革论,马克思主义与修正主义⑥。(4)《辩证法唯物论》(上、下册),[苏]米丁著,王剑秋(沈志远)译。此著共 6 章:马列主义——普罗列塔利亚的世界观,唯物论和唯心论,唯物辩证法之诸法则,哲学中两条阵线的斗争,辩证唯物论发展中的列宁阶段等。此著在中国亦有多个版本⑦。

① 参见[苏]罗森塔尔著,张实甫译:《新哲学教程》,知识出版社 1940 年 6 月上海初版。

② 参见[苏]罗森塔尔著,岳光译:《唯物辩证法》,读书出版社 1947 年 2 月上海初版。读书出版社此后又有 1948 年大连初版、1949 年 4 月长春再版。岳光的译本,此后还有新华书店 1948 年华北版、1949 年山东版。

③ 主要有:读书出版社,1936 年 6 月上海初版,1946 年 4 月 11 版,1947 年 6 月东北版,1949 年 14 版;国际文化社,1936 年 6 月北平初版,1936 年 8 月再版,1936 年 11 月 3 版,1939 年 11 月补正增订 9 版,1942 年 11 版,1946 年 12 版;中原新华书店,1949 年 4 月初版;生活·读书·新知三联书店(上海),1949 年 8 月初版。参见:北京图书馆编:《民国时期总书目(1911—1949)哲学·心理学》,书目文献出版社 1991 年版,第 33 页。

④ 生活书店 1937 年 12 月上海初版,1938 年再版,1939 年 3 月 3 版。

⑤ 上册,商务印书馆 1936 年 12 月长沙版;下册,商务印书馆 1938 年 7 月长沙版。

⑥ 北京图书馆编:《民国时期总书目(1911—1949)哲学·心理学》,书目文献出版社 1991 年版,第 27 页。

⑦ 主要是:生活书店,1939 年 3 月上海初版,1946 年胜利后 1 版,1947 年胜利后 3 版,1948 年东北初版;生活·读书·新知三联书店(上海)1947 年初版;科学社北平出版(年份不详)。

（5）《新兴哲学体系》①，[苏]米丁著，胡明译。该著收录米丁关于辩证唯物主义的4篇论文（即《新兴哲学——唯物辩证法》、《辩证法唯物论的创始者——马克思、恩格斯与辩证法唯物论》、《列宁与唯物辩证法》、《斯大林与唯物辩证法》），以及哥罗贺夫的《列宁与唯物辩证法》一文。

再譬如，苏联学者阿多拉茨基在中国亦有较大的影响，其著作《哲学的唯物论》，共4章：哲学的两个战线——唯物论与唯心论的斗争，各种哲学著作的唯心论与唯物论，近代自然科学中的唯心论与唯物论，认识论问题。该著在中国，最早的是高唯均1929年的译本②。

又再譬如，苏联学者德波林的著作，有几本在中国得到翻译：（1）《辩证法的唯物论入门》③，德波林著，林伯修译。该著12章，论述从培根开始的近代哲学的发展过程，说明辩证唯物论产生的历史必然性。（2）《哲学与马克思主义》④，[苏]德波林著，张斯伟译。该著是由13篇文章汇集的论文集，包括3类文章：一是关于哲学批评和论战，二是关于唯物论史，三是关于马克思主义与黑格尔辩证法。（3）《辩证的唯物论者——乌里雅诺夫》⑤，[苏]德波林著，韦慎译。该著即《列宁——战斗的唯物主义者》，共16章：绪论、理论与实际、认识论的基础、客观的真理、辩证的唯物论、物质的定义、唯物论与唯心论、空间与时间、规律性必然性与自由、思维与存在、物理的唯心论的批评、马克思主义与近代的实际、马克思主义与历史、唯物论共产主义与新人等。（4）《辩证法的唯物哲学》⑥，[苏]德波林著，刘西屏译。此译本即上面提及的《列宁——战斗的唯物主义者》，译者由日文版转译，而日文版是转译自德译本。⑦

① 《新兴哲学体系》，[苏]米丁著，胡明译，光明书局1939年11月上海初版。

② 《哲学的唯物论》，[苏]阿多拉茨基著，高唯均编译，沪滨书局1929年10月上海初版。此著还有两个译本：一是柯雪飞的译本，书名易为《马克思列宁主义的理论基础》，分别有中华书店1933年上海版，播种出版社1938年3月版；二是吴大琨的译本，书名为《新哲学概论》，生活书店1939年上海再版。

③ 参见《辩证法的唯物论入门》，[苏]德波林著，林伯修译，南强书局1930年上海初版，1932年再版，1937年5版。

④ 参见《哲学与马克思主义》，[苏]德波林著，张斯伟译，乐群书店1930年10月上海初版。

⑤ 参见《辩证的唯物论者——乌里雅诺夫》，[苏]德波林著，韦慎译，秋阳书店1930年上海初版。这部译著后来以"彭苇森"译者、《辩证的唯物论与乌里雅诺夫》书名，由新光书店于1933年3月北平初版。

⑥ 参见《辩证法的唯物哲学》，[苏]德波林著，刘西屏译，青阳书店1931年6月上海初版。

⑦ 北京图书馆编：《民国时期总书目（1911—1949）哲学·心理学》，书目文献出版社1991年版，第31页。

　　此外,苏联学者日丹诺夫的同一本著作(李立三翻译)①,在中国亦有多个出版社出版;普列汉诺夫的多部著作,在中国的译本更多。②

　　以上说明,中国马克思主义哲学界对于苏联的马克思主义哲学著作是高度重视的。苏联学者的马克思主义著作在现代中国的学术界和思想界也是有着较为广泛的影响,这对于马克思主义哲学在中国的发展发挥了很大的作用。

　　马克思主义哲学在现代中国得以传播、运用和重大发展,是与复杂而又激烈的学术论战分不开的,其中的唯物辩证法论战在当时最为有影响。唯物辩证法论战发生在 20 世纪的 30 年代,起因于张东荪对唯物辩证法的攻击。张东荪在 20 世纪 30 年代初,认为"唯物辩证法既是侵入了哲学领土,则哲学家便不能置之不理",应该"加以迎头痛击"。1932 年以后,张东荪相继发表了《阶级问题》、《辩证法的各种问题》、《动的逻辑是可能的么?》、《思想论坛上的几个时髦问题》等攻击唯物辩证法的文章。1934 年张东荪又编选了一本《唯物辩证法论战》的书,集中收入反对唯物辩证法的文章,其目的是"专对唯物辩证法作反对的批评"。其后,他写的《唯物辩证法之总检讨》文章,则是攻击唯物辩证法的代表作。面对张东荪对唯物辩证法的总攻击,当时主张唯物辩证法的学者予以坚决回击。1933 年初,秀侠在《现代文化》第 1 卷第 2 期发表《张东荪的哲学》,对张东荪在《辩证法的各种问题》中对唯物辩证法的非议,逐条进行批驳。1933 年 6 月,姜琪在《安徽大学月刊》第 1 卷第 5 期发表《辩证法的几个难题之解决》,对张东荪的"责难"予以答复,维护了辩证法在哲学上的地位。1933 年底,邓拓(署名邓云特)在《新中华》第 1 卷第 23 期上发表《形式逻辑还是辩证法》,对张东荪的观点予以全面的批驳,指出张东荪的错误就在于对辩证法的"扬弃",仅仅归结于"逻辑的变"而不是"事物的变",割裂了正反合之间的联系,将辩证法仅仅

---

　　① 日丹诺夫于 1947 年 6 月 20 日在讨论亚历山大洛夫《西欧哲学史》一书时的发言,李立三翻译成中文,相继以《论哲学史诸问题及目前哲学战线的任务》、《苏联哲学问题》、《关于西方哲学史的发言》等书名,在多家出版社出版。——参见北京图书馆编:《民国时期总书目(1911—1949)哲学·心理学》,书目文献出版社 1991 年版,第 29—30 页。

　　② 譬如,普列汉诺夫的《从唯心论到唯物论》,有王凡西的译本(沪滨书局 1930 年 2 月上海初版,亚东图书馆 1936 年 5 月上海初版及 1940 年 10 月 5 版)、高晶斋的译本(新生命书局,1930 年 5 月上海初版,1932 年 5 月初版,1932 年 2 月再版,1934 年 3 版,1940 年 5 版)。又譬如,普列汉诺夫的《马克思主义的基本问题》,在中国有成嵩译本(泰东图书局 1930 年上海版)、李麦麦译本(社会科学研究会 1930 年上海版)、彭康译本(译本名《马克斯主义的根本问题》,长虹社 1939 年上海初版)、列夫译本(译本名《马克斯主义基本问题》,社会科学研究社 1949 年 6 月上海版)、张仲实译本(译本名《马克斯主义基本问题》,生活书店 1946 年哈尔滨初版,1948 年 8 月再版)等。

理解为"正、反、合"这样一个唯一的公式,因而也就不能理解"由正到反是矛盾的发展,是由量到质的变;由反到合同样是矛盾的发展,是由量到质的变"①。张东荪的《唯物辩证法论战》在 1934 年 10 月出版后,陈伯达撰写了《腐败哲学的没落》进行总批判,指出否认并取消"本体论的问题——也即是思维与存在之关系的问题",使哲学成为所谓"没有本体论的认识论","这也正是腐败哲学家的自白",既"显出了腐败哲学自觉的没落",又"暴露自己对于思维与存在关系之极端的颠倒"②。此外,1936 年出版的《清华周刊》第 44 卷第 2 期上也有沧白的《唯物辩证法论战读后感》、弱缨的《评张东荪的唯物辩证法论战》等文章,专门批驳张东荪的哲学观点,维护唯物辩证法的尊严。

在张东荪对唯物辩证法发起总攻击后,中共叛徒叶青却借批判张东荪哲学为名,发表了《科学与哲学》、《哲学与科学》、《哲学向何处去》、《关于哲学存废问题》等论著,宣扬"哲学消灭论",认为按照辩证法原理,没有永远存在的东西,一切东西都有生长死灭的过程,哲学也一样不能永存,"哲学不能永存,便无异于说哲学要消灭"③。在对叶青反动谬论的批判中,沈志远、艾思奇是重要的代表。沈志远发表《叶青哲学到何处去?》等文章,着重批判叶青散布的"哲学消灭论",指出:"辩证法固然告诉我们天下事物无不处于发生、发展和变化或否定底过程中的。死灭是变化或否定底形式之一,可是否定或变化却不一定是死灭。把否定解着死灭,是曲解辩证法底一种企图。"④艾思奇在论战中专门撰写了《关于内因论与外因论》,对叶青的"内因论与外因论的统一论"作了严肃的批判,说明辩证法并不否认外因的作用,而是把内因看作是事物发展的决定性因素,"一切事物发展的根本动力"⑤。在清算叶青"哲学消灭论"过程中,杨伯恺发表《哲学与科学》、《哲学消灭论底检讨》等文章,卢心远发表《救国哲学》、《辩证法呢?折中主义呢?——评叶青先生》等文章,从各个方面批判叶青反辩证法的本质,在学术界产生了很大的影响。

正是通过唯物辩证法的论战,马克思主义的唯物辩证法在中国得以进一步

---

① 邓拓:《形式逻辑还是唯物辩证法》,《新中华》第 1 卷第 23 期,1933 年 12 月 10 日。
② 陈伯达:《腐败哲学的没落》(1934 年),《中国现代哲学原著选》,复旦大学出版社 1989 年版,第 434—435 页。
③ 叶青:《论哲学底死灭》,《新中华》第 4 卷第 22 期,1936 年。
④ 沈志远:《叶青哲学到何处去?》,《读书生活》第 4 卷第 5 期,1936 年。
⑤ 《艾思奇文集》第 1 卷,人民出版社 1981 年版,第 325 页。

传播①。对此,艾思奇在《二十二年来之中国哲学思潮》(1933 年)一文中指出,自"五四"新文化运动至 1927 年,中国哲学是"马克思恩格斯至伊里奇的唯物辩证法的潮流"与"叔本华,柏格森,尼采,倭根以至狄尔泰等人的人生问题道德问题"这两大主流的"平行的斗争的发展";1927 年以后,"唯物辩证法风靡了全国,其力量之大,为二十二年来的哲学思潮史中所未有。……人道主义者的鲁迅先生抛弃了人道主义,李石岑先生撇开了尼采,朱谦之先生听说也一时地成为辩证法唯物论者。任何顽固的旧学者,只要不是甘心没落,都不能不拭目一观马克思主义的典籍,任何能于独创的敏锐的思想家也不得不向《资本论》求助。如果有人以为这一切的转变仅只有'投机'的意义,那是根本不能理解历史!因为'投机者'固然不能免,然而也得先要有'机'可投,'投机者'也才会发生。而所以能造成这样的'机'者,实不能不承认是由于中国被剥削被压迫的劳苦民众们的光辉伟大的历史行动之胜利。"②艾思奇对于现代中国的马克思主义哲学在论争中不断发展的认识,是很有学术见地的。

在 20 世纪 40 年代,中国共产党人集中地批判国民党的官方哲学。陶希圣所著《论道集》,搜集中国先哲们论"道"、"德"、"性"、"命"的语句,并用"道"与"器"等概念推求各个思想家的思想方法,以与当时国民党官方哲学合拍。对此,马克思主义哲学家陈家康③给予有力的批判,指出:"这几年来,中学为体,西学为用的潮流,特别抬头。也就是说,以封建学术思想为体,以资本主义学术思想为用的潮流,特别抬头。陶希圣在这个潮流,不过跑跑龙套而已。跑龙套的站出来了,一幕古装新戏也正在开演。"④蒋介石的《中国之命运》发表后,艾思奇发表《〈中国之命运〉:极端唯心论的愚民哲学》(《解放日报》1943 年 8 月 11 日)、陈伯达发表《评〈中国之命运〉》(《解放日报》1943 年 7 月 21 日)、齐燕铭发表《驳蒋介石的文化观》(《解放日报》1943 年 8 月 9 日),从哲学上揭露蒋介石的唯心主义本质、文化上封建复古主义思想体系及政治上反共、反人民的阶级实

① 参见吴汉全:《中国马克思主义学术史》第 3 卷,人民出版社 2019 年版,第 9—15 页。

② 《艾思奇文集》第 1 卷,人民出版社 1981 年版,第 65—66 页。

③ 陈家康(1913—1970),湖北省广济县人,原名陈宽。中共七大候补代表。青年时代曾在武汉大学经济系学习。1934 年参加中国社会科学家联盟。新中国成立后,曾任外交部副部长。陈家康在 20 世纪 30—40 年代写过许多哲学文章,其中比较重要的有《从猿类到人类》(1940 年)、《真际与实际——冯友兰先生〈新理学〉商兑之一》、《物与理——冯友兰先生〈新理学〉商兑之二》、《物与气——冯友兰先生〈新理学〉商兑之三》(1943 年)、《陶希圣的〈论道集〉批判》(1943 年)和《唯物论与唯"物的思想"论》(1943 年)等,均刊登在 20 世纪 40 年代前期的《群众》杂志上。

④ 陈家康:《陶希圣的〈论道集〉批判》,《群众》周刊第 8 卷第 9 期,1943 年 6 月。

质。中国共产党人和马克思主义学者对国民党官方哲学的批判，在思想上和学术上有着正本清源的意义，有力地提升了中国马克思主义哲学在思想界、学术界的地位，对推进马克思主义中国化历史进程亦有十分重要的意义。

马克思主义哲学在中国的传播中，中国共产党人自觉地与党内的教条主义展开斗争，推进了马克思主义哲学在中国的运用和发展。教条主义是把马克思主义著作的个别词句，当作万古不变的教条，其在民主革命时期的突出表现是：照搬"本本"中的个别词句，照搬别国革命经验或革命公式，轻视本国革命的具体实践，不仅不知道而且也不善于运用马克思主义的立场、观点和方法来解决中国革命的具体问题。毛泽东在《反对本本主义》一文中所说的"本本主义"，就是从书本出发而脱离实际的照搬照抄的思想态度，亦即"教条主义"。这种"本本主义"最显著的特征是，认识和实践相脱离，理论和实际相分离。毛泽东认为，在中国革命的过程中必须始终如一地坚持马克思主义的指导地位，但一定要紧密结合中国的实际来理解和运用马克思主义，而不能把马克思主义当作不变的"教条"。他指出："我们说马克思主义是对的，决不是因为马克思这个人是什么'先哲'，而是因为他的理论，在我们的实践中，在我们的斗争中，证明了是对的。我们的斗争需要马克思主义。……马克思主义的'本本'是要学习的，但是必须同我国的实际情况相结合。"[1]毛泽东对"本本主义"的危害有清醒的认识，指出这种"本本主义"的态度使党的策略路线不能深入群众，形式主义作怪，"盲目地表面上完全无异议地执行上级的指示"[2]。结合中国革命斗争的实践及其教训，毛泽东认为"本本主义"是非常危险的，对中国革命是极其有害的。这种"本本主义"，集中表现为对马克思主义采取教条主义的态度，照搬书本，"以为上了书的就是对的"；忽视社会实际的基本情形，以为只要是上级的指示就是对的，"不根据实际情况进行讨论和审察，一味盲目执行"[3]。因此，反对"本本主义"就是要反对那种盲目迷信、形式主义的态度，反对那种开口闭口"拿本本来"的不良学风；就是要联系革命斗争的实际状况与需要来对待马克思主义，依据"客观与主观"的实际情形来对待上级的指示，加强调查研究及其对实际状况的了解，创造性地解决实际斗争中需要解决的问题。毛泽东指出："我们说上级领导机关的指示是正确的，决不单是因为它出于'上级领导机关'，而是因为它的内容

---

① 《毛泽东选集》第一卷，人民出版社1991年版，第111—112页。
② 《毛泽东选集》第一卷，人民出版社1991年版，第111页。
③ 《毛泽东选集》第一卷，人民出版社1991年版，第111页。

适合于斗争中客观与主观情势的,是斗争所需要的。"①毛泽东要求通过反对"本本主义",来纠正实际工作中业已存在的脱离实际的不良作风,乃是其推进马克思主义中国化的重要努力,有助于全面地提升全党的马克思主义理论素养及运用马克思主义的能力。延安整风的目的主要是清算党内的教条主义,进行全党的马克思主义思想教育,促进马克思主义在中国的传播和具体运用。整风亦成为推进马克思主义哲学与中国实际相结合的很好形式。

马克思主义哲学在中国的发展,同时也是与马克思主义大众化的进程密不可分的。在 20 世纪 20 年代和 30 年代马克思主义大众化高潮中,中国学者撰写了大量的研究和宣传马克思主义著作,除学术界所熟知的艾思奇、陈唯实、沈志远等撰写的著作外,还有几位学者的著作值得提及。

(1)张如心著《辩证法学说概论》②,全书分为绪论、古代希腊哲学底辩证法、德国古典哲学底辩证法、马克思主义底辩证法 4 个部分,以通俗易懂的语言介绍了从古代希腊至 19 世纪欧洲辩证法思想的发展,以及各个时期辩证法赖以产生的经济基础、科学文化背景和阶级关系。

(2)华汉③著《唯物史观研究》(上、下)④,全书共 12 章,上册介绍辩证唯物主义,下册介绍历史唯物主义。主要内容为:绪论,哲学中的唯心论和唯物论,唯物史观的哲学基础,历史准备,达尔文主义与马克思主义,唯物史观,社会构成的三个前提,社会基础分析,社会建筑分析,唯物史观批判之批判,唯物史观在中国所引起的争论。

(3)马汉民著《精神科学概论——马克思主义的"精神生活"及"精神生产"过程之研究》⑤于 1930 年出版,全书共 13 章,分为总论、"精神生活过程"及其社

①　《毛泽东选集》第一卷,人民出版社 1991 年版,第 111 页。

②　张如心:《辩证法学说概论》,江南书店 1930 年 8 月上海初版。

③　"华汉"为阳翰笙(1902—1993)笔名。原名欧阳本义,笔名杨剑秀、华汉。四川高县人。中共党员。1925 年毕业于上海大学。曾参加五卅运动。历任上海大学中共党支部书记,中共闸北区委书记,黄埔军校、国民革命军政治部秘书。1927 年参加南昌起义。1928 年入创造社,负责左联、文总组织部书记工作。抗日战争时期任文协理事,剧协、影协常务理事,政治部第三厅主任秘书。1949 年后历任中华电影工作者协会主席,政务院文教委员会副秘书长,中国文联副主席、秘书长、党组书记、常务副主席。全国政协常委,中国作协理事、顾问,全国第一届人大代表,中共八大列席代表、十二大代表等。专著有《社会科学概论》、《唯物史观研究》等,另有《阳翰笙选集》(五卷本)、《阳翰笙剧作集》、《阳翰笙电影剧本选集》等。

④　上册,现代书局 1931 年 3 月上海初版,1932 年 10 月再版,166 页;下册,现代书局 1930 年 3 月上海初版,1933 年 3 月再版,第 175 页。

⑤　新生命书局 1930 年 9 月上海初版。

会关系、"精神生活过程"与社会关系三编,运用马克思主义理论对人类的精神活动和现象作出比较系统的研究。

(4)赵一萍著《社会哲学概论》①于1933年出版,全书8章(主要内容:哲学的性质与任务、辩证法的唯物论、社会哲学上的唯物论与唯心论、因果律与目的论、历史的决定论与意志自由问题、历史唯物论的社会观、社会底发展、社会底变革——社会革命论),通俗讲解马克思主义关于社会发展和社会构成的理论。

(5)李衡之著《辩证法之理论的研究》②于1934年出版。该著基于辩证法之史的考察,重点研究从观念论的辩证法到唯物论的辩证法、辩证法的三个基本定律、辩证法的思维之本质、形式论理学与辩证法、自然科学与辩证法等问题,阐明了辩证法产生和发展的历史。

(6)平心等著《社会科学论文选集》③于1936年9月出版,收李平心的《论形式逻辑》、《什么是辩证法》、《生产力与生产关系》、《物质与精神是什么》文章,寒松的《封建制度的解剖》、《资本主义的解剖》、《阶级是什么》、《论国家》、《意识形态是什么》、《中国的现社会》、《民族革命的意义》文章,伏生的《为什么要研究国际问题》文章,景观的《领袖论》等文章,共36篇。

(7)胡绳著《辩证法唯物论入门》④于1938年出版。该著是辩证唯物论的通俗读物,分为辩证唯物论的战斗性、辩证唯物论、唯物辩证法、辩证唯物论的认识原理等5章,为中国读者提供了马克思主义哲学的通俗化解释。

(8)葛名中著《科学的哲学》⑤于1939年9月出版。该著最大的特点,是紧密联系中国的社会实际,并引用自然科学的最新成果,阐述马克思主义的方法论——唯物辩证法。全书分为6章:辩证唯物论的基本观点,唯物辩证法的基本

---

① 生活书店1933年8月上海初版,1934年再版。

② 李衡之著《辩证法之理论的研究》,最早为神州国光社1934年上海初版。其后,言行出版社(上海)于1938年将《辩证法之理论的研究》作为"大众文库"第1辑出版,又于1939年3月易名为《唯物辩证法基本知识》出了初版。又过了十年即1949年,社会科学研究社(上海)也以《唯物辩证法基本知识》书名出版了此书。

③ 平心等著《社会科学论文选集》,生活书店1936年9月上海初版。

④ 胡绳著《辩证法唯物论入门》,新知书店1938年8月重庆版(后有1940年桂林6版,1948年大连版)。此著,后来在各地出版,主要有:山东新华书店1946年4月版;中原新华书店1948年11月版;光华书店1948年1月大连版;北平新华书店1949年版;生活·读书·新知三联书店(北京)1949年6月版("新中国青年文库")。

⑤ 该著虽出版于20世纪30年代末期,但在20世纪40年代流传很广,主要有4个版本:(1)生活书店1939年9月上海初版,1940年渝再版;(2)生活书店1948年3月上海初版;(3)新中国书店1948年3月上海初版;(4)光华书店1949年6月上海再版。

法则,唯物辩证法与哲学思维诸重要范畴,唯物辩证法与形式逻辑,唯物辩证法与中华民族全民抗战。①

（9）林哲人著《大众哲学问答》②于1939年出版。该著共7章,研究哲学是什么、哲学的两大领域、四大问题、辩证唯物论的本质与发展、唯物辩证法的根本法则、本质与现象、内容与形式、必然与偶然、现实与可能等问题,通俗介绍哲学的对象与任务、马克思主义哲学。

（10）张怀奇著《辩证法唯物论回答》③于1939年出版。该著共5章:唯物论辩证法的成长与发展,辩证唯物论的科学方法,唯物论辩证法的对象,唯物论辩证法（上、下）等,通俗地回答了78个问题。

马克思主义哲学大众化在20世纪40年代的中国还有新的发展,除了20世纪30年代的马克思主义大众化著作得以继续出版外,还有几部具有代表性的成果:

一是马恩列斯思想方法论编辑委员会的《马恩列斯思想方法论》④。该著摘录了马克思、恩格斯、列宁、斯大林的有关著作。分为4章:绪论——马克思主义的历史特点,理论与实际,历史科学的创造,国际经验·民族特点·革命传统。该著以毛泽东的《改造我们的学习》为"代序",书末辑录了《论写历史》、《德波林的自我批评》、《中共六中全会论学习》、《中共中央关于调查研究的决定》等7篇文章。

二是王全福的《哲学初级读本》⑤。该著分为上、中、下3篇,上篇为序论,中篇为世界到底是什么东西（世界观——辩证法的唯物论）,下篇为整个世界到底是怎样动的（方法论——唯物论的辩证法）。

---

①　参见北京图书馆编:《民国时期总书目（1911—1949）哲学·心理学》,书目文献出版社1991年版,第37页。

②　《大众哲学问答》,林哲人著,三户书店1939年3月上海初版。

③　《辩证法唯物论回答》,张怀奇著,三户书店1939年8月上海初版。

④　《马恩列斯思想方法论》最早为解放社1942年延安初版,其后北京的解放社于1949年再版,规定为"干部必读"书籍。此著各解放区易名为《思想方法论》出版,主要有:安东的东北书店1947年5月初版,1948年再版;冀东新华书店1949年5月版;冀鲁豫新华书店1949年6月版;东北新华书店辽东分店1949年8月版。上海有两家书店以"黎述编译"名义,将《马恩列斯思想方法论》易名为《思想方法论》出版:一是辰光书店1946年8月上海初版,1948年9月大连版("社会科学丛书");二是读书出版社1947年5月上海再版("社会科学丛书")。

⑤　王全福的《哲学初级读本》在新中国成立前有三个版本:其一是东方出版社1941年5月版;其二是人民出版社1947年5月初版,1949年3版;其三是新民主出版社1947年5月香港初版,1949年3版。

三是侯外庐、罗克汀①合著的《新哲学教程》②。该著共 8 章,论述唯物辩证法的产生和发展,对立统一的法则,现象与本质,认识论;哲学的对象、内容;唯心论与唯物论之区别;人类思维及哲学思想的发生。

四是孙起孟的《生活的智慧》③。该著运用辩证唯物论的观点通俗地分析了生活中的一些现象,如常与变、增与损、一与多、本与末、主与从、虚与实、广与深、表与里、缓与急、感情与理性、信仰与怀疑、知识与智慧、好与不好、人与事、理想与现实、自然与人为、必然与偶然、一般与特殊、民主与集中、原则与办法、目的与手段、事务与业务等。

五是胡绳的《思想方法和读书方法》④。该著分上下两辑,上辑讲述马克思主义的思想方法,有辩证法的法则和方法、《资本论》中的辩证法、列宁怎样反对主观主义等;下辑为马克思主义哲学指导下的读书方法,有怎样结合书本知识和实际经验、实践的态度——为人民服务、改造我们的学习、怎样做读书笔记等。

六是马特的《哲学初级研习提纲》⑤。该著共 12 讲,分为两部分:第一部分为思想方法论,以胡绳著《思想方法论初步》为蓝本,以罗森塔尔著、岳光译《唯物辩证法》为参考,介绍辩证法的法则和形而上学的方法论;第二部分为世界观与认识论,以沈志远著《现代哲学的基本问题》一书的第 3 章"新宇宙观"(新世界观)的基本问题为蓝本,介绍唯物辩证法的世界观与认识论。

需要特别强调的是,马克思主义哲学在中国传播后最突出的成就,是以毛泽东同志为主要代表的中国共产党人,将马克思主义作为变革中国社会的理论武器,开展新民主主义革命的伟大实践,并在革命斗争的实践中推进马克思主义中国化。正是如此,艾思奇在 1941 年指出:"辩证法唯物论的发展,在抗战后的第

---

① 罗克汀(1921—1996),原名邓焯华,广东番禺人,著名哲学家。1943 年毕业于广东文理学院,曾任西南学院、重庆社会大学、香港南方学院教授。新中国成立后,历任中山大学教授,全国现代外国哲学研究会中南、西南分会第一至第三届副理事长,广东哲学学会第二、第三届副会长。专于马克思主义哲学和西方现代哲学。著有《自然哲学概论》、《辩证唯物论与科学》、《现代西方哲学论集》等。

② 《新哲学教程》,侯外庐、罗克汀著,新知书店 1947 年 3 月上海初版。

③ 《生活与智慧》,孙起孟著,进修出版社 1946 年 2 月上海初版,1949 年 2 月再版。

④ 胡绳所著《思想方法和读书方法》,有三个版本:(1)耕耘出版社 1948 年 1 月上海初版;(2)光华书店 1948 年 1 月大连出版;(3)中外出版社 1949 年 3 月北平版。

⑤ 马特:《哲学初级研习提纲》,生活·读书·新知三联书店(上海)1949 年 6 月初版。此著,后来易名《哲学研习提纲》,生活·读书·新知三联书店(上海)1949 年 6 月再版。

一个表现,是提出了马克思主义中国化和辩证法唯物论的中国的具体应用的问题,同时这也是抗战以来辩证法唯物论发展上的一个最基本的问题。而一切其他问题的研究,却是以这一问题的解决做中心的。"①与此同时,中国马克思主义者还运用马克思主义哲学全面地整理中国的思想、学术和文化,这项工作在 20世纪 30 年代和 40 年代取得了显著的成绩。郭沫若的《中国古代社会研究》等著作,吕振羽写出的《史前期中国社会研究》《殷周时代的中国社会》等著作,范文澜的《中国通史简编》等著作,侯外庐的《中国古代社会史论》《中国古代思想学说史》《中国近代思想学说史》等著作,是中国马克思主义学者运用马克思主义哲学整理中国思想和文化的突出表征。

在 20 世纪 30 年代和 40 年代,以马克思主义为指导梳理中国哲学的历程及其成果,不仅形成学术研究的高潮,而且产出了极为丰富的学术成果。试举几例:

——杨东莼所著《中国学术史讲话》(北新书局 1932 年 11 月初版),以马克思主义为指导,系统地论述中国从原始社会至"五四"新文化运动各个时期的学术思想、代表人物与代表著作,全书以二十讲的篇幅梳理并论述中国学术史的重要内容:学术思想的萌芽,学术思想的解放与分野,学术思想的混合与儒家的独尊,道教的兴起及其变革,自然主义的特盛,佛教的输入及其在中国的发展与影响,理学未兴盛前学术思想的倾向,儒学的大转变——理学,西学东渐,朴学,今文学与维新运动,新文化运动。

——嵇文甫运用马克思主义哲学,写出系列性研究中国哲学史的专著。(1)《先秦诸子政治社会思想述要》(开拓社 1932 年 1 月初版),原为作者 1930年在清华、燕京两校讲授中国政治思想和社会思想时的讲义。在该著中,嵇文甫运用历史唯物主义的观点对中国先秦儒家、道家、法家的社会政治思想作了分析。全书分:孔子、墨子、老子、庄子、孟子、荀子、韩非七部分。书前有序;书末附录:《仁的观念之社会史的观察》《老庄思想与小农社会》。(2)《左派王学》(开明书店 1934 年 9 月初版)。嵇文甫认为,明中叶以后,因商业资本的扩大和深入,整个思想界走上一个革新的阶段。陈献章、王守仁先后举起道学革命的旗帜,而王畿、王艮则是阳明学派左翼的杰出者。全书分为:王阳明的道学革新运动,王龙谿与王心斋,泰州派下的几个要人,李卓吾与左派王学,左派王学的历史

———

① 艾思奇:《抗战以来的几种重要哲学思想评述》,《中国文化》第 3 卷第 2、3 期合刊,1941 年8 月。

评价等章。该著主要论述王守仁、王畿、王艮、王襞、颜钧、何心隐、管志道、罗汝芳、周汝登，以及与左派王学关系密切的李贽等人的思想，并评价其历史作用。书前有作者序，书末附录：《十七世纪中国思想变迁运动的由来》(《十七世纪中国思想史概论》第1章)。(3)《船山哲学》(开明书店1936年5月初版)。该著分上下两篇。上篇：性理学，介绍王夫之对天、人、性、命、理、势、常、变、博、约等哲学范畴的见解。嵇文甫认为，王夫之的根本思想是天人合一，生生不息，其哲学思想宗师横渠，修正程朱，反对陆王。下篇：历史哲学，阐述船山关于古今制度的因革、各朝代成败兴亡、华夏民族与夷狄、文明与野蛮等的看法，并对王夫之的"天理史观"、邹衍的"五德终始"、董仲舒的"三统论"等加以评述。书前有嵇文甫序，书末附录：藩宗洛《船山先生传》。(4)《晚明思想史论》(商务印书馆1944年9月初版)。该著论述自16世纪下半叶至17世纪上半叶，从宋明理学转向清代朴学的过程，以及中西方文化接触开端的历史。嵇文甫认为，这期间，先有王门诸子的道学革新运动，继之有东林派的反狂禅运动，而佛学、西学、古学错综交织于其间。全书分为9章：从王阳明说起，王学的分化，所谓狂禅派，异军特起的张居正，东林派与王学修正运动，晚明佛学界的几个龙象，古学复兴的曙光，西学输入的新潮，余论。

——李石岑的专著《中国哲学十讲》(世界书局1935年2月初版)，是由作者1922年的讲稿整理而成。李石岑接受马克思主义后，重新整理自己关于中国哲学史研究的成果，努力在中西哲学的比较中论述中国哲学的特点。《中国哲学十讲》分10讲：儒家的伦理观，墨家的尚同说及实践精神，道家的宇宙观，名家观念论的辩证法与形式逻辑，《中庸》一书的哲理，禅宗哲理，朱熹理学思想体系，王夫之体用一源论，戴震的生的哲学，各家哲学的产生和作用①。

——郭沫若在马克思主义指导下研究先秦的思想和学术，写出《先秦天道观之进展》、《先秦学说述林》、《青铜器时代》、《十批判书》等系列著作。(1)《先秦天道观之进展》(商务印书馆1936年5月初版)。该著分4章，第1章"天的观念之起源"，论述殷商时天的观念；第2章"天的观念之利用"，论及周人关于天的观念；第3章"天的观念之转换"，论述春秋时老子、孔子、墨子关于天的观念；第4章"天的观念之归宿"，对杨朱、孟子、庄子、荀子以及《易传》中天的观念加以分析。(2)《先秦学说述林》(东南出版社1945年4月初版)。该著收论文

---

① 关于李石岑《中国哲学十讲》的学术贡献，可参见吴汉全：《中国马克思主义学术史》第3卷，人民出版社2019年版，第52—63页。

14 篇:《周易制作时代》、《先秦天道观之进展》、《驳说儒》、《庄子与鲁迅》、《屈原思想》、《古代社会研究答客问》、《墨子的思想》、《公孙龙子与其音乐理论》、《先秦之际的儒者》、《述吴起》、《吕氏春秋与秦代政治》、《韩非〈初见秦〉篇发微》、《韩非子的思想》、《由周代农事诗论到周代社会》。(3)《青铜器时代》(文治出版社 1945 年版)。该著是作者 1934 年到 1935 年间撰写的研究先秦社会和学术思想的论文集,侧重考证,共收 12 篇:《先秦天道观之进展》、《周易之制作时代》、《由周代农事诗论到周代社会》、《驳说儒》、《墨子思想》、《公孙龙子与其音乐理论》、《述吴起》、《老聃·关尹·环渊》、《宋钘尹文遗著考》、《初见秦篇发微》、《秦楚之际的儒者》、《青铜时代》。书末附录 3 篇:《〈两周金文辞大系〉序说》、《周代彝铭进化观》、《彝器形象学初探》。(4)《十批判书》(群益出版社 1945 年版)。该著侧重思想诠释,收入作者 1943 年至 1945 年撰写的研究先秦时代社会和学术思想的论文,共 10 篇:《古代研究的自我批判》、《孔墨的批判》、《儒家八派的批判》、《稷下黄老学派的批判》、《庄子的批判》、《荀子的批判》、《名辨思潮的批判》、《前期法家的批判》、《韩非子的批判》、《吕不韦与秦王政的批判》。书末附有《我怎样写〈青铜时代〉和〈十批判书〉》文章①。

——赵纪彬运用马克思主义哲学系统梳理中国哲学史,形成《中国哲学史纲要》、《中国哲学思想》等著作。赵纪彬所著《中国哲学史纲要》(生活书店 1939 年 9 月初版),全书共 5 篇(第 1 篇阐明中国社会科学和自然科学的发展与哲学的相互关系,以及中国哲学发展的四个阶段;第 2 篇至第 5 篇着重从唯心、唯物方面分析老子至孙中山各派哲学思想),以马克思主义哲学系统地考察并梳理中国哲学史。赵纪彬还著有《中国哲学思想》(中华书局 1948 年 10 月初版),以马克思主义的观点来叙述从殷周之际哲学思想的萌芽至晚清今古文学论争止的中国哲学思想发展的历程,全书分为 3 篇:一是古代哲学思想,内容有:古代哲学思想的起源和派别,春秋战国之际的孔墨哲学思想,战国诸子的哲学思想,《墨经》的作者,荀子,韩非子对于古代哲学思想的总结等;二是中古哲学思想,论述两汉经学、魏晋玄学、六朝隋唐佛学和反佛学思潮、宋明道学的派别和内容;三是近代哲学思潮,阐述明清之际的反道学思想,清代汉学家的哲学思想,晚清经今古文学的对峙及其哲学思想。

---

① 参见北京图书馆编:《民国时期总书目(1911—1949)哲学·心理学》,书目文献出版社1991 年版,第 60 页。

——杨荣国①在马克思主义指导下梳理中国古代哲学发展进程,写出《中国古代唯物论研究》(写读出版社 1940 年 11 月初版)、《孔墨的思想》(生活书店 1946 年 5 月初版)等著作。《中国古代唯物论研究》一书坚持马克思主义的指导地位,并在说明各种思想产生的时代背景的基础上,系统地论述老子、墨子、杨朱、荀子、王充的唯物思想,主要包括老子的宇宙观与辩证法,墨子的名实论、认识论、方法论、反宿命论、政治论及道德观,杨朱的名实论、政治论、唯物论道德观及其对灵魂不灭说的否定,荀子的宇宙观、名实论、认识论及性恶论,王充的宇宙论、认识论、人生论、宿命论及无神论等。《孔墨的思想》一书分为上下两篇:上篇为"孔子的思想",论述孔子的一生,孔子的世界观,安定社会既成秩序的方针,巩固贵族政权的方法,孔子论灵魂和命运,孔子论人性,孔子的教育主旨和方法;下篇为"墨子的思想",叙述墨子的生平,墨子的世界观,墨子了解事物的三条方法,墨子的"偏爱"、"全面爱"与"反侵略"思想,墨子的反命运与宣传上帝鬼神的用意,墨子的教育方针。

——杜国庠在马克思主义哲学指导下研究先秦诸子,形成《先秦诸子思想》(1946 年)及《先秦诸子批判》两部专著。《先秦诸子思想》(生活书店 1946 年 9 月上海初版,1947 年 6 月再版;生活·读书·新知上海联合发行所 1949 年 6 月初版),概述诸子思想产生的时代、渊源、相互关系及对后世的影响,并依次论述孔子、墨子、宋钘、尹文、孟子、庄子、荀子、韩非子的主要思想和渊源,及先秦诸子关于名实问题的论辩。《先秦诸子批判》(作家书屋 1948 年 8 月初版),分为《论公孙龙子》、《论荀子成相篇》、《荀子从宋尹黄老学派接受了什么》、《中国古代由礼到法的思想变迁》、《关于墨辩的若干考察》、《略论礼乐起源及中国礼学的发展》等篇,通过对公孙龙子、荀子、宋钘、尹文、老子、后期墨家的考察,对先秦名家、儒家、道家、墨家、法家的思想发展作了分析和评论。②

马克思主义哲学对现代中国社会的思想和学术的影响是巨大的,20 世纪 30 年代即有学者对这种影响提出如下的看法:"新唯物论亦称辩证唯物论,马克

---

① 杨荣国(1907—1978),湖南长沙人。现代中国著名哲学家。早年毕业于上海群治大学。1938 年加入中国共产党。曾任重庆东北大学、南宁桂林师范学院教授。1949 年后任湖南大学文学院院长兼历史系主任,中山大学中国古代史教研室主任、系主任,中国科学院历史研究所研究员,第四届全国人大常委。对中国思想史、哲学史,特别是对中国古代思想史、哲学史的研究有较深造诣。著有《中国古代唯物论研究》、《中国十七世纪思想史》、《孔墨的思想》、《谭嗣同思想研究》等。

② 参见北京图书馆编:《民国时期总书目(1911—1949)哲学·心理学》,书目文献出版社 1991 年版,第 61 页。

思,恩格士,伊里奇等所倡导之哲学也。这派哲学移植于中国,亦是近二十年来的事。当初主其事者,实为一般共产党的党员,但近来亦有不是共产党的党员而从事于此派哲学的发揭者。这派哲学,一入中国,马上就风靡全国,深入人心。他的感化力实在不小,就连二十四分的老顽固受了他的熏染,马上都会变为老时髦。平心而论,西洋各派哲学在中国社会上的势力,要以此派为最大,别的是没有一派能够与他比臂的。"①可以说,马克思主义在中国的传播、运用和发展,彰显出马克思主义哲学变革社会的生命力,对现代中国的社会、思想和学术的影响皆是革命性的。仅就学术层面来说,马克思主义哲学在中国的传播、运用和发展,不仅在中国构建了中国马克思主义哲学体系,而且对人文社会科学的其他相关学科如政治学、历史学、经济学、社会学、法学、教育学、新闻学、民族学等意识形态较强的学科,皆有极为重要的影响。如此,在中国也就形成了中国马克思主义学科体系、学术体系和话语体系。

(二) 马克思主义哲学在中国发展的主要代表

现代中国的马克思主义哲学不仅呈现出极其丰富的思想内涵及价值意蕴,而且也有着不断前进的历史轨迹,并且产生了一批视域开阔、学有根底、社会变革意识强烈的马克思主义哲学家。中国马克思主义哲学是建立在中国共产党人变革中国社会的实践基础上,与一批又一批马克思主义者的不懈努力是密不可分的,因而也是中国马克思主义者集体创造的学术成果,并且也是中国马克思主义者智慧的结晶。故而,在研究中国马克思主义哲学产生的历程中,必须高度重视马克思主义者的创造性作用,需要重点地阐发中国马克思主义哲学家的开拓性努力及其学术成果。以下,试就中国马克思主义哲学的代表性人物及其成果,作简要的叙述:

1. 李大钊宣传马克思主义唯物史观的首创性贡献

马克思主义唯物史观在中国的传播是与李大钊的努力分不开的。论及中国马克思主义哲学的起源和发展问题,不能不高度评价李大钊的首创性贡献。李大钊早在新文化运动时期,就将人的改造作为重要命题,他在民国初年至五四运动期间非常关注国民性改造问题,不仅深刻地剖析国民性的表征,而且梳理国民性形成的原因,同时又对改造国民性的途径进行探讨②。在十月革命的影响下,

---

① 孙道升:《现代中国哲学界之解剖》,《国闻周报》第 12 卷第 45 期,1935 年 11 月。
② 吴汉全:《1912 年至 1920 年间李大钊对国民性问题的探索》,《首都师范大学学报》1998 年第 6 期。

李大钊在五四时期的中国思想学术界率先宣传马克思主义唯物史观,对马克思主义哲学在中国的生根和发展作出了极为宝贵的贡献,成为中国马克思主义哲学发展道路的开创者。

第一,心物关系、群己关系的唯物史观说明。李大钊接受马克思主义唯物史观以后,明确表示:"不求其原因于心的势力,而求之于物的势力,因为心的变动常是为物的环境所支配"①。李大钊在宣传唯物史观时,对心物关系作了这样的说明:"喻之建筑,社会亦有基址(Basis)与上层(Uberbau)。基址是经济的构造,即经济关系,马氏称之为物质的或人类的社会的存在。上层是法制、政治、宗教、艺术、哲学等,马氏称之为观念的形态,或人类的意识。从来的历史家欲单从上层上说明社会的变革即历史而不顾基址,那样的方法,不能真正理解历史。上层的变革,全靠经济基础的变动,故历史非从经济关系上说明不可。"②这里,李大钊是从社会存在本身去寻求社会、历史发展的根本动因,从而在心物关系上作出了马克思主义哲学的回答。

李大钊突破当时一般人对唯物史观所作的"经济决定论"的认识,把经济现象以外的精神现象纳入"经济本身变化的行程"之中,并对"心的势力"的作用作了正确的说明:"在经济构造上建立的一切表面构造,如法律等,不是绝对的不能加些影响于各个的经济现象,但是他们都是随着经济全进路的大势走的,都是辅助着经济内部变化的,就是有时可以抑制各个的经济现象,也不能反抗经济全进路的大势"③。这里,李大钊肯定了精神现象如法律等可以对经济现象产生重要影响,只不过这种影响是"不能反抗经济全进路的大势"的。而随着李大钊认识的提高,他对"心的势力"的作用在作了辩证分析的前提下,进行了正确而科学的界定。李大钊说:"有人说社会的进步,是基于人类的感情。此说乍看,似与社会的进步是基于生产程叙的变动的说相冲突,其实不然。因为除了需要的意识和满足需要的娱快,再没有感情;而生产程叙之所以立,那是为满足构成人类感情的需要。感情的意识与满足感情需要的方法施用,只是在同联环中的不同步数罢了。"④这里,李大钊明白地承认人类的心理、意识、需要、感情等精神因

① 《唯物史观在现代史学上的价值》,《李大钊全集》第3卷,人民出版社2006年版,第218—219页。

② 《马克思的历史哲学与理恺尔的历史哲学》,《李大钊全集》第4卷,人民出版社2006年版,第328页。

③ 《我的马克思主义观》,《李大钊全集》第3卷,人民出版社2006年版,第34页。

④ 《唯物史观在现代史学上的价值》,《李大钊全集》第3卷,人民出版社2006年版,第221页。

素在社会发展中的重要作用,一方面指出人们的思想意识在事实上参与了历史的创造活动,故而人们在历史长河中具有主体的能动性;另一方面又指出了人们的感情、需要等方面又脱离不了其"方法施用",而且其作用的范围也是在社会"生产程叙的变动"之下。

李大钊对与心物关系相联系的群己关系问题,在马克思主义唯物史观的指导下也有新的突破,对群己关系的认识也有了新的提高。他说:"迄于今兹,工人们曾被历史家、政治家完全蔑视。人类的真实历史,不是少数人的历史。人类种族,是由些全靠他们自己工作的果实生存的家族的群众成立的。历史的纯正的主位,是这些群众,决不是几个伟人。"①又说:"自马克思经济的历史观把古时崇拜英雄圣贤的观念打破了不少,他给了我们一种新的历史观,使我们知道社会的进步不是靠少数的圣贤豪杰的,乃是靠一般人的;而英雄也不过是时代的产物;我们的新时代,全靠我们自己努力去创造。"②这两段文字清楚地说明在群己关系问题上,李大钊的思想有了质的飞跃。李大钊认为,人民群众成为"历史的纯正的主位"乃是由于社会存在决定社会意识这一心物关系重新界定的结论,因为"一个个人,除去他与全体人民的关系以外,全不重要;……最要紧的,是要寻出那个民族的人依以为生的方法,因为所有别的进步,都靠着那个民族生产衣食方法的进步与变动"。这就是说,离开了社会发展的经济动因和人们所从事的社会实践,就很难凸现人民群众的历史地位,并且也不能把握历史演进的实态。当然,确立人民群众是"历史的纯正的主位",并不否认个体(历史人物、英雄)在历史上的地位,然而"英雄也不过是历史的产物",而且由于"一切进步只能由联合以图进步的人民造成,他于是才自觉他自己的权威,他自己在社会上的位置,而取一种新态度"③。可见,李大钊在群己关系上强调的是辩证的统一,其所说的"自觉"是在唯物主义基础上的心与物、己与群的统一。

第二,对历史变迁的辩证解析。依据马克思主义的唯物史观,历史变迁或历史的运动根源于生产力与生产关系、经济基础与上层建筑的矛盾运动,所以社会是不断发展的,并且是有规律的。对此,李大钊从哲学的高度作了辩证的解析。

其一,历史在时间中不断展开。李大钊发表《时》、《今与古》等文,阐明了历史在时间中不断展开的思想,力图寻求历史与时间之间的内在逻辑。此时,李大

---

① 《孔道西(Condorect)的历史观》,《李大钊全集》第4卷,人民出版社2006年版,第312页。
② 《史学与哲学》,《李大钊全集》第4卷,人民出版社2006年版,第167页。
③ 《唯物史观在现代史学上的价值》,《李大钊全集》第3卷,人民出版社2006年版,第220页。

钊运用马克思主义唯物史观对"时"的考察赋予了新的内容,把"时"的演进看成一个合乎和体现规律的历史进程,特别是将实践的观点引入历史领域,从而使时间在历史的延续中赋予实践性、现实性的特点。李大钊说:"三世代迁,惟今为重,凡诸过去,悉纳于今,有今为基,无限未来,乃胎于此。……我乃沉思,更得一义:既引的线,确属过去,未引的线,确在未来;然此线之行,实由过去,趋向未来,必有力焉,引之始现。此力之动,即为引的行为,引的行为,即为今点所在。过去未来,皆赖乎今,以为延引。今是生活,今是动力,今是行为,今是创作。苟一刹那,不有行为,不为动作,此一刹那的今,即归于乌有,此一刹那的生,即等于丧失。"① 李大钊提出"今是生活,今是动力,今是行为,今是创作"的思想,是从社会实践的高度来理解"今"的,并且也是从社会生活的演变和物质动因来剖析"今"的现实性。换言之,是"引的行为"的这种社会实践活动而成就历史演进的动力,这就使"今"在历史变迁中而具有特殊的价值:"惟今为重,凡诸过去,悉纳于今,有今为基,无限未来,乃胎于此。"由此"今"成为由过去通往未来不可或缺的关键环节,而不是那种"不有行为,不为动作"的"刹那"。这样历史变迁在时间里得以展开,在"现在"中得以提升和延续,并在通往未来中具有现实的基点,历史也就在人们的社会实践中成为一个进步和上升的过程,其原因正是"时是有进无退的,时是一往不返的",历史"只是螺旋的进步"②。可见,历史的进路在李大钊"时"的角度阐释下趋于规律的范畴,成为人们理解历史变迁的锁钥。

其二,历史演进的螺旋状上升及社会进化与革命的辩证统一。李大钊自接受了马克思主义唯物史观之后,从来没有把社会的进步看成是一条直线、没有反复、没有曲折,而认为社会是在曲折中前进,如螺旋式的上升。在 1922 年《今与古》的讲演中,李大钊说:"历史的演进,常是一盛一衰,一治一乱,一起一落。……其实人类历史演进,一盛之后,有一衰,一衰之后,尚可复盛,一起之后,有一落,一落之后,尚可复起,而且一盛一衰,一起一落之中,已经含着进步,如螺旋式的循环。"③ 李大钊承认历史的演进是一个不断进化的过程,但不认为这种进化没有曲折和波澜。他在阐述社会主义发生过程时,对进化与革命之关系统一于历史进程的观点作了这样的表述:"'社会主义'之发生,恰如鸡子在卵壳里发生一样。……在这卵壳尚未打破的时期,是一种进化现状。到鸡子已经发生

---

① 《时》,《李大钊全集》第 4 卷,人民出版社 2006 年版,第 350 页。
② 《时》,《李大钊全集》第 4 卷,人民出版社 2006 年版,第 352 页。
③ 《今与古》,《李大钊全集》第 4 卷,人民出版社 2006 年版,第 11 页。

成熟的时期,便非打破这壳不可。'社会主义'也是如此。到了已经发生成熟的时期,便非打破这资本主义的制度不可。打破卵壳,是革命的现象;打破这资本主义的制度,也是革命的现象。"①李大钊基于唯物史观而强调社会是进化与革命的统一,为唯物史观指导社会研究并进而寻求社会演化进程的统一性理解指明了方向。

其三,人们对历史的改造及其两种形式。在五四时期"社会改造"的语境之中,李大钊遵循社会发展的客观规律,认为"社会改造及历史变迁,不能从人任意为之"②。但这不是说人们在历史演进中无能为力,任凭历史的摆布。李大钊指出:"历史是人创造的,古时是古人创造的,今世是今人创造的。……我们要利用现在的生活,而加创造,使后世子孙得有黄金时代,这是我们的责任。"③这就是说,人是通过变革社会的创造性实践活动来主导和参与历史的演进和发展的,离开"创造"就不能真正影响人类的历史和社会的进步。李大钊强调创造活动是我们的"责任",其关键在于说明只有实践活动才能表现人类的本质存在和人们在社会中的主体性地位。那么,人们如何在历史进程中进行"创造"的活动呢?李大钊说:"一个是精神改造的运动,一个是物质改造的运动。"这两种改造运动的具体内容为:"精神改造的运动,就是本着人道主义的精神,宣传'互助'、'博爱'的道理,改造现代堕落的人心,使人人都把'人'的面目拿出来对他的同胞;把那占据的冲动,变为创造的冲动;把那残杀的生活,变为友爱的生活;把那侵夺的习惯,变为同劳的习惯;把那私营的心理,变为公善的心理。""物质改造的运动,就是本着勤工主义的精神,创造一种'劳工神圣'的组织,改造现代游惰本位、掠夺主义的经济制度,把那劳工的生活,从这种制度下解放出来,使人人都须作工,作工的人都能吃饭。"④李大钊关于"物心两面改造"的思路,确认了人对社会进行改造的两种基本形式,这一思想在《我的马克思主义观》、《社会主义与社会运动》等文章中都有体现。李大钊强调精神改造运动不可忽视,认为精神改造运动"在物质的改造开始的时期,更是要紧",而且"要与物质的改造运动一致进行"。

第三,对"大同理想"作出马克思主义的解说。中国传统文化中有着对"大同"的理想追求,反映中华民族关注人类命运、追寻美好社会的愿望。"团结"是

① 《马克思的经济学说》,《李大钊全集》第4卷,人民出版社2006年版,第46页。
② 《社会主义与社会运动》,《李大钊全集》第4卷,人民出版社2006年版,第206页。
③ 《今与古》,《李大钊全集》第4卷,人民出版社2006年版,第14页。
④ 《"少年中国"的"少年运动"》,《李大钊全集》第3卷,人民出版社2006年版,第12页。

伟大的民族精神的重要内容,它与"奋斗"、"梦想"、"创造"一起成就了伟大的中华民族精神,并成为中华民族的显著标识。李大钊在唯物史观的指导下,运用马克思主义的实践观念来考察社会和人生,基于马克思主义与中华优秀传统文化相结合的理念提出了大同团结的社会理想。这使得李大钊的哲学思想指向未来理想社会的建构上。

其一,"大同团结"是指理想的共产主义社会。马克思主义提出了共产主义理想,不仅为无产阶级革命指明了前进的目标,而且使未来社会的设计建立在社会革命的现实性基础上,从而实现了无产阶级的革命斗争与理想境界的辩证统一。李大钊对于马克思主义的共产主义理想是在不断的研究中而加深认识的,进而运用富有中国特色的"大同"范畴而形成"大同团结"这个概念,并将"大同团结"与共产主义的理想境界相联系,从而使"大同团结"赋予马克思主义的科学内容。这不仅在社会未来的设计中融入了中国传统优秀文化的相关元素,而且为马克思主义与中国传统文化优秀成果的结合作出了积极的尝试。随着李大钊对社会主义研究的深入,他认为马克思主义所指明的共产主义理想"其主张乃有强固的根据",而与空想社会主义"只以人的理性为根据"对人类未来社会进行设计有根本的不同;"今社会主义既立在人类历史的必然行程上,有具有极大势力的历史为其支撑者,那么社会主义之来临,乃如夜之继日,地球环绕太阳的事实一样确实了"①。这样,李大钊就把中国传统文化中对大同理想的追求,结合时代需要而明确地指向为马克思主义所设计的社会主义、共产主义社会,并认为这一理想社会的到来具有历史的必然性。

其二,"大同团结"的理想是个性解放与大同团结、自由与秩序的统一,亦即人道主义与科学社会主义的统一。李大钊说,那种认为"社会主义实行后,国家和社会权利逐渐增加,个人自由易受其干涉,遂致束缚",这实际上是一种对社会主义的"误解";事实上,"社会主义是保护自由、增加自由者,使农工等人均多得自由"②。李大钊基于大同团结的新社会是大同团结与个性解放相统一的认识,更进一步说明这样的大同世界是自由与秩序的统一。他说:"真正合理的个人主义,没有不顾社会秩序的;真正合理的社会主义,没有不顾个人自由的。个人是群合的原素,社会是众异的组织。真实的自由,不是扫除一切的关系,是在种种不同的安排整列中保有宽裕的选择机会;不是完成的终极境界,是进展的向

① 《桑西门(Saint-Simon)的历史观》,《李大钊全集》第3卷,人民出版社2006年版,第316页。

② 《社会主义与社会运动》,《李大钊全集》第4卷,人民出版社2006年版,第196页。

上行程。真实的秩序,不是压服一切个性的活动,是包蓄种种不同的机会使其中的各个份子可以自由选择的安排;不是死的状态,是活的机体。"①李大钊强调个人与社会、自由与秩序、个人主义与社会主义、大同团结与个性解放的统一,从而将中国传统文化中理想的大同之世赋予了现代社会中的个人自由、个性解放的人道主义内容,并将近代以来争取个性解放的斗争以及对理想社会的现实追求纳入未来社会的设计之中,其目标就在于建构既有个性自由又有大同团结的社会新秩序。李大钊对大同团结理想目标的阐释,在马克思主义与中国革命相结合的视域中构造未来社会的理想蓝图。在这一蓝图中,真正合理的社会主义和真正合理的个人主义并不矛盾,而是达到完善的统一;这种统一是以自由和秩序的统一为表现形式,即一方面是有个人的充分自由,另一方面是有良好的社会秩序。从李大钊对大同团结理想的设计中可以看出,他在马克思主义科学社会主义理论的指导下,一方面摆脱了中国近代对大同之世设计的空想性,另一方面又赋予了近代以来中国民主革命追求个性解放的合理内容,从而使现实社会变革与理想目标的设计紧密结合起来。

其三,实现世界大同有着现实的具体途径。在李大钊的哲学视域中,理想性与现实性是统一的,其统一的基础正是社会实践。李大钊接受了马克思主义的阶级斗争理论,非常重视阶级斗争在社会变革中的革命性作用,但李大钊也有其独到之处,这就是他主张通过精神改造与物质改造的结合,亦即他在著作中提出的"物心两面改造"主张。在李大钊看来,在社会变革和实现大同理想的进程中,一方面必须开展阶级斗争,进行社会的物质改造;但在另一方面,也必须发挥"互助"、"博爱"的精神,进行社会的精神改造。这是因为,阶级斗争与"互助"、"博爱"两者是相互联系的,并且也是可以达到统一的,因而在通往大同的道路上可以发挥各自的积极作用,从而推动大同理想社会的实现。李大钊说:"我们主张以人道主义改造人类精神,同时以社会主义改造经济组织。不改造经济组织,单求改造人类精神,必致没有结果。不改造人类精神,单就改造经济组织,也怕不能成功。"②李大钊在这里所讲的"社会主义",其基本内涵是"阶级斗争";所讲的"人道主义",其根本性的要求则是遵循"互助原理"。因为李大钊讲过:"这最后的阶级竞争,是改造社会组织的手段。这互助的原理,是改造人类精神

---

① 《自由与秩序》,《李大钊全集》第3卷,人民出版社2006年版,第253—254页。
② 《我的马克思主义观》,《李大钊全集》第3卷,人民出版社2006年版,第35页。

的信条。我们主张物心两面的改造,灵肉一致的改造。"①从李大钊关于改造社会的两个手段来看,在通向大同理想道路上,人道主义与社会主义不仅是相互联系的,而且也是统一的。

李大钊是中国最早的马克思主义者、马克思主义哲学在中国的最早传播者,五四时期的不少进步青年是在他的影响下转变为马克思主义者的。李大钊在当时所能接触到极为有限的马克思主义哲学著作和哲学观点的情况下,依据马克思主义观点和唯物史观的基本要求进行巨大的理论创造,并力求将马克思主义与中国传统文化的优秀成果结合起来,从而使以唯物史观为显著标识的马克思主义哲学开始植根于中国学术界,有力地推进了马克思主义在人文社会科学各学科各领域的发展,并对其后的中国马克思主义哲学的发展产生极为重要的引领性影响。

2. 陈独秀宣传马克思主义哲学的重大努力

陈独秀是新文化运动的领袖,中国共产党的主要创始人之一,马克思主义学术中国化的先驱。他转变为马克思主义者之后,坚信只有马克思主义才能改造中国社会,并花费很大的精力专门研究和宣传马克思主义,在马克思主义与学术研究相结合的道路上努力前行。陈独秀对马克思主义哲学在中国的发展,其贡献主要在以下几个方面:

第一,比较完整地介绍了马克思主义唯物史观的基本内容,要求人们从马克思主义的经典著作中理解唯物史观的要义。在马克思主义传入中国之初,人们对于马克思主义的唯物史观还不甚理解,对唯物史观的基本内容及其意义还不太清楚。陈独秀要求人们阅读马克思主义的经典著作,从马克思的著作中来领会唯物史观的内容,并认为马克思主义之所以是科学的学说,就是因为有唯物史观作基础。他指出:"马克思的唯物史观学说虽然没有专书,但是他所著的《经济学批评》、《共产党宣言》、《哲学之贫困》三种书里都曾说明过这项道理。综合上列三书中所说明的唯物史观之要旨有二:其一,说明人类文化之变动。大意是说:社会生产关系之总和为构成社会经济的基础,法律、政治都建筑在这基础上面。一切制度、文物、时代精神的构造都是跟着经济的构造变化而变化的,经济的构造是跟着生活资料之生产方法变化而变化的。不是人的意识决定人的生活,倒是人的社会生活决定人的意识。其二,说明社会制度之变动。大意是说:社会的生产力和社会制度有密切的关系,生产力有变动,社会制度也要跟着变

---

① 《阶级竞争与互助》,《李大钊全集》第 2 卷,人民出版社 2006 年版,第 356 页。

动,因为经济的基础(即生产力)有了变动,在这基础上面的建筑物自然也要或徐或速的革起命来,所以手臼造出了封建诸侯的社会,蒸汽制粉机造出了资本家的社会。……马克思社会主义所以称为科学的不是空想的,正因为他能以唯物史观的见解,说明资本主义的生产方法和资本主义的社会制度所以成立所以发达所以崩坏,都是经济发展之自然结果,是能够在客观上说明必然的因果,不是在主观上主张当然的理想,这是马克思社会主义和别家空想的社会主义不同之要点。"①这段论述,陈独秀不仅清楚地说明了唯物史观的基本要义,而且点明了唯物史观在马克思主义学说体系中的基础性地位。

第二,强调马克思主义的"实际研究的精神"和"实际活动的精神",揭示马克思主义的实践性本质。实事求是是马克思主义哲学的精髓,陈独秀对此有切实的解说和独特性的理解。1922 年 5 月 5 日,陈独秀在演讲中说明"马克思学说和马克思的行为有两大精神",这就是"实际研究的精神"和"实际活动的精神"。陈独秀指出,马克思注重社会的实际所表现出的是"实际研究的精神",由此也使得马克思主义是"科学的社会主义",与空想社会主义有根本的不同,因而他希望"青年诸君能以马克思实际研究的精神研究社会上各种情形,最重要的是现社会的政治及经济状况";陈独秀还指出,马克思还具有"实际活动的精神",因而马克思是"革命的社会主义者",由此"我们研究他的学说,不能仅仅研究其学说,还须将其学说实际去活动,干社会的革命"②。因此,中国人在社会改造中必须充分发挥马克思从事社会实际活动的精神,把马克思主义作为推进社会革命的原动力。陈独秀关于马克思学说具有"实际研究"和"实际活动"两大精神的阐述,阐发了马克思主义实事求是的基本要求,说明了马克思主义实践性的本质和对社会变革的指导地位。

第三,阐述了马克思主义关于生产力决定生产关系、经济基础决定上层建筑的原理。陈独秀对马克思主义唯物史观有较为深入的理解,一方面指出生产力决定生产关系、经济基础决定上层建筑,另一方面又指出生产关系对生产力、上层建筑对经济基础的反作用。他指出,社会生产关系之总和为构成社会经济的基础,法律、政治都建筑在这基础上面。故而,社会的生产力有变动,社会制度也必然地要跟着变动。他指出:"第一,唯物史观所谓客观的物质原因,在人类社会,自然以经济(即生产方法)为骨干。第二,唯物史观所谓客观的物质原因,是

① 《陈独秀著作选》第 2 卷,上海人民出版社 1993 年版,第 354—355 页。
② 《陈独秀著作选》第 2 卷,上海人民出版社 1993 年版,第 364—365 页。

指物质的本因而言,由物而发生之心的现象,当然不包括在内。世界上无论如何彻底的唯物论者,断不能不承认有心的现象即精神现象这种事实;唯物史观的哲学者也并不是不重视思想、文化、宗教、道德、教育等心的现象之存在,惟只承认他们都是经济的基础上面之建筑物,而非基础之本身。"①在陈独秀看来,不能将唯物史观看成是一种"挨板的自然进化说",不能将马克思主义变成"完全机械论的哲学",而是要从中寻找变革社会、创造历史的方法。他指出:"鄙意以为唯物史观是研究过去历史之经济的说明,主张革命是我们创造将来历史之最努力最有效的方法,二者似乎有点不同。唯物史观固然含着有自然进化的意义,但是他的要义并不只此,我以为唯物史观底要义是告诉我们:历史上一切制度底变化是随着经济制度底变化而变化的。"②陈独秀强调社会运动中有着物质基础的决定性作用,但同时也承认上层建筑所起的反作用,避免了当时社会上的一般人对唯物史观所作的机械性理解,这在当时有助于科学地理解唯物史观的基本原理,从而更好地运用唯物史观进行社会变革活动。

第四,主张在解读唯物史观的基础上重点地宣传马克思主义阶级斗争理论。陈独秀宣传阶级斗争学说,是以唯物史观的理解和解释为前提的,强调唯物史观与阶级斗争理论的内在关系,认为唯物史观是阶级斗争学说的基础。他指出,马克思和恩格斯1848年合著的《共产党宣言》,其"精髓"正是"根据唯物史观来说明阶级争斗的",基本要义有二:一是认为"一切过去社会底历史都是阶级争斗底历史",二是认为"阶级之成立和争斗崩坏都是经济发展之必然结果"③。陈独秀从唯物史观入手来解释阶级的产生和阶级斗争,说明有产阶级与无产阶级之间的阶级斗争都是经济变动的结果,并且具有历史的必然性。他指出:"无产阶级是跟着有产阶级照同一的比例发达起来的,近代产业发展的结果,一般小资产阶级的小商人小工业家,一方面因为他们的专门技能为新生产方法所压倒,一方面因为他们的小资本为大规模的产业所压倒,都不断的降到无产阶级,可是一方面产业愈加发展,一方面无产阶级不但人数愈加增多,而且渐次集中结成大团体,因为生活不安,对于有产阶级渐次增长阶级抵抗底觉悟,发生争斗,始于罢工,终于革命。……近代产业发达,使有产阶级的生产及占有之基础从根破坏;有产阶级所造成的首先就是自身的坟墓,有产阶级之倾覆及无产阶级之胜利,都

---

① 《陈独秀著作选》第2卷,上海人民出版社1993年版,第573—574页。
② 《陈独秀著作选》第2卷,上海人民出版社1993年版,第315—316页。
③ 《陈独秀著作选》第2卷,上海人民出版社1993年版,第356页。

是不能免的事。"①恩格斯在《共产党宣言》的 1883 年德文版序言中,对于《共产党宣言》所蕴含的阶级斗争思想有很好的阐发:"每一历史时代的经济生产以及必然由此产生的社会结构,是该时代政治的和精神的历史的基础;因此(从原始土地公有制解体以来)全部历史都是阶级斗争的历史,即社会发展各个阶段上被剥削阶级和剥削阶级之间、被统治阶级和统治阶级之间斗争的历史;而这个斗争现在已经达到这样一个阶段,即被剥削被压迫的阶级(无产阶级),如果不同时使整个社会永远摆脱剥削、压迫和阶级斗争,就不再能使自己从剥削它压迫它的那个阶级(资产阶级)下解放出来,——这个基本思想完全是属于马克思一个人的。"②陈独秀认为,恩格斯的"这一段话可以说是把唯物史观说和阶级争斗说打成一片了"③。陈独秀主张从唯物史观的基本精神来阐述阶级斗争学说,说明马克思主义的阶级斗争学说与唯物史观没有矛盾的地方。

第五,比较科学地揭示了社会现象的规律性与人的主观能动性的关系。陈独秀基于唯物史观原理来解读社会现象的规律性,认为社会现象尽管是极为复杂的,但也是有客观的规律存在的,这是由于社会现象"推求其最初原因都是物质的,而为因果律所支配"④,只是因为当时人们的认识水平尚未达到完全掌握这种规律而已。他指出:"社会现象比心理现象更复杂,所以我们人类对于这些现象因果之认识便有比较的精粗迟速之不同,并不是宇宙间诸现象中,一部分是有规律秩序的,一部分是乱杂无章毫没有规律秩序的。宇宙万象之有规律秩序是一件事,我们人类的知识已否认识这规律秩序又是一件事,不能拿我们主观上犹未能完全认识某一部分之规律秩序,遂断定客观上某一部本来没有规律秩序。"⑤同时,陈独秀也特别强调需要发挥人的主观能动性,但他认为这种主观能动性的发挥,是以一定的社会历史条件为前提的。他指出:"在社会的物质条件可能范围内,唯物史观论者本不否认人的努力及天才之活动。……人的努力及天才之活动,本为社会进步所必需,然其效力只在社会的物质条件可能以内。"⑥陈独秀一方面强调社会现象的规律性,另一方面又重视人的主观能动性作用的有效发挥,承认人的努力是以遵循客观规律为前提的,这就较好地贯彻了历史唯

① 《陈独秀著作选》第 2 卷,上海人民出版社 1993 年版,第 358 页。
② 《马克思恩格斯选集》第 1 卷,人民出版社 1995 年版,第 252 页。
③ 《陈独秀著作选》第 2 卷,上海人民出版社 1993 年版,第 356 页。
④ 《陈独秀著作选》第 2 卷,上海人民出版社 1993 年版,第 690 页。
⑤ 《陈独秀著作选》第 2 卷,上海人民出版社 1993 年版,第 692 页。
⑥ 《陈独秀著作选》第 2 卷,上海人民出版社 1993 年版,第 576 页。

物主义的基本原理。

第六，主张在坚持马克思主义指导地位的同时，要根据社会的需要来运用马克思主义。陈独秀认为，马克思主义是科学的理论，有着客观的经济基础，因而是必须遵循的。关于马克思主义的科学性，陈独秀指出："古代所讲的社会主义，都是理想的；其学说都建设在伦理上面，……近代所讲的社会主义，便不同了；其宗旨固然也是救济无产阶级底苦恼，但是他的方法却不是理想的简单的均富论，乃是由科学的方法证明出来现社会不安底原因，完全是社会经济制度——即生产和分配方法——发生了自然的危机，要救济他的危机，先要认明现社会底经济的事实（譬如无政府主义者往往拿从前人口稀少农业时代的理想来改造现代人口发达的工业社会，便是未曾认明现社会底经济的事实。），在这个事实的基础上面，来设法改造生产和分配底方法。因此可以说，马格斯（马克思）以后的社会主义是科学的是客观的是建设在经济上面的，和马格斯（马克思）以前建设在伦理上面的空想的主观的社会主义完全不同。"①正是在强调马克思主义科学性的基础上，陈独秀要求人们要坚定马克思主义的信仰，自觉地以马克思主义作指导，并在实践中加以贯彻执行。他以行船必须定方向来说明坚持马克思主义的极端重要性："我们行船时，一须定方向，二须努力。不努力自然达不到方向所在，不定方向将要走到何处去？……主义制度好比行船底方向，行船不定方向，若一味盲目的努力，向前碰在礁石上，向后退回原路去都是不可知的。……我敢说，改造社会和行船一样，定方向与努力二者缺一不可。"②陈独秀还认为，坚定马克思主义信仰就必须在实践中运用马克思主义，而运用马克思主义又必须根据社会的状况及其需要，而不能将马克思主义作为"装饰品"。他指出："详论一种学说有没有输入我们社会底价值，应该看我们的社会有没有用他来救济弊害的需要。输入学说若不以需要为标准，以旧为标准的，是把学说弄成了废物；以新为标准的，是把学说弄成了装饰品。……我们士大夫阶级断然是没有革新希望的，生产劳动者又受了世界上无比的压迫，所以有输入马格斯（马克思）社会主义底需要。这些学说底输入都是跟着需要来的，不是跟着时新来的。"③陈独秀一方面主张人们要坚定马克思主义的信仰，另一方面又主张要根据社会需要来运用马克思主义，而不要把马克思主义作为"装饰品"，指明了马克思主

① 《陈独秀著作选》第2卷，上海人民出版社1993年版，第241—242页。
② 《陈独秀著作选》第2卷，上海人民出版社1993年版，第217—218页。
③ 《陈独秀著作选》第2卷，上海人民出版社1993年版，第177页。

义在中国以社会需要而具体地运用的发展方向。

陈独秀转变为马克思主义者以后的哲学思想,以宣传马克思主义哲学为中心,重点阐发马克思主义的唯物史观原理,强调马克思主义哲学的实践精神及其对社会变革的指导意义,重视马克思主义哲学的具体运用,主张以中国社会需要为原则来运用和发展马克思主义哲学,因而是五四时期马克思主义哲学中国化的重要开创者。陈独秀对唯物史观的宣传与研究是在论战中进行的,扩大了马克思主义哲学在中国的影响,增强了人们对马克思主义的理解与运用能力。在中国早期的马克思主义者中,除李大钊之外,陈独秀在哲学修养和马克思主义理论水平方面应该说是比较高的。实事求是说,陈独秀尽管后来犯了错误,但他对于马克思主义哲学在中国的引进、运用与发展是作出过突出贡献的,并且为中国马克思主义哲学体系的创建奠定了思想基础,因而是中国马克思主义哲学的重要开创者。

3. 瞿秋白对辩证唯物主义的开创性研究

瞿秋白所著《社会哲学概论》和《现代社会学》,对唯物辩证法作出了创造性的研究,开启了马克思主义辩证法思想在中国发展的道路。《社会哲学概论》是瞿秋白 1923 年担任上海大学社会学系主任期间撰写的马克思主义哲学著作,1924 年初作为《社会科学讲义》①的一部分由上海书店印行。这是一部宣传马克思主义哲学的著作。《现代社会学》也是瞿秋白在上海大学授课的讲义,由上海书店作为《社会科学讲义》印行。这是中国马克思主义社会学的第一本教科书,该著亦有极为丰富的哲学思想。《社会哲学概论》和《现代社会学》著作,所阐述的哲学思想如下:

(1)关于哲学的基本问题。瞿秋白认为哲学最初是一切知识的总称,各种科学从中分出之后,哲学也就成为"方法论和认识论"了②。他根据恩格斯的《路德维希·费尔巴哈和德国古典哲学的终结》中的观点来阐述哲学的基本问题,指出"'我'与'非我'、'意识'与'实质'"(即客观存在)的关系问题是"哲学中的根本问题"③。正是由对这一问题的不同回答,使哲学划分为唯物主义和唯

① 《社会科学讲义》是瞿秋白 1923 年担任上海大学社会学系主任时,为应教学及研究所需而主编的系列性的马克思主义学术丛书。该丛书共 4 集,包括《现代社会学》、《现代经济学》、《社会运动史》、《社会思想史》、《社会哲学概论》等 6 个部分,由上海书店 1924 年 1—4 月印行。在这个丛书中,《现代社会学》和《社会哲学概论》为瞿秋白所撰写。
② 《瞿秋白文集》(政治理论编)第 2 卷,人民出版社 1988 年版,第 310 页。
③ 《瞿秋白文集》(政治理论编)第 2 卷,人民出版社 1988 年版,第 311 页。

心主义两大阵营:"凡以客观为出发的,——只要他是一贯的思想家,有这勇气一直推究下去,——他必成唯物论中之一派。而以主观为出发的,——便是唯心论中之一派。"①这里,瞿秋白在中国第一次对于哲学的基本问题作了较为完整的阐述。瞿秋白进而指出,在唯心论的一派之中,又有客观唯心论和主观唯心论两种。另外,还"有些人不能有一贯的思想,往往走到半路,而以唯心唯物的调和论自足。这种哲学家就是'折衷派'"②。

(2)关于物质和精神的关系。瞿秋白对于物质与精神的关系作了马克思主义的回答,阐述了物质第一性、意识第二性的原理。他指出"先有物质,而后发生能思想的物质——'人'。可见物质先于精神"的,而"精神仅只是某种组成特定形式的物质之功能(属性)"③。总而言之,精神对物质具有依赖性,"精神不能外乎物质而存在;物质却能外乎精神而存在,物质先于精神;精神是特种组织的物质之特别性质。——物质当然是宇宙间一切现象之根本。"④瞿秋白依据恩格斯《反杜林论》中的观点,进一步阐述思想意识对于物质的依赖性:"无论什么样的思想,决不是一个人的创造或想象。我们的一切智识都从外物所给的经验得来的。就是纯粹抽象的算术亦是现实世界的反映。……算术及其他科学都是应人类的需要而发生的。"⑤瞿秋白主张在把握物质与精神关系的前提下,以辩证唯物论作为分析世界的根本方法。

(3)关于辩证法的基本特征和三大规律。瞿秋白对于辩证法联系的与发展的两个总特征进行了阐述。在瞿秋白看来,宇宙间的一切现象及社会间的一切现象,皆可以有两种观察法:"一种以为一切都是静的,一成不变的。还有一种便以为是变迁不居的。第一种是所谓静力观,第二种是所谓动力观。"⑥瞿秋白主张"动力观",称辩证法为"互辩法",并认为"互辩法"具有"联系"和"动象"两个基本特征。他指出:"互辩法的考察一切现象,第一要看现象之间的不断的联系,第二要看他们的动象。"⑦所谓"联系",是"因为宇宙永永在动之中,——所以研究一切现象,应当看他们之间的联系,而不可以刻舟求剑的只见'绝对的分

①　《瞿秋白文集》(政治理论编)第2卷,人民出版社1988年版,第312页。
②　《瞿秋白文集》(政治理论编)第2卷,人民出版社1988年版,第312页。
③　《瞿秋白文集》(政治理论编)第2卷,人民出版社1988年版,第442页。
④　《瞿秋白文集》(政治理论编)第2卷,人民出版社1988年版,第443页。
⑤　《瞿秋白文集》(政治理论编)第2卷,人民出版社1988年版,第347页。
⑥　《瞿秋白文集》(政治理论编)第2卷,人民出版社1988年版,第449页。
⑦　《瞿秋白文集》(政治理论编)第2卷,人民出版社1988年版,第451页。

划'。"①所谓"动象"即是发展,这是由于"世界上一切事物都在'动'与'变'之中,没有一种东西是停滞不变的",因而"凡是研究一种现象,必须观察他的发生、发展及消灭,——换句话说,便是'研究事物之动象,——研究事物于其变动之中'"②。瞿秋白揭示辩证法的两个基本特征,就在于强调:"宇宙间的一切现象,既然是永久动的,互相联系着的;社会现象当然亦是如此。所以社会科学中的根本方法就是互辩的唯物主义。"③这就是说,要将辩证唯物主义作为一种根本的方法应用到社会的研究之中。对此,瞿秋白提出三点具体要求:"第一,应当研究每一种形式的社会之个别的'自性'。就是,不可以一概的、笼统的推想一切时代,一切社会。""第二,应当研究每种社会的内部变动的历程。""第三,应当研究每一种社会的发生及其必然的消灭,——即研究其与别种社会的联系。"④瞿秋白揭示辩证法的两个总特征,并就具体地运用辩证法提出要求,就在于为社会科学研究提供根本的方法论。

瞿秋白对于辩证法的三大规律作了较为系统的介绍,强调辩证法三大规律在人类认识进程中的作用。关于矛盾规律即对立统一规律,瞿秋白指出:"宇宙现象的根本便是'物质的动'。动的本身便是矛盾"⑤。又说:"物的矛盾及事的互变便是最根本的原理,——没有矛盾互变便没有动;没有动便没有生命及一切现象。"⑥这里,"物质的动"及"矛盾互变",成为瞿秋白阐发辩证法矛盾规律的基本环节。关于质量互变规律,瞿秋白指出:"宇宙及社会里的一切发展,——就是数量变更的渐渐积累,然而数量的变,到一定的程度,必定突变为质量的变。"⑦这里,瞿秋白对于从"量变"到"质变"的叙述,指明了"量变"的渐进性、"质变"的突变性及两者的内在统一关系。关于否定之否定规律,瞿秋白指出:"自然界、社会关系以及思想都是连环不断的'否定'。这是很重要的很广大的公律。"⑧需要指出的是,恩格斯在《反杜林论》中,把矛盾规律与"量变质变"规律放在一起来叙述,而瞿秋白更加重视矛盾规律的地位,遂将矛盾律单独作为一节进行重点叙述。瞿秋白遵循恩格斯《反杜林论》中的思想,特别指出:"宇宙的

① 《瞿秋白文集》(政治理论编)第2卷,人民出版社1988年版,第451页。
② 《瞿秋白文集》(政治理论编)第2卷,人民出版社1988年版,第450页。
③ 《瞿秋白文集》(政治理论编)第2卷,人民出版社1988年版,第451—452页。
④ 《瞿秋白文集》(政治理论编)第2卷,人民出版社1988年版,第453—454页。
⑤ 《瞿秋白文集》(政治理论编)第2卷,人民出版社1988年版,第354页。
⑥ 《瞿秋白文集》(政治理论编)第2卷,人民出版社1988年版,第355页。
⑦ 《瞿秋白文集》(政治理论编)第2卷,人民出版社1988年版,第355页。
⑧ 《瞿秋白文集》(政治理论编)第2卷,人民出版社1988年版,第356—357页。

根本是物质的动,动的根本性质是矛盾——是否定之否定,是数量质量的互变。"①这里,更突出矛盾规律在辩证法规律体系中的根本地位。另外,瞿秋白关于矛盾规律的阐述,还受到布哈林用"系统"观点来研究矛盾问题的影响,强调环境与个体之间存在着矛盾,并进而提出"环境影响于个体,个体亦影响环境"②的论断。瞿秋白简明扼要地说明了辩证法三大规律的内容,其关于辩证法规律的论述是极为宝贵的,对于中国马克思主义哲学体系的发展有重大的意义。

(4)关于历史唯物论的基本原理。瞿秋白在重视唯物辩证法的同时,对于生产力在社会生活中的地位进行了科学的解说,肯定生产力是社会变迁中的根本动因,认为"生产力之状态是社会最后的根底"的原理是历史唯物论的基础。他指出:"社会的基础一定是物质的生产力之状态;社会变易的根本原因必定是生产力之发展。"③又说:"人类不能以主观自由选择生产力。人类社会的发展每时期每地域总只能从先有的生产力之状态着手"④。瞿秋白说明了生产力决定生产关系、经济基础决定上层建筑的原理,指出人与人之间的关系最根本的是经济关系,而在经济关系之上又建立了社会制度,所以生产力变动必然引起经济关系变动,而经济关系的变动又引起了社会制度变动。他指出:"因物质的经济关系之需要,社会中便渐渐发生各种精神关系(政治、道德等)。这些精神关系当然受那物质关系的支配。"⑤又说:"物质的生产及其资料(物质的生产力)是人类社会生存的根据。没有这些物质关系,无论什么'社会意识','精神文明'都不能有。"⑥值得注意的是,瞿秋白对于上层建筑的反作用也予以充分的肯定,一方面认为"政治、思想等当然能返其影响于经济",另一方面又认为政治思想等上层建筑"只能做经济数量上的变更之助缘,而不能做经济性质上的变更之动因"⑦。这就将上层建筑的反作用及反作用的限度予以了科学的说明。

瞿秋白在研究和宣传马克思主义哲学的过程中,运用"互辩律的唯物主义"对当时社会上颇有影响的实用主义进行分析和批判。他在1924年写了《实验主义与革命哲学》文章,认为"中国五四运动前后,有胡适之的实验主义出现,实在

---

① 《瞿秋白文集》(政治理论编)第2卷,人民出版社1988年版,第357页。
② 《瞿秋白文集》(政治理论编)第2卷,人民出版社1988年版,第457—458页。
③ 《瞿秋白文集》(政治理论编)第2卷,人民出版社1988年版,第555页。
④ 《瞿秋白文集》(政治理论编)第2卷,人民出版社1988年版,第556页。
⑤ 《瞿秋白文集》(政治理论编)第2卷,人民出版社1988年版,第546页。
⑥ 《瞿秋白文集》(政治理论编)第2卷,人民出版社1988年版,第447页。
⑦ 《瞿秋白文集》(政治理论编)第2卷,人民出版社1988年版,第597页。

不是偶然的",是实验主义这种哲学能适应中国"第三阶级"思想发展的需要。实验主义固然有其"优点",就是"他时时刻刻注重现实生活的实用方面及积极性质",但"实验主义的弱点,却亦在他的轻视理论,因为实验主义的宇宙观根本上是唯心论的"①。瞿秋白着重批判实用主义的真理观,认为这种真理观与马克思主义是根本对立的。他指出:"照实验主义的观点看来,假使某种真理,因种种原故而变成无益的,他亦就成了谬见;换句话说,假使原有的目的和需要变了,以前的真理便变成非真理了。"这与马克思主义"互辩律的唯物论"根本不同。"互辩律的唯物论的根本观念,是承认我们对于外物的概念确能与外物相符合。因此,我们要利用外物,只能尽他实际上所含有的属性,来满足我们的需要,达到我们的目的。客观的现实世界里所没有的东西,不能做我们行动的目标。现实只有一个,真理亦只有一个。我的观念及思想,当然是刻刻变的;然而这是因为客观的现实世界在那里刻刻的变,却并不是因为我们主观的目的在那里变。"②这就在批判实用主义中很好地阐述了马克思主义唯物论的基本内涵。

马克思主义哲学在现代中国的传播,一开始乃是传播马克思主义的唯物史观,故而也就有人误以为唯物史观乃是马克思主义哲学的全部。瞿秋白在研习马克思主义理论的基础上对马克思主义哲学的研究和宣传,不仅承认并宣传了马克思主义唯物史观,而且又突出了唯物辩证法在马克思主义哲学体系中的地位,促进了马克思主义的辩证唯物主义在中国生根和发展,因而也就突破了一般人将唯物史观简单地等同于马克思主义哲学的认识,从而使中国学术界对于马克思主义哲学体系有了整体性的认识。瞿秋白对于马克思主义哲学的认识有着整体的视域,他确认"社会科学中的根本方法就是互辩的唯物主义"③,指示中国马克思主义者"尤其应当细细的考察这唯物主义的、互辩律的哲学"④,这对马克思主义哲学与中国革命的结合、对于中国马克思主义哲学体系的构建有重大的影响。瞿秋白是中国马克思主义哲学的先驱,在中国现代哲学史上有重要的学术地位。

4. 李达《现代社会学》及《社会学大纲》对马克思主义哲学思想的系统阐发

李达的《现代社会学》由湖南现代丛书社于 1926 年 6 月出版,是一部具有重大学术影响的马克思主义哲学著作。该著共 18 章,主要介绍马克思主义的历

---

① 《瞿秋白文集》(政治理论编)第 2 卷,人民出版社 1988 年版,第 622 页。
② 《瞿秋白文集》(政治理论编)第 2 卷,人民出版社 1988 年版,第 625—626 页。
③ 《瞿秋白文集》(政治理论编)第 2 卷,人民出版社 1988 年版,第 452 页。
④ 《瞿秋白文集》(政治理论编)第 2 卷,人民出版社 1988 年版,第 334 页。

史唯物主义,内容包括:社会学之性质、社会之本质、社会之起源、社会之发达、家族、氏族、社会意识、社会之变革、社会之进化、社会问题、社会思想等。该书虽以"社会学"名之,并且也确实有不少关于社会学方面的论述,但主体内容不同于我们今天所说的社会学,而是一部阐述历史唯物主义的哲学著作,为传播马克思主义哲学作出了突出的贡献。《现代社会学》的主要内容是:

第一,阐述了生产力与生产关系的理论。李达在该书中阐述生产力与生产关系的理论,是按照马克思从研究生产力进到研究生产关系的路径来进行的,高度强调生产力的决定性作用。马克思不仅研究生产力而且也研究生产关系,并且正是在对生产力、生产关系的研究中而创建唯物史观原理的。这里,生产力是马克思主义唯物史观中的一个基本范畴,表示的是生产中人对自然界的关系,具体是指人们在生产过程中改造自然界而获得物质资料的能力,因而在实质上也就是人类自主活动的能力,亦即是人的本质力量在社会生活中的展开。换言之,人类为了生存就必须生产,而最基本的乃是物质资料生产,因而也就最能表现出人类的生产能力。李达基于对马克思主义唯物史观的正确理解,从社会的物质资料的生产来说明生产力与生产关系在社会构造中的地位,认为社会生产是人类得以存在和发展的基础,其原因就是因为人们在生产过程中不仅形成社会生产力,而且也形成了社会中的生产关系,从而使得生产活动得以完成、使社会得以不断发展。他指出:"人类为生活计,不能不取得生活资料。欲获得生活资料,斯不能不参加社会的生产。人类之参加社会的生产,纯出于生活之驱策,与本人之意志无关。人既受生活之驱策,加入社会的生产,共同生产生活资料,则在此生产历程中,必不能不共同劳动或互相工作,而直接间接发生种种生产关系。此等生产关系之错综复合,形成社会之经济的构造。加入此等生产关系中之一切个人遂构成一社会。"①这就是说,人们在生产的过程中,一方面因为与自然界发生联系,就必然形成社会生产力;但另一方面,也就必然会发生人与人之间的关系,其情形就是在人与人之间因为"互相联结而发生一定之关系",亦即"生产关系",并且只有这样,"然后生产物始能完成,始能借交通机关分配于社会,供给社会消费。故生产关系实包含交通交换分配等一切经济关系"②。李达不仅说明生产过程中产生生产关系的必然性,而且强调生产关系乃是生产得以最后完成的前提,并且还确认生产关系具有"经济关系"的性质。李达在描述生

① 《李达文集》第1卷,人民出版社1980年版,第243页。
② 《李达文集》第1卷,人民出版社1980年版,第245页。

产力与生产关系形成的历史过程中,特别强调生产力对生产关系的决定作用以及对社会进步的终极推动作用,指出:"社会进化之原动力实为生产力,生产力继续发达,则经济组织继续进化,政治法制及其他意识形态亦随而继续进化,此社会进化之原理也。"①李达阐述了生产关系一定要适应生产力发展的原理,说明生产力与生产关系之间存在着既相适应又不相适应的关系。他指出:"生产关系之成立,必与社会的生产力相适应。……生产关系与生产力相适应,则生产力能在生产关系中发展,倘生产力继续发展至一定程度以上,而生产关系阻碍其发展时,当时之生产关系势必改造,生产力始有发展之余地。"②在此情形下"生产关系苟不改造,则生产力不能继续发达,社会即无进化"③。于是,社会革命时代到来了。特别要注意的是,李达也看到生产关系的巨大反作用,并认为生产关系在落后于生产力状况时是起阻碍作用,但当生产关系的变革超前于生产力时也会对生产力产生破坏性的影响,使生产力"不但不能增进,反有衰减之虞"。李达指出:"假如一定社会组织内之生产力尚有发展之余地,而人类必欲以一己意志企图颠覆,则生产力不但不能增进,反有衰减之虞。盖生产力之继续发展为社会进步之主要条件,苟时机未至,遽欲谋社会组织之改造,适足以促该社会之退步。"④李达关于生产力与生产关系之间相互关系的分析,强调了生产力是社会发展的终极动因,科学地坚持了唯物史观的基本原理。

第二,论述了经济基础与上层建筑关系的理论。李达对马克思主义唯物史观原理有着深刻的把握。在马克思主义的理论体系之中,"经济基础"是同"上层建筑"相对应的历史唯物主义的核心范畴,是指与生产力的某一特定发展阶段相适应的占统治地位的生产关系各方面的总和。马克思主义所说的经济基础,实质上是社会的物质关系。马克思和恩格斯把纷繁复杂的社会关系区分为物质关系和思想关系,进而指出物质的社会关系是原始的、基础的东西,而思想关系则是在物质的社会关系基础上发展起来的,因而物质的社会关系在总体上制约着思想关系。李达沿着马克思主义的分析路径来看待物质关系与精神关系,强调指出:人类相互之关系可分为物质关系和精神关系,精神关系即政治、法律、科学、艺术、宗教、哲学等;经济之所以是社会生活之基础,是因为经济是人类之生存及活动的前提,人们在从事政治、法律、科学、艺术、道德、哲学等生活之

①　《李达文集》第1卷,人民出版社1980年版,第344页。
②　《李达文集》第1卷,人民出版社1980年版,第245页。
③　《李达文集》第1卷,人民出版社1980年版,第344页。
④　《李达文集》第1卷,人民出版社1980年版,第282页。

前,必先获得衣食住之物质资料。李达指出,一方面,是经济基础决定上层建筑,这是因为上层建筑"由生产关系与生产力而造成"①,亦即"社会之政治的、法律的上层建筑及其意识形态,皆依据经济关系而成立"②,故而上层建筑都必须由经济关系才能得以解释;另一方面,上层建筑又对经济基础具有能动的作用,表现为能够"维持经济关系之作用"③。但上层建筑所表现出的这种能动作用,是有条件的而不是无条件的,是在生产力决定生产关系的限度之内的。这是由于"社会之构造,恒受生产力之状态所规定,而其形式之变化,又受生产力之变化所规定,故上层建筑仅能成为经济之量的变化之助因,而不能成为经济之质的变化之主因也"④。李达这里所阐发的经济基础与上层建筑关系的原理,是建立在马克思主义关于生产力决定生产关系原理的基础上,体现了马克思主义唯物史观的内在逻辑及发展进路。李达的论述还在于说明这样的主张,即上层建筑可以发挥其能动的作用,甚至可以影响经济发展的速度,但从根本上说不能决定经济关系的性质。

第三,阐发了阶级与阶级斗争理论。李达对于马克思主义的阶级及阶级斗争理论,也是按照马克思主义阶级观的本义加以诠释的,体现了唯物史观的诠释思路及其政治立场。马克思主义认为,阶级的产生以生产不足为根源,阶级的消灭也是以生产力的极大发展为前提,因而阶级的起源由于纯粹的经济的原因,政治暴力只起了加速和实现的作用,所以阶级的存在仅仅同生产发展的一定历史阶段相联系。这是马克思主义阶级观的根本观点。李达基于对马克思主义的理解,用经济的观点来解释社会中的阶级及阶级斗争,说明生产力对于阶级的产生及阶级斗争所起的决定性作用。李达认为,阶级首先是一个经济概念,阶级的产生也是社会经济变动的结果,亦即"阶级者,社会的生产历程之结果,由生产条件产生而出,因生产手段之分配,及社会人员被分配于生产历程中所构成之社会的系统而生者也"⑤。李达指出:"阶级确为经济概念,同时又为与此经济概念相适应之法律概念及政治概念。是故阶级概念宜总合经济的、政治的、法律的各方面之内容为一体,而由经济的见地鉴定之。"⑥又说:"阶级实构成于经济方面而

① 《李达文集》第 1 卷,人民出版社 1980 年版,第 249 页。
② 《李达文集》第 1 卷,人民出版社 1980 年版,第 246 页。
③ 《李达文集》第 1 卷,人民出版社 1980 年版,第 246 页。
④ 《李达文集》第 1 卷,人民出版社 1980 年版,第 249 页。
⑤ 《李达文集》第 1 卷,人民出版社 1980 年版,第 317 页。
⑥ 《李达文集》第 1 卷,人民出版社 1980 年版,第 317 页。

活动于政治方面者也。是故经济上占优势之阶级,即政治上之支配阶级也。"①关于阶级斗争问题,李达也是以马克思主义经济的观点加以解释,认为阶级斗争是阶级对立在政治上的表现,是阶级间的利益无法调和所必然产生的冲突,但背后的经济因素对于阶级斗争起着决定性作用。在李达看来,阶级产生以来的历史是阶级斗争的历史,社会的政治斗争表现为经济利益对立的阶级斗争,从"古代社会土地共有制度崩坏以来,一切过去社会之经济的构造,悉建筑于阶级对立之上"②,而社会组织的改造也"不能不借阶级斗争之形式以行之"③。李达以唯物史观原理来阐述社会中的阶级及阶级斗争,说明了阶级及阶级斗争与生产力发展水平的紧密关系,目的在于使人们看到阶级斗争的经济动因及阶级斗争的历史必然性。

李达的《现代社会学》从 1926 年出版后,本年即再版,其后就一直在社会上广为流传。1928 年 11 月,上海昆仑书店重印此书的修订本,到 1933 年的 7 年间印行了 14 版④,为唯物史观在我国的传播作出了重大贡献,成为中国马克思主义哲学的经典性著作。

李达继出版《现代社会学》名著之后,又于 1937 年 5 月出版了《社会学大纲》(笔耕堂书店 1937 年版)。这部著作在中国学术界也有很大的影响,两年中出了 4 版⑤。李达所著《社会学大纲》共 5 编(即唯物辩证法、当作科学看的历史唯物论、社会的经济构造、社会的政治建筑、社会的意识形态),是全面论述辩证唯物主义和历史唯物主义的专著,成为 20 世纪 30 年代中国以马克思主义为指导的集大成哲学著作。李达在《社会学大纲》中,高度评价了马克思主义哲学的历史地位,认为唯物辩证法当作理论来看,"它是一切先行的学说、思想及知识之辩证法的综合",是"与一切先行的哲学、特别是德国古典哲学及旧唯物论有一定的继承的关系";而"当作哲学看,唯物辩证法与一切先行的哲学有很深的关系,因而一切先行哲学的历史,都是唯物辩证法的前史"。由此,李达称马克思主义哲学是"摄取了数千年来人类认识史的一切积极的成果",唯物辩证法

---

① 《李达文集》第 1 卷,人民出版社 1980 年版,第 319 页。

② 《李达文集》第 1 卷,人民出版社 1980 年版,第 277 页。

③ 《李达文集》第 1 卷,人民出版社 1980 年版,第 277 页。

④ 参见国家图书馆编:《民国时期图书总目·社会科学总论》,国家图书馆出版社 2019 年版,第 154 页。

⑤ 笔耕堂书店 1937 年 5 月上海初版,1937 年 6 月再版,1938 年 5 月 3 版,1939 年 4 月 4 版。——参见国家图书馆编:《民国时期图书总目·社会科学总论》,国家图书馆出版社 2019 年版,第 141 页。

"是人类全部知识的历史总计、总和与结论"①。

《社会学大纲》在界定"物质"这一概念的基础上,阐述了辩证唯物论关于物质与运动、时空之间的不可分的性质,强调运动是物质的根本属性,运动是在一定时空中的运动。

"物质"这个概念作为辩证唯物论的基础性概念,是在与"意识"这个概念的比较中确立起来的。因为,物质与意识的关系问题是哲学上的基本问题,辩证唯物论继承了哲学史上唯物论的传统,鲜明地主张世界上先有物质后有意识,物质是本源,意识是物质的派生物,那就必然将物质与意识的关系作为物质概念界定的前提。由此,只有首先明确物质的概念,才能进一步明确物质与意识的关系,才能就物质与运动、时空的关系作出说明。那么,什么是物质呢?李达从社会生活的实践来解释物质这个概念,一方面突出物质与意识的关系,另一方面又注意"物质"与"物质的物体"这两者的关系,在哲学的视域之中界定物质的内涵及其所具有的属性。他指出:"人们在其社会的实践的过程中,每日无数亿次接触于自然界的千差万别的物质的物体。这些物质的物体,在其质的构造上各具有其特殊性。但在这些千差万别的物质的物体中,我们可以发见一个极普遍的规定:即它们都是离开我们的意识而独立存在的,同时它们又都是我们感觉的源泉。我们从一切物质的物体中,单把这一方面的'属性'抽象出来,把其他一切质与量的区别抽象出去,由此就可以到达于关于这一切物质的物体的最单纯最一般的规定。这最一般的规定,就是:物体的总体,客观现实性全体,都离开我们的意识而独立存在,同时又是我们感觉的源泉。辩证唯物论把这种属性,叫做物质。若用一个定义来说:'物质是表明离开我们感觉独立存在,并在感觉上给与我们而为感觉所摄取所反映的客观实在性的哲学的范畴。'更明了的说来,物质是哲学的概念,表明物质是客观的实在,即是在意识之外,并离意识独立存在而为意识所反映的东西。"②然而,有些人并不明白哲学上的物质与自然科学研究中的物质之间的不同。现代机械唯物论虽然主张世界是物质的,但不知道这两者的差别,而把哲学上的物质与自然科学上的物质视为同一,主张用后者代替前者,故而主张用自然科学取代哲学;少数观念论者虽然看重哲学上物质与自然科学上物质的区别,但又不把辩证唯物论所规定的物质看作是存在于现实性自身之中的东西,而是把哲学上的物质看成是纯粹思维的范畴。李达认为,哲学上的物

---

① 《李达文集》第 2 卷,人民出版社 1981 年版,第 69 页。
② 《李达文集》第 2 卷,人民出版社 1981 年版,第 84 页。

质与自然科学上的物质显然是有根本区别的,哲学上的物质这个概念是"物质之最一般的规定",因而"哲学上的物质概念与自然科学上的物质概念,不是两个互相矛盾的概念,而是物质现实性两个不同的关系的规定"。具体说:"哲学上的物质概念,在客观与主观的关系上规定物质,说明'物质是作用于感官而引起感觉的东西,是在感觉上给与我们的客观实在性'。自然科学上的物质概念,依据物理学的知识所到达的水准观察客观世界的构成,规定物质构造的特征。"①

李达在阐述物质这一概念的基础上,梳理了物质与运动之间的关系,确认运动是物质的根本属性、是物质的存在形式,物质与运动之间有着不可分离的关系。李达明确指出:"物质的存在形式,首先是运动。运动是物质存在的根本形式。物质与运动,是不可分离的结合着。'无运动的物质,和无物质的运动一样,同是不能相像的'。这个命题,指示了世界的客观实在性的运动,是运动的物质或物质的运动。这个命题表明了:绝对不运动的物质或绝对静止的物质,都是没有的;离开了物质,就不能说起运动;并且物质的运动,是非常复杂的。"②李达在说明物质与运动的关系时,强调了两点:一是唯物辩证法的运动是物质的运动,是"不承认绝对的静止"的,这就使唯物辩证法的运动观与形而上学的观念论划清界限;二是唯物辩证法所说的运动也不是机械唯物论所说的运动,"哲学上说及物质的运动时,必考虑物质及运动的各种具体形态,考虑物质及运动的一般形态与特殊形态的正确关系"。

关于物质与时空的关系,李达认为,就时空本身而言,在哲学上必须与物质联系起来才有意义,这是因为"时间和空间是物质的存在形式。物质的运动是时间,物质的延长是空间",这就是说,时间和空间皆是就物质的存在而言的,是作为物质的存在形式而被重视的;但在另一方面,物质及物质的运动对于时间和空间又有着依存性的特征,因为物质本身也是不能离开其存在形式的,就此而言,"离开时间和空间,不能有物质,也不能有物质的运动"。既然物质与运动有如此的关系,那么,时空本身的性质又如何呢? 李达认为,时空本身就是"客观的实在",亦即是不以人的意志为转移的客观存在,不管人们是否认识它,它都是客观存在的,并且与物质一样也是运动、变化和发展的。李达指出:"时间和空间,和物质一样,是离开人类意识独立而为意识所反映的客观的实在",并且

---

① 《李达文集》第 2 卷,人民出版社 1981 年版,第 85 页。
② 《李达文集》第 2 卷,人民出版社 1981 年版,第 87 页。

"客观的实在的时间和空间,是不断的发展着,变化着,因而反映于人类意识上的时间和空间的表象,也是相对的,发展的"①。在这样认识的基础上,李达一方面批判宗教或观念论在时空问题上的错误,另一方面联系物质的特性来揭示时空的"无始无终"的特征,指出:"我们体会了辩证唯物论关于时间和空间的解释,就可进而解决下面的问题,即物质在时间和空间上是有限或无限,或有始或无始的问题。从来的宗教或观念论,主张世界是由上帝或绝对精神创造出来的。在这一点,显然的承认时间和空间是有始的,有限的。但宗教和观念论所说的上帝或绝对精神那东西的存在,却又是无始的,无限的。在这一点,又把时间和空间的无始和无限,寄托于虚构的上帝或绝对精神之上了。这种虚构是很无聊的东西。辩证唯物论认定物质在时间和空间是无始的,时间和空间无始也无终。这些是自然科学所能证明的。"②值得注意的是,李达论证时空问题是紧密联系物质的,并进一步说明这样一个道理:既然物质是运动的,而所谓运动都是在一定的时间和空间下的运动,因而物质与时空之间也是具有不可分的特征。由此,物质也就是"在时间和空间的形态上运动、并离开我们意识独立存在而又为意识所反映的客观的实在"③。李达关于物质与运动以及物质与时空关系的论述,阐述了马克思主义哲学关于物质与运动、时空之间的不可分性的基本观点,对于人们进一步认识物质的运动属性,科学理解马克思主义的物质观是有积极意义的。

《社会学大纲》对唯物辩证法的对立统一规律予以高度重视,强调对立统一规律是唯物辩证法的根本规律。李达基于唯物辩证法的观点,从事物的运动出发探求事物运动的内在矛盾,认为一切事物或现象"都是包含着对立的部分、方面、倾向等的复杂的全体;一切都是对立物的统一;一切东西的自己运动的源泉,都是内在的矛盾",十分强调对事物内在矛盾的认识和把握。他指出:"事物的自己运动或自发的发展,究竟怎样构成的呢?换句话说,事物的自己运动源泉是什么?唯物辩证法主张自己运动的源泉,是一切存在物的内在的矛盾性。从原子起,到人类社会生活的最复杂的现象,到人类的思维为止,一切事物或现象,都各具有其内在的矛盾。世界任何事物,都没有不具有内在的矛盾的。任何事物的内部,都具有种种对立的要素,这些对立的要素,是创造事物的矛盾性的东西。

---

① 《李达文集》第2卷,人民出版社1981年版,第89页。
② 《李达文集》第2卷,人民出版社1981年版,第90页。
③ 《李达文集》第2卷,人民出版社1981年版,第90页。

统一物之被分解为对立物以及充满着矛盾的构成分之认识——这是辩证法的精髓。"①这里，李达对于辩证法关于事物内在矛盾的认识，一个很重要的视角就是基于"事物的自己运动或自发的发展"的认识，认为事物自身运动的源泉在于事物本身的内在矛盾，而不是从事物外部附加上去的。就是说，从事物的运动到事物的内在矛盾，具有事物本身演进的内在逻辑，这个逻辑就是"运动是矛盾，是矛盾的统一"。鉴于这样的认识前提，李达认为唯物辩证法有诸多的规律需要把握，但"对立统一的法则，是辩证法的根本法则，是它的核心。这个根本法则，包摄着辩证法的其余法则——由质到量及由量到质的转变法则、否定之否定的法则、因果性的法则、形式与内容的法则等。这个根本法则，是理解其他一切法则的关键。"②那么，为什么对立统一法则是唯物辩证法的核心呢？李达认为，这固然需要对于"对立物"本身的理解，也就是说对于"对立物的同一性、对立物的互相渗透、对立物的转变之理解，是理解辩证法的核心的最根本条件"③。但在另一方面，则需要深入理解事物的运动过程，亦即需要对于"事物的自己运动"的进一步认识，从中发现事物运动过程中是如何体现对立统一法则的。李达指出："对立统一的法则，是在自然，社会及思维的过程中认识其互相排斥、互相否定的矛盾与对立的诸倾向及其由一种形态转变为他种形态的法则。任何对象中内在的对立的矛盾的诸倾向诸方面的互相渗透及斗争，规定对象的生命，成为对象的自己运动和发展的源泉。……实在的说来，自然和社会一切存在物的变化，如飞跃、连续性的断绝、向反对物的转化、由量到质和由质到量的推移，只有由对立物的统一法则去说明。所以自然和社会的一切现象，只有当作自己运动，即是当作在同一和互相渗透的界限以内的对立物的暴露及斗争，才能理解。"④这样看来，在唯物辩证法的三大规律之中，对立统一规律是事物发展的根本规律，与质量互变规律及否定之否定规律的地位是不同的。那么，又如何能够掌握对立统一规律呢？李达提出了这样的两个要求：其一，就是要理解对立之中有统一、统一之中亦有对立，并需要能够"在相对的东西中认识绝对的东西，即是要在对立物的互相渗透之中，认识对立物的斗争"⑤。其二，需要在对立统一规律的把握中，能够对矛盾的普遍性与矛盾的特殊性有正确理解，一方面要"理解一切对

---

① 《李达文集》第2卷，人民出版社1981年版，第125页。
② 《李达文集》第2卷，人民出版社1981年版，第131—132页。
③ 《李达文集》第2卷，人民出版社1981年版，第128页。
④ 《李达文集》第2卷，人民出版社1981年版，第131—132页。
⑤ 《李达文集》第2卷，人民出版社1981年版，第129页。

象及其一切发展阶段所固有的一般特征",另一方面要"理解特定对象的特定发展阶段上充满矛盾的发展的固有特征"①,从而有助于矛盾的特殊性的把握和解决。

《社会学大纲》对于实践在辩证唯物主义认识论中的地位予以科学的阐述,强调实践对于认识的决定性作用。李达指出:"唯物辩证法在社会历史的实践的基础上考察认识过程,去理解主观与客观、认识与存在的统一。在物质的生产过程中,人类之主体的活动,与外界物质的对象相结合。即是说,'在劳动的过程中,劳动常由活动形态推移于存在形态'(《资本论》)。……所以就物质生产的对象加以考察,我们就可以在它当中看出主体的活动形态推移于特定对象形态的、无数人类的世代绵延的社会实践。但是,认识是实践的必然的契机。在物质的生产过程中,物质的生产的对象之认识,是对象的生产之必要的契机。所以,实践上自然之物质的对象,不但与人类的社会活动形成为统一,并且与人类的认识过程形成为统一。……这样说来,认识主体与认识客体的统一,是在社会历史的实践上实现的。所以,要理解人类的认识过程,必须在其与社会历史的实践的统一上去考察。"②在李达看来,实践的观点是马克思主义哲学认识论的基础,实践首先表现为社会历史的实践,而"社会历史的实践,是人类认识运动的最深的源泉,决定的基础"③;人类的认识过程,是"由实践出发,而复归于实践"的过程④,始终是由实践决定的。在阐述马克思主义哲学基本观点时,李达注意将实践的观点贯彻其中,说明实践的观点在马克思主义哲学体系中的基础性地位。譬如,在论述"可能性转变为现实性"问题时,李达高度重视实践的基础性作用,认为实践是使可能性转变为现实性的关键,而且这种实践也不是一般的个人的实践,而是"社会集团的实践"。他指出:"在人类历史方面,使可能性转变为现实性的运动,是有意识、有目的、有计划的社会的实践,穷其究竟,这就是在政治上集中的表现了社会集团的实践。一切历史的现象,都是人类积极的活动的结果,人类的历史是人类自己所创造的。所以历史领域中的可能性到现实性的转变,必须通过人们的社会的实践而实现。例如,社会主义的可能性到现实性的转变,需要一系列的条件,特别是一定经济的条件。但这类条件本身,并不能使可能性转变为现实性,为要促进这个转变的实现,进步的社会集团,不能不从

---

① 《李达文集》第 2 卷,人民出版社 1981 年版,第 131 页。
② 《李达文集》第 2 卷,人民出版社 1981 年版,第 211 页。
③ 《李达文集》第 2 卷,人民出版社 1981 年版,第 236 页。
④ 《李达文集》第 2 卷,人民出版社 1981 年版,第 209 页。

事于实践的活动。为要从事于这种实践的活动,他们必须在实践中去认识现代社会的发展法则,认识并选择那些实在的可能性,积极的担负自己的历史的使命,获得指导实践的理论,严密自己的各种组织,在政治上集中自己的活动,只有这样,才能促使这个转变的实现。"①李达的论述说明,正是由于实践是认识的来源,我们在考察认识过程时,就必须在社会历史实践的基础上进行。

李达的《社会学大纲》进一步阐述了历史唯物主义关于生产力与生产关系矛盾运动的原理。李达在书中指出,生产力与生产关系的矛盾运动,决定社会形态的变迁,这个矛盾运动在任何社会中都存在。但是,生产力与生产关系的矛盾,在不同的社会有不同表现形式,"在敌对的社会中,这种矛盾带有颉颃的性质,而在非敌对的社会中,矛盾不至发展为颉颃"②。这里,李达关于矛盾在敌对社会的对抗性、在非敌对社会的非对抗性的论断,是对社会矛盾研究的重要贡献。值得注意的是,李达还注意到科学技术在生产力中的地位,认为科学是"一般的生产力",要使科学成为生产力中的强大因素就必须使科学参加社会生产而在技术上去应用它,如此"技术是生产力的一个动因"③。

李达所著《社会学大纲》在现代中国学术界有着持久的影响力。新华书店(北京)于 1949 年 5 月将李达这部著作中的五个部分,以单行本形式分别出版④。李达的《社会学大纲》以完整的形态传播马克思主义哲学,是 20 世纪 30 年代中国马克思主义者研究马克思主义哲学的集大成著作,代表了当时中国马克思主义哲学的水平。著名哲学家陶德麟指出,在李达的《社会学大纲》之前,"还没有出现以教科书形式全面系统地论述辩证唯物主义与历史唯物主义的著作……他能够正确地把握马克思主义哲学的实质,在当时的历史条件下达到了对马克思主义哲学最完整、最准确的阐述,在一些根本问题上超出了同时期苏联马克思主义教科书的水平,更没有 1938 年斯大林的《辩证唯物主义和历史唯物主义》发表后苏联哲学教科书中普遍存在的那些片面性的毛病"⑤。《社会学大纲》对于毛泽东哲学思想的发展、对于中国共产党人哲学理论水平的提高发挥

---

① 《李达文集》第 2 卷,人民出版社 1981 年版,第 205 页。

② 《李达文集》第 2 卷,人民出版社 1981 年版,第 397 页。

③ 《李达文集》第 2 卷,人民出版社 1981 年版,第 369 页。

④ 参见国家图书馆编:《民国时期图书总目·社会科学总论》,国家图书馆出版社 2019 年版,第 142 页。

⑤ 陶德麟:《〈社会学大纲〉再版前言》,李达:《社会学大纲》,武汉大学出版社 2007 年版,第 2—3 页。

了积极的作用,因而在中国马克思主义哲学史上有着重要的历史地位。

5. 艾思奇的《大众哲学》(1936年)推进马克思主义哲学大众化的努力

艾思奇于1934年11月至1935年10月在《读书生活》上连载《哲学讲话》,1936年汇集成书,上海的读书生活出版社于1936年1月初版,10月印行第4版时,改名为《大众哲学》。《大众哲学》以通俗形式讲述辩证唯物主义哲学的基本观点,开哲学通俗化、大众化的先路。该著分绪论、唯心论、二元论、唯物论、辩证唯物论的认识论、唯物辩证法的基本规律、思想和范畴等5章,其主要内容:

第一,艾思奇的《大众哲学》以社会生活为依据,主张从社会的日常生活中来理解哲学,提出了"哲学并不神秘"的观点,号召人们破除哲学的神秘性。艾思奇指出:"我们平常以为哲学非常神秘,一方面固然由于我们亲近哲学的机会太少,同时,观念论哲学者的混乱,也不能不负一大部分责任。"①在艾思奇看来,哲学本身并不神秘,哲学与社会生活始终都有密切的关系,"在日常生活里,随时都有哲学的踪迹出现",只是因为"我们习惯了,所以就不觉察,不反省"的缘故②。事实上,人们在生活之中都有各种感想,"而每一种感想里,就都潜伏着一种哲学的根底"③。因此,艾思奇号召人们在生活之中运用哲学,将哲学与人们的生活实际密切结合起来,在社会生活中、在社会实践中,发现事物的真理。他指出:"在这里我们仍不能忘记,哲学本身也是从日常生活的基础里发生的,所以我们不能把所研究的看做凝固了的死的规范,还应该随时随地应用到生活的实际中,与生活中的一切互相印证。也许我们可以由我们的生活中找到新发见,能促进已知道的哲学系统,而使之发展,进步。要这样,我们才可以在哲学中,愈更深刻地认识到最切实的,最不神秘的事物本身的真理。"④需要指出的是,艾思奇号召人们从生活中理解哲学,但同时还强调人们必须学习"最进步的哲学"即马克思主义哲学,认为这种学习对于更好地解决问题有极端重要的意义。他指出:"单靠个人日常生活中的努力,是太迟缓,太困难,也许还有误入歧途的危险。最进步的哲学系统是全人类历史的最优良的成果,它可以帮助我们更敏捷,更正确地解决所要解决的问题。"⑤艾思奇既强调从社会生活中来运用和理解哲学,又强调马克思主义哲学对于社会生活的指导意义,这对于促进哲学与社会生

---

① 《艾思奇文集》第1卷,人民出版社1981年版,第134页。
② 《艾思奇文集》第1卷,人民出版社1981年版,第129页。
③ 《艾思奇文集》第1卷,人民出版社1981年版,第136页。
④ 《艾思奇文集》第1卷,人民出版社1981年版,第135页。
⑤ 《艾思奇文集》第1卷,人民出版社1981年版,第135页。

活的结合,在社会生活的实践中推动哲学的大众化,产生了积极的影响。

第二,《大众哲学》通过对唯心论与唯物论对立的分析,阐明马克思主义唯物论的基本原则。艾思奇指出,哲学是有种种类型的,其表现或是享乐主义,或是厌世主义,或是现实主义,等等;每一个人对每一件事情都能有一些感想,而这些感想就能表现出这个人在思想上有一种什么样的主义,亦即"因为各人的思想根底不同,所以对于这同一件事情各人的感想也就不同,也可以说,各人的思想根底不同,所以对于同一事情所能认识了解的情形也就不同"。因此,我们可以说,"哲学思想是人们的根本思想,也可以说是人们对于世界一切的根本认识和根本态度"①。艾思奇认为,世界上的事物可以分为主观的事物和客观的事物两大类,"一部分是属于我们自己的,例如我们的思想,感觉,意志等等,一部分是属于我们以外的,这就是天上地下以及周围一切事物",这"属于我们自己的我们叫做主观的事物,属于外界的我们叫做客观的事物"。世界上的这两大类事物之间发生关系,并且所表现出的"主观与客观的这种关系,是无时无刻不存在的",因而主观与客观的关系问题乃是"哲学上的一个最根本的问题"。为什么呢? 这是"因为主观与客观是世界上一切事物的两大根本分类,所以只要解决了这问题,就对于世界得到了一种根本的见解,也就是有了一种世界观,也就是对于世界有了一种根本的态度和方法"②。艾思奇还具体分析:由于人们对于生活的见解不同,因而在对待主观与客观的关系问题上就有了各种各样的世界观,但总体上表现为唯物论与唯心论的分野。唯心论即是"观念论","过分夸大了主观,以至于否定了客观事物"。而唯物论"对于主观客观的问题的解决是:认为客观的世界是在主观之外独立地存在着,并不是幻影;客观事物的种种变化,也是依照着它自己的性质变化的,并不是神灵的心意要它这样它才这样",也就是说唯物论既"承认客观事物的独立存在和独立法则,又承认主观是由客观中派生出来",这就形成了"哲学史上互相斗争的两大阵营"。由此,"无论那一种哲学,不管他标榜着什么招牌,总可以归于任何一类,总会倾向于两类中的一类。世界上找不到第三类的哲学,即使有,也只是把两类拉连一下,弄得一半是观念论,一半是唯物论,也不是纯粹的第三种东西。这叫做二元论。"③艾思奇积极阐发马克思主义辩证唯物论,强调物质对意识的决定性地位,说明了辩证唯

---

① 《艾思奇文集》第 1 卷,人民出版社 1981 年版,第 137 页。
② 《艾思奇文集》第 1 卷,人民出版社 1981 年版,第 146 页。
③ 《艾思奇文集》第 1 卷,人民出版社 1981 年版,第 148 页。

物论关于物质与意识关系的基本观点。他指出："这一种唯物论不但承认物质的数量和位置的变动,同时更看重性质的变化。不但看重性质的变化,并且认为性质能够发展,能够进化。因为性质的发展和进化,所以物质又能够从低级的简单的状态变化成高级的状态,高级的物质就具有着高级的性质。人类是世界上的最高级的物质,人类的思想就是一种高级的物质性质。因为,思想或精神只是物质发展到最高阶段的产物,是由物质中派生出来的。"①艾思奇以通俗易懂的语言阐述了马克思主义辩证唯物论的基本观点,要求人们在社会生活中将唯物论贯彻到底,坚持物质决定意识这一唯物主义的基本立场。

第三,《大众哲学》紧扣人类认识过程中的矛盾,科学地描述了人类的认识过程,积极宣传唯物论的反映论。艾思奇坚持唯物论的反映论,认为人们是有能力对客观世界加以"逐渐地愈更完全地去认识",而人们对客观世界的认识又"都是客观事物的反映,是事物本身在我们主观中的反映"②。因而"在这里,主观的形式与客观的内容结合着,这叫做主观与客观的统一,我们认识一切,都是在主观与客观的统一中实现的"③。艾思奇指出,人们的认识过程时刻充满着矛盾,既有感性认识与理性认识的矛盾,也有实践和认识的矛盾。感性认识和理性认识的矛盾是人们在认识过程中的矛盾,矛盾解决推动着人们认识的前进。"感性的认识和理性的认识同样地都在人类的认识中有地位,反映论也就承认了他们的地位。这两种认识能力是互相抬杠互相矛盾的,反映论也就承认了这矛盾。……它告诉我们,'理不辩不明',人不打架不会成为相好,抬杠并不是坏事,抬来抬去会渐渐抬出更巧妙的花样来。人类的认识是有矛盾的,但正因为有矛盾,所以才有进步。"④同样,在人们的认识过程中,也始终存在着认识与实践的矛盾,因为人们的实践都是在一定范围、一定条件下的实践,其认识都需要随着实践的发展而发展,这就应该坚持实践的观点,并在实践中不断更新自己的认识,从而获得关于事物的真理性认识。艾思奇高度重视实践在认识过程中的基础性地位,认为"实践就是去改变事物",通常将实践称作"变革的实践"或"批判的实践"也就是这个意思。他强调,"实践对于认识事物是最重要的东西","最后的真理,始终不能不由实践来验证",其理由是:"在实践中,我们一方面是依着理论去改变事物,是我们的主观和客观的事物在对立,在斗争,一方面就在这

---

① 《艾思奇文集》第 1 卷,人民出版社 1981 年版,第 157 页。

② 《艾思奇文集》第 1 卷,人民出版社 1981 年版,第 172 页。

③ 《艾思奇文集》第 1 卷,人民出版社 1981 年版,第 171 页。

④ 《艾思奇文集》第 1 卷,人民出版社 1981 年版,第 178—179 页。

斗争中可以矫正主观中的错误,使它和客观的事物一致。这样,实践是主观和客观的'对立的统一',只有它能使理论更接近客观的真理,我们要把实践看得比理论更重要,更高级,就是为着这原因。"①因此,"要认识一件事物的真理,只有在改变的行为中去认识,只有实践"②,并且"只有那在变革的实践中得来的理论,才能够真正把握着事物的本身"③。艾思奇在对认识过程中感性认识与理性认识、认识与实践矛盾的阐述中,描述了认识运动的过程:"从感性到理性,从理性到实践,又由实践得到新的感性,走向新的理性,这种过程,是无穷地连续下去,循环下去,但循环一次,我们的认识也就愈更丰富,所以这种循环,是螺旋式的循环,而不是圆圈式的循环,是永远在发展,进步,决不会停滞在原来的圈子里。"④这里,艾思奇基于实践与认识的关系,很有见解地描述了人类认识运动的规律。

第四,《大众哲学》阐述了辩证法的基本规律及相关范畴,积极宣传辩证唯物主义方法论。

首先,艾思奇阐述了矛盾的统一律,认为事物内部统一的不只是差异,并且统一着矛盾,矛盾的统一是辩证法的第一条法则。在艾思奇看来,事物变动的原因在于其内部的矛盾,世界上事物"没有一样不包含着和自己相反的一部分,没有一样不包含着矛盾",因而也就具有"矛盾的统一"情形,也就是说:"任何一件事物,都是一个统一体,它不但在内部统一着各种有差别的部分,而且还统一着各种的矛盾,这叫做矛盾的统一。矛盾的统一,就是事物变动的内部的动力。如果没有矛盾,事物就可以永远不变地维持着现状,永远静止而没有变动。"⑤而且,这种"统一只是暂时的,相对的",因而迟早要推动事物的变化。由此,艾思奇认为矛盾的统一是辩证法的第一条法则。他指出:"矛盾的统一,是动的逻辑的第一条法则。人类的思想的变动和发展,以及思想所反映的世界上一切的变动和发展,都只有这条法则才能给与最根本的说明。我们要认识一切事物的运动变动,也得要从它们的内部的矛盾认识起。"⑥艾思奇充分肯定矛盾统一律作为辩证法的根本规律的意义,认为研究辩证法就本来的意义上讲,就要研究对象

① 《艾思奇文集》第1卷,人民出版社1981年版,第189页。
② 《艾思奇文集》第1卷,人民出版社1981年版,第189页。
③ 《艾思奇文集》第1卷,人民出版社1981年版,第190页。
④ 《艾思奇文集》第1卷,人民出版社1981年版,第186页。
⑤ 《艾思奇文集》第1卷,人民出版社1981年版,第208页。
⑥ 《艾思奇文集》第1卷,人民出版社1981年版,第209页。

本身的内部矛盾。

其次,艾思奇阐述了质量互变律,并基于矛盾法则来说明质量互变与矛盾之间的关系。在艾思奇看来,任何事物都具有一定的量和一定的质,并且是质和量的统一,质和量处于不断转变之中,亦即"量的变化是能直接转变成质的变化的。或者反过来说,质的变化是从量的变化过程转移所成的。再说得简单一点,就是从量变转到质变"。他指出:"世界上一切的变化,都是质和量的两种变化交织成的,在一个时候,我们看见质的方面没有什么变化,然而量却在那里变化着。在另一个时候,我们又看见质的突变,一种性质突然转化成另一种质,这也叫做'飞跃',也叫做'连续性的中断':因为经过这样一突变,旧有的性质就连续不下去了。这两种变化,在世界上万事万物中交织着,并且很密切地互相关联着。"①艾思奇还进一步指出,量变转变为质变以及质变引起新的量变,根本上是在于事物的内部矛盾运动,一方面是由于矛盾的发展而引起量变,另一方面是因为矛盾的激化而引起了质变,也就是"数量的变化达到一定的程度时,矛盾的尖锐也到了不能再继续的程度了,于是就否定了旧的性质,而变成新的性质"②。当然,一次量变到质变的过程,并没有终结事物的变化过程,相反,因为事物在发展中又有新的矛盾,仍然将有新的量变到质变的过程。艾思奇说:"经过了质变的过程,旧的质消灭,新的质成立起来,在新的质的内部,又包含着新的矛盾。……这新的矛盾的继续发展,就成为新的量变,所以又由质变转移成了量变。"③这样,艾思奇就将质量互变法则与矛盾法则联系起来,并确认矛盾运动对于质量互变所具有的特殊引领作用与决定地位。

最后,艾思奇阐述了否定之否定律,说明事物的发展是处于不断地否定之中的道理。在艾思奇看来,事物的发展存在着不断地否定这样的情形,这就是新事物的产生,但这种否定并不是完全消灭,而是"扬弃";事物不断地否定的过程不是循环,不是复旧,而是向更高级的方向发展。他指出:"世界上的一切事物,都是依着肯定——否定——否定之否定(或正,反,合)的三个阶段发展的。由肯定到了否定之否定的时候,这事物经过了两次的否定,就把它所有的矛盾的双方都解决了。于是达到了一个新的更高的基础上,再从此开始,新的正反合的发展和变化。每一个正反合,就成为事物的发展的每一个结节。"④此外,艾思奇还进

---

①　《艾思奇文集》第 1 卷,人民出版社 1981 年版,第 213 页。

②　《艾思奇文集》第 1 卷,人民出版社 1981 年版,第 215 页。

③　《艾思奇文集》第 1 卷,人民出版社 1981 年版,第 215 页。

④　《艾思奇文集》第 1 卷,人民出版社 1981 年版,第 221—222 页。

一步认为,否定之否定律以及质量互变律都是矛盾统一律展开的结果,"三个定律仍是以矛盾统一律为最根本"①,这就说明了矛盾统一律对于否定之否定律的决定性作用,也如同矛盾统一律对量变与质变规律的决定作用一样。

艾思奇在叙述辩证法三大规律的同时,对于辩证法的基本范畴,如现象与本质、形式与内容、必然性与偶然性、可能性与现实性等也进行界定和说明,从而使辩证法规律的研究及范畴的研究结合起来,促进了马克思主义唯物辩证法在中国的全面发展。

《大众哲学》作为艾思奇的一部成名作,基于社会生活的实际来说明马克思主义哲学的基本主张,反映了艾思奇良好的哲学素养和以哲学为武器改造社会的强烈愿望,同时也体现了艾思奇推进马克思主义哲学中国化、大众化的努力之所在。周扬在为《艾思奇文集》出版所写的序中说:"艾思奇同志的哲学生涯开始于三十年代初。那时正是'九一八'事变后不久,国民党反动派对内残酷镇压革命,对外投降日本帝国主义,民族危机空前严重。艾思奇同志作为一个初步接受了马克思主义的爱国知识分子,从走进社会的第一天起,就选择了用马克思主义哲学作武器批判旧世界、开创新时代的道路,并且在这条道路上奋斗了终身。"②周扬讲艾思奇"用马克思主义哲学作武器批判旧世界、开创新时代的道路",这话虽然平实无华,却是知人之见、识人之论,也是对艾思奇从事哲学活动的科学评价。艾思奇一开始走上哲学舞台,就充分发挥哲学改变现实社会的作用,努力践行马克思主义哲学变革社会的根本宗旨。

《大众哲学》是中国第一部马克思主义哲学的通俗读物,开创了马克思主义哲学大众化的先河,在马克思主义哲学中国化的历史进程中有着重要的学术地位。该书以其通俗的语言、鲜活的事例、现实的视域使哲学回到生活之中,成为全国大众尤其是追求进步的年轻人学习马克思主义世界观和方法论的指南,对于马克思主义哲学在中国的发展产生了重大影响。艾思奇1936年出版这部《大众哲学》时才25岁,但该书在社会上有着广泛而又深远的影响,适应了广大青年学习马克思主义哲学的迫切需要,因而出版以后受到广大读者尤其是青年的欢迎。这本书自1936年1月读书生活出版社(上海)初版后,1938年2月出第10版,1946年6月出28版,到1947年一共印行了30版③。此外,还有其他版本

---

① 《艾思奇文集》第1卷,人民出版社1981年版,第222页。

② 周扬:《序》,载《艾思奇文集》第1卷,人民出版社1981年版,第4页。

③ 参见北京图书馆编:《民国时期总书目(1911—1949)哲学·心理学》,书目文献出版社1991年版,第32页。

在解放区流行①,社会影响甚大。《大众哲学》在中国马克思主义哲学发展史上有着重要的地位,该著对于毛泽东写作《实践论》、《矛盾论》也有着重要的影响。

6. 毛泽东"两论"对马克思主义哲学中国化的创造性贡献

1937年7月、8月,毛泽东应红军大学(后改为抗日军政大学)的请求,向学员讲授了唯物论和辩证法,讲稿的名称叫《辩证唯物论(讲授提纲)》。后来,毛泽东把讲稿中的两节抽出来进行整理,以《实践论》和《矛盾论》为题公开发表。《实践论》和《矛盾论》这两部著作,具有鲜明的时代特征,是毛泽东推进马克思主义哲学中国化的代表作,并且也是毛泽东哲学思想理论体系形成的重要标志。这两篇著作在结合中国革命斗争的实践中,丰富和发展了马克思主义哲学,在中国马克思主义哲学思想史上占有重要的地位,对中国共产党人的革命斗争起了积极的理论指导作用。

(1)《实践论》对马克思主义认识论的贡献。

毛泽东所著《实践论》是一篇马克思主义认识论的光辉著作,以社会实践为中心,集中分析认识与实践这一认识过程的矛盾,阐述了认识对实践的依赖关系、认识发展的辩证过程、认识运动的总规律,丰富和发展了马克思主义的认识论。

《实践论》系统阐述了认识对社会实践的依赖关系。毛泽东高度肯定马克思主义哲学将实践引入认识论的意义,认为马克思主义以前的唯物论都不能理解认识对实践的依赖关系。他指出:"辩证唯物论的认识论把实践提到第一的地位,认为人的认识一点也不能离开实践,排斥一切否认实践重要性、使认识离开实践的错误理论。"②又指出:实践的观点,即"强调理论对于实践的依赖关系,理论的基础是实践,又转过来为实践服务",是马克思主义辩证唯物论最显著的特点之一,"实践的观点是辩证唯物论的认识论之第一的和基本的观点"③。毛泽东从实践是认识的来源、认识发展的动力、检验认识的标准、认识的最终目的等方面,全面地阐述了实践在认识过程中的主体性地位。毛泽东指出,实践是认识的来源,一切真知都是来源于直接经验,"无论何人要认识什么事物,除了同

① 有大连中苏友好协会1947年版;新华书店1947年10月华北重改版,1949年1月中原版,4月天津3版,5月山东版,6月西北重改版,9月东北新订重改版;光华书店(哈尔滨)1948年8月重改版;生活·读书·新知联合发行所(上海)1949年增订本。

② 《毛泽东选集》第一卷,人民出版社1991年版,第284页。

③ 《毛泽东选集》第一卷,人民出版社1991年版,第284页。

那个事物接触,即生活于(实践于)那个事物的环境中,是没有法子解决的"①,也就是说"只有社会实践才能使人的认识开始发生,开始从客观外界得到感觉经验"②。实践是认识发展的动力,这是因为人类的实践是不断发展的,由此人类的认识也是随着社会实践的发展而发展的,起初"人在实践过程中,开始只是看到过程中各个事物的现象方面,看到各个事物的片面,看到各个事物之间的外部联系",然而随着"社会实践的继续,使人们在实践中引起感觉和印象的东西反复了多次,于是在人们的脑子里生起了一个认识过程中的突变(即飞跃),产生了概念",这样就"抓着了事物的本质,事物的全体,事物的内部联系了"③。实践并且是检验认识是否是真理的标准,"真理的标准只能是社会的实践",我们"判断认识或理论之是否真理,不是依主观上觉得如何而定,而是依客观上社会实践的结果如何而定"④。实践同时也是认识的目的,人们获得正确的认识还必须去指导实践,完成"从理性的认识到革命的实践这一个飞跃",这是因为"马克思主义的哲学认为十分重要的问题,不在于懂得了客观世界的规律性,因而能够解释世界,而在于拿了这种对于客观规律性的认识去能动地改造世界"⑤。《实践论》突出实践在认识过程中的根本性作用,系统地论述了认识对实践的依赖关系,全面地凸显了实践在马克思主义哲学认识论中的基础地位。这是毛泽东对马克思主义认识论贡献的一个主要方面。

《实践论》描述了认识的产生与发展的辩证过程,从哲学的高度呈现认识的演进轨迹及其规律。毛泽东在《实践论》中用了主要的篇幅来研究认识发生和发展的过程,剖析认识与实践之间的矛盾运动,清晰地梳理了人类认识运动的动态历程及其基本状态,具体地说明了认识究竟怎样从实践中产生、又如何回到实践中去的辩证途径,从而展示了认识的产生与发展的辩证过程。毛泽东把认识发展的辩证过程表述为:从实践开始,经过感性认识到理性认识,再从理性认识到实践的过程。这样,认识的过程就经过了三个阶段(感性认识阶段、理性认识阶段、从认识到实践的阶段),实现了两次飞跃(第一次是从感性认识到理性认识的飞跃,第二次是由认识到实践的飞跃):

首先,毛泽东论述了感性认识和理性认识这两个阶段,并说明了由感性认识

① 《毛泽东选集》第一卷,人民出版社 1991 年版,第 286—287 页。
② 《毛泽东选集》第一卷,人民出版社 1991 年版,第 290 页。
③ 《毛泽东选集》第一卷,人民出版社 1991 年版,第 284—285 页。
④ 《毛泽东选集》第一卷,人民出版社 1991 年版,第 284 页。
⑤ 《毛泽东选集》第一卷,人民出版社 1991 年版,第 292 页。

到理性认识飞跃的条件。关于感性认识和理性认识阶段,毛泽东指出:"认识的过程,第一步,是开始接触外界事情,属于感觉的阶段。第二步,是综合感觉的材料加以整理和改造,属于概念、判断和推理的阶段。"①毛泽东进一步指出,感性认识和理性认识具有辩证的关系,一方面它们是认识过程中的两个不同的阶段,"感性的认识是属于事物之片面的、现象的、外部联系的东西,论理的认识则推进了一大步,到达了事物的全体的、本质的、内部联系的东西,到达了暴露周围世界的内在矛盾"②,因而两者是具有质的区别;但另一方面,它们之间又有着相互的联系,"不是互相分离的,它们在实践的基础上统一起来了"③,因此,"理性认识依赖于感性认识,感性认识有待于发展到理性认识,这就是辩证唯物论的认识论"④。那么,如何实现感性认识到理性认识的飞跃而得到真理性的认识呢?毛泽东对此提出了要具备两个基本条件:第一,"只有感觉的材料十分丰富(不是零碎不全)和合乎实际(不是错觉),才能根据这样的材料造出正确的概念和论理来"。第二,"必须经过思考作用,将丰富的感觉材料加以去粗取精、去伪存真、由此及彼、由表及里的改造制作工夫,造成概念和理论的系统"⑤。这就是说,一方面要在实践中形成具有正确的充分的感性材料,另一方面亦要通过人脑进行科学的思维,充分发挥认识的能动作用,才能实现由感性认识到理性认识的飞跃。

其次,毛泽东分析了由认识到实践的过程,阐述了由认识到实践飞跃的极端重要性。毛泽东认为,由感性认识上升到理性认识,认识运动到此还没有完结,"辩证唯物论的认识运动,如果只到理性认识为止,那末还只说到问题的一半。而且对于马克思主义的哲学说来,还只说到非十分重要的那一半。"⑥在毛泽东看来,在经过了从感性认识到达理性认识的飞跃之后,还有一个由认识到实践的阶段,这是认识过程的第二次飞跃,而且这次飞跃比第一次飞跃更为重要。他指出:"认识的能动作用,不但表现于从感性的认识到理性的认识之能动的飞跃,更重要的还须表现于从理性的认识到革命的实践这一个飞跃。抓着了世界的规律性的认识,必须把它再回到改造世界的实践中去,再用到生产的实践、革命的

① 《毛泽东选集》第一卷,人民出版社 1991 年版,第 290 页。
② 《毛泽东选集》第一卷,人民出版社 1991 年版,第 286 页。
③ 《毛泽东选集》第一卷,人民出版社 1991 年版,第 286 页。
④ 《毛泽东选集》第一卷,人民出版社 1991 年版,第 291 页。
⑤ 《毛泽东选集》第一卷,人民出版社 1991 年版,第 290—291 页。
⑥ 《毛泽东选集》第一卷,人民出版社 1991 年版,第 292 页。

阶级斗争和民族斗争的实践以及科学实验的实践中去。这就是检验理论和发展理论的过程,是整个认识过程的继续。"①这里,毛泽东关于事物的具体认识过程就是一个"实践——认识——实践"的过程,而不是传统认识论中那种仅把认识过程局限在由感性认识到理性认识的阶段,这是毛泽东对认识论的重大贡献。

《实践论》基于认识过程及其性质的考察,科学地概括了认识运动的总规律,有力地推进了认识论研究的深化。在毛泽东看来,人们的认识建立在实践的基础上,经由感性认识到理性认识,再回到实践中去,如果达到了预想的结果,这样,"人们对于在某一发展阶段内的某一客观过程的认识运动,算是完成了"②。但是,由于世界是不断运动、发展和变化的,实践也是不断深化和前进的,人们的认识能力在一定的历史条件下受到多方面的限制,因而人们对客观事物的认识不可能一次完成。对此,毛泽东曾这样指出:"对于过程的推移而言,人们的认识运动是没有完成的。任何过程,不论是属于自然界的和属于社会的,由于内部的矛盾和斗争,都是向前推移向前发展的,人们的认识运动也应跟着推移和发展。"③如此,就需要对认识运动的总规律进行探索。毛泽东继承了马克思主义的基本观点,吸取了艾思奇的《大众哲学》的成果,同时亦有机地结合中国革命的经验,紧紧抓住实践与认识的矛盾运动,将人类认识运动的总规律概括为:"实践、认识、再实践、再认识,这种形式,循环往复以至无穷,而实践和认识之每一循环的内容,都比较地进到了高一级的程度。"④毛泽东对认识运动总规律的概括,具有鲜明的特征:一是始终坚持马克思主义的主观与客观相统一、认识和实践相统一的基本观点,将人们的认识过程看成是在实践中不断前进的历史过程;二是紧紧围绕实践与认识的矛盾运动的展开,确认"客观过程的发展是充满着矛盾和斗争的发展,人的认识运动的发展也是充满着矛盾和斗争的发展"⑤。

毛泽东是在中国的文化土壤中成长的,并在领导中国革命的实践中成为革命家的。他的《实践论》也有着鲜明的中国特色,这不仅表现为《实践论》中的许多例证来源于中国革命的实践中,所要解决的是中国革命实践中的问题,而且也表现了该著汲取中国传统哲学的优秀成果,并结合时代条件和革命需要进行了创造性的解说。《实践论》的副标题标明为"论认识和实践的关系——知和行的

① 《毛泽东选集》第一卷,人民出版社1991年版,第292页。
② 《毛泽东选集》第一卷,人民出版社1991年版,第294页。
③ 《毛泽东选集》第一卷,人民出版社1991年版,第294页。
④ 《毛泽东选集》第一卷,人民出版社1991年版,第296—297页。
⑤ 《毛泽东选集》第一卷,人民出版社1991年版,第295页。

关系"，即表示这部著作和我国传统哲学中的知行问题有着直接的联系①。事实上，该著正是运用辩证唯物论的认识论即"辩证唯物论的知行统一观"，在汲取中国传统哲学智慧的基础上对知行问题进行了彻底的解决。

毛泽东在《实践论》中创建的以"实践"为中心的认识论体系，不仅基于中国共产党人变革中国社会的伟大实践，而且有机地融入了中国共产党人领导中国革命的经验教训，突破了将认识的过程局限在从感性认识到理性认识的阶段，将认识过程叙述为在实践的基础上由感性认识到理性认识的飞跃、认识再到实践的飞跃的辩证发展过程，这是对马克思主义哲学认识论的重大贡献，发展了马克思主义哲学认识论，因而是中国马克思主义哲学的代表性成果。

（2）《矛盾论》对马克思主义辩证法的贡献。

毛泽东所著《矛盾论》是一篇专讲对立统一规律的哲学著作，构建了具有中国共产党人特色的矛盾分析的方法论体系，是对马克思主义辩证法的巨大贡献。

第一，论证了对立统一规律是辩证法的实质和核心的观点。列宁曾提出过辩证法的实质和核心问题，认为"可以把辩证法简要地规定为关于对立面的统一的学说"，如此"就会抓住辩证法的核心"，然而"这需要说明和发挥"②。毛泽东在《矛盾论》中的重要学术贡献，是全面地论证对立统一规律是辩证法的实质和核心的观点，使马克思主义的这个观点具有严密的理论证明。其一，从辩证法和形而上学"两种宇宙观"斗争的根本焦点来论证。在毛泽东看来，辩证法和形而上学具有"两种宇宙观"，其根本焦点在于是否承认"事物因内部矛盾引起发展"。毛泽东指出："和形而上学的宇宙观相反，唯物辩证法的宇宙观主张从事物的内部、从一事物对他事物的关系去研究事物的发展，即把事物的发展看做是事物内部的必然的自己的运动，而每一事物的运动都和它的周围其他事物互相联系着和互相影响着。事物发展的根本原因，不是在事物的外部而是在事物的内部，在于事物内部的矛盾性。"③由此，"事物内部的这种矛盾性是事物发展的根本原因"，是否承认这一点也就体现着是辩证法的还是形而上学的宇宙观。其二，从事物发展的根本动力来论证。毛泽东从事物的矛盾运动方面来说明，辩证法的重要目的在于揭示事物发展的根本原因，而事物发展的根本原因在于事物的内部矛盾性，"任何事物内部都有这种矛盾性，因此引起了事物的运动和发

① 《方克立文集》，上海辞书出版社 2005 年版，第 403 页。
② 《列宁选集》第 2 卷，人民出版社 1995 年版，第 412 页。
③ 《毛泽东选集》第一卷，人民出版社 1991 年版，第 301 页。

展"①。这就是说,离开事物的内部矛盾性,就不可能说明事物发展的原因,也就不能说明辩证法关于事物是发展变化的基本观点。其三,从矛盾规律在辩证法其他规律中的地位来论证。毛泽东集中论证了矛盾律对量变质变律的决定作用,说明事物量变和质变都是事物内部矛盾运动的结果,量变质变律是对立统一规律的展开。他指出:"无论什么事物的运动都采取两种状态,相对地静止状态和显著地变动的状态。两种状态的运动都是由事物内部包含的两个矛盾着的因素互相斗争所引起的。"②其四,从矛盾分析方法的意义来论证。毛泽东认为,对立统一规律不仅是"自然和社会的根本法则",而且"也是思维的根本法则"③,因而矛盾分析方法具有认识规律的方法论意义。在毛泽东看来,矛盾分析方法有助于克服主观主义,科学地把握事物的内部矛盾运动,遵循马克思主义辩证法。他联系中国革命的过程中出现的错误,指出:"中国的教条主义和经验主义的同志们所以犯错误,就是因为他们看事物的方法是主观的、片面的和表面的。片面性、表面性也是主观性,因为一切客观事物本来是互相联系的和具有内部规律的,人们不去如实地反映这些情况,而只是片面地或表面地去看它们,不认识事物的互相联系,不认识事物的内部规律,所以这种方法是主观主义的。"④毛泽东从多方面的论证,说明了对立统一规律是辩证法的实质和核心,强调坚持辩证法的关键就是坚持对立统一规律。

第二,提出了关于事物矛盾问题的精髓的基本思想。毛泽东在《矛盾论》中提出一个非常重要的论断,这就是提出矛盾的普遍性与特殊性的关系,亦即共性与个性的关系,是事物矛盾问题的精髓。毛泽东指出:"矛盾的普遍性和矛盾的特殊性的关系,就是矛盾的共性和个性的关系。其共性是矛盾存在于一切过程中,并贯串于一切过程的始终,矛盾即是运动,即是事物,即是过程,也即是思想。否认事物的矛盾就是否认了一切。这是共通的道理,古今中外,概莫能外。所以它是共性,是绝对性。然而这种共性,即包含于一切个性之中,无个性即无共性。假如除去一切个性,还有什么共性呢? 因为矛盾的各各特殊,所以造成了个性。一切个性都是有条件地暂时地存在的,所以是相对的。……这一共性个性、绝对相对的道理,是关于事物矛盾的问题的精髓,不懂得它,就等于抛弃了辩证

① 《毛泽东选集》第一卷,人民出版社1991年版,第301页。
② 《毛泽东选集》第一卷,人民出版社1991年版,第332页。
③ 《毛泽东选集》第一卷,人民出版社1991年版,第336页。
④ 《毛泽东选集》第一卷,人民出版社1991年版,第313—314页。

法。"①毛泽东提出的关于事物矛盾问题的精髓的思想,是马克思主义哲学史上一个崭新的思想。毛泽东论证这个思想,是从分析矛盾的普遍性与矛盾的特殊性的含义出发的。按照毛泽东的看法,矛盾的普遍性与特殊性的关系具有两方面的含义,一方面是具有互相联结的关系,主要表现为"特殊的事物是和普遍的事物联结的","每一个事物内部不但包含了矛盾的特殊性,而且包含了矛盾的普遍性,普遍性即存在于特殊性之中"②,这也就是说矛盾的普遍性与矛盾的特殊性构成辩证的统一体;另一方面是说这两者可以在一定的条件下互相转化,即是说:"在一定场合为普遍性的东西,而在另一场合则变为特殊性。反之,在一定场合为特殊性的东西,而在另——定场合则变为普遍性。"③毛泽东关于矛盾普遍性与特殊性关系含义的揭示,就在于说明普遍性与特殊性、共性与个性、绝对与相对的互相联结以及转化关系,贯穿在对立统一规律的各方面之中,因而是辩证法最基本、最核心的内容,不能理解这一点也"就等于抛弃了辩证法"④。

第三,揭示了矛盾特殊性的原理。毛泽东在《矛盾论》中以主要的篇幅来研究"矛盾的特殊性"问题,在说明矛盾的特殊性在各种物质运动的形式中、在科学研究中、在人们的认识过程中存在形式的基础上,研究了矛盾特殊性的具体情形,强调研究矛盾特殊性的意义及所应有的正确方法,从而使矛盾特殊性原理具有哲学的形态。毛泽东特别强调研究特殊矛盾的意义,认为研究矛盾的特殊性是推进认识前进、掌握事物本质的前提条件。他指出:"任何运动形式,其内部都包含着本身特殊的矛盾。这种特殊的矛盾,就构成一事物区别于他事物的特殊的本质。这就是世界上诸种事物所以有千差万别的内在的原因,或者叫做根据。"因此,"如果不研究矛盾的特殊性,就无从确定一事物不同于他事物的特殊的本质,就无从发现事物运动发展的特殊的原因,或特殊的根据,也就无从辨别事物,无从区分科学研究的领域。"⑤毛泽东还具体地分析了矛盾特殊性的各种情形,指出矛盾特殊性有多种表现形式,譬如"各个物质运动形式的矛盾,各个运动形式在各个发展过程中的矛盾,各个发展过程的矛盾的各方面,各个发展过程在其各个发展阶段上的矛盾以及各个发展阶段上的矛盾的各个方面"⑥。由

① 《毛泽东选集》第一卷,人民出版社 1991 年版,第 319—320 页。
② 《毛泽东选集》第一卷,人民出版社 1991 年版,第 318 页。
③ 《毛泽东选集》第一卷,人民出版社 1991 年版,第 318 页。
④ 《毛泽东选集》第一卷,人民出版社 1991 年版,第 320 页。
⑤ 《毛泽东选集》第一卷,人民出版社 1991 年版,第 308—309 页。
⑥ 《毛泽东选集》第一卷,人民出版社 1991 年版,第 317 页。

此,也就决定了分析事物时必须遵循矛盾分析方法,防止和克服主观的随意性,着重把握一事物与他事物之间质的区别,以揭示事物的内在矛盾。毛泽东指出:"研究所有这些矛盾的特性,都不能带主观随意性,必须对它们实行具体的分析。离开具体的分析,就不能认识任何矛盾的特性。"①毛泽东关于矛盾特殊性原理的论述,是对唯物辩证法的重要贡献,并总结了中国共产党人反对主观主义的历史经验。

第四,论述了主要矛盾和矛盾的主要方面的原理。在毛泽东看来,研究矛盾的特殊性,还需要对主要矛盾和矛盾的主要方面作出分析。这是因为,"在研究矛盾特殊性的问题中,如果不研究过程中主要的矛盾和非主要的矛盾以及矛盾之主要的方面和非主要的方面这两种情形,也就是说不研究这两种矛盾情况的差别性,那就将陷入抽象的研究,不能具体地懂得矛盾的情况,因而也就不能找出解决矛盾的正确的方法。"②毛泽东依据事物的矛盾力量的不平衡性,论述了主要矛盾和矛盾的主要方面,这使得他关于主要矛盾和矛盾的主要方面的理论建立在唯物辩证法的基础上。在他看来,事物发展过程中之所以存在着主要矛盾和矛盾的主要方面,就在于事物的矛盾运动具有不平衡性的特征,也就是说是因为"世界上没有绝对地平衡发展的东西",如此就使得"这两种矛盾情况的差别性或特殊性,都是矛盾力量的不平衡性"③的结果。以事物矛盾运动的不平衡性为论据,毛泽东对于主要矛盾和矛盾的主要方面作了具体的说明。关于主要矛盾,毛泽东指出:"在复杂的事物的发展过程中,有许多的矛盾存在,其中必有一种是主要的矛盾,由于它的存在和发展规定或影响着其他矛盾的存在和发展。"④由此,毛泽东要求人们要"用全力找出它的主要矛盾",因为"捉住了这个主要矛盾,一切问题就迎刃而解了",否则就会"如堕烟海,找不到中心,也就找不到解决矛盾的方法"⑤。关于矛盾的主要方面,毛泽东指出:"矛盾着的两方面中,必有一方面是主要的,他方面是次要的。其主要的方面,即所谓矛盾起主导作用的方面。事物的性质,主要地是由取得支配地位的矛盾的主要方面所规定的。"⑥毛泽东进一步说明,矛盾的主要方面与次要方面是互相转化的,转化的情

① 《毛泽东选集》第一卷,人民出版社 1991 年版,第 317 页。
② 《毛泽东选集》第一卷,人民出版社 1991 年版,第 326 页。
③ 《毛泽东选集》第一卷,人民出版社 1991 年版,第 326 页。
④ 《毛泽东选集》第一卷,人民出版社 1991 年版,第 320 页。
⑤ 《毛泽东选集》第一卷,人民出版社 1991 年版,第 322 页。
⑥ 《毛泽东选集》第一卷,人民出版社 1991 年版,第 322 页。

形是"依靠事物发展中矛盾双方斗争的力量的增减程度来决定的";矛盾的主要方面与次要方面的转化,由此"事物的性质也就随着起变化"了①。毛泽东关于主要矛盾和矛盾的主要方面的论述,是他关于矛盾特殊性问题研究的继续和深化,为中国共产党人研究和解决主要矛盾及矛盾的主要方面、为中国共产党政策的制定和执行提供了哲学依据。

第五,阐述了矛盾的同一性和斗争性的原理。毛泽东在研究了矛盾的普遍性和特殊性以后,还深入研究矛盾诸方面的同一性和斗争性的问题,他依据中国革命的实践经验阐述了矛盾的同一性和斗争性的原理,从而在研究对立统一规律的根本内容方面作出了贡献。毛泽东将矛盾的同一性概括为两个方面的情形:"第一、事物发展过程中的每一种矛盾的两个方面,各以和它对立着的方面为自己存在的前提,双方共处于一个统一体中;第二、矛盾着的双方,依据一定的条件,各向着其相反的方面转化。"②又说:"一切矛盾着的东西,互相联系着,不但在一定条件之下共处于一个统一体中,而且在一定条件之下互相转化,这就是矛盾的同一性的全部意义。"③毛泽东在说明矛盾着的双方互为依存条件、互为转化时,特别强调矛盾转化的重要意义,认为"更重要的,还在于矛盾着的事物的互相转化"④,主张促进事物的转化;同时,他坚持辩证法与唯物论的统一,认为正是具备了"一定的条件才构成了矛盾的同一性"⑤,因而强调要对矛盾同一性的"条件性"进行重点研究。他指出:"两个相反的东西中间有同一性,所以二者能够共处于一个统一体中,又能够互相转化,这是说的条件性,即是说在一定条件之下,矛盾的东西能够统一起来,又能够互相转化;无此一定条件,就不能成为矛盾,不能共居,也不能转化。"⑥又说:"事物内部矛盾着的两方面,因为一定的条件而各向着和自己相反的方面转化了去,向着它的对立方面所处的地位转化了去。"⑦毛泽东强调对矛盾同一性的"条件性"进行研究,就在于他认为唯物辩证法的矛盾是现实的、具体的矛盾,并且是以一定的"条件性"为现实前提的,因而必须重视"条件性"的研究以促成事物的转化。毛泽东对矛盾的斗争性也

① 《毛泽东选集》第一卷,人民出版社 1991 年版,第 322—323 页。
② 《毛泽东选集》第一卷,人民出版社 1991 年版,第 327 页。
③ 《毛泽东选集》第一卷,人民出版社 1991 年版,第 330 页。
④ 《毛泽东选集》第一卷,人民出版社 1991 年版,第 328 页。
⑤ 《毛泽东选集》第一卷,人民出版社 1991 年版,第 333 页。
⑥ 《毛泽东选集》第一卷,人民出版社 1991 年版,第 333 页。
⑦ 《毛泽东选集》第一卷,人民出版社 1991 年版,第 328 页。

进行了创造性的研究,阐述了矛盾的同一性与斗争性的关系。在毛泽东看来,矛盾的斗争性是绝对的,这是因为"矛盾的斗争贯串于过程的始终,并使一过程向着他过程转化,矛盾的斗争无所不在,所以说矛盾的斗争性是无条件的、绝对的"①。关于矛盾的斗争性与同一性的关系,毛泽东指出:"斗争性即寓于同一性之中,没有斗争性就没有同一性。"又说:"有条件的相对的同一性和无条件的绝对的斗争性相结合,构成了一切事物的矛盾运动。"②毛泽东主张将矛盾斗争性与同一性联结起来考察,确认同一性是有条件的、相对的,而斗争性是无条件的、绝对的,这就使矛盾的同一性和斗争性原理成为对立统一规律的根本内容。这是对唯物辩证法的重大贡献。

毛泽东的《实践论》和《矛盾论》两部著作,将马克思主义哲学的基本原理与中国革命的经验结合起来,是中国化的马克思主义哲学——毛泽东哲学思想理论体系形成的最重要的标志,丰富和发展了马克思主义认识论和辩证法。《实践论》和《矛盾论》两部哲学著作,语言之简洁、思路之清晰、逻辑之严密、论证之到位,为中共创立以来之哲学著作所未有,充分显示了毛泽东善于理论思维、灵活地运用辩证法以及把握认识运动规律的哲学智慧。对于《实践论》和《矛盾论》这两部哲学著作,著名哲学家方克立在 2007 年从整个 20 世纪中国哲学演变历程和"马克思主义哲学中国化"的高度,给予了如下的评价:

> 马克思主义哲学中国化是一个需要若干代人努力完成的学术理论工程。在已经成为历史的 20 世纪,许多先哲都为此作出了开创性的贡献。我们自然首先会想到《实践论》和《矛盾论》这两篇马克思主义哲学中国化的典范性著作。它们是毛泽东在抗日战争的第一线,成功地运用辩证唯物论这个伟大的认识工具,去总结长期革命斗争的实践经验,包括反对党内各种错误思想斗争的历史经验,而写成的理论与实践相结合的马克思主义哲学著作。同时,它们也用辩证唯物论的观点对中国哲学史上的知行问题和阴阳矛盾学说作了科学的总结,并采取了为中国人民所喜闻乐见的民族化、通俗化的表现形式。可以说,在整个 20 世纪,"两论"在马克思主义哲学中国化方面的成功和巨大影响是其他任何著作都不可比拟的。③

以今天的观点来看,虽然《实践论》和《矛盾论》也有某些不足,如《实践论》

① 《毛泽东选集》第一卷,人民出版社 1991 年版,第 333 页。
② 《毛泽东选集》第一卷,人民出版社 1991 年版,第 333 页。
③ 《方克立文集》,上海辞书出版社 2005 年版,第 441 页。

对感性认识和理性认识的相互渗透问题、感性认识如何上升为理性认识问题、理性认识向实践飞跃的环节问题阐述不够,又如《矛盾论》对非主要矛盾如何对主要矛盾的影响与作用问题、矛盾斗争形式与矛盾的本身性质的关系问题分析不深。但毫无疑问,这两篇著作是中国马克思主义学术史上的经典著作,深刻地体现了马克思主义哲学与中国实际相结合的理念,并有力地提升了中国共产党领袖群体的哲学思维,对中国革命的指导作用是十分巨大的。《实践论》和《矛盾论》是马克思主义哲学中国化的标志性成果,在马克思主义哲学史上有着不可动摇的地位。

7.毛泽东的军事哲学思想和政治哲学思想

毛泽东是中国马克思主义哲学的主要代表,引领马克思主义哲学中国化的进程及其方向。在抗日战争和解放战争时期,毛泽东以马克思主义哲学思想为指导来研究中国社会变革,自觉地将马克思主义哲学运用在政治、经济、文化、军事等领域,在军事哲学、政治哲学、领导哲学、道德哲学等领域取得了突出的成就,为马克思主义哲学中国化作出了重大贡献。以下,试就毛泽东军事哲学思想及政治哲学思想作简要的概述。

毛泽东的军事哲学思想是马克思主义哲学理论与中国共产党从事的军事斗争相结合的创新性成果。在20世纪30年代和40年代,毛泽东写出了《中国革命战争的战略问题》、《抗日游击战争的战略问题》、《论持久战》、《战争和战略问题》等一系列军事哲学著作,从马克思主义哲学的高度来研究军事问题,丰富了马克思主义哲学思想的理论宝库。

第一,论述了战争的起源和本质,阐述了战争与政治、经济、革命的关系。毛泽东的军事哲学对战争的起源与本质进行了马克思主义的论述。他指出:"战争——从有私有财产和有阶级以来就开始了的、用以解决阶级和阶级、民族和民族、国家和国家、政治集团和政治集团之间、在一定发展阶段上的矛盾的一种最高的斗争形式。"①毛泽东通过战争与政治、经济、革命等的关系来予以说明。

(1)关于战争与政治的关系。毛泽东认为,战争与政治之间一方面具有一致性的内容,就是说战争体现着政治的性质,"'战争是政治的继续',从这点上说,战争就是政治,战争本身就是政治性质的行动,从古以来没有不带政治性的战争。"②但另一方面,战争又不是完全等同于一般的政治,而具有特殊性的内

---

① 《毛泽东选集》第一卷,人民出版社1991年版,第171页。
② 《毛泽东选集》第二卷,人民出版社1991年版,第479页。

容,亦即"战争有其特殊性,在这点上说,战争不即等于一般的政治"①。这是因为,战争的发生具有特殊的政治情形,政治不都是通过战争来解决。战争只是政治发展到一定的阶段,政治再也不能照旧前进,于是为了扫除政治发展道路的障碍而发生的。由此,"政治是不流血的战争,战争是流血的政治"②。

（2）关于政治与经济的关系。毛泽东强调,战争与经济有密切的关系,战争依赖于经济条件,是由经济发展的状况所决定的。他指出:"战争不但是军事的和政治的竞赛,还是经济的竞赛。"③毛泽东对中日战争双方的各种因素进行了考察,对于中日双方的经济条件也进行了对比分析,认为在战争开始时日本在经济实力方面大于中国,而中国经济状况的转变也需要时间,因而抗日战争只能是持久战;但随着战争的进行,日本经济经不起长期战争的消耗,而我们的物质经济却有相当的潜力,因而战争的结果必然是中国的胜利。抗日根据地在毛泽东的领导下,开展了大生产运动,为抗战胜利创造了经济条件。

（3）战争与革命的关系。毛泽东考察革命与战争的关系,是从战争的性质来进行分析的。他认为,战争有正义与非正义之分,"历史上的战争分为两类,一类是正义的,一类是非正义的。一切进步的战争都是正义的,一切阻碍进步的战争都是非正义的。"④由此,就有"革命战争"与"反革命战争"的区别,并且"一切反革命战争都是非正义的,一切革命战争都是正义的"⑤。革命战争与反革命战争之斗争,将推动人类消灭战争,走向和平。第二次世界大战"由于苏联的存在和世界人民觉悟程度的提高,这次战争中无疑将出现伟大的革命战争,用以反对一切反革命战争,而使这次战争带着为永久和平而战的性质"⑥。战争一方面可以引起人民革命,这主要是因为人民在战争中受到锻炼,提高了觉悟,加强了团结,因此,"战争教育了人民,人民将赢得战争,赢得和平,又赢得进步"⑦。另一方面,革命也可以制止战争,这就是用正义战争制止非正义战争,用革命战争制止反革命战争,亦即"用战争反对战争,用革命战争反对反革命战争,用民族革命战争反对民族反革命战争"⑧,以便为人类消灭战争创造条件。

①　《毛泽东选集》第二卷,人民出版社1991年版,第479页。
②　《毛泽东选集》第二卷,人民出版社1991年版,第480页。
③　《毛泽东选集》第三卷,人民出版社1991年版,第1024页。
④　《毛泽东选集》第二卷,人民出版社1991年版,第475—476页。
⑤　《毛泽东选集》第一卷,人民出版社1991年版,第174页。
⑥　《毛泽东选集》第二卷,人民出版社1991年版,第475页。
⑦　《毛泽东选集》第三卷,人民出版社1991年版,第1031页。
⑧　《毛泽东选集》第一卷,人民出版社1991年版,第174页。

第二,用辩证唯物主义和历史唯物主义来研究战争,阐述了研究战争的方法论。毛泽东从马克思主义哲学的高度来研究战争,提出了研究战争的方法论,体现了马克思主义唯物论和辩证法在军事领域中的具体运用。毛泽东关于战争研究的方法论主要在这样几个方面:

(1)从客观实际出发研究战争的特殊性。毛泽东主张"采用客观的观点和全面的观点去考察战争,才能使战争问题得出正确的结论"①,认为研究战争就要从具体的客观实际出发,着眼于寻求战争规律的特殊性。他指出:"我们现在是从事战争,我们的战争是革命战争,我们的革命战争是在中国这个半殖民地的半封建的国度里进行的。因此,我们不但要研究一般战争的规律,还要研究特殊的革命战争的规律,还要研究更加特殊的中国革命战争的规律。"②

(2)从全面的观点来研究战争双方的各种因素及其关系。毛泽东认为对战争问题的研究必须坚持全面的态度,掌握全局,分析战争双方的各种因素,尤其需要"熟识敌我双方各方面的情况"③,包括与战争相联系的经济的、军事的、文化的情况。在《论持久战》中,毛泽东从战争双方的实力、战争的性质、时代条件等方面作了全面的分析,其结论是:"日本的军力、经济力和政治组织力是强的。但其战争是退步的、野蛮的,人力、物力又不充足,国际形势又处于不利。中国反是,军力、经济力和政治组织力是比较地弱的,然而正处于进步的时代,其战争是进步的和正义的,又有大国这个条件足以支持持久战,世界的多数国家是会要援助中国的。——这些,就是中日战争互相矛盾着的基本特点。"④毛泽东正是对中日之间各方面因素的分析,得出中国的抗日战争是持久战,战争的胜利属于中国,这已经为历史所证实。

(3)从发展的观点来研究和把握战争的规律。毛泽东主张用发展的变化的观点来研究战争,以便把握战争的规律。他指出:"一切战争指导规律,依照历史的发展而发展,依照战争的发展而发展;一成不变的东西是没有的。"⑤在《论持久战》中,毛泽东提出要从发展的观点来看待中日战争,认为随着战争的继续"情况是继续变化的","敌之不利因素和我之有利因素均将随战争之延长而发展,必能继续改变着敌我强弱的原来程度,继续变化着敌我的优劣形势。到了新

① 《毛泽东选集》第二卷,人民出版社 1991 年版,第 447 页。
② 《毛泽东选集》第一卷,人民出版社 1991 年版,第 171 页。
③ 《毛泽东选集》第一卷,人民出版社 1991 年版,第 178 页。
④ 《毛泽东选集》第二卷,人民出版社 1991 年版,第 449—450 页。
⑤ 《毛泽东选集》第一卷,人民出版社 1991 年版,第 173—174 页。

的一定阶段时,就将发生强弱程度上和优劣形势上的大变化,而达到敌败我胜的结果。"①正是运用发展的观点研究中国的抗日战争,毛泽东科学预见了抗日战争要经过战略防御、战略相持、战略反攻三个阶段,最终将是中国取得胜利。

毛泽东关于战争的研究方法,以中国共产党领导的革命战争的伟大实践为基础,体现了全面的、具体的、发展的观点,坚持了唯物辩证法思想在战争中的运用。

第三,揭示了战争中的客观规律,阐述了战争中的客观规律与发挥自觉能动性之间的辩证关系。毛泽东认为,战争中的规律是客观存在的,不知道战争规律就不能指导战争,因而必须不断把握战争的规律。毛泽东指出:"我们承认战争现象是较之任何别的社会现象更难捉摸,更少确实性,即更带所谓'盖然性'。但战争不是神物,仍是世间的一种必然运动"②。又说:"军事的规律,和其他事物的规律一样,是客观实际在我们头脑中的反映,除了我们的头脑以外,一切都是客观实际的东西。"③

正是因为毛泽东承认战争的规律性,所以他特别强调掌握和运用战争规律、发挥人的主观能动性的特殊意义。毛泽东主张,把握战争的规律首先是从事社会实践,"从战争学习战争——这是我们的主要方法",这是因为"没有这一种长时间的经验,要了解和把握整个战争的规律是困难的"④;但在另一方面,也要重视间接经验的学习,注重对前人经验的吸取,这是由于"一切带原则性的军事规律,或军事理论,都是前人或今人做的关于过去战争经验的总结。这些过去的战争所留给我们的血的教训,应该着重地学习它。"⑤

值得注意的是,毛泽东将认识运动的总规律运用于战争的认识过程之中,将"认识战争"与"实行战争"联结起来成为一个完整的认识战争规律的过程,创造性地将辩证唯物主义认识论贯彻到战争的认识过程之中。毛泽东指出:"指挥员使用一切可能的和必要的侦察手段,将侦察得来的敌方情况的各种材料加以去粗取精、去伪存真、由此及彼、由表及里的思索,然后将自己方面的情况加上去,研究双方的对比和相互的关系,因而构成判断,定下决心,作出计划,——这

① 《毛泽东选集》第二卷,人民出版社 1991 年版,第 461 页。
② 《毛泽东选集》第二卷,人民出版社 1991 年版,第 490 页。
③ 《毛泽东选集》第一卷,人民出版社 1991 年版,第 181—182 页。
④ 《毛泽东选集》第一卷,人民出版社 1991 年版,第 181 页。
⑤ 《毛泽东选集》第一卷,人民出版社 1991 年版,第 181 页。

是军事家在作出每一个战略、战役或战斗的计划之前的一个整个的认识情况的过程。"①继而，"当执行某一计划时，从开始执行起，到战局终结止，这是又一个认识情况的过程，即实行的过程。此时，第一个过程中的东西是否符合于实况，需要重新加以检查。如果计划和情况不符合，或者不完全符合，就必须依照新的认识，构成新的判断，定下新的决心，把已定计划加以改变，使之适合于新的情况。"②

毛泽东在尊重战争规律的前提下，强调发挥人的主观能动性的极端重要性，主张要"根据客观事实，引出思想、道理、意见，提出计划、方针、政策、战略、战术"③。他指出："战争的胜负，固然决定于双方军事、政治、经济、地理、战争性质、国际援助诸条件，然而不仅仅决定于这些；仅有这些，还只是有了胜负的可能性，它本身没有分胜负。要分胜负，还须加上主观的努力，这就是指导战争和实行战争，这就是战争中的自觉的能动性。"④

毛泽东强调，遵循战争规律与发挥人的主观能动性是辩证统一的关系，发挥人的主观能动性是以尊重客观规律为前提，如果"离开客观条件"，就只能"变为乱撞乱碰的鲁莽家"，因而"指导战争的人们不能超越客观条件许可的限度期求战争的胜利，然而可以而且必须在客观条件的限度之内，能动地争取战争的胜利"⑤。但同时也要认识到，客观条件不仅是不断变化的，而且人的主观能动性对于这种客观条件的变化也是起着很大的作用。毛泽东指出："战争是力量的竞赛，但力量在战争过程中变化其原来的形态。在这里，主观的努力，多打胜仗，少犯错误，是决定的因素。客观因素具备着这种变化的可能性，但实现这种可能性，就需要正确的方针和主观的努力。这时候，主观作用是决定的了。"⑥毛泽东关于遵循战争规律与发挥主观能动性辩证关系的论述，对于推动中国抗战局面的转变和争取抗战的胜利起了理论上的指导作用。

毛泽东自觉地将马克思主义哲学的基本原理运用到中国革命的斗争实践中，并在政治斗争的实践中对马克思主义哲学予以创造性发展。毛泽东写出了《论反对日本帝国主义的策略》、《统一战线中的独立自主问题》、《目前抗日民族

---

① 《毛泽东选集》第一卷，人民出版社1991年版，第179—180页。
② 《毛泽东选集》第一卷，人民出版社1991年版，第180页。
③ 《毛泽东选集》第二卷，人民出版社1991年版，第477页。
④ 《毛泽东选集》第二卷，人民出版社1991年版，第478页。
⑤ 《毛泽东选集》第二卷，人民出版社1991年版，第478页。
⑥ 《毛泽东选集》第二卷，人民出版社1991年版，第487页。

统一战线中的策略问题》、《论政策》、《中国革命和中国共产党》、《新民主主义论》、《论联合政府》、《论人民民主专政》等著作,构建了中国马克思主义的政治哲学体系。

第一,关于政治与经济、文化的辩证关系。毛泽东政治哲学的重要内容之一,是在遵循历史唯物主义观点的前提下,将政治进行哲学的总体思考,梳理政治与经济、文化之间的辩证关系。在毛泽东看来,按照唯物史观原理,政治与文化同属于上层建筑,是由经济基础决定的,但政治对于经济基础具有能动的反作用。他指出:"一定的文化(当作观念形态的文化)是一定社会的政治和经济的反映,又给予伟大影响和作用于一定社会的政治和经济;而经济是基础,政治则是经济的集中的表现。这是我们对于文化和政治、经济的关系及政治与经济的关系的基本观点。"又指出:"一定形态的政治和经济是首先决定那一定形态的文化的;然后,那一定形态的文化又才给予影响和作用于一定形态的政治和经济。"①这里,毛泽东虽然是以文化的视角来论述政治、经济、文化的关系,但集中表达了政治与经济、文化的辩证关系:一方面说明政治作为上层建筑依赖于经济基础,但同时对经济基础亦具有能动的反作用,另一方面又说明政治与文化虽然同属于上层建筑,但政治在上层建筑中始终处于最主要的位置,因而文化既是经济的反映又是政治的反映,而文化也可以反过来对政治给予伟大的影响。

第二,关于革命转变论与革命阶段论的辩证关系。关于近代以来中国革命发生的问题,毛泽东运用矛盾分析法来阐明其发生的历史必然性,突出社会主要矛盾在中国政治变革中的地位。他指出:"帝国主义和中华民族的矛盾,封建主义和人民大众的矛盾,这些就是近代中国社会的主要矛盾。……而帝国主义和中华民族的矛盾,乃是各种矛盾中的最主要矛盾。这些矛盾的斗争及其尖锐化,就不能不造成日益发展的革命运动。伟大的近代和现代的中国革命,是在这些基本矛盾的基础之上发生和发展起来的。"②毛泽东依据中国的国情对于新民主主义革命与社会主义革命的关系进行了科学的阐述,指出了新民主主义社会与社会主义社会的联系与区别,揭示两者之间的辩证统一关系。在毛泽东看来,新民主主义社会与社会主义社会有本质的区别,是两种不同性质的社会形态,但两者又有密切的联系,并统一于中国革命的过程之中。毛泽东指出:"中国现时社会的性质,既然是殖民地、半殖民地、半封建的性质,它就决定了中国革命必须分

---

① 《毛泽东选集》第二卷,人民出版社 1991 年版,第 663—664 页。
② 《毛泽东选集》第二卷,人民出版社 1991 年版,第 631 页。

为两个步骤。第一步,改变这个殖民地、半殖民地、半封建的社会形态,使之变成一个独立的民主主义的社会。第二步,使革命向前发展,建立一个社会主义的社会。"①这两步是互相衔接的,之间不允许横插一个资产阶级专政的阶段,而必须适时地实现由第一步到第二步的转变。这就需要不断地创造条件。毛泽东指出:"只有经过民主主义,才能到达社会主义,这是马克思主义的天经地义。而在中国,为民主主义奋斗的时间还是长期的。没有一个新民主主义的联合统一的国家,没有新民主主义的国家经济的发展,没有私人资本主义经济和合作社经济的发展,没有民族的科学的大众的文化即新民主主义文化的发展,没有几万万人民的个性的解放和个性的发展,一句话,没有一个由共产党领导的新式的资产阶级性质的彻底的民主革命,要想在殖民地半殖民地半封建的废墟上建立起社会主义社会来,那只是完全的空想。"②毛泽东阐述了新民主主义革命与社会主义革命的联系,揭示了完成革命转变的艰巨任务,指明了中国革命的社会主义前途。他指出,新民主主义革命为社会主义创造条件,推动了社会主义因素的增长,因而民主主义革命是社会主义革命的必要准备,社会主义革命是民主主义革命的必然趋势。

第三,关于革命统一战线中的联合与斗争的辩证关系。毛泽东从民族斗争和阶级斗争的辩证关系出发,强调统一战线中的独立自主原则,认为民族斗争与阶级斗争具有一致性。他指出:"在民族斗争中,阶级斗争是以民族斗争的形式出现的,这种形式,表现了两者的一致性。一方面,阶级的政治经济要求在一定的历史时期内以不破裂合作为条件;又一方面,一切阶级斗争的要求都应以民族斗争的需要(为着抗日)为出发点。这样便把统一战线中的统一性和独立性、民族斗争和阶级斗争,一致起来了。"③由于阶级斗争与民族斗争的一致性,中国共产党必须坚持和发展统一战线,必须坚持统一战线中的无产阶级领导权,采取又联合又斗争、以斗争求团结的斗争策略。毛泽东指出,在统一战线中,联合和斗争是相辅相成的,"斗争是团结的手段,团结是斗争的目的"④;由此,"现在的抗日民族统一战线政策,既不是一切联合否认斗争,又不是一切斗争否认联合,而是综合联合和斗争两方面的政策。"⑤这里的"斗争"和"联合",是随着社会矛盾

---

① 《毛泽东选集》第二卷,人民出版社1991年版,第666页。
② 《毛泽东选集》第三卷,人民出版社1991年版,第1060页。
③ 《毛泽东选集》第二卷,人民出版社1991年版,第539页。
④ 《毛泽东选集》第二卷,人民出版社1991年版,第745页。
⑤ 《毛泽东选集》第二卷,人民出版社1991年版,第763页。

的状况、形势的演变和各种力量的变化而转移的,在不同的历史时期和历史阶段其侧重点是有所不同的:当中日矛盾是主要矛盾、国民党尚具有抗战的积极性时,应强调联合抗日,但也不能忘记国民党的阶级本质;当国民党消极抗日、积极反共危害抗日事业时,则重点强调斗争,以斗争来求团结。在斗争之中也要讲求策略,要遵循"利用矛盾,争取多数,反对少数,各个击破"①的原则。即使是在同顽固派的斗争之中,也要有所区别,"应懂得利用顽固派的矛盾,决不可同时打击许多顽固派,应择其最反动者首先打击之。这就是斗争的局部性。"②毛泽东关于统一战线中利用矛盾的思想,是矛盾分析法在革命斗争中的具体运用,坚持了马克思主义辩证法。

毛泽东的政治哲学是马克思主义哲学理论与中国革命的政治实践相结合的产物,是运用马克思主义立场、观点、方法对中国政治变革的哲学思考和理论提升,与中国共产党人所从事的政治实践活动密切相联。毛泽东政治哲学思想是毛泽东哲学思想的主要组成部分之一,分析和理解毛泽东的政治哲学思想,一方面必须结合中国革命的实践过程来把握,另一方面必须从马克思主义哲学中国化的历程中来梳理,如此才能看出其对中国革命的指导意义及其在中国马克思主义哲学体系中的地位。

毛泽东哲学思想的发展体现在多个层面,除了上面叙述的军事哲学和政治哲学外,毛泽东在领导哲学、道德哲学等方面也有重要的贡献。在领导哲学方面,毛泽东在领导中国革命的过程中,创建了具有中国特色的思想方法、工作方法、领导方法的理论,形成了系统的领导哲学的思想体系。早在土地革命战争时期,毛泽东就写出《关于纠正党内的错误思想》、《反对本本主义》、《必须注意经济工作》、《关心群众生活,注意工作方法》等重要的方法论的著作。在抗日战争和解放战争时期,毛泽东又写出了《〈农村调查〉的序言和跋》、《改造我们的学习》、《关于领导方法若干问题》、《关于健全党委制》、《党委会的工作方法》等,形成了具有中国共产党人特色的领导方法论体系,丰富了马克思主义世界观和方法论的宝库。在道德哲学方面,毛泽东运用马克思主义世界观为指导来研究道德问题,吸取了中国传统道德思想之精华,注重提升中国共产党人的思想道德修养,形成了具有鲜明中国特点的道德哲学思想,为马克思主义伦理学作出了重要贡献。毛泽东的道德哲学思想在抗日战争以后得到全面展开,他写的《中国

---

① 《毛泽东选集》第二卷,人民出版社 1991 年版,第 763 页。

② 《毛泽东选集》第二卷,人民出版社 1991 年版,第 749 页。

共产党在民族战争中的地位》、《反对自由主义》、《新民主主义论》、《在延安文艺座谈会上的讲话》、《论联合政府》、《纪念白求恩》、《为人民服务》、《为徐特立同志六十岁生日写的贺信》、《吴玉章同志六十寿辰的祝词》等文章或讲话、书信,成为中国马克思主义道德哲学的重要文献。

毛泽东哲学思想在全面抗战以后得以丰富和发展,既有着中国共产党人从事的政治实践的坚实基础,也有着马克思主义理论的正确指导,同时也有着毛泽东个人独特的思想智慧和对中国革命的深刻体验,因而毛泽东能够将马克思主义哲学与中国新民主主义革命的实践紧密结合起来,从而为推动马克思主义哲学中国化作出突出的贡献。这里还要说明的是,毛泽东哲学思想的发展还得益于对既有哲学思想资源的批判性继承,因而毛泽东的哲学思想也表现出学术上继承性的特征。譬如,艾思奇继《大众哲学》之后,出版了《哲学与生活》一书,以答读者问的形式宣传马克思主义哲学的基本观点,该书于 1937 年 4 月由上海读书生活出版社出版。毛泽东于 1937 年 9 月通读了该著,认为该著是艾思奇著作中"更深刻的书",承认自己"读了得益很多",并作了《艾著〈哲学与生活〉摘录》。同时,毛泽东还致信艾思奇,就艾著中一些观点予以质疑,提出自己的看法。艾思奇在《哲学与生活》中有这样一段:"差别的东西不是矛盾,例如笔,墨,椅子不是矛盾。但如果懂得推移和变化的原理,就知差别的东西在一定条件下也可以转化为矛盾,倘若某两件差别东西同时同地在一起且发生互相排斥的作用时,就成了矛盾了。例如店员与作家本无矛盾的,如果某店员有了写作兴趣而想成为作家时,二者就在统一体里互相排斥,也就成为矛盾了。"毛泽东在摘录了艾思奇这个论点后,写了以下一段话:"根本道理是对的,但'差别不是矛盾'的说法不对。应说一切差别的东西在一定条件下都是矛盾。一个人坐椅摇笔濡墨以从事作文,是因人与作文这两个一定的条件把矛盾的东西暂时地统一了,不能说这些差别不是矛盾。大师傅煮饭,把柴米油盐酱醋茶在一定的条件下统一起来。店员与作家也可以在一定条件下统一起来。半工半读,可以把工、读统一起来。差别是世上一切事物,在一定条件下都是矛盾,故差别就是矛盾;这就是所谓具体的矛盾。艾的说法是不妥的。"①可见,毛泽东对于当时的哲学研究最新成果是十分重视的,并从中得到有益的启示。又譬如,当时的延安研究孔子的哲学思想,毛泽东主张对孔子的哲学加以研究并汲取其中的有益成分。他在一封给张闻天的信中说:"孔子的体系是观念论;但作为片面真理则是对的,一切

---

① 参见《毛泽东书信集》,人民出版社 1983 年版,第 110—111 页。

观念论都有其片面真理,孔子也是一样。……又观念论哲学有一个长处,就是强调主观能动性,孔子正是这样,所以能引起人的注意与拥护。机械唯物论不能克服观念论,重要原因之一就在于它忽视主观能动性。我们对孔子的这方面的长处应该说到。"①可以说,科学地汲取既有的哲学研究成果、批判地继承既有的哲学思想资源,也是毛泽东能够实现马克思主义哲学中国化的重要原因。

毛泽东哲学思想具有鲜明的现实性的特征,是运用马克思主义哲学研究中国革命的总结,有效地提炼了中国共产党人反对唯心论和形而上学的成果,表现了马克思主义哲学与中国革命的实际相结合的鲜明特征,并以其新颖的实际经验丰富了马克思主义哲学体系。哲学家艾思奇最早注意这一点,他在 1941 年 8 月就曾指出:"《论持久战》、《论新阶段》、《新民主主义论》等书,就是在理论上总结这一时期的战斗经验的,在一定意义上说也是哲学上的划时期的著作。"②

毛泽东哲学思想对于辩证逻辑方法论的发展也有重大的贡献,辩证法的方法论也是毛泽东哲学的鲜明特征。著名哲学家冯契指出:

> 在马克思主义哲学中国化的过程中,辩证逻辑的方法论获得了较大的发展。毛泽东很重视方法论的研究。从他的《论持久战》等著作中,可概括出辩证思维方式的主要环节:从实际出发,客观地全面地考察历史和现状,把握事物变化发展的根据;通过对"根据"作矛盾分析来指出不同的发展的可能性,并说明其中什么是占优势的可能性,如何创设条件来使之变为现实;归纳和演绎相结合,历史和逻辑相结合;每一步都用事实来检验,理论和实际相联系的原则贯串整个思维过程中。——《论持久战》和《新民主主义论》等著作所提出的关于抗日战争和中国新民主主义革命进程的科学预见,都已为实践所证实。这也就证明了这些著作中的辩证方法的现实性和力量。③

毛泽东哲学思想的发展推动了毛泽东思想走向成熟,并在抗日战争、解放战争中对中国革命起了有力的理论指导作用,加快了中国新民主主义革命胜利的历史进程。毛泽东哲学思想是马克思主义哲学中国化的主要成果,以中国革命的实践和经验丰富和发展了马克思主义哲学的理论宝库,在中国马克思主义学术史上有着重要的学术地位。

---

① 参见《毛泽东书信集》,人民出版社 1983 年版,第 144—145 页。
② 《艾思奇文集》第 1 卷,人民出版社 1981 年版,第 550 页。
③ 冯契:《"五四"精神与哲学革命》,《时代与思潮》1989 年第 1 期。

　　除了以上的成就,现代中国还有不少马克思主义者对马克思主义哲学在中国的传播、运用与发展,做出了积极而又重要的学术探索。如蒋光慈的《唯物史观对于人类社会发展的解释》及《经济形式与社会关系之变迁》、《无产阶级革命与文化》等文章①,杨明斋的专著《评中西文化观》②,彭康的《哲学的任务是什么?》、《思维与存在:辩证法的唯物论》、《唯物史观的构成过程》等系列文章③,陈唯实的系列专著《通俗辩证法讲话》、《通俗唯物论讲话》、《新哲学体系讲话》、《新哲学世界观》④等,沈志远的专著《现代哲学的基本问题》⑤等,杨伯恺的《不可知论与经验论应否列入物质论?》、《偶然、必然、自由诸范畴之检讨》、《本质与现象》、《哲学与科学》、《哲学消灭论底检讨》等文章⑥,卢心远在《研究与批判》上发表的研究辩证法三大规律的《对立统一的法则》、《质量互变的法则》、《否定之否定的法则》等系列文章,以及研究西方哲学史的《培根的生活与思想

　　① 参见蒋侠僧:《唯物史观对于人类社会历史发展的解释》,《新青年》季刊第 3 期,1924 年 8 月 1 日;蒋光赤:《经济形式与社会关系之变迁》,《新青年》季刊第 2 期,1923 年 12 月 20 日;蒋侠僧:《无产阶级革命与文化》,《新青年》季刊第 3 期,1924 年 8 月 1 日。

　　② 参见杨明斋:《评中西文化观》,中华书局 1924 年 6 月上海初版。该著在对梁漱溟《东西文化及其哲学》、梁启超《先秦政治思想史》、章士钊《农国辨》等著作批评的基础上,阐明了自己关于由农业国转化为工业国的主张。关于《评中西文化观》的学术成就,可参见吴汉全:《中国马克思主义学术史》第 2 卷,人民出版社 2019 年版,第 66—85 页。

　　③ 参见彭康:《哲学的任务是什么?》,《文化批判》创刊号,1928 年 1 月 15 日;彭康:《思维与存在:辩证法的唯物论》,《文化批判》第 3 期,1928 年 3 月 15 日;彭康:《唯物史观的构成过程》,《文化批判》第 5 期,1928 年 5 月 15 日。

　　④ 陈唯实:《通俗辩证法讲话》,东方出版社 1936 年 6 月上海版;《通俗唯物论讲话》,大众文化出版社 1936 年 9 月上海初版;《新哲学体系讲话》,作家书店 1937 年 4 月上海初版,上海杂志公司 1937 年 2 月版,主要讲述辩证唯物论的宇宙观、社会观和思维方法;《新哲学世界观》,作家书屋 1937 年 3 月上海初版(1937 年 4 月再版,1937 年 5 月 3 版),此著即《通俗唯物论讲话》一书改书名后重新出版的。关于陈唯实这四部著作的学术贡献,可参见吴汉全:《中国马克思主义学术史》第 3 卷,人民出版社 2019 年版,第 74—78 页。

　　⑤ 沈志远:《现代哲学的基本问题》,生活书店 1936 年上海初版,1936 年 7 月再版,1940 年渝再版;生活书店 1948 年东北 6 版。本书初版于 1936 年,修订于 1946 年。该著主要阐发"一般问题"、"唯心论及唯物论"、"新宇宙观的基本问题"、"新唯物论的认识论"这四个问题,通俗地介绍马克思主义哲学。关于沈志远《现代哲学的基本问题》的学术成就,可参见吴汉全:《中国马克思主义学术史》第 3 卷,人民出版社 2019 年版,第 78—81 页。

　　⑥ 参见杨伯恺:《不可知论与经验论应否列入物质论?》,《研究与批判》第 2 卷第 6 期,1936 年 11 月;《偶然、必然、自由诸范畴之检讨》,《研究与批判》第 1 卷第 7 期,1935 年 10 月;《本质与现象》,《研究与批判》第 2 卷第 1 期,1936 年 3 月;《哲学与科学》,《研究与批判》第 2 卷第 4 期,1936 年 9 月;《哲学消灭论底检讨》,《研究与批判》第 2 卷第 7 期,1936 年 12 月。

略述》、《霍布斯的生活与思想》、《洛克的生活与思想》等文章①，在推进马克思主义哲学中国化及创建中国马克思主义哲学体系中也有着重要的贡献。

二、西方哲学在中国的传播、评论与融汇

现代中国哲学体系的创建是在近代中国哲学业已嬗变的基础上进行的，严复对进化论的引进乃是中国近代学术发展的大事，对于开启现代中国哲学的发展道路有着先驱者的功绩。舒新城在《近代中国留学史》一书中指出："中国学术素以哲学著称，国内学者亦以哲学自豪，但中国底哲学重直观与西洋哲学之重经验者异其趋向，近年来始有用科学方法整理国故者，而介绍西洋哲学于中国者首推严复。他首到英国学海军，擅长数学，但又治论理学、进化论，兼涉社会、法律、经济等学，所以对于哲学也有相当的造诣。"②严复传播的进化论对于现代中国学术的影响是多方面的、多层次的，这之中就包括对于现代意义上哲学学科创建的影响。新文化运动不仅是在进化论得到传播的情况下发生的，而且也是以进化论为思想武器的。

（一）新文化运动与西方哲学在中国的传播

民国建立为西方哲学思想的传入创造了条件。③ 自新文化运动以来，西方形形色色的哲学思想都在中国得到介绍与传播，并被中国学者所评析与阐扬。上起柏拉图、亚里斯多德，中经培根、笛卡尔、康德、黑格尔，下至尼采、柏格森、罗素、杜威，凡是西方哲学之各门各派，不管是先哲还是今贤，在中国皆有学者引进并评介，力图使西方哲学在中国发扬光大。其中，尤以19世纪中叶以来的尼采哲学、新康德主义和实用主义为要。

陈独秀早在新文化运动时期就重点介绍过西方哲学，其目的在于宣传西方

---

① 参见《卢心远文集》，中共党史出版社 2008 年版。

② 舒新城：《近代中国留学史》，上海世纪出版集团 2011 年版，第 139 页。

③ 在民国初年，学术界对于西方哲学的变动即有所注意。如担任商务印书馆编辑的钱智修（1883—1947），于 1913—1914 年在《东方杂志》上发表《现今两大哲学家学说概略》、《布格逊哲学说之批评》等文章，介绍了柏格森、倭伊铿等西方生命哲学的代表人物。钱氏文章在当时或许未能引起学术界足够的重视，但从学术史角度看，钱氏至少可算是最早向国人介绍生命哲学的重要学者之一。

的个人主义与科学方法，因而具有典型的思想启蒙的意义。譬如，他说："西洋民族，自古迄今，彻头彻尾个人主义之民族也。英、美如此，法、德亦何独不然？尼采如此，康德亦何独不然？举一切伦理，道德，政治，法律，社会之所向往，国家之所祈求，拥护个人之自由权利与幸福而已。"①又譬如，他指出："杜威博士在北京现在的演讲底《现代的三个哲学家》：一个是美国的詹姆士，一个是法国的柏格森，一个是英国罗素，都是代表现代思想的哲学家，前两个是把哲学建设在心理学上面，后一个是把哲学建设在数学上面，没有一个不采用科学方法的。用思想的时候，守科学方法才是思想，不守科学方法便是诗人的想象或愚人底妄想，想象、妄想和思想大不相同。"②早期陈独秀是以历史进化论的观点来看待西方哲学的，认为西方的哲学有古代哲学、近代哲学与现代哲学之分，我们对待西方近代的思潮要晓得其具有"扫荡古代思潮底虚伪、空洞、迷妄的功用"，"但是要晓得他的缺点，会造成青年对于世界人生发动无价值无兴趣的感想"，因而西方的"古代思潮教我们许多不可靠的希望，近代思潮教我们绝望，最近代思潮教我们几件可靠的希望"③。

胡适留学美国时曾是杜威的学生，归国后即在五四时期的中国学术界积极宣传杜威的哲学思想，可谓实用主义在中国的传人。胡适宣传实用主义有个很重要的特点，就是从欧洲哲学发展史的角度，来说明杜威是哲学上的"大革命家"。在胡适看来，自柏拉图倡导绝对主义、主知主义之后，中经康德、黑格尔以至于现代的布拉德勒（Bradley）、鲁一士（Royce）已经有两千余年了，在给人心以绝大的权威的同时，也给人们以绝大的疑虑。于是，只有杜威以革命家的身份破除了欧洲传统哲学的弊端。胡适指出："杜威在哲学史上是一个大革命家。为什么呢？因为他把欧洲近世哲学从休谟和康德以来的哲学家根本问题一齐抹煞，一齐认为没有讨论的价值。一切理性派与经验派的争论，一切唯心论和唯物论的争论，一切从康德以来的知识论，在杜威的眼里，都是不成问题的争论，都可以'不了了之'。……杜威说近代哲学的根本大错误就是不曾懂得'经验'（Experience）究竟是个什么东西。一切理性派和经验派的争论，唯心唯实的争论，都只是由于不曾懂得什么叫做经验。"④胡适解释说，实用主义在方法上主要注重三件事："（一）从具体的事实与境地下手；（二）一切学说理想，一切知识，都只是

① 陈独秀：《东西民族根本思想之差异》，《新青年》第 1 卷第 4 号，1915 年 12 月。
② 陈独秀：《新文化运动是什么？》，《新青年》第 7 卷第 5 号，1920 年 7 月。
③ 陈独秀：《自杀论》，《新青年》第 7 卷第 2 号，192 年 1 月。
④ 胡适：《杜威哲学的根本观念》，《新教育》第 1 卷第 3 期，1919 年 4 月。

待证的假设,并非天经地义;(三)一切学说与理想都须用实行来试验过;实验是真理的唯一试金石。第一件,——注意具体的境地——使我们免去许多无谓的假问题,省去许多无意义的争论。第二件,——一切学理都看作假设——可以解放许多'古人的奴隶'。第三件,——实验——可以稍稍限制那上天下地的妄想冥思。实验主义只承认那一点一滴做到的进步,——步步有智慧的指导,步步有自动的实验——才是真进化。"①

需要说明的是,胡适不仅高度评价了实验主义的哲学地位,而且对于整个的西洋哲学的发展也有自己的评判,这使他成为五四时期引介西方哲学的先驱。譬如,胡适对于达尔文的思想及其在西方哲学史上的影响,就曾以"革命的观念"给予高度的评价:"达尔文的主要观念是:'物类起于自然的选择,起于生存竞争里最适宜的种族的保存。'他的几部书都只是用无数的证据与事例来证明这一个大原则。在哲学史上,这个观念是一个革命的观念;单只那书名——《物类由来》——把'类'和'由来'连在一块,便是革命的表示。因为自古代以来,哲学家总以为'类'是不变的,一成不变就没有'由来'了。……这个变而不变的'类'的观念,成了欧洲思想史的唯一基本观念。学者不去研究变的现象,却去寻现象背后的那个不变的性。那变的,特殊的,个体的,都受人的轻视;哲学家很骄傲的说:'那不过是经验,算不得知识。'真知识须求那不变的法,求那统举的类,求那最后的因。"②又譬如,胡适认为欧洲哲学史上的"理智主义"兴起之时也就出现了"反理智主义",故而哲学史变迁有着其内在的演进逻辑。他指出:"科学家的基本信条是承认人的智慧的能力。科学家的流弊往往在于信仰理智太过了,容易偏向极端的理智主义(Intellectualism),而忽略那同样重要的意志和情感的部分。所以在思想史上,往往理智的颂赞正在高唱的时候,便有反理智主义的(Anti-intellectualistic)喊声起来了。在旧实证主义的老本营里,我们早就看见孔德的哲学终局成了孔德的宗教。在新实证主义的大本营里,那实验主义的大师詹姆士也早已提出意志的尊严来向赫胥黎们抗议了。同时法国的哲学家柏格森也提出一种很高的反理智主义的抗议。"③再譬如,对于西方的新唯实主义哲学,胡适一方面高度评价其具有解决哲学史问题的"野心",但另一方面也指

① 胡适:《杜威先生与中国》,《民国日报》"觉悟"副刊,1921年7月13日。
② 《五十年来之世界哲学》(1922年),《胡适文存》(二集)第2卷,亚东图书馆1924年上海版,第233页。
③ 《五十年来之世界哲学》(1922年),《胡适文存》(二集)第2卷,亚东图书馆1924年上海版,第271页。

出其轻视"人的问题"的研究,具有"重分析而轻综合"的毛病。胡适说:"我们对于新唯实主义,可以总结起来说:他们想用近代科学的结果来帮助解决哲学史上相传下来的哲学问题,那是很可以佩服的野心;但他们的极端,重分析而轻综合,重'哲学家的问题'而轻'人的问题',甚至于像罗素的说法,不许哲学论到地球上的万物,不许经验的证据来证实或否证哲学的命辞,——那就是个人资性的偏向,不能认为代表时代的哲学了。"①胡适对于实验主义哲学的评析以及对于西洋哲学发展的评判,使他成为五四时期引进西方哲学的重要代表。

胡适具有较好的中学底子,并有着开放的学术视域,对于西洋文明抱着虚心接受的态度,故而他也是一位有着世界眼光的学者。他对于西洋近代文明曾有这样的总体性评判:"我们现在可综合评判西洋近代的文明了。这一系的文明建筑在'求人生幸福'的基础之上,确然替人类增进了不少的物质上的享受;然而他也确然很能满足人类的精神上的要求。他在理智的方面,用精密的方法,继续不断地寻求真理,探索自然界无穷的秘密,他在宗教道德的方面,推翻了迷信的宗教,建立合理的信仰;打倒了神权,建立人化的宗教,抛弃了那不可知的天堂净土,努力建设'人的乐园'、'人世的天堂';丢开了那自称的个人灵魂的超拔,尽量用人的新想象力和新智力去推行那充分社会化了的新宗教与新道德,努力谋人类最大多数的最大幸福。"②胡适是受到严格的西方教育的著名学者,他对西方哲学的介绍具有学理性的内涵和世界的眼光,在五四时期的学术界有着重要的影响。

需要指出的是,胡适成为五四时期西方实用主义哲学在中国传播的代表性学者,但实用主义在中国的发展也并未如胡适所期待的那样。1935 年即有学者给出了这样的评价:"中国的实用主义是英美的实用主义之分枝。英美这派哲学,在民国七八年顷,由胡适之先生一手介绍到中国。所以这派哲学在中国应以胡适之先生为唯一的代表。这派哲学,初入中国时以北大哲学系为根据地,曾经风行一时,民国十二三年以前都是他的黄金时代。……实用主义在目下中国哲学界之势力,远不及十年以前他在中国哲学界之势力,据此,可见胡适之先生移植过来的这派哲学,在中国哲学界不惟没有'结实',而且没有开花;不惟没有开花,而且没有生芽。"③这样的评价基本上是符合实际的。

---

① 《五十年来之世界哲学》(1922 年),《胡适文存》(二集)第 2 卷,亚东图书馆 1924 年上海版,第 289 页。

② 胡适:《我们对于西洋近代文明的态度》,《现代评论》第 4 卷第 83 期,1926 年 7 月。

③ 孙道升:《现代中国哲学界之解剖》,《国闻周报》第 12 卷第 45 期,1935 年 11 月。

李石岑①在五四时期发表《晚近哲学之新倾向》、《柏格森哲学之解释与批判》、《尼采思想之批判》等文章，重点对西方哲学家柏格森、尼采等加以介绍，在五四时期的中国思想学术界亦有重要的影响。

李石岑是五四时期宣传柏格森哲学的典型代表，揭示了柏格森哲学的"直觉主义"特征。李石岑介绍柏格森哲学有一个重要特点，就是善于在西方哲学发展的历史进程中解读柏格森的哲学思想，并基于西方哲学史视角评析其特征。在李石岑看来，柏格森哲学在本质上属于"人本主义主情主义之说"，"足以代表最近哲学界之新倾向"，"实为近世民主主义思想之源泉"。李石岑说："与詹姆士同时而起为现代哲学界之重镇者，为法之柏格森。柏格森之在今日，巍然有第二康德、第二苏格拉底之称。詹姆士尝于所著《多元的宇宙》盛称柏格森之安识伟抱，至谓非柏氏之感化，几不能自脱于唯知主义之迷宫。则柏格森在哲学史上之位置，可以概见。柏格森之直觉主义，以反对物质的倾向扩大新唯心论之主张为其立脚点，与詹姆士形离而神合。柏格森由生物学心理学之新研究，建造生命哲学；詹姆士由生理学心理学之新研究，建造行为哲学。二者同立于情意作用之上，与康德由数学而成之理性哲学，孔特由实验物理学而成之实证哲学，有由浑之画由凝之流之观。柏格森生命之哲学，悉表诸于直觉主义。"②李石岑以"洞识"来解释柏格森的"直觉"，认为正是"洞识"成就了柏格森在西方哲学界的地位。他说："柏格森诚具独创之天才者也。古来不恃论理学之诱导，而仅凭洞识（Insight）以建立一种有统系之哲学，皆为不可及之天才。康德而外，吾仅见柏格森焉。柏格森所用'直觉'一语，正如洞识之义。密杰尔在所著《柏格森哲学研究》中，曾力言洞识之大于论理。柏格森所以有此成就，不能不钦其洞识过人也。"③柏格森哲学在新文化运动时期的中国思想学术界占有重要的位置，李大钊等人在早年曾受到柏格森哲学的影响④。可以说，五四时期中国学术界对于柏格森哲学的理解和认识，有不少是源于李石岑的介绍。尽管李石岑在20世纪20年代末30年代初转变为马克思主义者，但他在五四时期中国思想学术界是介绍柏格森哲学的主要代表。

李石岑在五四时期介绍尼采哲学时，重点评析尼采的"权力意志论"、"价值

①　李石岑（1892—1934），原名邦藩，字石岑，湖南醴陵人，早年留学日本。著有《人生哲学》（上）、《中国哲学十讲》、《李石岑讲演集》、《李石岑论文集》、《哲学概论》、《西洋哲学史》等。

②　李石岑：《晚近哲学之新倾向》，《民铎》第1卷第6号，1919年5月。

③　李石岑：《柏格森哲学之解释与批判》，《民铎》第3卷第1号，1921年12月。

④　吴汉全：《试论柏格森哲学对李大钊早期思想的影响》，《四川师范大学学报》1991年第1期。

之破坏"论。他在《尼采思想之批判》一文中,对于尼采"权力意志论"的学术渊源,有这样的介绍:"尼采之根本思想,纯取自萧宾霍尔意志论,以意志为存在之原理。唯尼采不单视意志为生活意志而视为权力意志。萧宾霍尔之意志否定,正尼采视为最大肯定者也。譬如萧宾霍尔倡自杀,尼采则以为自杀正意志之表现,不作为乃作为之最大者。故尼采意志说似较萧宾霍尔意志说为彻底。唯尼采意志说,注重分化与统一。无主客观之区别,亦无数的关系,同时为多,复同时为一,同时为部分,复同时为全体,以形成意志一元论,此尼采旗帜特异之处也。"①这里,李石岑认为尼采的"意志论",总体上看源于斯宾塞(即李石岑所说的"萧宾霍尔"),但又与斯宾塞的"生活意志"不同,而是"权力意志"。李石岑对于尼采的"超人"说,是在与达尔文进化论的比较中加以说明的。他指出:"尼采之超人说,固多少受达尔文进化说之影响,然与达尔文着眼之点乃大异。达尔文注重生物学的事实,尼采则注重象征的表现。故达尔文之进化,为生命保存而进化,尼采之进化,为进化而进化。尼采以为进化论所以暗示吾人者,为在进化时所起之距离之感,超人为距离之感之最富者,故超人为进化之象征,非由人种进化之新种类之动物也。"②李石岑对于尼采的"价值之破坏"论,也有这样的介绍:"尼采之'价值之破坏',为其学说之特彩。尼采以为意志否定即为最大之意志肯定而发,故旧价值,旧理想,旧文明之破坏,即为新价值,新理想,新文明之建设之张本。吾人具有自由精神,即吾人自具有未来之立法者之资格。今日之法则,秩序,名教,道德,不必悉为我辈而设。今日所行之阶级,举为传习的阶级,非强弱之阶级。传习的阶级,足以汩没人类之能力,而日沦于堕落;强弱之阶级,足以促进人类之抗争,而日趋于进化。唯传习的阶级,不易撤去,欲其撤去,必先举其在社会上所博得固有之价值而破坏之。此尼采所以有'价值之破坏'之主张也。"③李石岑尽管并不完全赞同尼采的相关主张,但对于尼采在哲学史上地位还是给出了比较客观的评价。他指出:"尼采之哲学,均带有艺术的意味,换言之,尼采之哲学,全以艺术的方法表出之,故解释人生,较为忠实。此故由于与剧曲家瓦格讷(Wagner)之相交,亦由于后年与瓦格讷之相绝也。尼采说明一己之主张,不以组织的理论的方法,而常出以寸铁刺人之诗文的手段,故欲求尼采哲学之了解,非伴以艺术的赏鉴不可。有以尼采之艺术的意味较重,仅许以诗人

① 李石岑:《尼采思想之批判》,《民铎》第2卷第1号,1920年8月。
② 李石岑:《尼采思想之批判》,《民铎》第2卷第1号,1920年8月。
③ 李石岑:《尼采思想之批判》,《民铎》第2卷第1号,1920年8月。

者,有以尼采之怪癖或病患而痴为狂人者,实则尼采乃以表现直接之内的经验为职志之哲学者也。"又指出:"愚虽非尼采之主张者,然细察尼采之思想,实未敢抹杀其真价。吾国人素以粘液质为他国人所轻觑,既乏进取之勇气,复少创造之能力,乃徒以卑屈之懦性,进而为习惯上三顺氓。此在国家言之,养此顺氓,为金钱之虚掷,若在种族言之,诞此顺氓,为精力之浪费。愚以为欲救济此种粘液质之顺氓,或即在国人所詈之骂之非议之之尼采思想欤? 愚但恨未能忠实介绍尼采之思想,使国人尽白尼采之真相。尼采思想固有可议之处,若能为最近新思潮之敌,甚且訾为前此欧洲大战之祸首罪魁,则未免厚诬矣。"①李石岑具有厚重的学养,善于将尼采的哲学思想与各家思想进行比较,概括其主要内容,梳理其思想源流,抽绎其基本特征,并在比较中给予较为客观的评价,希望尼采学说的引入能够改变中国人"卑屈之懦性",从而增进"进取之勇气"及"创造之能力"。这在当时引进西方思想的学者中,可以说是很有特色并有独到之处的。

(二) 后五四时期传播西方哲学的主要代表

五四时期及以后,中国学术界对于西方哲学仍然表现出浓厚的兴趣,不仅介绍和评介西方哲学的工作没有停顿过,而且评介的成分逐步多于介绍,并有着通过汲取西方哲学思想资源而建构学术体系的努力。冯友兰、贺麟、张君劢、张东荪等人,其介绍、品评、阐扬西方哲学之作,成果累累,蔚为大观。

张君劢是后五四时期研究西方哲学的重要代表,他对于西方哲学的阐扬有着重要的贡献。在张君劢看来,欧洲近现代哲学的演进固然与科学中各学科的独立有关,但这并不意味着哲学已经"无立足之余地"。他指出:"从西洋来说,最初一切科学都包括于哲学一名词之下。后来渐渐各种科学自己宣告独立,自己成家立业。就各科学宣告独立之次序而言,最初宣告独立的是数学,其次为天文学,物理学,又其次为生物学,为心理学。如此说来,好象各科学既已独立,那哲学自己的田地完全为宣告独立的各科学所抢去,而自己已无立足之余地。其实这句话是似是而非。……哲学与各科学之关系,专从其宣告独立之一面来看,尚不足以说尽其内容。因为一方面是脱离,一方面仍有联络。"②张君劢对于现

---

① 李石岑:《尼采思想之批判》,《民铎》第 2 卷第 1 号,1920 年 8 月。
② 张君劢:《民族复兴之学术基础》(1935 年),忻剑飞、方松华编:《中国现代哲学原著选》,复旦大学出版社 1989 年版,第 147—148 页。

代欧美哲学的演进状态有着较为深刻的认知,认为欧美的现代哲学总体上说还是处于"过渡时期",亦即当时的欧美哲学尚未定型而形成其体系。他指出:"依欧美形势看来,各国哲学界,可以说在一过渡时期中。德国之新康德主义派渐解散,而胡塞尔之现象学派代之而兴。希特勒政府成立之后,德国思想界更走上民族的实用的途径。至于法国除柏格森外,并无其他特(突)出之思想家,英国自黑格尔主义衰退后,新惟实主义继之以起,独有怀特海其人本其数学的修养,毅然以建立一冥想的哲学系统自任,假定康德哲学是受牛顿物理学发明的影响而发生,那可以说怀特海的哲学,是受爱因斯坦的影响而发生。"①张君劢写有《黑格尔之哲学系统及其国家哲学历史哲学》的著名文章,他对于黑格尔的评价有着丰厚的学术底蕴与深邃的学术见识,可以说集中地体现了他对整个西方哲学的认知水平。此文高度评价黑格尔历史哲学的地位,认为"历史哲学虽不以黑格尔而成,而黑氏之贡献为尤大"。该文指出:"以黑氏著作较柏氏康氏,其相异之点亦甚多,柏氏以美术家之刀笔,刻划其理智,为文若席间应对,故娓娓动人,与黑氏字句之呆重者,不可同日而语。康氏自身为科学家,……专以科学为对象,而研究认识所以成立之条件,其分析之细密,工夫之平实,有非黑氏所能及者,盖一则志在于研究科学之何以可能,一则志在于形上界之冥索,其出发点固不以相提并论者矣。然黑氏之成绩远出柏氏康氏之上者,亦有数点,……盖黑氏以为一正一反,在他人认为相反而不能并容者,不知理性固自具此消灭反面力量,而原可并行不背者也,于是理性主义与非理性主义,熔为一炉,此黑氏胜于前人者一。……其历史哲学,则以各民族之文化为精神之因时因地之表现,盖变之意义与演进之概念,在黑氏哲学中最为强烈矣。……黑氏生十八九两世纪之交,以哲人之慧眼,已隐约窥见所谓进化之义者乎,此黑氏之胜于前人者二。……其历史哲学以为人类文化史,不过此宇宙之大理性因地因时之实现,于是远自东方诸国,近至日耳曼之历史,皆以之为理性发展之证据,于是现实与理想合而为一,此黑氏之胜于前人者三。以此三故,黑氏之唯心主义,实包含前进,包含动力,包含现实与现代思潮,尤为接近,而与廿世纪之今日,骎骎有复活之势矣。呜呼诚伟大哲人,诚创造的思想家矣。"②张君劢是一位通晓西方哲学的学者,研究和阐扬西方哲学在其学术生涯中占有相当的比重。张君劢

---

① 张君劢:《民族复兴之学术基础》(1935年),忻剑飞、方松华编:《中国现代哲学原著选》,复旦大学出版社1989年版,第159页。
② 张君劢:《黑格尔之哲学系统及其国家哲学历史哲学》,《哲学评论》第5卷第1期,1933年7月。

的学术体系当然亦有中国传统学术的影响，但总体来看，是在评析与汲取西方哲学的基础上建构起来的。

贺麟建立了博大精深的"新心学"的学术体系，这与他对西方哲学的学术评析并汲取其智慧是相联系的。贺麟对于西洋哲学有着总的认知，点明西方近代哲学的民主与科学内涵，并从文化发展的见地予以理解和阐释，认为西洋哲学无论是唯心论还是唯物论，在总体上说都是有助于西洋文化的发展，从而在西方文化史上占有重要的位置。他指出："西洋哲学上主要的派别，只有唯心论唯物论二派。……这两派同为不断地推进西洋文化，保持理智活动的主要力量，于促进西洋的科学精神和民主精神均各有其重大的贡献，然而他们两派的宗旨、理论、路向确有显明的不同。形成尖锐的对立，两派均注重科学，均于促使科学进步有其贡献。不过唯物论强调科学成果，加以发挥推广，应用来考察生命、内心、社会、政治、经济等。唯心论则注重批评科学的前提，盘问科学定律之所以有效准的原因，并限制科学方法、科学知识的范围和限度。唯物论从时间上在先的外物为本，唯心论以逻辑上在先的精神或理性为本。"①概括来说，贺麟对于西方哲学的研究，有这样四个主要的方面：

一是关于西洋哲学中直觉论的研究。贺麟对于柏格森的直觉主义哲学有着专门的研究，指出："柏格森的生机主义，生命的冲力学说，代表他的宇宙论。他以为宇宙无时无刻不在向前发展创进，决不遵循任何人类的理智所可烛知的法则，因为宇宙的发展是无限的，日新不已，而不受过去或现在的任何拘囿的。这种发展，这种创化的最高度的表现就是生命力的发展。生命力不断地澎湃上冲，而物质则给它以最大的阻碍，甚至使它停滞、消沉以至于死灭，在这种激荡斗争的历程中完成生命现象。……柏格森的整个哲学系统都染有很深的二元论色彩，他的系统中各方面都有各种不同形式的对立出现，如动与静，内与外，精神与物质，生命与机械，绵延与空间，自由与决定，交融与并列，直觉与理智等等。实际上这些对立的综合就是上面所说的生命与物质两个力量，也即柏格森整个哲学里两个根本观念的对立。"②在柏格森哲学中，"真我"是一个重要的范畴。贺麟认为，"真我"在柏格森哲学体系中不是一个普通的概念，而是能表现其哲学理念的重要范畴，其含义"就是所谓内在的自我之流，也即若干繁复意识状态的

---

① 贺麟：《中国哲学与西洋哲学》(1936年)，《哲学与哲学史论文集》，商务印书馆1990年版，第128—129页。

② 贺麟：《亨利·柏格森》(1947年)，《现代西方哲学讲演集》，上海人民出版社1984年版，第12—14页。

交融贯通,互相渗透,这种意识情态一而不单纯,多而不复杂,如万灯交映,如百音共振,造成一条活泼泼无拘无束的前后有着不可分的关连的意识之流"①。关于柏格森哲学的地位,贺麟是在将其与黑格尔辩证法的比较中加以说明的:"黑格尔的辩证法里有矛盾的统一,有设身处地、体物入微式的体验,但是他主要的还是在求出有机全体的节奏,所以他是入乎其中,超乎其外,终于还是加以扬弃,以求取宇宙间的大经大法。柏格森则不然,他诟病科学的站在外面,站在同一立脚点的观察方法,他要投身事物之中,和事物一同经历变化的途程。他得到了丰富的精神生活,他进入了神秘的精神境界。到此不止,他不想再跳出来了。这就构成了他和黑格尔之间极大的差异。"②西洋哲学中的直觉论,特别是对于意志自由的重视,不仅对于西洋近代哲学的发展,而且对于西洋近代文明的形成,皆有着极为重要的意义。对此,贺麟有这样的评价:"意志自由不仅是哲学上——特别西洋近代哲学上——的重要问题,而且是个最足以代表西洋近代精神的问题。……所以知的方面,西洋近代哲学之注重知识论,是西洋科学精神的表现;行的方面,西洋近代哲学之注意自由意志问题,是西洋争个人自由的精神的表现。"③对于西方哲学中的直觉论,贺麟有一个总体性的学术评论:"西洋哲学家之谈直觉者甚多,……大约不外三说:一,认直觉为一种由精神的生活或文化的体验(Erlebnis)以认识真善美的价值的功能。直觉既是一种欣赏文化价值的生活,亦是一种体认文化价值形成精神科学的方法。丹麦哲学家荃尔凯戈尔和德国的倡导精神科学的哲学家狄尔泰属之。他们主张以生活来体验价值,以价值来充实生活。二,认直觉为时间的动的透视以把握自由活泼,变动不居的生命的理智的同情。直觉是破除死的范畴或符号,不站在物外去用理智分析,而深入物之内在本性以把握其命脉其核心的真正的经验方法,此即柏格森的直觉法的大旨。三,以直觉为超功利超时间超意欲的认识主体,竭全力从认取当下,使整个意识为呈现在眼前的对象的静穆的凝想所占据,忘怀自身于当前的对象中,而静观其本质。这就是斯宾诺莎所谓从永恒的范型下以观认事物的直觉法。……总之,第一种直观法以价值为对象,以文化生活之充实为目的;第二种直观法以生

---

① 贺麟:《亨利·柏格森》(1947年),《现代西方哲学讲演集》,上海人民出版社1984年版,第16页。

② 贺麟:《亨利·柏格森》(1947年),《现代西方哲学讲演集》,上海人民出版社1984年版,第21页。

③ 贺麟:《论意志自由》(1932年),《哲学与哲学史论文集》,商务印书馆1990年版,第311—312页。

命为对象,以生命之自由活泼健进为目的;第三种直观法,以形而上的真理为对象,以生活之超脱高洁,以心与理一、心与道俱为目的。"①贺麟关于哲学上直觉论的研究与评价,不只是拘泥于某一位哲学家,而是在具体研究的基础上加以概括和抽象,从而上升到学理的高度。

二是关于西方辩证法思想的研究。贺麟是现代中国学术界研究黑格尔辩证法思想的学术大家,他对于西方哲学发展的历史,曾以"辩证法与辩证观"为题进行了系统的学术梳理,并给予了学术上的评价,其见解在学术界可谓独树一帜。关于苏格拉底的辩证法思想,贺麟评价道:"苏格拉底是一个教训青年的道德的大师,而他的妙处乃在采用辩证法以教训青年的道德。……苏氏的辩论法的积极方面,即在于唤醒对方之自知。苏氏所谓自知,实即自知其无知之意。苏氏认为自知其无知,廓清成见,赤地新立,实为另作新人的初步又为回复真我,过新道生活的开始。苏氏的辩论法不是消极地使人丧然若失,不知所可,无所适从。乃欲使人自己去寻求德性之知,而且昭示人此种德性之知是可用辩证法的启发而寻得到的。"②关于柏拉图的辩证法思想,贺麟将其概括为三层意思加以说明,指出:"我们可说柏拉图的辩证法包含三层意思。第一,辩证法就是求形而上学知识所运用的方法:由可见的事物,加以反省,追求不可见之理。由对立的复多的事物,加以调解贯通,以求统一谐和的根本原则。第二,辩证法是指追求或爱慕形而上的绝对善或美的理念的精神历程而言,亦即指超世俗脱形骸的精神生活而言。第三,辩证法即是辩证学,亦即形而上学,乃指专门研究众理念间的逻辑的有机的关系或理念界之系统性的学问而言。"③在贺麟看来,辩证法思想在柏拉图之后得以巨大的发展,其代表性人物就是黑格尔,使辩证法发展到"极峰"。他指出:"黑格尔的《精神现象学》一书的性质,就在于分析时代思潮,意识样法,人生理想,道德标准,变迁演化的阶段,而根据物极必反、相反相成的原则,去解释其所以由前一阶段而过渡到后一阶段之理则或逻辑的必然性。"④又指出:"辩证法到了黑格尔可以说是充实发展严密到了极峰。柏拉图可以说

---

① 贺麟:《宋儒的思想方法》(1942年),《哲学与哲学史论文集》,商务印书馆1990年版,第197页。

② 贺麟:《辩证法与辩证观》(1942年),《哲学与哲学史论文集》,商务印书馆1990年版,第223—224页。

③ 贺麟:《辩证法与辩证观》(1942年),《哲学与哲学史论文集》,商务印书馆1990年版,第226页。

④ 贺麟:《道德进化问题》(1934年),《哲学与哲学史论文集》,商务印书馆1990年版,第328页。

是奠定了辩证法的规模与基础,而黑格尔可以说是集辩证法之大成,尽辩证法之妙用。柏拉图的辩证法所包含的三层意义,黑格尔尽行承认融汇而皆发挥光大之。……黑格尔的逻辑科学或理则学,就是柏拉图所谓辩证学之别名,因为黑格尔的逻辑学就是辩证逻辑,也就是形而上学。"①这里,贺麟明确地说明,黑格尔是哲学史上辩证法思想的集大成者,"柏拉图的辩证法所包含的三层意义,黑格尔尽行承认融汇而皆发挥光大之"。那么,黑格尔到底在哪些方面对柏拉图辩证法思想予以"发挥光大之"呢?对此,贺麟指出:"至于黑格尔的辩证法超过柏拉图的辩证法的地方,亦可分几个方面说:(一)柏拉图尚未确立正反合三连的辩证格式,而正反合的架格几弥漫于黑格尔的系统中,成为黑氏系统的骨骼经脉。……(二)柏拉图比较注重主观的超越矛盾,解脱现象世界之污浊偏阙。而黑格尔则认为矛盾即客观地存在于事物的本身,是之谓内在矛盾或自相矛盾,而且事物自身亦在不断地自己陷于矛盾,自己解除矛盾的动的过程中。换言之,自己否定自己的原则,乃是黑格尔辩证法中的新成分。(三)黑格尔异于柏拉图最主要之点,即为柏拉图的辩证法与文化历史无何关系,而黑格尔的辩证法乃是文化历史发展的命脉。……换言之,柏拉图的辩证法是超越的,而黑格尔的辩证法则是亦超越,亦内在的。柏拉图的辩证法是纯理性的,而黑格尔辩证法则是亦理性的,亦经验的。"②正是基于对黑格尔辩证法思想的研究,贺麟以"对立统一"来加以解读,揭示辩证法思想"统一"的特征,其研究结论是:"黑格尔的辩证法本身就是一个对立的统一:是形式与内容的统一;是天才的直观,谨严的系统的统一;是生活体验与逻辑法则的统一;是理性方法与经验方法的统一。"③值得注意的是,贺麟对于黑格尔哲学的后续发展也给予关注,指出:"综合近几十年来,各国新黑格尔学派以及最近德国的黑格尔复兴运动的哲学家的意识,对于黑格尔的辩证法,大约有两点主要的新认识:第一,大都认为黑格尔的辩证法是一种天才的直观,有艺术的创造性。第二,黑格尔的辩证法,不是抽象的形式的理智方法,而是忠于经验事实,体察精神生活,欣赏文化宝藏的理性的体验。"④贺麟

①　贺麟:《辩证法与辩证观》(1942年),《哲学与哲学史论文集》,商务印书馆1990年版,第227—228页。

②　贺麟:《辩证法与辩证观》(1942年),《哲学与哲学史论文集》,商务印书馆1990年版,第228页。

③　贺麟:《辩证法与辩证观》(1942年),《哲学与哲学史论文集》,商务印书馆1990年版,第234页。

④　贺麟:《辩证法与辩证观》(1942年),《哲学与哲学史论文集》,商务印书馆1990年版,第228—229页。

关于辩证法在西方学术界发展历史的探讨,尤其是关于黑格尔在辩证法研究方面贡献的学术评价,在现代中国的哲学界有着重要的影响。

三是关于费希特哲学及谢林哲学的研究。在贺麟看来,谢林哲学思想比较积极地承继了康德哲学,不仅在主要方面有所阐扬,而且能有所发挥与光大,其特点是从宗教和道德视域解读康德哲学。贺麟指出:"把握住康德思想的中心观念,使他的哲学不仅是消极的批导,而是一个积极的系统和世界观,费希特是第一人。他从宗教和道德方面以理解康德哲学,从而能把握其全部中心的言外之意。"[①]学术界一般认为,费希特哲学是以实在论为其显著特征的。贺麟不同意这种看法,而认为费希特哲学是"以唯心论为主、以实在论为从",最后成为典型的"绝对唯心论"。贺麟指出:"总结起来,费希特的理想主义自行为的自我出发,而他的实在论,却建立在理论的优先的自我上面。故既可谓之为实在论,又可谓之为唯心论。但其学说显然是以唯心论为主、实在论为从,唯心论是实在论的基础。他的思想线索可以说是从实在的唯心论进而为道德的唯心论,最后则达到绝对唯心论,故与执着经验意识的主观主义相距甚远。费希特的学说不是在自然律森严的世界中去问自由如何可能,而是欲确定有了自由行为之后,外界当有什么样的地位。"[②]贺麟对于谢林哲学思想也进行了研究,认为谢林哲学在费希特的基础上有所前进,成为西方哲学进至黑格尔哲学阶段的"一座桥"。贺麟对谢林有这样的评价:"综观谢林全部学说,其早年的自然哲学及同一哲学,补救了费希特之偏,为达到黑格尔哲学的一座桥,在哲学史上地位甚重要。他早年重视审美,未达到理性,晚年重天启神话,竟至反对理性,故他的哲学始终未达到理性主义的真谛。他的思想一贯地注重自然,使人能欣赏自然的有生命方面和精神性。其同一哲学齐物我,一天人,消除自然与精神的界限,审美态度,贯彻始终。实不愧为当时德国浪漫主义的高潮,作哲学的代言人。他的著作中颇富于诗人的颖思和创见。但尚欠逻辑的发挥。"[③]贺麟将谢林与费希特联系起来分析,重视谢林的"同一哲学"的哲学意义,揭示其所具有的浪漫主义特色,但同时也指出谢林哲学存在着"尚欠逻辑的发挥"的问题。

四是关于美国实用主义哲学的研究。贺麟虽然把西洋哲学研究的重点放在

[①]　贺麟:《费希特哲学简述》(1943 年),《哲学与哲学史论文集》,商务印书馆 1990 年版,第277 页。

[②]　贺麟:《费希特哲学简述》(1943 年),《哲学与哲学史论文集》,商务印书馆 1990 年版,第285—286 页。

[③]　贺麟:《谢林哲学简述》(1944 年),《哲学与哲学史论文集》,商务印书馆 1990 年版,第309 页。

欧洲哲学上,但他对于美国自19世纪末20世纪初出现的实用主义哲学也是高度关注的。贺麟将詹姆斯的哲学思想概括为五个方面,特别重视詹姆斯的"性情哲学"在其整个哲学体系中的基础性地位,认为"性情哲学"在詹姆斯哲学体系中极具特色,詹姆斯的其他哲学主张皆是从"性情哲学"中"推阐出来"的。他指出:"詹姆斯的整个学说思想,可以分作五方面来叙述,就是:(一)性情哲学,(二)功能派心理学,(三)意识复合说,(四)实用主义,(五)彻底的经验主义。'性情哲学'也许是詹姆斯全部学说中最独特的方面。……他以为人性是善的,即是人的情感欲望都是可欲的。人之所以胜过禽兽,在他看来,也就在人的要求欲望比禽兽多,所以人应当竭力近乎人情,自由地满足各种要求,这就是哲学的使命,而真理也不过是满足人类情感欲望的工具罢了。世界上没有超人的真理,人的价值绝对比真理高。他对哲学和对宗教的看法都是从这个思想推阐出来的。"①关于杜威的哲学思想,贺麟着重分析其学术渊源,并由其学术渊源来判断其特色,而且特别重视"美国文化"在其中的独特作用。他指出:"杜威的哲学有三个重要的渊源,第一是黑格尔派的学说,第二是进化论,第三是美国文化。我们可以说杜威的整个系统就是这三者的融合体。大体上黑格尔学说是他的哲学最初的来源,进化论是他的科学依据,美国文化则是他的社会背景。……美国文化帮助他建立起他的体系,而他的体系建成以后,反过来又刚好可以代表美国文化的精神。……他是美国文化的解释者,他是美国精神的代言人。对杜威嘲讽备至的罗素也说他代表美国工业社会的哲学,他那不喜欢数理逻辑等学问的态度由此而来。这评语确是非常恰当的。"②贺麟通过对詹姆斯、杜威哲学的评析,揭示了美国实用主义哲学在进化论基础上所形成的表征"美国文化精神"的特色。

冯友兰的"新理学"乃是致力于完善和发展"形上学"的哲学体系,是在对现代西方出现的否定形而上学思潮的评析中建立起来的。冯友兰追寻西方哲学演进的步伐,注意评述维也纳学派及逻辑学的见解。维也纳学派是20世纪20年代兴起的哲学流派,此派主要受到19世纪以来德国实证主义传统影响和维特根斯坦《逻辑哲学论》思想启示,利用自然科学的成果对哲学进行挑战。其成员主要是石里克、鲁道夫·卡尔纳普、纽拉特、费格尔、汉恩、伯格曼、弗兰克、韦斯曼、

---

① 贺麟:《威廉·詹姆斯》(1947年),《现代西方哲学讲演集》,上海人民出版社1984年版,第41页。

② 贺麟:《约翰·杜威》(1947年),《现代西方哲学讲演集》,上海人民出版社1984年版,第54—56页。

哥德尔,等等。他们多是当时欧洲大陆的物理学家、数学家和逻辑学家,认为经验是知识唯一可靠来源,因而拒绝形而上学,并认为只有逻辑分析的方法才能最终解决传统哲学问题。对于维也纳学派否定形而上学的做法,冯友兰说:"在现代,批评形上学最力,以为形上学不能成立者是维也纳学派。……他们自以为他们的批评可以取消形上学。经他们批评以后,一切'似是而非'底形上学可以说的被他们'取消'了。'似是而非'底形上学既'取消',真正底形上学的本质即显露。所以维也纳学派对于形上学的批评,不但与真正底形上学无干,而且对于真正底形上学是'显正摧邪'底功用。由此方面说,维也纳学派,不但不是形上学的罪人,而且是形上学的功臣。"①关于新逻辑学推翻形而上学的企图,冯友兰也有这样的评价:"在西洋,近五十年来,逻辑学有极大底进步。但西洋的哲学家,很少能利用新逻辑学的进步,以建立新底形上学。而很有些逻辑学家,利用新逻辑学的进步,以拟推翻形上学。他们以为他们已将形上学推翻了,实则他们所推翻底,是西洋的旧形上学,而不是形上学。形上学是不能推翻底。不过经他们的批评以后,将来底新底形上学,必与西洋的旧形上学,不大相同。"②冯友兰正是通过对西方哲学思潮演变的分析,提出建立新的"形上学"的努力目标,这大大促进了他建构具有自己学术思想特质的"新理学"的进程。

张东荪所著《思想与社会》、《知识与文化》等著作,有着厚重的西方哲学的底蕴和人文精神,并且是在汲取西方哲学智慧中建构学术体系的哲学著作,因而同时也是评析西方哲学思想的著作。譬如,张东荪在《思想与社会》一书中,基于哲学与科学存在着严格边界的前提下,对"形而上学"的认知路线和学术价值,有这样的概括性评价:"在普通逻辑上意义有游移是一种'错误'(fallacy),而游移又往往由于界限分不清,故不划清界限亦是一种错误。但在形而上学一类的知识上却绝不能认为是错误,因为形而上学上所有的概念大概都是如此的,倘使认为错误则势必大部分哲学都归于不能成立了。于是哲学便不可能了。反对哲学的人固然亦可主张把哲学'废弃'了。其实这乃是误会,我不知所谓废弃是指何而言,如果说把他废弃在严格思想(即科学)以外,这原无问题,因为哲学本不在科学范围以内,二者完全是性质绝不相同的两个东西,如果说把他从文化的全体夺去其地位,我则以为这是办不到的。所以卡那魄一派的逻辑实证论者

①　冯友兰:《新理学在哲学中之地位及其方法》,《哲学评论》第 8 卷第 1 期,1943 年 5 月。

②　冯友兰:《新原道·新统》(1945 年),忻剑飞、方松华编:《中国现代哲学原著选》,复旦大学出版社 1989 年版,第 312 页。

（logical positivists）主张'形而上学之废弃'（elimination of metaphysics）在其本身上一个不清楚的标语,至于形而上学上的概念与科学上的概念其性质有很大不同,这本是大家所公认的,却不会因此遂致把形而上学变为废物,一点用处全没有了。"①对于学术界否定形而上学的思潮,张东荪在《知识与文化》这部著作中亦表明了自己的态度:"欧美最近思想界上自从卡那魄（Carnap）一派人物出来,取消哲学,换言之,即取消形而上学,已成一个有力的论据。我今天所为在表面上和他一样,他们是从言语与逻辑的分析上把形而上学否定了。我却是从社会文化的需要上把形而上学改质了。我不但把形而上学之原有的性质加以改换,并且把形而上学从卡氏一派的否定运动中救了出来,使其重新建立。"②张东荪正是在评析和汲取西方哲学的基础上,确认哲学与科学的边界及哲学在文化中的核心地位,并进而在中西哲学贯通、知识与文化融合中而建构其学术体系的。

郑昕③所著《康德学述》（上海商务印书馆 1946 年 11 月初版）,分为"康德对玄学之批评"、"康德论知识"及"附录"三部分,对康德《纯粹理性批判》一书予以提要和诠释,在学术界有重要影响。该著揭示了康德知识论的特征,指出:"康德的知识论,是严格的现象论。它由知识论的立场,去驳倒理性派的玄学。同时又爱惜本体,计划一个连系知识与道德的新玄学。所以他严格的分别现象与本体,却不去分割现象与本体。"④该著对于康德的"哥白尼的转向"有着自己的看法,指出:"康德的'哥白尼的转向',不是穷究物,而以关于物之普遍有效的判断为对象。不是以不及物或不推广知识的分析判断为对象,而以及物的或推广知识的综合判断——普遍有效的（先天的）综合判断为对象。"⑤该著将笛卡尔哲学与康德哲学进行比较,揭示康德哲学在思想特质上的独到之处:"笛卡尔与康德哲学的分别,这里看得最清楚。他们在区别心灵与物体上,都被称作'唯心论者',同时被称作'二元论者',惟笛卡尔所持者为'经验的唯心论',康德所持者为'先验的唯心论';笛卡尔之'二元论'为独断的,康德的'二元论'为批评的;笛卡尔分别心与物为两种不同的本体,而两种本体,都是物如;康德以二者均

---

①　张东荪:《思想与社会》,商务印书馆 1946 年版,第 63 页。

②　张东荪:《知识与文化》,商务印书馆 1947 年版,第 2 页。

③　郑昕（1905—1974）是现代中国哲学界研究和阐发康德哲学的重要代表,他曾于 1927 年留学柏林大学,1929 年转入耶拿大学,师从新康德主义大师鲍赫专攻康德哲学,著有《康德学述》等著作。

④　郑昕:《康德学述》,商务印书馆 1946 年版,第 16 页。

⑤　郑昕:《康德学述》,商务印书馆 1946 年版,第 155 页。

为必然的观念。"①郑昕对于康德哲学的认知和评价,是以对"一切的玄学"所共有特征的认识为基础的。在郑昕看来,"一切的玄学"都建立在"由有条件的存在(相对的存在),推论无条件的存在(绝对的存在)",并且也都建立在"矛盾的'理性'推论"上,而"康德解除他们的困难,他的推论法是:如果有条件的存在给与了,可以推出无条件的——假定此无条件的,不为物,不为现象,而为理念。现在有条件的存在为现象或经验的对象给予了,故一切条件的系列或绝对——不在现象之内——当作理念也给与了。即是说,一切条件的系列对于我们不是给与(所与),而是做不尽的课题;是它理性的必然的课题。"②可见,在郑昕的视域之中,康德的努力及其贡献所在,正是为了回应"一切的玄学"所面对的问题。郑昕研究康德哲学是以独特的哲学观为前提的,这就是哲学并不是科学但又能驾驭科学,故而就不能以通常的科学观来审视和评价哲学。他指出:"哲学是一种无用的学问,它不象科学,能显著的致用。所以它常被人所忽略:它所研究的是关于宇宙和人生一些根本问题,又觉得它不可须臾离。它有时被尊为'普遍的科学',一切科学都是它的支部;有时被贬为'坏的科学',为科学的渣滓,好象科学发达了,哲学便没有存在的余地。对哲学作这类毁誉的人,都是既未明了哲学的性质,也未明了科学的性质。哲学的价值,不因为有'不虞之誉'而增加,也不因为有'求全之毁'而减少。"③郑昕在《康德学述》之中,将哲学宇宙观和本体论作为研究的一个重点,尤其是对于"规律"所具有的"因果连系"也有比较充分的认识:"一切经验的规律,最重要的是现象的因果连系的规律。每个现象之为可能经验的对象,都被一个必然的在前的现象所决定;每个现象,都被所有的在前的现象所决定:每个现象,又都是在它以后所发生的现象的条件。……所以寻找经验的极限唯一可能的方向,是因果连系的继续的后退方向:由被决定的追溯条件。"④该著对于"本体"亦有其见解,这就是所谓"本体"既不是物,也不是对象,而是它们的逻辑条件,并且因为"它综合变动的杂多的感觉,成就对象的统一"⑤。正是在这种意义上,"'本体'决不是绝对的实在,它是综合性质的逻辑功能,是现象的'函数'。现象在时空内变动,而'本体'规律'常住'。"⑥郑昕关

---

①　郑昕:《康德学述》,商务印书馆1946年版,第35页。
②　郑昕:《康德学述》,商务印书馆1946年版,第23页。
③　郑昕:《康德学述》,商务印书馆1946年版,第3页。
④　郑昕:《康德学述》,商务印书馆1946年版,第19页。
⑤　郑昕:《康德学述》,商务印书馆1946年版,第253页。
⑥　郑昕:《康德学述》,商务印书馆1946年版,第255页。

于康德哲学的研究,是在坚持自己的哲学观的前提下把握康德哲学的底蕴的,并将康德哲学置于西方整个的哲学发展的视野之中,这为康德哲学在中国的引进与研究作出了奠基性贡献。

以上所列举的诸位现代学人,特别是胡适、李石岑、张君劢、贺麟、冯友兰、张东荪、郑昕等,尽管学术传承有所不同,认识路径亦有所差异,然因治学上视域较为宽阔,既通古博今而又学兼中外,且学养超群、功底深厚,故而大都能博采众家之长以成一家,或阐幽发微而独树一帜,或融汇中西而自成体系,从而使西方哲学在中国的传承中演绎出异彩纷呈的景象。

(三)中国早期马克思主义者对西方哲学的高度关注

中国早期的马克思主义学者虽然并不以主要精力来研究和评析西方哲学,但在推进马克思主义哲学中国化进程中,对于西方哲学还是十分关注的。应该注意的是,马克思主义者对于西方哲学的关注与分析,是在马克思主义指导下进行的,并且是为构建中国马克思主义哲学体系服务的,因而在现代中国学术史上也是很有特色的。

譬如,瞿秋白对于实验主义以"实用"为真理的特点,有这样的评价:"实验主义的弱点,却亦在他的轻视理论,——因为实验主义的宇宙观根本上是唯心论的。照实验主义说来,一切理论不是解释疑迷的答案,而只是工具罢了。凡是一种理论,一方面是我们对付外界的手段,别方面是一种逻辑的工具,如此而已。人的知识,究竟符合于客观世界与否,并不重要,——重要的却在于这种知识能否促进我们的某种行动。因此,一切学说的价值,照实验主义的意思说来,只要看他对于我们是否有益。某种学说假使是有益的,便是真实的;有几分利益,便有几分真理。一切真理都应当合于我们的需要。一切学说的真实与否,完全看他实用上的结果而定。"①

又譬如,李达的《社会学大纲》一书是宣传和阐释马克思主义哲学的专著,但该著十分关注西方哲学发展的进路,并用相当的篇幅对于西方哲学进行多方面的评介。该著对于社会契约论的唯心论和机械论特征,有这样的分析:"社会契约说的社会观是观念论的,又是机械论的。一方面在观念论的虚构上设定所谓人类的自然状态做出发点,一方面又在机械学力学的见地上把社会看做互相独立平等的原子的个人之机械的体系,而把社会的成立还原于互有平等的自然

---

① 《实验主义与革命哲学》(1924年),《瞿秋白选集》,人民出版社1985年版,第147页。

权的个人相互间的契约。这种社会观是以互相自由竞争而同时需要缔结契约的资本主义的商品生产者间的关系为标本的。"①该著揭示了机械唯物论所具有的"理性"的本性,指出:"旧机械唯物论者的社会观是从人类之理性的本性出发的。他们把理性作为一切事物的唯一尺度。……旧机械唯物论者不能理解人类的理性原是具有其固有的特殊发展法则的社会关系的总体,而把社会看做是利己主义的个人之单纯的机械的集合。"②该著梳理了希腊哲学中唯物论与唯心论斗争的过程及趋向,指出:"希腊哲学在理论斗争的过程中,最初是唯物论占着胜利。后来,随着观念论倾向的抬头,哲学便离开对于自然的研究,而集中注意于人类内在的经验的分析了。于是希腊哲学,就离开自然哲学的方向,放弃关于自然界的规律性的研究,而到达于观念论了。"③该著对于费尔巴哈哲学的唯物论,在与黑格尔的比较中给予了说明,但也认为费尔巴哈思想中亦有观念论的成分,指出:"黑格尔认为人是'绝对精神'所创造的;费尔巴哈却说'绝对精神'的观念本身就是人所造成的。'实在先思维而存在,当你认识某种性质以前,你先感觉过这种性质'。当他宣布思想是实在之果时,他是坚决的走上了唯物论的道路;但同时,企图在'我'与'你'的关系的基础上建立与他的宗教哲学有密切关系的论理体系,他就又走到了观念论。"④李达的《社会学大纲》正是在对西方哲学进行马克思主义的评析中,而建构具有中国特色的马克思主义哲学体系的。

再譬如,胡绳是 20 世纪 30 年代开展马克思主义哲学大众化的重要代表,他对于西方哲学理性主义、人本主义的评价就很有特色。胡绳并不把"理性主义"纳入到唯心主义的阵营,指出:"无论对于怀疑论,二元论,还是理性主义……都不能单从白纸上的黑字去笼统地理解这个名词的内容。在笛卡儿手里的怀疑论,甚至二元论都是有着时代的进步意义,有着充分的斗争性的。同样的,十七、十八世纪的理性主义也是新兴阶层的斗争武器,它用这武器来打击愚蠢的迷信,来给实证的自然科学开道。用'唯心主义'四个字是抹煞不掉十七、十八世纪的理性主义的进步性的。而且理性主义不但不等于'唯心主义',反而是和唯物论在各种不同的程度上相结合的,因为理性主义要求对于事物做清醒的,自由的观察,不根据教条而根据必然的法则来思考。在这一意义上,理性主义是和直觉主

---

① 《社会学大纲》(1937 年),《李达文集》第 2 卷,人民出版社 1981 年版,第 311 页。
② 《社会学大纲》(1937 年),《李达文集》第 2 卷,人民出版社 1981 年版,第 315 页。
③ 《社会学大纲》(1937 年),《李达文集》第 2 卷,人民出版社 1981 年版,第 591 页。
④ 《社会学大纲》(1937 年),《李达文集》第 2 卷,人民出版社 1981 年版,第 606 页。

义,独断主义对立的。"①胡绳在肯定理性主义的社会进步意义的同时,也认为十九世纪以后理性主义传统被抛弃了,出现了"反理性主义代替理性主义"的局面。他指出:"但十九世纪以后,整个的欧洲的市民阶层爱历史上一步步地走着下山路了,也完全放弃了前世纪的理性主义的传统,叔本华的生活意志哲学,尼采的疯狂的超人哲学,马赫的经验批判论,柏格森的生命哲学,以至实用主义,新康德主义,新黑格尔主义以至现在德意的钦定哲学……它们的一贯的中心是用朦胧的直觉,盲目的意志,主观的经验……来代替清醒的客观的观察和思考,是拿反理性主义代替理性主义。"②对于这种"反理性主义"抬头的趋势,胡绳从思想文化发展的客观要求,给予了毫不留情的抨击:"任何一个时代的文化思想在其发展向上的时期,都是理性主义的,而当它表现反理性主义的倾向的转化时,也就表现出了它的没落崩溃。……十七十八世纪的西欧文化是理性主义的(注意,这里所说的理性主义与说到经验论与理性论的对立时的理性主义,含意有广狭之不同)。但是从十九世纪中叶以后,随着资本主义的向上时期的过去,随着独占的资本主义阶段——帝国主义阶段的到来,随着西方的资产阶级已成为不是助长而是阻止历史的更新发展的势力,于是在文化上也崛起了反理性主义的思想,这种反理性主义表现在哲学上就是直觉主义,神秘主义,唾弃客观的观察与思考而推崇朦胧的直觉与盲目的意志;表现在政治思想上就是对民主政治的怀疑,而以马基佛里的唯力主义为圣经;表现在经济思想上就是庸俗的效用价值说等等。法西斯的思想是反理性主义思潮的集大成者,也就是近代思想最反动的一个表现。"③关于西方哲学上的人本主义传统,胡绳在挖掘人本主义所具有的"精神"的同时,给予了高度的评价:"所谓'人的发现',也可以说是'人的自觉':自觉是一个独立自主的人,有独立的思考能力,有自主的决定能力,对于一切周围的事情,自己可以负责任。不是象在中世纪那样,一个人应该想些什么,做些什么,都已由宗教的教条死死地预定着了,相反的,一个人在思想与行动上是应该有自由的,是要不断地怀疑、探索、追求、前进的。所谓'人的发现',又包含着人与人的相互承认与尊重的意思,那就是说,每个人不仅把自己看做是一个独立的人,而且也把旁的人看做是独立的人,也同样有独立的思想与行动的权利与能力——把人当作人看待,这也正是人本主义的根本精神所在。因为从人本

---

① 胡绳:《谈理性主义》,《认识月刊》创刊号,1937年6月。

② 胡绳:《谈理性主义》,《认识月刊》创刊号,1937年6月。

③ 沈友谷(胡绳):《论反理性主义的逆流》(1940年12月),载《理性与自由》,华夏书店1946年6月版。

主义的精神里发扬了思想的自由,于是就使科学的产生成为可能;又因为人与人相互承认与尊重,则从人本主义的精神中必然发展出民主的观点。"①正是基于对人本主义精神的认识与研究,胡绳得出的结论是:"从历史上看,欧洲科学的发达正是在文艺复兴期的人本主义思潮发展以后,人本主义的思潮解放了人的思想,提高了人对客观界的作用,于是人才不断地向自然探索,而创造出科学来。"②

中国共产党人主张对于西方文化采取辩证分析的态度,批判地扬弃,合理地汲取,以作为新民主主义文化建设的重要资源。对此,毛泽东在《新民主主义论》中有一段经典的论述:"中国应该大量吸收外国的进步文化,作为自己文化食粮的原料。这种工作过去还做得很不够。这不但是当前的社会主义文化和新民主主义文化,还有外国的古代文化,例如各资本主义国家启蒙时代的文化,凡属我们今天用得着的东西,都应该吸收。但是一切外国的东西,如同我们对于食物一样,必须经过自己的口腔咀嚼和肠胃运动,送进唾液胃液肠液,把它分解为精华和糟粕两部分,然后排泄其糟粕,吸收其精华,才能对我们的身体有益,决不能生吞活剥地毫无批判地吸收。"概而言之,现代中国的马克思主义者对于西方哲学的辩证分析,是在马克思主义的世界观和方法论指导下的学术文化遗产整理工作,坚持科学地对待与合理地汲取人类文化遗产的理念,因而极大地推动了现代中国哲学界对西方哲学的引进与吸收工作。

三、中国现代新儒学体系的构建与衍化

"新儒学"是在传统儒学基础上发展出来的新学说。在中国学术史上,宋明理学是相对于传统的孔孟儒学的,它在承继传统儒学的基础上亦有很大的发展,被学界称为"新儒学"。"新儒学"(宋明理学)形成之后,亦是随着时代演进而发展变化的。在此意义上说,现代新儒学是现代中国时段中既坚守儒家价值又具有西学视域的哲学派别。此派以梁启超、梁漱溟、张君劢、熊十力、冯友兰、贺麟等为主要代表的哲学重镇,他们面对西学的狂飙东进,传统文化渐至式微,力主中体西用之范式,借鉴融化西学之所长,坚守中华文化之本位,力图以中国传

---

① 胡绳:《人本主义和人的尊严》,《群众》第 8 卷第 10 期,1943 年 6 月。
② 胡绳:《人本主义和人的尊严》,《群众》第 8 卷第 10 期,1943 年 6 月。

统儒学之"本",来统合西学之科学民主,进而达到传统儒学在现代中国社会中的"返本开新"。梁启超作为现代新儒家的先驱,他在《欧游心影录》中提出复兴儒学的具体路径:"第一步,要人人存一个尊重爱护本国文化的诚意。第二步,要用那西洋人研究学问的方法去研究他,得他的真相。第三步,把自己的文化综合起来,还拿别人的来补助他,叫他起一种化合作用,成了一个新文化系统。第四步,把这新系统往外国扩充,叫人类全体都得着他的好处。"①循此以进,张君劢的人生观、梁漱溟的东西文化论、熊十力的新唯识论、冯友兰的新理学、贺麟的新心学、唐君毅的儒学精神论、方东美的哲学美学融合论等,在文化的视域中比较中西、融汇古今、推陈出新,既有重释程朱之学术巨著,又有阐扬陆王之思想新论,构建了"现代新儒学"体系。

(一) 梁启超的儒家哲学观

梁启超②在复兴中国儒学的过程中,虽未能形成一个体系性的专论儒学复兴的代表性著作,但他在各种著作中提出了一系列复兴儒学的主张,颇引起学术界的高度关注,同时也由于他在五四时期中国学术界的大师级地位,因而成为儒学复兴运动的代表性先驱。

梁启超复兴儒学的重要努力,主要表现在对于中国传统儒学的创造性解释上,这使得中国传统儒家得以哲学的新面目出场。试举几例:

譬如,梁启超认为传统儒学格外重视人为力量,鼓励发挥人的积极性和创造性,强调的是宇宙人生的统一性。他指出:"儒家看得宇宙人生是不可分的,宇宙绝不是另外一件东西,乃是人生的活动,故宇宙的进化,全基于人类努力的创造。所以《易经》曰:'天行健,君子以自强不息。'又看得宇宙永无圆满之时,故易卦六十四,始'乾'而以'未济'经。盖宇宙'既济',则乾坤已息,还复有何人类!吾人在此未圆满的宇宙中,只有努力的向前创造。"③基于儒家哲学重视人生问题研究的特点,梁启超要求人们基于"东方的人生观"视域,认识儒家哲学

---

① 梁启超:《欧游心影录》(1920年),忻剑飞、方松华编:《中国现代哲学原著选》,复旦大学出版社1989年版,第81页。

② 梁启超(1873—1929),字卓如,一字任甫,号任公,又号饮冰室主人、饮冰子、哀时客、中国之新民、自由斋主人,广东新会人。梁启超勤于著述,著作等身,合编为《饮冰室合集》,被称为百科全书式学者。

③ 《治国学的两条大路》(1923年),《梁启超哲学思想论文选》,北京大学出版社1984年版,第425—426页。

重视精神生活的特点,不仅要看到儒家哲学与印度哲学的不同,而且也要看到中国哲学之中各派的不同。他指出:"东方的人生观,无论中国印度,皆认物质生活为第二位,第一就是精神生活。物质生活,仅视为补助精神生活的一种工具,求能保持肉体生存为已足,最要在求精神生活的绝对自由。……求精神生活绝对自由的方法,中国印度不同,印度有大乘小乘不同,中国有儒、墨、道各家不同;就讲儒家,又有孟、荀、朱、陆的不同。"①梁启超提出的认识儒家思想的路径,应该说是有助于呈现儒家思想的面目的,使人们更好地认识儒家思想在中国文化中的地位及中国文化的包容性。

又譬如,梁启超认为中国哲学专注于人与人之间关系的调适,与西方哲学面向自然而重视人与物的关系有着很大的不同,因而儒家哲学可以称之为"人生哲学"。他指出:"中国先哲虽不看轻知识,但不以求知识为出发点,亦不以求知识为归宿点,直译的 Philosophy,其涵义实不适于中国,若勉强借月,只能在上头加上个形容词,称为人生哲学。中国哲学以研究人类为出发点,最主要的是人之所以为人之道:怎样才算一个人?人与人相互有什么关系。……世界哲学大致可分三派:印度、犹太、埃及等东方国家,专注重人与神的关系;希腊及现代欧洲,专注重人与物的关系;中国专注重人与人的关系。"②基于儒家哲学注重人与人关系的研究,梁启超认为儒学的功用体现了"修己安人"的特色。他指出:"儒家哲学范围广博,概括说起来,其功用所在,可以《论语》'修己安人'一语括之。其学问最高目的,可以《庄子》'内圣外王'一语括之。做修己的功夫,做到极处,就是内圣;做安人的功夫,做到极处,就是外王。至于条理次第,以《大学》上说得最简明。《大学》所谓'格物致知诚意正心修身',就是修己与内圣的功夫;所谓'齐家治国平天下',就是安人及外王的功夫。"③正是由于对儒家在人与人关系上所显示特色的研究,梁启超认为中国哲学与传统的西方哲学截然不同,但中国传统哲学亦有与"近代精神相近"的地方。他说:"儒家既然专讲人之所以为人及人与人之关系,所以他的问题与欧西问题迥然不同。西方学者唯物唯心多元一元的讨论,儒家很少提及;西方学者所谓有神无神,儒家亦看得很轻。《论语》

① 《东南大学课毕告别辞》(1923 年),《梁启超哲学思想论文选》,北京大学出版社 1984 年版,第 434 页。

② 《儒家哲学是什么》(1927 年),《梁启超哲学思想论文选》,北京大学出版社 1984 年版,第488 页。

③ 《儒家哲学是什么》(1927 年),《梁启超哲学思想论文选》,北京大学出版社 1984 年版,第488 页。

说:'子不语怪力乱神'。孔子亦说:'未知生、焉知死?'把生死神怪,看得很轻。这是儒家的一大特色。亦可以说与近代精神相近,与西方古代之空洞谈玄者不同。"①梁启超关于儒家哲学所具有的"人生哲学"特点的论述是很有见地的,对于后继者阐发传统儒学的"人生"特色亦有很大的影响。

再譬如,梁启超对于儒家与科学的关系作出新的解释,批评了那种视儒家思想与科学相对立的主张。他指出:"儒家与科学,不特两不相背,而且异常接近。因为儒家以人作本位,以自己环境作出发点,比较近于科学精神,至少可以说不违反科学精神。所以我们尽管在儒家哲学上力下功夫,仍然不算逆潮流,背时代。"②又指出:"儒家哲学的缺点,当然是没有从论理学认识论入手。有人说他空疏而不精密,其实论理学认识论,儒家并不是不讲,不过因为方面太多,用力未专,所以一部分的问题,不如近代人说得精细。这一则是时代的关系,再则是范围的关系,不足惟儒家病。"③经过梁启超这样的解释,儒学不仅不违反科学精神,而且儒家哲学也不是不讲"论理学认识论",只不过"用力未专"罢了。梁启超不仅从事着儒学的现代性诠释工作,而且始终对复兴儒学充满了热切的希望,将儒家哲学的研究视同为中国文化研究。他表示:"我们这个社会,无论识字的人与不识字的人,都生长在儒家哲学空气之中。中国思想儒家以外,未尝没有旁的学派,如战国的老墨,六朝、唐的道佛,近代的耶回以及最近代的科学与其他学术。凡此种种,都不能拿儒家范围包举他们,凡此种种,俱为形成吾人思想的一部分……。但是我们批评一个学派,一面要看他们的继续性,一面要看他的普遍性。自孔子以来,直至于今,继续不断的,还是儒家势力最大;自士大夫以至台舆皂隶,普遍崇敬的,还是儒家信仰最深。所以我们可以说,研究儒家哲学,就是研究中国文化。"④梁启超对于儒家哲学的创造性解读,对于儒家哲学研究的高度重视和积极倡导,揭示了儒家哲学注重人际关系调整而具有的"人生哲学"的特点,并通过现代诠释而消解儒家哲学与科学之间的紧张关系,从而凸显出儒家哲学代表中国文化的地位,这就开启了现代中国儒学现代发展的道路。

---

① 《儒家哲学是什么》(1927年),《梁启超哲学思想论文选》,北京大学出版社1984年版,第489页。

② 《为什么要研究儒家哲学》(1927年),《梁启超哲学思想论文选》,北京大学出版社1984年版,第496页。

③ 《儒家哲学是什么》(1927年),《梁启超哲学思想论文选》,北京大学出版社1984年版,第489页。

④ 《为什么要研究儒家哲学》(1927年),《梁启超哲学思想论文选》,北京大学出版社1984年版,第492—493页。

梁启超在对中国儒学给予现代性诠释的基础上,力图指明儒学复兴的道路。他指出:"我想我们中国哲学上最重要的问题是'怎么样能够令我的思想行为和我的生命融合为一,怎么样能够令我的生命和宇宙融合为一?'这个问题是儒家道家所同的。后来佛教输入,我们还是拿研究这个问题的态度去欢迎他,所以演成中国色彩的佛教。这问题有静的动的两方面,道家从静入,儒家从动入。道家认宇宙有一个静的本体,说我们须用静的工夫去契合他;儒家呢,与道家及其他欧洲印度诸哲学有根本不同之处,他是不承认宇宙有本体的。孔子有一句很直捷的话说:'神无方而易无体。'"①梁启超说的哲学研究命题,就是如何达到"知行合一"、"天人合一"的问题,其目的在于为复兴儒学指明方向。那么,如何才能复兴儒学呢? 梁启超根据自己对于中国哲学史研究的经验,提出了"以复古为解放"的道路,并认为这条道路是以"科学的研究精神"来开启的。他指出:"综观二百余年之学史,其影响及于全思界者,一言蔽之,曰'以复古为解放'。第一步,复宋之古,对于王学而得解放。第二步,复汉唐之古,对于程朱而得解放。第三步,复西汉之古,对于许郑而得解放。第四步,复先秦之古,对于一切传注而得解放。夫既已复先秦之古,则非至对于孔孟而得解放焉不止矣。然其所以能著著奏解放之效者,则科学的研究精神实启之。"②梁启超提出的复兴儒学的"以复古为解放"的道路,并不能认为是完全的回归路线,因为他所倡导的"复古"只是创造新儒学的形式,根本的是追求儒学的"解放",并且这种"解放"必须贯彻"科学的研究精神"。

梁启超以复兴儒学为己任来研究和阐发儒家哲学,并不是不了解西方哲学的基本状况及演进态势,相反,他对于西方哲学有着自己的认知和理解。譬如,他认为西方哲学只是欧洲近世文明的一个方面,且有其独特的发展进路。他指出:"原来欧洲近世的文明有三个来源:第一是封建制度,第二是希腊哲学,第三是耶稣教。封建制度规定各人同社会的关系,形成一种道德的条件和习惯;哲学是从智的方面研究宇宙最高原理及人类精神作用求出个至善的道德标准;宗教是从情的意的两方面给人类一个'超世界'的信仰,那现世的道德自然也跟着得个标准。十八世纪前的欧洲就是靠这个过活。"③又指出:"西方哲学,最初发达

---

① 《论胡适之〈中国哲学史大纲〉》(1922 年),《梁启超哲学思想论文选》,北京大学出版社1984 年版,第 362 页。

② 梁启超:《清代学术概论》(1921 年),忻剑飞、方松华编:《中国现代哲学原著选》,复旦大学出版社 1989 年版,第 87—88 页。

③ 梁启超:《欧游心影录》,《时事新报》1920 年 3 月。

的为宇宙论,本体论,后来才讲到论理学,认识论。宇宙万有由何而来? 多元或一元? 唯物或唯心? 造物及神是有是无? 有神如何解释? 无神如何解释? ……等等,是为宇宙论所研究的主要问题。"①梁启超有着比较宽广的文化视域,并且正是"用那西洋人研究学问的方法"来研究中国的儒学的。如他所说:"我们家里头这些史料,真算得世界第一个丰富矿穴。从前仅用土法开采,采不出什么来,现在我们懂得西法了,从外国运来许多开矿机器了。这种机器是什么? 是科学方法。我们只要把这种方法运用得精密巧妙而且耐烦,自然会将这学术界无尽藏的富源开发出来,不独对得起先人,而且可以替世界人类恢复许多公共产业。"②梁启超正是有着西方文化的视域,因而中国儒学在他的诠释之后即有着深厚的文化底蕴和哲学的精神面貌。

梁启超少年时代熟读儒家经典,对儒家的精神有着深刻的体会,又由于他通晓西学文化的意蕴,故而能够运用西学方法对儒家给予现代性的诠释,从而再现儒家的哲学面貌及其所代表的中国文化精神。梁启超在 20 世纪 20 年代复兴儒学的努力,为现代中国的部分学者所承继,并产生了现代新儒学这一学派。在这种意义上说,梁启超乃是中国现代新儒学的开山祖。

(二) 张君劢的人生观及其"新哲学"

张君劢③为五四时期思想界、学术界所注意,源于他在"科学与人生观"论战中的突出表现。1923 年 2 月,张君劢在清华大学作了关于"人生观"问题的演讲,提出"科学如何发达,而人生观问题之解决,决非科学所能为力"的论断。同年 4 月,丁文江发表《玄学与科学》,一方面赞同胡适的观点,另一方面猛烈抨击张君劢为"玄学鬼",认为今日最大的责任就是要"把科学方法应用到人生问题上去"。其后,张君劢又发表文章予以辩解。一时间,学术界的名流梁启超、张东荪、胡适、吴稚晖、林宰平、王星拱、唐钺、任叔永、孙伏园、朱经农、陆志韦、范寿康等,在《努力周报》、《时事新报》、《学灯》副刊等刊物发表文章,出现了以丁文

---

① 《儒家哲学是什么》(1927 年),《梁启超哲学思想论文选》,北京大学出版社 1984 年版,第 487 页。

② 《治国学的两条大路》(1923 年),《梁启超哲学思想论文选》,北京大学出版社 1984 年版,第 421 页。

③ 张君劢(1887—1969),名嘉森,字士林,号立斋,江苏宝山(今上海宝山)人。晚清秀才、翰林院庶吉士,早年留学日本,后留学德国。主要著作有《中西印哲学文集》、《新儒家哲学发展史》、《思想与社会序》、《民族复兴之学术基础》等。

江为首的"科学派"和以张君劢为首的"玄学派"两大阵营,形成了"科学与人生观"论战。在这场论战中,张君劢就"人生观"问题所提出的主要观点是:

第一,科学与人生观是的对立的。张君劢认为,科学皆有一定的原理原则,但在人类的"人生日用之中"却有着另一种情形,就是:"甲一说,乙一说,漫无是非真伪之标准。此何物欤? 曰,是为人生。"关于人生观与科学的区别,张君劢细分为以下五项:(1)"科学为客观的,人生观为主观的";(2)"科学为论理的方法所支配,而人生观则起于直觉";(3)"科学可以以分析方法下手,而人生观则为综合的";(4)"科学为因果律所支配,而人生观则为自由意志的";(5)"科学起于对象之相同现象,而人生观起于人格之单一性"①。由此,张君劢认为科学与人生观是两个完全不同的问题,且两者呈现对立之势,故不可相提并论。

第二,科学不能解决人生观问题。张君劢根据对科学与人生观的分析,认为科学造就物质文明,人生观研究的结果是精神文明,因而即使科学如何之发达,也不能解决人生观问题。他指出:"人生观的特点所在,曰主观的,曰直觉的,曰综合的,曰自由意志的,曰单一性的。惟其有此五点,故科学无论如何发达,而人生观问题之解决,决非科学所能为力,惟赖诸人类之自身而已。而所谓古今大思想家,即对于此人生观问题,有所贡献者也。譬诸杨朱为我,墨子兼爱,而孔孟则折衷之者也。自孔孟以至宋元明之理学家,侧重内心生活之修养,其结果为精神文明。三百年来之欧洲,侧重以人力支配自然界,故其结果为物质文明。"②张君劢认为,人生观就其内容而言关涉的是"精神与物质"、"男女之爱"、"个人与礼"、"国家与社会"这样的问题,而这些问题都是科学所不能解决的,即如"所谓精神与物质者:科学之为用,专注于向外,其结果则试验室与工厂遍国中也。朝作夕辍,人生如机械然,精神上之慰安所在,则不可得而知也。"③在张君劢看来,既然科学不能解决人生观问题,那么人生观问题的真正解决,"惟有返求之于己"之一途④。

第三,人生观关系到文化之前途。张君劢阐发人生观问题,是在五四时期西

① 张君劢:《人生观》,张君劢、丁文江等:《科学与人生观》,山东人民出版社1997年版,第35—37页。

② 张君劢:《人生观》,张君劢、丁文江等:《科学与人生观》,山东人民出版社1997年版,第38页。

③ 张君劢:《人生观》,张君劢、丁文江等:《科学与人生观》,山东人民出版社1997年版,第39页。

④ 张君劢:《人生观》,张君劢、丁文江等:《科学与人生观》,山东人民出版社1997年版,第39页。

方文化涌进中国的特殊背景之下,故其人生观主张是与文化问题的思考紧密联系在一起的。在他看来,以科学为特征的西方文化"是否为正当之文化,在欧洲人观之,已成大疑问矣"。由此,张君劢将人生观问题推及于中国文化建设的方向,指出:"方今国中竞言新文化,而文化转移之枢纽,不外乎人生观。吾有吾之文化,西洋有西洋之文化。西洋之有益者如何采之,有害者如何革除之;凡此取舍之间,皆决之于观点。观点定,而后精神上之思潮,物质上之制度,乃可按图而索。此则人生观之关系于文化者所以若是其大也。"①

张君劢于1923年2月在清华大学作关于"人生观"问题的演讲,不是偶然的举动,源于他多年来对于西方理性主义在中国流传的严重不满。早在1922年2月,张君劢就发表《欧洲文化之危机及中国新文化之趋向》文章,认为以理性主义为特征的西方文化陷入严重的危机之中,中国新文化的趋向必须对这种理性主义加以反省而另寻新路,这就需要高度重视"官觉",而不能唯"理性"是从。此文中,张君劢一方面申明人类认识世界必须走统合"官觉"与"理性"这"二者而成"的路线,另一方面表示出以理性为出发点的康德以来哲学的问题。他指出:"人类之所以能认识世界,合二者而成:曰官觉,曰理性。在康德固未尝说宇宙之秘奥,可以纯粹理性参透;然而康德以后之哲学家,科学家,或者侧重惟心论,或者侧重惟物论,引起人类心理上一种希望:以为此宇宙之谜可以由人类智识解决之。此解决宇宙之谜之希望,以达尔文《物种由来》出版以后为最盛。此在思想史上,名曰实证主义时代。即吾国欧化之输入亦正当其时。故侯官严氏所译各书,如穆勒《名学》,如赫胥黎《天演论》,如斯滨塞《群学肄言》,即其代表也。"②不难看出,张君劢在此文中不认同"宇宙之谜可以由人类智识解决之",并表现出对于西方理性主义哲学在近代中国的流传有着不满的情绪。

张君劢五四时期的学术思想受到西方生命派哲学的影响,而以法国柏格森哲学、德国哲学家倭铿的影响为最。近代西方的生命哲学,大致分为两路,一路是法国的柏格森哲学,一路是德国的倭铿哲学。生命哲学是在第一次世界大战爆发的情况下出现的一股非理性主义思潮,这派哲学倡导直觉,批判理性,认为理性不能解决人类的问题;人类精神生活在自然之上,科学不能解决世界观、人生观问题。张君劢在科学与人生观论战中,主要是运用倭铿的生命哲学,并杂糅

---

① 张君劢:《人生观》,张君劢、丁文江等:《科学与人生观》,山东人民出版社1997年版,第40页。

② 张君劢:《欧洲文化之危机及中国新文化之趋向》,《东方杂志》第19卷第3号,1922年2月。

以中国的宋明理学,而与科学派进行论战的,因而恪守的乃是当时西方世界业已盛行的"反理性主义"哲学思潮。对此,张君劢二十年后利用给张东荪的《思想与社会》一书作序的机会,有这样的回忆:"我与东荪及适之,皆受欧美反理性主义哲学洗礼之人也。东荪民七译柏格森氏创化论,我以和会后留欧,专攻柏氏及倭铿哲学,及返国作'人生观'演讲,引起思想界之辩论。其实我所持者,即反理智主义之论调,惜乎当日与我论难之人,侧重科学玄学一边,绝未见及吾所谓生者,乃柏氏之所谓生,非科学之所谓生也。适之自美归来,提倡实用主义,其驳诸子出于王官之论,谓各派学说之生,所以应于人生需要,所以解决其困难,此即实用主义之立场也。"①现代西方哲学的研究路径及中西文化结合的特征,在张君劢人生观理论上有着突出的体现。

张君劢自 20 世纪 20 年代提出人生观主张而在学界成名后,在 20 世纪 30 年代更鲜明地举起复兴儒学的旗帜,遂转入哲学上"独立创造"的阶段,为其成为中国现代新儒家的重要代表奠定了学术的基础。

张君劢在学术上以"民族复兴"为己任,有着哲学上"独立创造"的强烈愿望和"构成自己的学说系统"的追求。由此,他在 20 世纪的 30 年代着力于阐扬中国传统哲学之精神,将"历史背景与时代要求"视为学术的根基,尤为重视"历史背景"在学术传承中的地位。他指出:"然个人之思想与主张,离不了他的历史背景与时代要求。譬如费希特、黑格尔的哲学思想,不能离开莱布尼兹与康德,则德国历史之背景已注入于费希特、黑格尔哲学之中,费希特、黑格尔心目中念念不忘普鲁士惩创于拿破仑之手,则时代的要求,亦已参加乎二氏思想之中。一国的历史,犹之全套的戏剧,其立于演台之上者,不外乎各个演员。一种哲学,一种思想,一种潮流,其发动之者,不外乎个人,而历时既久之后,就已往之经过而言,则名曰历史的演进。就各人之触景生情而言,则为时代的要求,质而言之,各个人之哲学的贡献,自然日积月累而成为历史的演进与时代的要求。"②关于东西文化及哲学的差异,张君劢的看法是:"东西文化之比较,一至难之业也。西方文化,始于希腊,至中古裹于宗教彩色中,迄于近代,则以科学为基础。反观吾国,其宇宙观之本于儒、释、道三教者,固大有异同。至就人事之大体言之,政治千百年如一日,学术千百年如一日,礼俗千百年如一日,以视西方文化中突变之

① 张君劢:《〈思想与社会〉序》(1943 年),张东荪:《思想与社会》,商务印书馆 1946 年版。
② 张君劢:《民族复兴之学术基础》(1935 年),忻剑飞、方松华编:《中国现代哲学原著选》,复旦大学出版社 1989 年版,第 153 页。

多者,不可同日而语矣。顾文化异同,在学术上尤为显著,以孔孟以来之学术与西方近代科学相对照,则吾国重人生,重道德、重内在之心;西方重自然,重智识,重外在之象,因此出发点之不同,亦即两文化之所以判然各别。"①在张君劢看来,中国哲学在西学的影响下已有很大的进步,尽管"中国哲学界还没有脱离模仿时期,然独立创造时期,已经不远"。因此,"今后新哲学之发展,当有三步:第一步当然不能脱离模仿工作,第二步各哲学家应明确表示其自己的立场,第三步构成自己的学说统系"②。

那么,应该沿着怎样的方向来创建具有中国色彩的哲学体系呢?张君劢说:"中国今后之哲学,其方向如何,盖难以断言。信马克思主义者欲以唯物辩证法转移今后之中国,反对马克思主义者或以美国实用主义,或以康德主义,或以新康德主义转移中国,各从其所学而欲以之移植于中国。若今后之哲学家遵此道以进行,不啻中国之思想界为外国学派所分裂,犹之全中国中德、美、俄、日、英、法各有其势力范围,此非我所希望于今后思想界者。我所谓新哲学之创造,即中华民族对于现代之新哲学,应有富于中国彩色之贡献。"③又说:"我以为大家要履行四点:(一)科学与哲学的深造。(二)分析的头脑。(三)综合的力量。(四)最要紧的,要有一个伟大的思想系统,不可安于局部。吾哲学界苟能如是,定能为吾国树起新哲学的旗帜,而有以付海内需要哲学之期望。"④这里,张君劢揭示出自己的旗帜,即要创造出一个具有中国色彩的"新哲学",这个"新哲学"既不是马克思主义的唯物辩证法,也不是美国实用主义、康德主义、新康德主义等"转移中国",其达致的路径则是"科学与哲学的深造"、"分析的头脑"、"综合的力量"以及建构"一个伟大的思想系统"。对此,张君劢在为张东荪的《思想与社会》一书作序时,曾有这样的表露:"儒家之不必藏己,不必为己,老氏之为而不有,宰而不制,正东方之所长,而西方之所短。西方之论理与科学方法,上穷宇宙之大,下及电子之微,历史所未载,人事所未经,皆穷源竟委以说明之,岂我东方之恶智者(孟子所恶于智者为其凿也),所能望其项背哉。东方所谓道德,应

① 张君劢:《民族复兴之学术基础》(1935年),听剑飞、方松华编:《中国现代哲学原著选》,复旦大学出版社1989年版,第141—142页。

② 张君劢:《民族复兴之学术基础》(1935年),听剑飞、方松华编:《中国现代哲学原著选》,复旦大学出版社1989年版,第155页。

③ 张君劢:《民族复兴之学术基础》(1935年),听剑飞、方松华编:《中国现代哲学原著选》,复旦大学出版社1989年版,第156页。

④ 张君劢:《民族复兴之学术基础》(1935年),听剑飞、方松华编:《中国现代哲学原著选》,复旦大学出版社1989年版,第160页。

置之于西方理智光镜之下而检验之。西方所谓理智,应浴之于东方道德甘露之中而和润之。然则合东西之长,熔于一炉,乃今后新文化必由之涂辙,而此新文化之哲学原理,当不外吾所谓德智主义,或曰德性的理智主义。"①可见,张君劢此时业已进至"德智主义"哲学创造的阶段,而所要建立的乃是中西合璧、以儒学为根柢的文化哲学体系,亦可以称之为"德智主义,或曰德性的理智主义"。

张君劢在学术上由"人生观"体系进至构建"新哲学"阶段,其思想亦经历了从"科玄论战"时的反理智主义、到主张理性主义或曰德智主义(亦即德性的理智主义、德性的唯心主义)的衍化过程,并在学术上力图在阐发孔子及儒学现代意义中来维护中国文化的统系,借以创建以儒学为根基的文化哲学体系,并在"反理智主义之论调"之中成就"中国色彩"的思想系统,从而使中国传统儒学在现代社会中发扬光大、生生不息。由此,张君劢也就成为现代中国新儒家的重要代表。

(三) 梁漱溟的东西文化论

梁漱溟②在五四时期以其《东西文化及其哲学》著作成名,而其关于复兴儒学的主张在现代中国学术界有着较为长期的影响。

梁漱溟 1921 年出版的《东西文化及其哲学》③,是梁氏 1921 年 10 月在山东省教育会讲演的基础上,并参斟 1920 年在北京大学的讲稿写成。该著提出世界上有西洋文化、中国文化、印度文化三种类型,认为中国文化比西洋文化为高,因而"要以孔教为中心使东西文化双方凑合",而西洋最终也是要走"中国的路,孔家的路",故而中国文化将来将成为世界文化。全书分为 5 章:绪论,如何是东方化、西方化,西洋、中国、印度三方哲学之比较,世界未来之文化与我们今日应持的态度。书后,还汇录时人关于东西文化比较的言论④。《东西文化及其哲

---

① 张君劢:《〈思想与社会〉序》(1943 年),忻剑飞、方松华编:《中国现代哲学原著选》,复旦大学出版社 1989 年版,第 171 页。

② 梁漱溟(1893—1988),名焕鼎,始字寿铭,又字漱溟,后以漱溟行世。祖籍广西桂林,生于北京。主要著作有《东西文化及其哲学》、《乡村建设理论》、《人心与人生》、《中国文化要义》等,现合编为《梁漱溟全集》(八卷本)。

③ 梁氏此著最早为财政部印刷局 1921 年 10 月初版,其后有上海商务印书馆 1922 年 1 月初版,及至 1926 年 3 月出第 7 版。

④ 主要有《东西民族根本思想之差异》(陈独秀)、《东西文明根本之差异》(李大钊)、《东西文明之比较》(日本早稻田大学教授金子马治)、《中西文明之评判》(平佚译自日本《东亚之光》)、《战后东西文明之调和》(仓父)、《改变人生的态度》(蒋梦麟)、《欧游心影录》(梁启超)、《屠正叔先生答西伯莱思想书》、《与印度泰戈尔谈话》(冯友兰)等。

学》一书乃是五四时期的学术名著,比较系统地反映了梁漱溟对于文化前景的思考及独树一帜的文化哲学主张,这使他成为中国现代新儒家的重要先驱和杰出代表。梁漱溟该著及其他一些著作,以复兴中国文化为己任,承继宋明阳明心学的学统,兼采西方直觉主义的生命哲学,提出的文化主张主要是:

第一,以生命意志诠释文化。梁漱溟以"意欲"(Will)来对"文化"予以诠释,认为文化"就是生活的样法",而"生活就是没尽的意欲"和那"不断的满足与不满足罢了",从而使文化赋予其生命哲学的内涵。在他的笔下,文化之所以有差异,就在于各种文化有其不同的意欲,亦即生命意志是文化的最初本因。他说:"通是个民族通是个生活,何以他那表现出来的生活样法成了两异的采色?不过是他那为生活样法最初本因的意欲分出两异的方向,所以发挥出来的便两样罢了。然则你要去求一家文化的根本或源泉,你只要去看文化的根原的意欲,这家的方向如何与他家的不同。你要去寻这方向怎样不同,你只要他已知的特异采色推他那原出发点,不难一目了然。"①这里,梁氏以意欲是否满足及满足的程度,来分析文化的起源与发展及其所具有的特色,因而对文化做了唯意志主义的解释。

第二,文化发展的三路向说。梁漱溟以"人生"的主要问题来诠释文化的路向,以"生活的态度"来考量文化的具体性质及其功用,梳理出文化演进的图式,即:人生三大问题——生活三态度——文化三路向。在他看来,人生有性质不同的三大问题,即"人对物的问题;人对人的问题;人对自身生命的问题"。这三大问题,有着不同的解决范式,因而也就有着不同的"生活样式"。第一个问题的性质是物我关系,其是否得以解决,有赖于个人自身的努力,而只要人们努力了、追求了,意欲就会得到满足,问题也就解决了。第二个问题实际上是人伦关系,这不是那种简单的物我关系,其解决之道不仅涉及个人之自身,也涉及他人;因而,意欲是否满足及满足的程度,不仅取决于自己的努力,也决定于他人的态度,所以是无法确定的。第三个问题的解决在于处理好人与生命的关系,但生命总是有限的,而人的精神又有着绝对的自由,因而始终存在着意志无限与生命有限的对立,故意欲不可能得到满足。正是在这人生三大问题的解决中,意欲始终贯穿其中,并出现了"三种不同的路向",亦即有了"向前要求"、"调和持中"、"反身向后要求"的这样三种不同的"生活样式"。大致来说,"所有人类的生活大约不出这三个路径样法:(一)向前面要求;(二)对于自己的意思变换、调和、持中;(三)转身向后去要求;这是三个不同的路向。这三个不同的路向,非常重要,所有我们

① 《东西文化及其哲学》,《梁漱溟全集》第 1 卷,山东人民出版社 1989 年版,第 352 页。

观察文化的说法都以此为根据。"①由此,梁漱溟对东西文化作出如下的评断:西方文化是"以意欲向前要求为其根本精神的";"中国文化是以意欲自为、调和、持中为其根本精神的";"印度文化是以意欲反身向后要求为其根本精神"②。

第三,以"中体西用"范式解读中国文化走向。梁漱溟以复兴中华文化为使命,要求在文化建设中要坚持中国文化本位,"把中国原来态度重新拿出来",将孔子的精神、人生哲学发扬光大,作为文化建设的"体"。那么,如何才能复兴儒学呢? 梁漱溟的办法是"再创讲学之风",就是"要如宋明人那样再创讲学之风,以孔颜的人生为现在的青年解决他烦闷的人生问题,一个个替他开出一条路来去走。一个人必确定了他的人生才得往前走动,多数人也是这样;只有昭苏了中国人的人生态度,才能把生机剥尽死气沉沉的中国人复活过来,从里面发出动作,才是真动。中国不复活则已,中国而复活,只能于此得之,这是唯一无二的路。"③梁漱溟恪守儒学文化价值观,但并不排斥西学,相反,他认为中国在当时需要"全盘承受"西方文化,也就是要接受西方的"民主"与"科学",以作为我们建设文化之"用"。梁漱溟说,西洋的"民主"与"科学"完全是对的,"只能为无条件的承认",现在需要做的是"全盘承受",因此,"怎样引进这两种精神实在是当今所急的;否则,我们将永此不配谈人格,我们将永此不配谈学术"④。需要指出的是,梁漱溟认为中国要"全盘承受"西方文化的民主与科学,并不是说中国必须走西方文化的道路;相反,他认为西方文化已经走到尽头了,未来的世界文化是东方化而不是西方化,"世界未来文化就是中国文化的复兴,有似希腊文化在近世的复兴那样"⑤。何以如此呢? 梁漱溟的解释是:当时"西洋文化的胜利,只在其适应人类目前的问题,而中国文化印度文化在今日的失败,也非其本身有什么好坏可言,不过就在不合时宜罢了"。人类文化之初都不能不走第一路,西方文化目前走的也是"第一路"。而就中国文化而言,中国却"不待把这条路走完,便中途拐到第二路上来;把以后方要走到的提前走了,成为人类文化的早熟"。正是由于中国"耽误了第一路的路程,在第一问题之下的世界现出很大的失败"。然而,现在中国文化的"机运到来"了,因为西方文化的"第一路走到今

① 《东西文化及其哲学》,《梁漱溟全集》第 1 卷,山东人民出版社 1989 年版,第 382 页。

② 《东西文化及其哲学》,《梁漱溟全集》第 1 卷,山东人民出版社 1989 年版,第 353 页、383 页。

③ 《东西文化及其哲学》,《梁漱溟全集》第 1 卷,山东人民出版社 1989 年版,第 539 页。

④ 《东西文化及其哲学》,《梁漱溟全集》第 1 卷,山东人民出版社 1989 年版,第 533 页。

⑤ 《东西文化及其哲学》,《梁漱溟全集》第 1 卷,山东人民出版社 1989 年版,第 525 页。

日,痛苦百出,今世人都想抛弃他,而走这第二路"①。由此,梁漱溟认为中国人对待东西文化所应有的态度是:"第一,要排斥印度的态度,丝毫不能留;第二,对于西方文化是全盘承受,而根本改过,就是对其态度要改一改;第三,批判的把中国原来态度重新拿出来。"②梁漱溟在中体西用范式中,提出了世界文化东方化的主张,认为未来世界文化就是中国文化的复兴。这在当时的文化论战中,确实是独树一帜的,对此后关于中国文化发展道路的探讨产生很大的影响。因而,梁漱溟也就成为中国现代新儒学的开山祖之一。

梁漱溟是现代中国学术界的大师级人物,他自述其早年思想经历了"西洋功利主义——古印度出世思想——中国儒家思想三个时期",其一生主要关注并研究中国问题和人生问题。梁漱溟的文化哲学将文化放在时空语境之下予以考察,首次将东西方文化划分为西方、印度、中国三个系统,并就三者作了较为详细的对比研究,这在当时的文化论争中不仅具有世界视野,而且具有文化建设上的前瞻性;梁氏恪守民族文化本位论,确信"世界最近未来是古中国文明之复兴",强调文化的民族性与时代性,主张世界文化发展的多元性,这是对欧洲文化中心论的有力批判,同时也是对当时中国的"全盘西化论"的反动。梁漱溟的文化哲学体系,在现代中国的学术界也被称为"新陆王派",可以说是自成一家。孙道升就认为,"新陆王派"为"梁漱溟先生一手所创造",尽管"张君劢先生亦曾一度竭力提倡此派哲学";但"梁先生由新法相宗转变,即转变成此派。此派哲学最风行于民国十年左右,梁氏在当时能够与胡适之氏分庭抗礼,就全持此。《东西文化及其哲学》一书,即其新陆王哲学的精神之所托命者也。"③以今日的观点来看,梁漱溟的文化理论尽管有其独创之处和卓越见解,但其恪守儒学文化价值观,仅仅将文化从哲学的层面予以解析与研究,特别是将文化与社会中的政治实践、经济基础相脱离,与当时社会上先进文化的前进方向相背离,因而难以成为当时文化演进的主流形态。

(四) 熊十力的新唯识论

熊十力④借鉴西方哲学,承继宋明理学,融合佛儒两派,发挥《周易》意蕴,建

---

① 《东西文化及其哲学》,《梁漱溟全集》第1卷,山东人民出版社1989年版,第526页。
② 《东西文化及其哲学》,《梁漱溟全集》第1卷,山东人民出版社1989年版,第528页。
③ 孙道升:《现代中国哲学界之解剖》,《国闻周报》第12卷第45期,1935年11月。
④ 熊十力(1885—1968),原名升垣,字子真,湖北黄冈人。代表性著作有《新唯识论》、《破破〈破唯识论〉》、《十力要语》、《佛家名相通释》、《体用论》、《明心篇》、《乾坤衍》、《原儒》等。

立了新唯识论体系而卓然成家。可以说，"唯识"乃是熊十力哲学体系中的关键范畴，其代表性著作中的《新唯识论》①、《破〈破新唯识论〉》②这两部，颇能表示"唯识"范畴的独特意蕴及其在"新唯识论"体系中的地位。熊十力所创建的新唯识论体系，大致有这样几个特点：

第一，以中国传统文化为基础，以改造佛家法相唯识论为手段，建立了以宇宙本体与现象为纲的"新唯识论"体系。熊十力注重宇宙本体的研究，融传统变易观、佛学理念于一炉，运用相反相成的法则及翕辟成变之说，阐发宇宙生成、衍化之法则；同时，又将人类思维与宇宙连为一体，并糅合直觉体悟与理智思辩，强调主体意识的作用，认为宇宙之"本体不离我心而外在"，而所谓"玄学者，始乎理智思辩，终于超理智思辩，而归乎返己内证，及乎证矣，仍不废思辩"（《十力语要初读》）。可以说，对于本体论的追求始终是熊十力新唯识论哲学的重心所在，也是理解熊十力新唯识论哲学的关键。他指出："宇宙原是大用流行，不妨说为一大动力，只此动力，无别实在的物质。动力不凝摄，则空荡无物，将何所藉以自表现耶？其凝摄也，则分为众多之点滴然。由此点滴，渐渐转粗，而形成所谓原子电子，乃至辗转形成物质宇宙。"③熊十力强调宇宙本体探讨的意义，但不认为本体就是外在的物事。他说："哲学家谈本体者，大抵把本体，当做是离我的心而外在的物事。因凭理智作用，向外界去寻求。由此之故，哲学家各用思考去构画一种境界，而建立为本体。……这个，固然错误。更有否认本体，而专讲知识论者。这种主张，可谓脱离了哲学的立场。因为哲学所以站脚得住者，只以本体论是科学所夺不去的，我们正以未得证体，才研究知识论。今乃立意不承有本体，而只在知识论上钻来钻去，终无结果。"④又说："科学承认有外界独存，自科学言之，固应假定如此，而哲学家谈本体者，亦将本体当做外界的物事来推度，却成颠倒。……近世哲学不谈本体，则将万化大原、人生本性、道德根底一概否

①　《新唯识论》原为熊十力1922年在北京大学授课的讲义，为文言文本，1932年曾删定成书，自费印行。1927年至1933年间，熊十力改写此书为语体文，1944年3月商务印书馆重庆初版（其后又有1947年3月沪初版）。该著的内容多出于儒和释，分为上、中、下三卷，上卷为：明总、唯识（上、下）、转变，中卷为：功能（上、下），下卷为：成物、明心（上、下）。

②　熊十力的《新唯识论》出版后，刘定权出版了《破新唯识论》（南京支那内学院1932年12月版），认为熊十力所著《新唯识论》的观点与佛说相悖，全书分征宗、破计、释难三个部分进行批驳。于是，熊十力又写了《破〈破新唯识论〉》一书，对刘定权所著《破新唯识论》予以驳诘。

③　熊十力：《新唯识论（语体文本）》（1944年），《新唯识论》，中华书局1985年版，第244页。

④　熊十力：《新唯识论·明宗》（1932年），忻剑飞、方松华编：《中国现代哲学原著选》，复旦大学出版社1989年版，第487—488页。

认。此理本平常,本著显,直缘人自锢于知见,不能证得。……知识论所由兴,本以不获见体,而始讨论及此。但东方先哲则因知识不可以证体,乃有超知而趣归证会之方法。西人则始终盘旋知识窠臼,茫无归着,遂乃否认本体。"①可见,熊十力十分强调本体论研究对于哲学体系建构的极端重要性,反对哲学不研究本体的做法;但他也不主张用"理智"去构建本体论,认为不能"将本体当做外界的物事来推度",因而哲学家也就不能置本体论不顾而去专事所谓"知识论"的研究。当时的学术界,也有哲学家虽然承认本体的存在,但却是把本体与现象对立起来,这也是熊十力所不能认同的。对此,熊十力提出自己的看法:"许多哲学家谈本体,常常把本体和现象对立起来,即是一方面,把现象看做实有的;一方面,把本体看做是立于现象的背后,或超越于现象界之上而为现象的根源。这种错误,似是由宗教的观念沿袭得来,因为宗教是承认有世界或一切物的,同时,又承认有超越世界或一切物的上帝。哲学家谈本体者,很多未离宗教观念的圈套。虽有些哲学家,知道本体不是超越于现象之上的,然而他的见地,终不能十分澈底。因之,其立说又不免支离,总有将本体与现象说成二片之嫌。他们都不知道,就本体上说,是要空现象而后可见体,所以堕入错误中。"②概而言之,熊十力在本体论问题上的看法是,哲学不重视本体而专注于知识论,这是"脱离了哲学的立场",固然不对;哲学家即使承认本体了,但又从外界物事中推求,也是错误;至于那种将本体与现象对立起来的看法,则是不明白"空现象而后可见体"的道理,因而也是错误的。那么,如何来求取本体呢?熊十力提出的办法是:"本体是要反求自得的,本体就是吾人固有的性智。吾人必须内部生活净化和发展时,这个智才显发的。到了性智显发的时候,自然内外浑融,冥冥自证,无对待相,即依靠着这个智的作用去察别事物,也觉得现前一切物莫非至真至善。换句话说,即是于一切物不复起滞碍想,谓此物便是一一的呆板的物,而只见为随在都是真理显现。到此境界,现前相对的宇宙,即是绝对的真实,不更欣求所谓寂灭的境地。现前千变万动的,即是大寂灭的。大寂灭的,即是现前千变万动的。不要厌离现前千变万动的宇宙而别求寂灭,也不要沦溺在现前千变万动的宇宙而失掉了寂灭境地。"③亦即求取本体只有"性智"(直觉)之一途。正是重视"性智"的求取途径,熊十力也就注重于对佛家"法相"的改造,汲取其"法则"

---

① 熊十力:《新唯识论(语体文本)》(1944年),《新唯识论》,中华书局1985年版,第243页。
② 熊十力:《新唯识论(语体文本)》(1944年),《新唯识论》,中华书局1985年版,第297页。
③ 熊十力:《新唯识论(语体文本)》(1944年),《新唯识论》,中华书局1985年版,第255页。

的内涵。他说:"法则一词,可以包含规律、形式、条理、秩序、型范等等意义。这种法则,是与法相俱有故。相起,即有物有则。如方圆等等形式,是法则。必须有方的或圆的各类法相或事物,才有方圆等形式与之俱在。不可计法则为一空洞的格式,可以离一切法相而独存于另一世界。相泯,而法则并遣。故言则者,不离于相。"①熊十力尽管十分重视佛家的"法相",但着力之点还是在努力发挥《易》的思想,力图挖掘中国传统哲学中的丰富资源,从而使其本体论的研究置于中国传统哲学的体系之中。如他说:"《易》学所谓'形而上者谓之道',都是指目宇宙本体之词。尽管他们对于本体的解悟各有不同,因之说法亦异,然而他们所用的名词,如实体、如法性、如形上,都是以为有所谓宇宙本体而为之称。名言虽异,所指目则同,所表示的界域则同,这是不可忽的。"②"理"是中国传统哲学中的重要范畴,熊十力对于"理"予以重新解读,强调"理"与"气"间的统一。他指出:"理字,本具有条理或法则的意义,但不可如宋明儒说是气上的条理。宋明儒中,许多人把气说为实有的,因以为理者只是气上的条理。如此,则理的本身竟是空洞的形式,只气是实在的。明儒持这种见解的更多,即在阳明派下,也都如是主张。他们阳明后学一面谈良知,不得不承认心是主宰,一面谈气是实有,理反是属于气上的一种形式,颇似心物二元论,甚乖阳明本旨。……我以为,理和气是不可截然分为二片的。理之一词,是体和用之通称,气之一词,但从用上立名。"③在理性与非理性(直觉)之间的关系上,熊十力对于非理性是极为推崇的,赞赏直觉体悟的创造性思维,如他说:"心与物冥会为一,即心物浑融、能所不分,主客不分,内外不分,是为证会。"(《新唯识论》)然而,熊十力并不排斥理性,而是认为"量智"与"性智"(亦即理智与直觉)只是人的两种认识能力,在认识过程中各有其作用,理智是"科学所凭借以发展的工具",而直觉则是追求自我人生的,是在理智基础上的"向上一着",因而直觉是超越于理智的,亦即"性智统辖量智"的。他对于那种忽视"性智"而一味凭借"量智",甚至以"量智"来揣度本体的做法,很不以为然,并提出了严肃的批评意见。他说:"今世之为玄学者,全不在于性智上着涵养工夫,唯凭量智来猜度本体,以为本体是思议所行的境界,是离我的心而外在的境界。他们的态度只是向外去推求,因为专任量智的缘故。所谓量智者,本是从向外看物而发展的。因为吾人在日常生活的

---

① 熊十力:《新唯识论(语体文本)》(1944年),《新唯识论》,中华书局1985年版,第483页。
② 熊十力:《新唯识论(语体文本)》(1944年),《新唯识论》,中华书局1985年版,第431页。
③ 熊十力:《新唯识论(语体文本)》(1944年),《新唯识论》,中华书局1985年版,第440页。

宇宙里,把官能所感摄的都看作自心以外的实在境物,从而辨识他、处理他。量智就是如此而发展来。所以量智,只是一种向外求理的工具。这个工具,若仅用在日常生活的宇宙即物理的世界之内,当然不能谓之不当,但若不慎用之,而欲解决形而上的问题时,也用他作工具,而把本体当做外在的境物以推求之,那就大错而特错了。"①不难看出,熊十力并不反对"量智",而是认为"量智"不能"解决形而上的问题",因而主张将"量智"限制在"日常生活的宇宙里"。熊十力是力图在本体论和认识论领域中,构架其新唯识论体系的。

第二,以整体的视野、变动的理念阐发"天人不二"的理论,致力于人生与宇宙关系的研究。"不二"是熊十力新唯识论体系中一个特定的范畴,强调的是自然与伦理、天道与人道、个体与环境、主观与客观的内在统一,其最高境界就是"天人合一"。如他说:"本体现象不二,道器不二,天人不二,心物不二,理欲不二,动静不二,知行不二,德智知识不二,成己成物不二。"②又说:"天谓本体,非天帝也。克就吾人而言,则天者乃吾人之真性,不是超越吾人而独在也。故天人本来是一。"(《体用论》)熊十力基于整体的视野与联系的观念,将人与宇宙看成是一个统一的、相互关联的结构系统,如他说:"无量星球,互相关联,互相影响,而为一有组织的机体,正似一个人的身体,是许多互相关联的组织细胞结构而成。从吾侪具有心灵的人类或有机物,追溯到地球及此太阳系,并所属之卫星乃至星云、银河和银河以外的一切,恁地广漠的万有,纯是互相联属的一完整体,其呈著万象,实有秩序而非混乱。"③自然,作为一个统一的内在结构,在吾人与宇宙之间仍然显现着个人的生命之流,体现出自我的存在与价值,亦即"天人合一"并不泯灭自我,相反更突显自我生命的力量。对此,熊十力说:"吾人识得自家生命即是宇宙本体,故不得内吾身而外宇宙。吾与宇宙,同一大生命故。此一大生命非可剖分,故无内外。"④在个人与宇宙关系上强调个体的主体意识及其能动意义,这是对传统的"天人合一"论的创造性发展。在熊十力的"天人合一"观中,不仅体现出人与天之间的结构性、体系性的特征,而且显现出天道与人道在统一之下变动不居、与时俱进、生生不已的演进态势,因而是一个发展向上、充满活力的生命有机体。熊十力说:"心与境本是具有内在矛盾的发展底整体",

---

① 熊十力:《新唯识论(语体文本)》(1944年),《新唯识论》,中华书局1985年版,第254页。

② 熊十力:《〈原儒〉序》,忻剑飞、方松华编:《中国现代哲学原著选》,复旦大学出版社1989年版,第505—506页。

③ 熊十力:《新唯识论(语体文本)》,《新唯识论》,中华书局1985年版,第523页。

④ 熊十力:《新唯识论(语体文本)》,《新唯识论》,中华书局1985年版,第535页。

"境和心是不可分的整体之两方面，……能谓心，所谓境。心能了别境，且能改造境的，故说心名能；境但是心之所了别的，且随心转的，故说境明所。"①不难看出，熊氏是要达到心境两忘、能所不分的境地。

第三，追求"真善统一"的理想境界，探讨"天人合一"的人生真谛与"内圣外王"的理想人格。在熊十力看来，哲学是追求理想的，这与科学有根本的不同。科学以物质世界（亦即大自然）为研究对象，"决不问及万物的根源"；而哲学则以世界的本源为研究对象，不仅追寻事物之本因，"探究万物的根源"，而且还"参究人生而上穷宇宙根源，以解释人生所由始，以决定人生修养之宜与其归属"。由此，"人类如只要科学，而废返己之学，则其流弊将不可言"（《明心篇》）。自然，熊十力并不将哲学与科学看成是对立的两橛，而是认为两者各有其领域与侧重罢了，如他说："哲学所求之真或实在，与科学所求之真或实在，本不为同物。"（《十力语要》）熊十力建立的新唯识论体系，强调哲学要以人为研究对象，关注人生的未来与前景的设计，主张发挥哲学引导人们去小己之私而与天地万物同于大道的功用。由此，他继承了传统儒学追求理想境界的精神，并将"天人合一"与"内圣外王"联系起来，设计出其新唯识论的"真善统一"的理想境界。在熊十力的新唯识论体系中，所谓"真"即是"天人合一"的人生真谛，而所谓"善"则是"内圣外王"的理想人格，"真"与"善"的统一就是"天人合一"与"内圣外王"的统一。这就将传统儒学的"内圣外王"的理想人格与经过改造而赋予变动特征、生命意志的"天人合一"有机地统合起来，不仅强化了传统儒学的道德主义精神和人文主义色彩，而且实现了传统儒学在"科学主义"时代的重要创新。

熊十力创建新唯识论的哲学体系，源于他承载着复兴儒学的使命，这也使得他所创建的新唯识论哲学体系，始终是以儒学为本位的。他对于中国传统儒学式微有着深切的忧虑，立志为中华文化的复兴而尽力，故能坚持不懈地挖掘传统文化资源，加以创造性的改造和利用。他对于中国哲学之兴废历程，有这样的看法："中国哲学，由两汉而上，可谓儒道二家混合之局，由两汉而下，可谓儒道释三家混合之局，而儒家真精神实已式微。略陈其故：晚周思想，号为极复杂，然言其大别，不外儒、道、名、法、墨五家。墨家名家皆早绝，法家虽自秦汉以来犹若流行未息，如汉萧何、文帝、昭烈、诸葛以及后之王荆、张江陵等，但两汉以来之法家，只有行政方面一种综核与苛察等等的手段，……已全失晚周法家意思，如淮

---

① 熊十力：《新唯识论（语体文本）》，《新唯识论》，中华书局1985年版，第274—275页。

南所述法生于众，及法藉所以禁人君使无擅断，韩非任法不尚贤，即反对儒家人治而主张法治等等根本思想，此皆晚周法家思想仅存者。西汉以后之法家，逐绝不注意及此，吾故谓晚周法家，亡绝甚早，后之法家，实不足称为法家也。据此，名墨法三家，在晚周已骤起而骤灭，故为儒道二宗并行。所谓两汉而上，为儒道混合之局者以此。魏晋以后，道家玄学，与印度佛家迎合，自此，儒家虽未至灭熄，而释道混合之思想，实特别占优势：即儒学亦大变其本来而杂于二氏矣。所谓两汉而下，为儒道释混合之局云云者以此。"①熊十力还注意到这样的事实，即"中国哲学，以重体认之故，不事逻辑。其见之著述者，亦无系统。虽各哲学家之思想，莫不博大精深，自成体系，然不肯以其胸中之所蕴，发而为文字。即偶有笔札流传，亦皆不务组织。但随机应物，而托之文言，绝非有意为著述事也。……自来中国哲人，皆务心得而轻著述。盖以为哲学者，所以穷万化而究其原，通众理而会其极。"②正是源于对传统儒学式微的深切忧虑，以及对于中国古代哲人存在着"不事逻辑"、轻于著述的问题，熊十力进行了创造新儒学体系的努力，将佛家的思想援入儒学体系之中。这之中，显然是以儒学为本位的，佛学只是被使用的学术资源，因而是"援佛入儒"而不是"援儒入佛"。对此，熊十力从自身学术历程的总结中，有这样的表白："有人说，我的哲学是援儒入佛的。这话，好象说得不错。其实，个中甘苦，断不是旁人所可知的。我从前有一个时代，是很倾向于印度佛家思想的。我的研究佛家学问，决不是广见闻、矜博雅的动机，而确是为穷究真理，以作安心立命之地的一大愿望所驱使。……其后，渐渐索开百家之说，佛家和其他一概不管，只一意反己自求。我以为，真理是不远于吾人的，决定不是从他人的语言文字下转来转去，可以得到真理的。所以，我只信赖自己的热诚与虚心，时时提防自己的私意和曲见等等来欺蔽了自己，而只求如陈白沙所谓'措心于无'，即是扫除一切执着与迷谬的知见，令此心廓然，无有些子沾滞。如此，乃可随处体认真理。"③故而，熊十力十分欣赏中国传统儒学关于心境浑融如一的思想，对于《中庸》这部著作推崇备至。他指出："吾国先哲对于境与心的看法，总认为是浑融而不可分的。如《中庸》一书，是儒家哲学的大典，这书里面有一句名言。他说，明白合内外的道理，随时应物无有不宜的。这句话的意思是怎样呢？世间以为心是内在的，一切物是外界独存的，因此，将

① 熊十力：《文化与哲学》，《大公报》1935 年 4 月。
② 熊十力：《十力语要》(1936 年)，忻剑飞、方松华编：《中国现代哲学原著选》，复旦大学出版社 1989 年版，第 498 页。
③ 熊十力：《新唯识论(语体文本)》(1944 年)，《新唯识论》，中华书局 1985 年版，第 348 页。

自家整个的生命无端划分内外,并且将心力全向外倾,追求种种的境。愈追求愈无厌足,其心日习于逐物,卒至完全物化,而无所谓心。这样,便消失了本来的生命,真是人生的悲哀咧。如果知道,境和心是浑然不可分的整体,那就把世间所计为内外分离的合而为一了。由此,物我无间,一多相融。虽肇始万变,不可为首,而因应随时,自非无主。用物而不滞于物,所以说无不宜。《中庸》这句话的意思很深远,从来直少人识得。孟子也说道:'万物皆备于我矣。'孟子盖以为万物都不是离我底心而独在的。因此,所谓我者,并不是微小的、孤立的、和万物待对着,而确是赅备万物,成为一体的。"①熊十力以老子"一生二、二生三、三生万物"的思想来释读《大易》,认为"易"之卦爻乃是表示变动与发展,从而引申出相反相成的法则。他指出:"中国最古的哲学典册,莫如《大易》。《大易》最初的作者,只是画卦爻以明宇宙变化的理法。他们画卦,每卦都是三爻。为什么用三爻呢?从来解《易》的人,罕有注意及此。我常求其义于《老子》书中。老子说:'一生二,二生三。'这种说法,就是申述《大易》每卦三爻的意义。本来,《大易》谈变化的法则,实不外相反相成。他们画出一种图式,来表示这相反相成的法则。每卦列三爻,就是一生二,二生三的意思,这正表示相反相成。从何见得呢?因为有了一,便有二,这二就是与一相反的。同时,又有个三,此三却是根据一,而与二相反的。因为有相反,才得完成其发展,否则只是单纯的事情,那便无变动和发展可说了。所以,每卦三爻,就是表示变化之法则,要不外相反相成一大法则而已。"②可见,儒学本位乃是熊十力创建新唯识论哲学体系的关键所在。

熊十力是主张汇通各学科的著名哲学家,坚持求取真理的哲学使命,因而反对哲学上的门户之见。他指出:"哲学有多少派别,即是见趣有多少种类。试取一部哲学史或哲学概论而披阅之,便可略知其概,毋庸详述。凡治哲学的人,于其见趣较接近者,则党同而益张之,于其见趣互异者,则攻伐不遗余力。于是而门户之见始成。下流的哲学家,就缚于门户之见,竟忘却了哲学之本务是在求真理。哲学所以没进步,此是一大原因。"③自然,熊十力强调的融通主张,乃是以其"性智"的立场为根柢的,而不是基于日常的经验事实,更不是一般的"语言文字"这样的工具所能达到的。他说:"语言文字,本是表示日常经验的事理,是一种死笨的工具。我们拿这种工具,欲以表达日常经验所不能及到的、很玄微的、

① 熊十力:《新唯识论(语体文本)》(1944年),《新唯识论》,中华书局1985年版,第273—274页。
② 熊十力:《新唯识论(语体文本)》(1944年),《新唯识论》,中华书局1985年版,第316页。
③ 熊十力:《新唯识论(语体文本)》(1944年),《新唯识论》,中华书局1985年版,第400页。

很奇妙的造化之理,其间不少困难是可想而知的。即如刹那一词,在其元来的涵义,本是一种至小而不可更析的时分。我们在谈变的时候,自不能不利用此刹那一词,以表示不断的变化,是刹那顿起的。然若因此而以世俗时间的观念来理会此中所为刹那,将把甚深微妙、不可测度的变化,箝入死的架格之内。甚至前后刹那之间,定有间隔,而变化也应中断了。如此,既已无法理会变化。"①正是熊十力广采博纳,汇通中西,融合儒佛,同时又恪守"性智"的理念,才在学术上自成一家。

熊十力肩负文化复兴使命而深研传统儒学,他服膺阳明、船山二王之学,但又善于对传统儒学作深刻反思与理性检讨,并努力在吸纳百家中熔铸儒佛,从而基于佛教唯识学而重建了儒家形而上道德本体,独创别具一格的新唯识论哲学体系。就熊十力哲学思想的资源来看,绝大部分是来自中国传统哲学,但所建构的"新唯识论"亦明显地受到西方生命哲学的影响,而"他对西方生命哲学的接受是以中国哲学的立场或他本人对中国哲学的理解或体悟为取向标准的"②。熊氏于1944年出版语体文本的《新唯识论》,标志着熊十力哲学思想体系的完全成熟。此著与稍后出版的《十力语要》、《十力语要初续》等书一起,成就熊十力的新儒家哲学思想体系,并在现代中国哲学界卓然成家。在中国现代哲学史上,熊十力与其三弟子(牟宗三、唐君毅、徐复观)及张君劢、梁漱溟、冯友兰、方东美等,通常被称为"新儒学八大家"。

(五) 冯友兰的新理学

冯友兰③是现代中国著名的哲学家,其所构建的新理学体系在哲学界独树一帜,自成一家。大致说来,冯友兰的哲学思想是在将哲学与科学的分辨中而开

---

① 熊十力:《新唯识论(语体文本)》(1944年)、《新唯识论》,中华书局1985年版,第333—334页。

② 谢龙、胡军、杨河:《哲学百年》,北京出版社1999年版,第89页。

③ 冯友兰(1895—1990年),字芝生,河南唐河人。1915年考入北京大学文科中国哲学门,1919年考入美国哥伦比亚大学研究院攻读哲学,1924年获博士学位后回国。20世纪20年代的主要著作是《人生哲学》(留美博士论文的中文本,英文版题名为《人生理想之比较研究》)。1933年完成两卷本的《中国哲学史》,后译成英文在国外出版。20世纪40年代有《新理学》、《新事论》、《新世训》、《新原人》、《新原道》、《新知言》,合称"贞元六书",构建了"新理学"体系。新中国成立以后,尽弃旧业,在马克思主义指导下从事哲学研究,致力于编写《中国哲学史新编》,于1962年至1986年出版1—4册。已出版的著作还有《中国哲学史论文集》、《中国哲学史料学初稿》、《三松堂自序》、《三松堂全集》等。

启探索道路的,而其在 20 世纪 40 年代写成的《新理学》、《新事论》、《新世训》、《新原人》、《新原道》、《新知言》等六本著作,合称为"贞元六书"①,不仅上接程朱理学的学统,而且又与西方新实在论相贯通,构建了具有思辨性特色的现代新儒学体系——"新理学"。

在冯友兰看来,哲学不同于科学,并不能以科学的方法求得,因而也就难以有完全"新"的哲学。他指出:"完全'新'的哲学恐怕不可能。哲学是靠理想,不如科学之靠工具、实验与技术。理想与工具等的演变,是不相同的。真正的时代哲学,系将过去的思想与当时的事实问题接近,把活的事实问题与思想打成一片,这才是哲学家应有的责任,也就是新哲学的正鹄。"②当时,也有人认为哲学工作"在于批评科学所用之方法及其所依之根本假定"。而在冯友兰看来,这是不明白哲学与科学的区别而提出的看法。他指出:"一种科学有其根本假定;假定既立,此种科学,即以之为出发点。至于此假定之性质若何,此种科学不问。例如几何学,假定有空间;以此为出发点,即进而讲各种关于空间之性质。但空间本身之性质,几何学不讲。又科学很少有意地考虑其所用之方法。其所用之方法,经其有意地考虑者,多系关于实验之程序及仪器之使用等,而非关于推理之程序。但一种科学所用方法之此方面,及其所依之根本底假定,与其所得知识

① "贞元六书"是六本书的合称,包括:1.《新理学》(商务印书馆 1939 年 5 月长沙初版,1949 年再版,1942 年渝 3 版,1944 年渝 5 版,1949 年 2 月沪 6 版),为冯友兰"贞元三书"中的第一种,作者自称是"讲纯粹哲学的"。该著共 10 章,上承宋明道学中理学一派,从判断命题出发,论述认识论中逻辑在先的方法,全书内容为绪论,理、太极,气、两仪、四象,道、天道,性、心,道德、人道,势、历史,义理,艺术,鬼神,圣人。2.《新事论》(商务印书馆 1940 年 5 月上海初版,1942 年 5 月长沙版,1944 年 3 月渝 5 版,1946 年 10 月沪 1 版,1948 年沪 3 版),为"贞元三书"之二,主要讨论文化与社会等问题,全书分为 12 篇:别共殊,明层次,辨城乡,说家国,原忠孝,谈儿女,阐教化,评艺文,判性书,释继开,论抗建,赞中华。3.《新世训》(开明书店 1940 年 7 月上海初版,1941 年渝 1 版,1942 年 3 月渝 2 版,1943 年蓉 1 版),为"贞元三书"之三,侧重论述修养方法,全书除绪论外共 10 章:尊理性,行忠恕,为无为,道中庸,守冲谦,调情理,致中和,励勤俭,存诚敬,应帝王。4.《新原人》(商务印书馆 1943 年重庆初版,1944 年再版,1945 年 3 版;商务印书馆 1946 年 12 月上海初版,1947 年 7 月再版),相关内容曾发表于《思想与时代》月刊,此书共 10 章:觉解,心性,境界,自然,功利,道德,天地,学养,才命,死生。5.《新原道》(商务印书馆 1945 年 4 月重庆初版,12 月沪初版,1946 年 5 月沪再版,10 月沪 3 版),论述中国哲学主要流派的发展,评价其得失及在中国哲学史上的地位,进而论及"新理学"在中国哲学中的地位,全书共 10 章:孔孟,杨墨,名家,老庄,易庸,汉儒,玄学,禅宗,道学,新统。6.《新知言》(商务印书馆 1946 年 12 月上海初版),主要论述"新理学"的方法及"新理学"在现代世界哲学中的地位,全书共 10 章:论形而上学的方法,柏拉图的辩证法,斯宾诺莎的反观法,康德的批判法,维也纳学派对于形上学底看法,新理学的方法,论分析命题,论约定论,禅宗的方法,论诗。——参见《民国时期总书目》(哲学·心理学),书目文献出版社 1991 年版,第 158 页。

② 冯友兰:《在中国哲学会年会上的开会词》,《大公报》1935 年 4 月。

之全体,有很大底关系。哲学可于此等处作批评、考虑,以决定一种科学所得之知识,有无错误。这种说法,固然已看出哲学与科学是有种类上底不同。但照此种说法,哲学之工作,只是批评底,而不是建设底。我们以为这种说法,只说出哲学之一部分底工作,即批评底工作。以批评工作为主之哲学,亦是哲学之一部分,但照我们的看法,非其最哲学底之一部分。"①在冯友兰看来,哲学所以不同于科学,乃是因为哲学有其固有的性质及其精神,而真正能够表现哲学的性质及精神的,只是"思"与"辨"二字。他指出:"因为哲学必需是写出或说出之道理;思之所得,必以'辨'出之。中国原来哲学,多只举其结论,对于所以支持此结论之论证,则多忽略,近来国内研究哲学者,犹多如此。其结论不过哲学之一部分,其他部分,乃是所以支持此结论之论证,即'辨'。……故我以为'思''辨'二字最能说明哲学之性质及其精神。"②冯友兰强调哲学的"思"与"辨",就在于强调理智对于哲学的重要性。如他说:"所谓'思',乃指我们的理智之活动,既不玄虚,亦不不可靠。理智与感觉之分别,在西洋哲学里,本早已讲清楚了。但在中国真知此分别之重要者,似乎还不很多。试举例以说明此分别。譬如我们说'这是桌子','这'是感官所能及,乃感觉之对象,而桌子乃是感官所不能及的。我们感官只能及'这'或'这个桌子',但不能及桌子。桌子乃是理智之对象,我们只能'思'之。我们'思'之所及之范围越广,我们对于事物之理解即愈大。例如我们进此屋内,一览即知'这是桌子','那是椅子'。但如一狗进来,则它只觉其一大堆东西而已;其实狗亦未必知何为东西,它只觉'漆黑一团'而已。我们与狗,何以不同?狗盖只靠感觉,我们兼靠理智。狗不能'思',我们能'思'。哲学中之'思'即此种'思'。"③说到"思"就必然说到逻辑,亦即必须通过逻辑来培养"思",这实际上也是说哲学乃是具有逻辑的性质。冯友兰指出:"逻辑即为训练人之思之能力之主要学问。今人对于逻辑之研究,与古人比,实大有进步。故对于思之训练,今人可谓优于古人,用训练较精的思之能力,则古人所有见不到者,今人可以见到;古人所有观念之不清楚者,今人可使之清楚。"④冯友兰强调逻辑对于"思"的重要性,认为"人之所以高于其他动物者,即在于他能分析",而所谓"分析有二种,一种是逻辑的;一种是物质的。……哲学上所说之分析,如

① 冯友兰:《〈新理学〉绪论》(1939年),忻剑飞、方松华编:《中国现代哲学原著选》,复旦大学出版社1989年版,第289页。
② 冯友兰:《说思辨》,《北平晨报》1935年4月26日。
③ 冯友兰:《说思辨》,《北平晨报》1935年4月26日。
④ 冯友兰:《哲学与逻辑》,《哲学评论》第7卷第3期,1937年3月。

将'这'分析为方、黄等性，是逻辑的分析"①。这样，"思"具有分析的功能，在本然上是通过逻辑训练而成的，故而也是属于"逻辑的分析"，因而也就是"哲学上所说之分析"。冯友兰对于"思"的解读，就在于说明"理智"为我们人类所独有，哲学对于事物的分析皆是在"思"中行之，故而"思"也就成为哲学精神的重要表征。正是源于对"思"的地位和作用的认识，冯友兰形成了对哲学发展的总看法："哲学中之道理，由思得来。在历史中，人之思之能力，已达至相当完成之程度时，哲学之轮廓，及其中之主要道理，多已大体具备。此后哲学家之所见，可更完备细密，但不易完全出前人之轮廓。在此点哲学又与科学不同。……哲学既不靠任何试验工具，而惟靠人之思之能力，而此能力古今人又无大差异，所以自古代以后，即无有全新的哲学。"②也正是源于哲学具有"思"的性质，冯友兰在1947年所著的《中国哲学简史》中提出"哲学反思"的思想，指出："至于我，我所说的哲学，就是对于人生的有系统的反思的思想。每一个人，只要他没有死，他都在人生中。但是对于人生有反思的思想的人并不多，其反思的思想有系统的人就更少。哲学家必须进行哲学化；这就是说，他必须对于人生反思地思想，然后有系统地表达他的思想。"③这就是说，哲学不仅体现为"思"，而且亦表征为"反思"，并且需要将这种"反思"予以系统地"表达"。

　　冯友兰对于中国哲学的发展始终抱有乐观的态度，他正视中国哲学的问题，但同时也看到中国哲学的丰厚底蕴及发展前景。譬如，有人认为中国哲学在"五四"以后没有大的进步，冯友兰不同意这种悲观的观点。在他看来，所谓"进步"亦应包括哲学家的"发挥引申"，而在此意义上就不能认为中国哲学没有进步。他指出："近来人多说中国哲学无进步。在表面上看，这话似乎是对底。……不过我们即使承认这些哲学家真不过发挥引申，我们也不要轻视了发挥引申。发挥引申就是进步。……由潜能到现实便是进步。原来事物由简趋繁，学问由不明晰进于明晰，乃是实然底，并不是当然底。……凡当然者可以有然有不然；实然者则不能有然有不然。我们要想看中国哲学进步之迹，我们第一要把各时代的材料，归之于各时代；以某人之说法，归之于某人。如此则各哲学家的哲学之真面目可见，而中国哲学进步之迹亦便显然了。"④又譬如，有人认为中国哲学的著作"多无系统"。而在冯友兰看来，关键是如何看待哲学著作的"系统"问题。他

①　冯友兰：《哲学与逻辑》，《哲学评论》第 7 卷第 3 期，1937 年 3 月。
②　冯友兰：《哲学与逻辑》（1937 年），《三松堂学术文集》，北京大学出版社 1984 年版，第 414 页。
③　冯友兰：《中国哲学史简史》（1947 年），北京大学出版社 1985 年版，第 4 页。
④　冯友兰：《郭象的哲学》，《哲学评论》第 1 卷第 1 号，1927 年 4 月。

指出:"中国哲学家多无精心结撰,首尾贯串之哲学书,故论者多谓中国哲学家多无系统。然所谓系统有二:即形式上的系统,与实质上的系统。……中国哲学的哲学之形式上的系统,虽不及西洋哲学家,而实质上的系统则固有也。"①冯友兰主张以中国的态度来看待中国哲学,而不必皆以西洋哲学的标准,这样才能看到中国哲学的独特之处,并加深对中国哲学的体会与认识。譬如,他对于中国哲学研究在过去何以没有成为职业的问题,有这样的解释:"照中国的传统,研究哲学不是一种职业。每个人都要学哲学,正象西方人都要进教堂。学哲学的目的,是使人作为人能够成为人,而不是成为某种人。其他的学习(不是学哲学)是使人能够成为某种人,即有一定职业的人。所以过去没有职业哲学家,非职业哲学家也就不必有正式的哲学著作。在中国,没有正式的哲学著作的哲学家,比有正式的哲学著作的哲学家多得多。"②又譬如,他对于中国哲学何以不以知识论为重点,有这样的解释:"中国哲学之所以未以知识问题为哲学中之重要问题者,固由于中国哲学家之不喜为知识而求知识,然亦以中国哲学家迄未显著的将个人与宇宙分而为二也。"③正是对于中国哲学的乐观态度以及从中国出发认识中国哲学的理念,冯友兰将毕生的精力献身于中国哲学事业,在建构哲学体系方面不断前行,从而为复兴中国哲学作出了自己独特的贡献。

冯友兰高度重视哲学的体系性工作,不仅强调哲学的文化与学术的底蕴,而且特别重视哲学与时代的关系,这对于他的哲学体系的构建是有着深刻影响的。体系性乃是冯友兰哲学的重要追求,亦是其治学的努力所在。如他说:"凡真正哲学系统,皆如枝叶扶疏之树,其中各部,皆首尾贯彻,打成一片,如一树虽有枝叶根干各部分,然其自身自是整个的也。"④冯友兰不仅注重哲学的体系性,而且十分关注时代的发展与需要,要求哲学切入时代的主题,并及时反映时代的需要。他说:"一代大哲学家的系统,如一代大艺术家之作品一样,都是一代需要之自然的表现。……大文学家的作品,是他自己的天才,遇当时的需要,而自然生出的。他行乎其所不得不行,止乎其所不得不止。……哲学亦复如是。"⑤冯友兰对于书斋中的不关注时代的"注疏家"很是不满,认为真正的哲学家是不同

① 冯友兰:《泛论中国哲学》,《燕大月刊》第1卷第2期,1927年11月。
② 冯友兰:《中国哲学简史》(1947年),北京大学出版社1985年版,第16页。
③ 冯友兰:《泛论中国哲学》,《燕大月刊》第1卷第2期,1927年11月。
④ 冯友兰:《〈中国哲学史〉绪论》(1930年),忻剑飞、方松华编:《中国现代哲学原著选》,复旦大学出版社1989年版,第280—281页。
⑤ 冯友兰:《哲学年会闭会以后》,《大公报》1935年4月18日。

于注疏家的："哲学家是自己真有见者；注疏家是自己无见，而专转述别人之见者。上文说自古以来，全无新底哲学，但虽无全新底哲学，而却有全新底哲学家。……一时代的哲学家，必是将其自己所见，以当时底言语说出或写出者。因其所见，不能完全与前人不同，所以其哲学不是全新底哲学，但其所说或所写，是其自己所见，所以虽有与前人同者，但并非转述前人，所以异于注疏家。"①在冯友兰看来，哲学与时代需要的结合，还必须有着历史的、文化的深厚底蕴，但又不能只是"历史上底一个系统"。他指出："一个哲学系统，若能成为一个社会的社会力量，它必是从一个社会的历史生出来底。必须是如此，它才能有鼓舞群伦的力量，而不仅是研究室里讨论底义理。然而它又须不仅是历史上底一个系统。若果如此，它又只是历史上底陈迹，亦不能有鼓舞群伦的力量。"②这里，不仅提出哲学的历史责任感问题，实际上也道出哲学的价值性追求及其目标问题。冯友兰在所著《新原人》一书的"序"中，以自己创造哲学体系的种种努力，揭示出哲学家的价值性目标："'为天地立心，为生民立命，为往圣继绝学，为万世开太平。'此哲学家所应自期许者也。况我国家民族，值贞元之会，当绝续之交，通天人之际，达古今之变，明内圣外王之道者，岂可不尽所欲言，以为我国家致太平，我亿兆安心立命之用乎？虽不能至，心向往之。非曰能之，愿学焉。此新理学，新事论，新世训，及此书（《新原人》）所由作也。"③可以说，冯友兰关于哲学的体系性及哲学关注时代、承继文化事业的论述，为构建新理学的学术体系指明了努力方向。

冯友兰的新理学体系是"'接著'宋明以来底理学讲底，而不是'照著'宋明以来底理学讲底"，亦即"接着中国哲学底各方面底最好底传统，而又经过现代的新逻辑学对于形上学的批评，以成立底形上学"（冯友兰：《新理学》）。大致说来，冯友兰所建构的新理学体系有以下四个显著的特色：

其一，在学术上承继宋明理学的精神，采用了传统哲学"理"、"气"等范畴构建学术体系，同时继续了传统儒学研究如何成就圣人的理想追求。冯友兰对于程朱理学采取分析的态度，对于"性即理"的命题有这样的分析："性即一具体的

---

① 冯友兰：《〈新理学〉绪论》（1939 年），忻剑飞、方松华编：《中国现代哲学原著选》，复旦大学出版社 1989 年版，第 299—300 页。

② 冯友兰：《新理学答问之二》（1942 年），《三松堂学术文集》，北京大学出版社 1984 年版，第 490 页。

③ 冯友兰：《〈新原人〉自序》（1942 年），《三松堂学术文集》，北京大学出版社 1984 年版，第 496 页。

东西之所得于理者,亦即理之表现于具体的东西者。凡依某所以然之理而成为某物之某物,即表现某理,即有某性。理之表现于物者为性。故程朱谓'性即理'也。"①关于朱熹,冯友兰给予高度的评价:"朱子之形上学,系以周濂溪之太极图说为骨干,而以康节所讲之数,横渠所说之气,及程氏弟兄所说形上形下及理气之分融合之,故朱子之学,可谓集其以前理学家之大成也。"②正是源于对朱熹哲学的推重,冯友兰所说的"理"也就有了特殊的内涵。他指出:"在客观的理中,存有道德的原理。吾人之性,即客观的理之总合。故其中亦自有道德的原理,即仁,义,礼,智是也。……理是形而上者,是抽象的,无迹象可寻。不过因吾人有恻隐之情,故可推知吾人性中有恻隐之理,即所谓仁。因吾人有羞恶之情,故可推知吾人性中有羞恶之理,即所谓义。因吾人有辞让之情,故可推知吾人性中有辞让之理,即所谓礼。因吾人有是非之情,故可推知吾人性中有是非之理,即所谓智。盖每一事物,必有其理。若无其理,则此事物不能有也。"③"人生"是冯友兰新理学中的基本范畴,其整个的哲学体系都是在人生的视域中建立起来。自然,这里的"人生"是反思其思想的人生,是整个宇宙中的一部分。他说:"无论我们是否思人生,是否谈人生,我们都是在人生之中。也无论我们是否思宇宙,是否谈宇宙,我们都是宇宙的一部分。不过哲学家说宇宙,物理学家也说宇宙,他们心中所指的并不相同。哲学家所说的宇宙是一切存在之全,相当于古代中国哲学家慧施所说的'大一',其定义是'至大无外'。所以每个人、每个事物都应当看作宇宙的部分。当一个人思想宇宙的时候,他是在反思地思想。"④冯友兰提出的新理学的"人生境界"理论,认为人生由低至高有四境界,即自然境界、功利境界、道德境界、天地境界。冯友兰在《新原人》一书中就认为,人与其他动物的不同,在于人做某事,他了解他在做什么,并且自觉地在做。正是这种觉解,使他正在做的对于他有了意义。他做各种事,有各种意义,各种意义合成一个整体,就构成他的人生境界。每个人各有自觉的人生境界,与其他任何个人的都不完全相同。若是不管这些个人的差异,可以把各种不同的人生境界划分为四个等级(即自然境界、功利境界、道德境界、天地境界)。在《中国哲学简史》中,冯友兰进一步发挥四个境界的理论,认为这四种境界各有不同,"生活于道德境界中的人是贤人,生活于天地境界的人是圣人"。这里,"圣人"的目标追

---

① 冯友兰:《哲学与逻辑》,《哲学评论》第7卷第3期,1937年版3月。
② 冯友兰:《朱熹哲学》,《清华学报》第7卷第2期,1932年6月。
③ 冯友兰:《朱熹哲学》,《清华学报》第7卷第2期,1932年6月。
④ 冯友兰:《中国哲学史简史》(1947年),北京大学出版社1985年版,第4—5页。

求,与传统儒学完全一致。概而言之,"这四种人生境界之中,自然境界、功利境界的人,是人现在就是的人;道德境界、天地境界的人,是人应该成为的人。前两种是自然的产物,后两者是精神的创造。自然境界最低,其次是功利境界,然后是道德境界,最后是天地境界。它们之所以如此,是由于自然境界,几乎不需要觉解;功利境界、道德境界,需要较多的觉解;天地境界则需要最多的觉解。道德境界有道德价值,天地境界有超道德价值。"①冯友兰还说,对"理"、"气"、"道体"、"大全"的把握,乃是成圣的根本标志。所谓"理",是指事物之共相;所谓"气",则是具体事物获得自身存在的基础;而"道体",则是"气"依照"理"而构成具体事物的过程;至于"大全"才是宇宙,乃是一切有、存在的别名或总称。关于"大全"这个范畴,冯友兰的解释是:"大全亦可名为一。中国先秦哲学家,佛家及西洋哲学家,亦常说一。为表示其所说一不是普通所谓一,先秦哲学家常说太一或大一,佛家常说妙一,西洋哲学家常将其所谓一的第一字母作大写。我们亦借用佛家的话说:一即一切,一切即一。"②显然,以上这四个范畴或者继承程朱理学而来,或者给予了程朱理学新的解读。冯友兰在承继宋明理学精神的同时,努力发挥传统哲学的文化意蕴,并在对传统儒学的诠释中提出新的哲学观。譬如,他根据传统哲学的见解,将哲学提升为"为道的范畴"。他指出:"按照中国哲学的传统,它的功用不在于增加积极的知识(积极的知识,我是指关于实际的信息),而在于提高心灵的境界——达到超乎现世的境界,获得高于道德价值。……中国哲学传统里有为学、为道的区别。为学的目的就是我所说的增加积极的知识,为道的目的就是我所说的提高心灵的境界。哲学属于为道的范畴。"③又譬如,冯友兰根据对中国传统哲学发展情形的认知,认为哲学具有与各门知识不同的特征,故而也就不能从各门具体的知识来理解和把握哲学。他指出:"哲学,和其它各门知识一样,必须以经验为出发点。但是哲学,特别是形上学,又与其他各门知识不同,不同之处在于,哲学的发展使它最终达到超越经验的'某物'。在这个'某物'中,存在着从逻辑上说不可感只可思的东西。例如,方桌可感,而'方'不可感。这不是因为我们的感官发展不完全,而是因为'方'是一'理',从逻辑上说,'理'只可思而不可感。"④这样,冯友兰视域中的哲学就不是一般的知识论,同时也不是各门具体的科学,因而也就具有超越经验的独

---

① 冯友兰:《中国哲学史简史》(1947年),北京大学出版社1985年版,第391页。
② 冯友兰:《新理学在哲学中之地位及其方法》,《哲学评论》第8卷第1期,1943年5月。
③ 冯友兰:《中国哲学史简史》(1947年),北京大学出版社1985年版,第8页。
④ 冯友兰:《中国哲学史简史》(1947年),北京大学出版社1985年版,第387页。

特性。

其二,运用西方哲学"新实在论"等方法,在对传统儒学加以改造的同时并给予了现代性诠释。冯友兰在哲学方法论方面,有着西学的特色。譬如,关于以上哲学范畴的四境界,冯友兰认为"都是用形式主义底方法得来底",实际上是用西方现代逻辑的分析和新实在主义对传统哲学范畴的改造,而赋予了这些概念以新的含义,因而与原来范畴的意义有所不同。冯友兰说,要把握"理"、"气"、"道体"、"大全"这些范畴而成圣人,便需要有"高一层底觉解"。此处的"觉"即自觉,指的是人们对于自己活动的理性省察与自觉拷问;此处的"解"即了解,是人们对于事物之理的认识与解答。在冯友兰看来,对于人而言,虽然皆有其"觉解",但圣人与常人间就"觉解"而言,还是有其差别的。他说:"就觉解方面说,圣贤与平常人中间底主要底分别,在于平常人只有觉解,而圣人则觉解其觉解。觉解其觉解底觉解,即是高一层底觉解。"(冯友兰:《新原人》)因此,成为圣人的过程,也就是不断地"觉解"以达到"最深的觉解"的过程;只有达到了能够"觉解"平常人的"觉解"的时候,才能到达"同天的境界",因而也就能够成为圣人了。这是因为,"人之得之必由于最深底觉解,人必有最深底觉解,然后可能有最高底境界"(冯友兰:《新原人》)。又譬如,冯友兰创造性地诠释儒学的精神,认为儒学就在于寻求"理想生活",这"理想生活"乃是"超越一般人的日常生活",并且使"理想和现实"在对立之中又走向"统一"。他指出:"中国的儒家,并不注重为知识而求知识,主要的在求理想的生活。求理想生活,是中国哲学的主流,也是儒家哲学精神所在。……理想生活是怎样?《中庸》说:'极高明而道中庸',正可借为理想生活之说明。儒家哲学所求之理想生活,是超越一般人的日常生活,而又即在一般人的日常生活之中。超越一般人的日常生活,是极高明之意;而即在一般人的日常生活之中,乃是中庸之道。所以这种理想生活,对于一般人的日常生活,可以说是'不即不离',用现代的话说,是理想的生活,亦是最现实的生活。……理想和现实本来是相对立的。超越日常生活,和即在一般人日常生活之中,也是对立的。在中国旧时哲学中,有动静的对立,内外的对立,本末的对立,出世与入世的对立,体用的对立。这些对立,简言之,就是高明与中庸的对立。儒家所要求的理想生活,即在统一这种对立。极高明而道中庸,中间的'而'字,正是统一的表示。但如何使极高明和中庸统一起来,是中国哲学自古至今所要解决的问题。此问题得到解决,便是中国哲学的贡献。"①冯

---

① 冯友兰:《儒家哲学之精神》(1943年),《中央周刊》第5卷第41期。

友兰对于传统儒学的诠释乃是创造性的,许多见解有助于改变业已形成的关于中国哲学的认知。当时,不少人认为,"中国哲学所注重的是社会,不是宇宙;是人伦日用,不是地狱天堂;是人的今生,不是人的来世"。冯友兰不同意这种见解,认为"这只是从表面上看而已"。他的看法是:"中国哲学不是可以如此简单地了解的。专就中国哲学中主要传统说,我们若了解它,我们不能说它是入世的,固然也不能说它是出世的。它既入世而又出世。有位哲学家讲到宋代的新儒家,这样地描写它:'不离日用常行内,直到先天未画前。'这正是中国哲学要努力做到的。有了这种精神,它就是最理想主义的,同时又是最现实主义的;它是很实用的,但是并不肤浅。"①冯友兰关于中国哲学既是理想主义又是现实主义的看法,与上面提及的儒家是追求"最理想的生活,亦是最现实的生活"的看法也是高度一致的。这乃是对中国哲学的一种全新的解释。

其三,强调理性主义治学理念,恪守"始于正,终于负"的思维方式。冯友兰在构建新理学体系的过程中,在理性主义的导引下研究思维方式,力图既能张扬理性主义的光辉,又能包容非理性的直觉主义。在他看来,思维方式有两种,"一种是形式主义底方法,一种是直觉主义底方法"。具体而言,"直觉主义底方法,从讲形上学不能讲起,所以其方法可谓负的方法。形式主义底方法,从讲形上讲起,所以其方法可谓正底方法"(冯友兰:《三松堂学术文集》)。在"正"与"负"方法上,冯友兰并不因为自己强调"正"的方法,就忽视了"负"的方法,而是主张两者的互补与贯通,充分发挥两者的作用。他认为,"正"的方法亦有缺陷,因而"用了正的方法,同时要知道这种方法的缺点";"负"的方法虽然有其弱点所在,然而负的方法"讲形上学不能讲,亦是一种形上学的方法"(冯友兰:《三松堂自序》)。对于负的方法亦即直觉方法,冯友兰作了一个不与理性方法对立的新解释,力图在认识论领域将理性与直觉统合起来,并寻求两者对接的可能通道。如他说,"负"的方法"不是清晰思想的对立面,更不在清晰思想之下。无宁说它在清晰思想之外。他不是反对理性的,它是超越理性的。"正是由于冯友兰主张"正"与"负"方法的互补,亦即逻辑方法与直觉方法的互补,因而他努力打通逻辑分析与直觉把握的关系,提出了"始于正,终于负"的学术主张:"正的方法与负的方法并不是互相矛盾的,倒是相辅相成的。一个完整的形上学系统,应当始于正的方法,而终于负的方法。如果它不终于负的方法,它就不能达到哲学

---

① 　冯友兰:《中国哲学史简史》(1947年),北京大学出版社1985年版,第11—12页。

的最后顶点。但是,如果它不始于正的方法,它就缺少作为哲学的实质的清晰思想。"①冯友兰关于"始于正,终于负"的主张,体现了融贯中西、统合科学与人文,达到逻辑分析方法与直觉方法两者互补、联络一体的学术思想,这在中国哲学界可谓独树一帜。

其四,重视历史哲学问题的研究,主张在遵循历史规律的前提下充分地发挥人的主观积极性和哲学的指导作用。冯友兰是建构哲学体系的哲学家,同时也是研究中国哲学史的著名学者,能够对哲学史的研究上升到规律的层面。他注重历史哲学问题的探索,重视理性主义的历史作用,从而在历史规律的问题上有着积极的态度。他指出:"历史的大势所趋,不是人力所能终究遏止或转移的,但是人力可以加快或延缓这种趋势。……历史如一条大河一样,他流的方向,是他源头的形势所决定的。人力所能作的,就是疏通他以加快他的流,或防范他以延缓他的流。所以我们不忽视人力及领袖,不过我们反对那专就人力及领袖的力量来看历史的说法。"②又指出:"从前西洋的画,是要越像真越好,现在是要越不像真越好。这些现象中,固有些是倒车,有些确不是倒车,而确是前进。不过这前进中,兼有循环与进步。这就是说,这前进所遵之规律,是辩证的。总之,在历史的演进中,我们不能恢复过去,也不能取消过去。我们只能继续过去。历史之现在,包含着历史的过去。这就是说历史的演变,所遵循的规律是辩证的。"③在他看来,历史是进步的、前进的,哲学在其中发挥着很大的作用。他指出:"在历史上,我们的社会,已有过很多的改变,才变到现在的地步。它每一个改变,都有一个新的社会哲学和政治哲学作领导。……这一点,现在人,可以说都很感觉到。不管其政见之左或右,主张保守现状或改变现状的那一派,他都感觉到一种政治社会运动,非有一种政治社会哲学作根基不行。"④冯友兰强调哲学对于社会运动的指导与引领作用,正是重视人的主观能动性的重要表征。

冯友兰是在 1937 年至 1946 年间完成其新理学体系创建的。这是重建形而上学体系的重大努力。按照学术界现有的认识,冯友兰重建形而上学而完成其新理学的工作,经过了"现代的逻辑分析方法、经验事实和人生境界说"这"三个主要的环节",这最后一个环节即"人生境界说"就是他说的"接着宋明理学讲"的意思;而前两个环节则来自"西方现代哲学中的经验主义的哲学传统",并成

---

① 冯友兰:《中国哲学史简史》(1947 年),北京大学出版社 1985 年版,第 394 页。
② 冯友兰:《秦汉历史哲学》,《哲学评论》第 6 卷第 2、3 期,1935 年 9 月。
③ 冯友兰:《秦汉历史哲学》,《哲学评论》第 6 卷第 2、3 期,1935 年 9 月。
④ 冯友兰:《哲学与人生之关系》,《东方杂志》第 33 卷第 1 号,1935 年 11 月。

为冯氏"新的形而上学的建构方法和建构的逻辑起点",这同时又使得冯氏的"新理学"在方法和起点上"完全不同于中国的哲学传统",其所提出的"人生境界说也不同于中国哲学传统上的人生哲学"①。冯友兰的新理学体系在借鉴和吸收西方哲学观点的过程中,一方面从人的社会生活的具体情境中来把握人生,一定程度上突破了传统儒学道德主义的束缚;另一方面又强调理性思维,运用现代逻辑分析法矫正传统儒学偏重于直觉主义的弊端,这是对传统儒学所作出的积极性的改造。孙道升对于冯友兰创建的新理学体系,有这样的评价:"冯友兰先生对于现代中国哲学界之最大贡献,不是他所著划时代的中国哲学史,而是他所创足以划时代的新学派。他所创足以划时代的新学派,就是所谓新程朱学派。他为建立这种新程朱学派起见曾经提出一种新理学。他这种新理学,其由三种要素所组成:一是程朱的学说;二是实在论的类型(或共相);三是新唯物论的史观。把这三种东西合一炉冶之,就成为他的哲学之体系。程朱学说是已经死去的东西了,冯先生的贡献,就在把新实在论和新唯物论的生气,灌入于程朱学说中,使之还魂,复活,再生。这种复活的程朱学说,便是新程朱派的学说,也即是冯先生个人的学说。……在这些著作中,冯先生提供了一种宇宙的类型,提供了一种人生的类型,提供了一种历史的类型,更提供了一种认识的类型。他并用此宇宙的类型去说明宇宙,历史的类型去说明历史,人生的类型去说明人生,认识的类型去说明知识,见解即甚新颖,论证也甚严密。这样的哲学体系,才是冯先生对于近代中国哲学界的真贡献。"②自然,冯友兰的新理学体系由于坚持儒学本位理念及脱离社会实践的本源,仍然属于客观唯心主义体系,但这并不能撼动他在中国现代哲学史上现代新儒家的地位。

(六) 贺麟的新心学

贺麟③在 20 世纪 20—40 年代,将陆王心学与西方新黑格尔主义结合,创建了"新心学"体系。大体说来,贺麟的"新心学"主要有三方面的内容:

其一,主张对传统儒学思想进行彻底的改造,解除传统道德的束缚,去除儒

---

① 谢龙、胡军、杨河:《哲学百年》,北京出版社 1999 年版,第 93 页。

② 孙道升:《现代中国哲学界之解剖》,《国闻周报》第 12 卷第 45 期,1935 年 11 月。

③ 贺麟(1902—1992),字自昭,四川金堂人。1926 年赴美留学,曾先后在奥柏林大学、哈佛大学等校学习西方哲学,相继获得学士、硕士学位。1930 年由美国赴德国柏林大学攻读德国古典哲学。论著有《近代唯心论简释》、《当代中国哲学》、《文化与人生》、《现代西方哲学讲演集》(上、下)、《儒家思想的新开展》、《五伦观念的新检讨》、《文化的体与用》等。

学体系中僵化的部分。贺麟对于传统儒学的改造是在追求"本体世界"的前提下的学术努力,其宗旨就在于寻求真正的"道"。他指出:"道本浑然一体,难于形容。姑言其要,可以真情真理表之。哲学家见道而表出之,则为真理;文学家见道而发抒之,则为真情。真情真理既同出一源,故并无冲突。天下无无理之真情,亦无无情之真理。真情与真理既属于人生宇宙之根本,故必非空寂虚妄而无所寄托。何所寄托?曰,寄寓于事事物物。天下事物无论大小精粗,由见道之哲人观之,凡物莫不有理。天下事物无论自然景象或人事活动,由见道之诗人观之,凡物莫不有情。故诗人之世界乃真情化之世界,而哲人之世界乃真理化之世界。因为真理与真情皆具有普遍性与永久性,故真情化真理化之世界即是于特殊中见普遍,于变动中见永恒的共相世界——具体的共相世界。此种具体的共相世界即是本体世界,与世人计较一时的利害苦乐荣辱得丧,而不知真理真情为何物之形器尘俗世界迥殊矣。"①在贺麟看来,中国的传统哲学有其优势所在,但亦有需要改造的必要。他指出:"中国哲学上的派别主要的只有儒道墨三家,其他各家都可认作这三家的分支、附庸或混合。这三家的壁垒森严,趋向各异,各有其不同的宗旨与面目。大体讲来,道家及墨家各偏于一面,而儒家较能持中。道家重自然、墨家重人为、儒家求自然与人为的调和:重人为的自强不息,但又不陷于矫揉造作;重施无言之教的自然,取法天行,但又不废弃人伦的道德义务。墨家重实用,道家求无用之用。而儒家反功利、重道谊,但又不陷于空寂无用。"②在传统哲学的三派之中,贺麟比较看重儒家哲学的地位,但也认为传统的儒家哲学亦有需要改造的地方,而改造中国传统儒家哲学的办法,就是"用诸子来发挥孔孟,发挥孔孟以吸收诸子的长处,因而形成新的儒家思想"③。在改造传统儒学的过程中,贺麟不仅注重孔孟而且也比较重视陆王心学的作用,他说:"教人回复本心,贵在指点、提醒、启发。要想自己回复自己的本心,则在于体验、省察、反思、反求。使本心勿为物欲所蒙蔽戕贼,而致放失。陆象山说:'愚不肖者不及焉,则蔽于物欲而失其本心,贤者智者过之,则蔽于意见而失其本心。'"④贺麟的"新心学"是在发

---

① 贺麟:《杂文三则》(1933年),《哲学与哲学史论文集》,商务印书馆1990年版,第121页。

② 贺麟:《中国哲学与西洋哲学》(1936年),《哲学与哲学史论文集》,商务印书馆1990年版,第127—128页。

③ 贺麟:《儒家思想的新开展》(1941年),忻剑飞、方松华编:《中国现代哲学原著选》,复旦大学出版社1989年版,第590页。

④ 贺麟:《宋儒的思想方法》(1942年),《哲学与哲学史论文集》,商务印书馆1990年版,第187页。

显传统儒学的基础上,积极发挥陆王心学的作用,借以使传统儒学得以复兴。

其二,彻底改造儒学须与输入西方文化联系在一起,西方文化的输入是儒学发展的一大动力。改造中国传统的儒学体系,推进中国哲学的发展,是贺麟在学术上的努力目标。贺麟认为,中国哲学有着复兴的必要与可能,西方哲学在中国哲学复兴中有着重要的地位,并要求人们以"哲学只有一个"的态度来对待西方哲学,认识到"无论中国哲学西洋哲学都同是人性的最高表现"。他指出:"今后中国哲学的新发展,有赖于对于西洋哲学的吸收与融会,同时中国哲学家也有复兴中国文化、发扬中国哲学,以贡献于全世界人类的责任自不待言,并且我们要认识哲学只有一个,无论中国哲学西洋哲学都同是人性的最高表现,人类理性发挥其光辉以理解宇宙人生,提高人类精神生活的努力,无论中国哲学,甚或印度哲学,都是整个哲学的一支,代表整个哲学的一方面。我们都应该把它们视为人类的公共精神产业,我们都应该以同样虚心客观的态度去承受,去理会,去撷英咀华,却融会贯通,去发扬光大。"①贺麟从融合贯通的视角来看待中国哲学与西方哲学的关系,认为中西哲学有相互贯通、相互发明、相得益彰的地方。如他说:"据我个人看来,昔贤所耳提面命,为求道德上的意志自由之基本原则,而又与西洋名哲之论自由意志可以相互贯通发明者约有三端:第一,就是'求放心'。意志之所以不自由,其主要原因,即由于心放在外,心为物役。换言之,心为外物的奴隶。求放心就是消极地使意志不为奴隶的功夫。……第二就是'知几'。这就是'易经'上的'知几其神乎'的知几。也就是察微知著,见显知著的知几。自由即是主动,被动就不自由。知几就可以先物而主动,不致随物而波动。……第三就是'尽性'。尽性就是中庸所谓尽人之性,尽物之性,也就是现在所谓'自我实现'。认识自我,发展自我,实现自己的本性,就是自由。中国及西洋正宗派的哲学家,差不多皆持此说。"②在贺麟看来,要正确地看待西方哲学的引进,更要看到其对儒家思想发展的积极作用。他指出:"表面上西洋文化之输入好像是代替儒家,推翻儒家,使之趋于没落消灭的运动。但一如印度文化之输入,在历史上曾展开了一个新儒家运动,所以西洋文化之输入,无疑地亦将大大地促进儒家思想之新开展。西洋文化之输入给儒家思想一个实验,一个生死存亡的大实验,大关头。假如儒家思想能够把握、吸收、融会、转化西洋文化,以充实自

① 贺麟:《中国哲学与西洋哲学》(1936年),《哲学与哲学史论文集》,商务印书馆1990年版,第127页。
② 贺麟:《论意志自由》(1932年),《哲学与哲学史论文集》,商务印书馆1990年版,第319—321页。

身,发展自身,则儒家思想便生存、复活,而有新的开展。如不能经过此实验,渡过此关头,就会死亡、消灭、沉沦,永不能翻身。"如此,贺麟主张积极地将"苏格拉底、柏拉图、亚里士多德、康德、黑格尔之哲学,与中国孔孟程朱陆王之哲学会合融贯"①,以建立一个体现中国文化特色的新儒学的思想体系。贺麟强调西洋哲学引进对于哲学创造的重要性,主张对于中国哲学大家要有敬畏之情,以及提出的融通中西古典哲学的主张,源于对哲学"古典的"的推重。他指出:"所谓'古典的'哲学家,大概是指他们的著作不怕时间的淘汰,打破地域的阻隔,是比较有普遍性,不拘任何人在任何时间任何地域,……'古典的'(Classical)三字,有时又称为'典型的',意谓这些典型哲学家或他们的著作,与古典或古董有类似的性质。古典每每源远而流长,而古董的特色就是流传的时间愈久地域愈远,而价值有时反愈高。……这就足见得古典哲学家的真价值和不朽的所在。更足见得研究哲学从研究典型哲学家着手,介绍西洋哲学从介绍西洋典型哲学家着手,是极可推许的途径,是极值得努力的工作。"②在这种意义上说,贺麟改造中国哲学的努力,乃是在崇尚"古典的"理念之下的固本创新工作。

其三,新儒学以独特的个人生活修养的规范为准则,积极地彰显中国本土文化的深刻意蕴。贺麟说:"新儒学思想目的在使每个中国人都具有典型的中国人的气味,都能代表一点纯粹的中国文化。也即是希望每个人都有点儒者气象,儒者风度。"换言之,新儒学就在于要求"每作一事皆须求其合理性合时代合人情",能够"对于每一时代问题,无论政治社会文化学术各方面的问题,皆能本典型的中国人的态度,站在儒家立场,予以合理合情合时的新解答"(《儒家思想的新开展》)。在贺麟的视野中,"为人"与"为学"是统一的,是一件事的两个方面,彰显儒学的精神也就在于助益人生、培养品格。他指出:"为学与作人是一步功夫,一而不可分。敦品与励学乃系一件事。增进学术即所以培养品格,追求真理即所以砥砺德行。"③贺麟的"新心学"力图使哲学与人生对接、与文化相融,发挥哲学引领人生、指导生活的作用,其途径就是通过"批评文化"的办法。他指出:"批评文化可以说是思想界最亲切,最有兴趣,对于个人和社会,对于物质生活和精神生活最有实际影响和效果的工作。因为文化批评一方面要指导实

---

① 贺麟:《儒家思想的新开展》(1941 年),忻剑飞、方松华编:《中国现代哲学原著选》,复旦大学出版社 1989 年版,第 590—591、593 页

② 贺麟:《康德名词的解释和学说的概要》(1936 年),《哲学与哲学史论文集》,商务印书馆 1990 年版,第 254—255 页。

③ 贺麟:《杂文三则》(1933 年),《哲学与哲学史论文集》,商务印书馆 1990 年版,第 122 页。

际生活,一方面又要多少根据一些哲学理论。所以文化批评乃是哲学与人生接近的一道桥梁。有许多没有专门研究过哲学的人,因为批评文化而不知不觉地涉历到哲学的领域,也有许多纯粹专门的哲学家,因为批评文化,而使得他们的思想与一般人发生关系。"①这里,"批评文化"的方式之所以为贺麟所格外推重,这源于贺麟对于"文化"本身的认识,源于他对于"发扬民族的精神"的热切渴望及对于"活文化真文化"的期待。他提出了一种"真文化活文化"的观点:"不管时间之或古或今,不管地域之或中或西,只要一种文化能够启发我们的性灵,扩充我们的人格,发扬民族的精神,就是我们所需要的文化。我们不需狭义的西洋文化,亦不要狭义的中国文化。我们需要文化的自身。我们需要真实无妄有体有用的活文化真文化。"②从总体上来看,贺麟所说的"新解答"、"批评文化",皆内含着哲学上"理想的方式",并且认为只有这种"理想的方式"才具有探索性与洞察性。他指出:"理想乃事实之反映。要透彻了解事实,我们不能不需要理想的方式。……理想可以制定了解事实之法则和公式,使吾人所搜集之事实皆符合理想的方式,而构成系统的知识。理想不唯不违背事实,而且可以补助并指导吾人把握事实,驾驭事实。"③贺麟关于"理想的方式"的论述,立足于"发扬民族的精神"的理想追求,不仅强调了人的认识能力在认识事物和把握事物中的作用,而且凸显了认识活动中人的主体性存在,这为哲学指导个人生活、修养提供了可能。

贺麟的"新心学"在方法论上,有两个突出的地方:

其一,贺麟的"新心学"高度重视直觉的作用,但也不忽视理性的价值,力图在"新哲学"的建构中调节直觉与理智之间的关系。在贺麟看来,直觉既是一种精神的境界,同时也是认识事物的"技术",因而是不可缺少的。他指出:"所谓直觉是一种经验,广而言之,生活的态度,精神的境界,神契的经验,灵感的启示,知识方面突然的当下的顿悟或触机,均包括在内。所谓直觉是一种方法,意思是谓直觉是一种帮助我们认识真理,把握实在的功能或技术。"④那么,直觉又是如何在认识活动中发挥作用呢? 对此,贺麟的看法是:"先用直觉方法洞见其全,

---

① 贺麟:《文化的体与用》(1942年),《哲学与哲学史论文集》,商务印书馆1990年版,第343页。
② 贺麟:《文化的体与用》(1942年),《哲学与哲学史论文集》,商务印书馆1990年版,第354页。
③ 贺麟:《近代唯心论简释》(1934年),《哲学与哲学史论文集》,商务印书馆1990年版,第135页。
④ 贺麟:《宋儒的思想方法》(1942年),《哲学与哲学史论文集》,商务印书馆1990年版,第179页。

深入其微,然后以理智分析此全体,以阐明此隐微,此先理智之直觉也。先从事于局部的研究,琐屑的剖析,积久而渐能凭直觉的助力,以窥其全体,洞见其内蕴的意义,此是后理智的直觉。直觉与理智各有其用而不能相背。无一用直觉方法的哲学家而不兼采形式逻辑及矛盾思辨的。同时亦无一理智的哲学家而不兼用直觉方法及矛盾思辨的。"①这里,贺麟认为直觉方法有两种,一种是"先理智之直觉"方法,另一种是"后理智的直觉"方法。前者是"先用直觉方法洞见其全",而后才"以理智分析此全体";后者是先用理智的方法"从事于局部的研究,琐屑的剖析",然后才运用直觉的方法"以窥其全体,洞见其内蕴的意义"。可见,所谓"先理智之直觉"方法乃是先于理智而使用直觉方法,所谓"后理智的直觉"方法乃是后于理智而使用直觉方法,而无论哪一种方法只是"直觉"与"理智"的出场顺序的不同,直觉与理智皆是不可分离的,并且两者皆是认识活动中不可或缺的环节。

其二,贺麟的"新心学"特别强调辩证法在哲学中的基础性地位,主张灵活地运用辩证法。贺麟在学术上承继新黑格尔主义,故而对于辩证法有着十分的推重。他说:"辩证法自身就是一个矛盾的统一。辩证法一方面是方法,是思想的方法,是把握实在的方法。辩证法一方面又不是方法,而是一种直观,对于人事的矛盾,宇宙的过程的一种看法或直观。"②又说:"辩证法就是思辨法,也就是思辨哲学的根本方法。常见有人一方面在高谈辩证法,而一方面又反对思辨哲学。这显然是由于这些人既不知道什么是思辨哲学,又不知道什么是辩证法。"③尽管贺麟把辩证法仅仅看作是对立与统一,尚未将量变与质变、否定之否定的内容涵盖其中,但他关于对立与统一的认识上还是有独到之处的。这就是,贺麟将辩证法理解为"理智的直观",亦称之为"辩证的直观"。他指出:"理智的直观,每为大诗人,小说家,戏剧家,政治家,宗教家所同具,且每于无意中偶然得之。此种辩证的直观,既是出于亲切的体验,慧眼的识察,每每异常活泼有力(绝不是机械呆板的口号或公式)。足以给他们对于宇宙人生一个根本的看法,且足以指导他们的行为,扩大他们的度量。而哲学家的特点,就是不单是从精神

① 贺麟:《宋儒的思想方法》(1942年),《哲学与哲学史论文集》,商务印书馆1990年版,第181页。

② 贺麟:《辩证法与辩证观》(1942年),《哲学与哲学史论文集》,商务印书馆1990年版,第220页。

③ 贺麟:《辩证法与辩证观》(1942年),《哲学与哲学史论文集》,商务印书馆1990年版,第220—221页。

生活或文化历史的体验中,达到了这种辩证的直观或识度,且能慎思明辨,用严谨的辩证方法,将此种辩证的直观,发挥成为贯通的系统。"①在贺麟看来,"理智的直观"固然源于"亲切的体验",但"慧眼的识察"也是关键的环节,否则就不能洞察出宇宙间事物的内在必然性,因而也就不能看出事物在"对立中的统一"。贺麟说:"真正的由亲切的体验,活泼的识变,能够对于宇宙的人生提出一种辩证的看法,能够切实觑出宇宙间事物的内在的必然的矛盾,并见到其矛盾中的谐和,对立中的统一,也非有能静观宇宙的法则,置身于人在变迁的洪流中,而又能深察其变中之不变,不变中之变的轨则的慧眼不为功。"②贺麟将辩证法视为思辨法,并且认为这就是思辨哲学的根本方法,因而他所谓的"理智的直观"也就带有方法论的性质,并具有"理性方法"的特点,这只有通过学养上的训练才能达致的,因而不是主观玄想的产物。诚如贺麟所说:"苏格拉底、柏拉图以及黑格尔的辩证法,乃是有具体内容的理性方法,而非抽象外表的智巧辩驳。是推究事理之内在的矛盾思辨方法,而不是站在外面去寻庇抵隙的方法。是要积极地求客观真理的方法,而不是消极地怀疑辩难使人无所适从的方法。"③正是源于对"理智的直观"的推重,贺麟对于斯宾诺莎在辩证法发展史上的地位给予高度的评价,认为:"他(斯宾诺莎)的直观法我们叫做形而上学家所用的罗盘针、望远镜或显微镜,这就是可以认识其大无外和其小无内的天、或实体或物性的望远镜或显微镜,这就是可以使人逍遥游于天理世界的罗盘针。这个方法的妙用在于从大自然、从全宇宙、也可以说是从超人或超时间的立脚点来观认'物性'。……他的这种直观法就是佛家所谓'以道眼观一切法'的道眼或慧眼,就是庄子所谓'以道观之,物无贵贱'的'道观法',也就是朱子所谓'以天下之理观天下之事'的'理观法'。"④问题是,辩证法为什么就一定是"理性方法"呢? 贺麟联系黑格尔的辩证法,有这样的说明:"盖真实事物必是健动不息的。而在此健动不息之过程中,必有其动静,剥复,正反的节奏。此节奏即事物内在的理则。所谓理性的方法即所以把握此健动不息的事物之内在的节奏或理则。所以黑格

---

①　贺麟:《辩证法与辩证观》(1942 年),《哲学与哲学史论文集》,商务印书馆 1990 年版,第 221 页。

②　贺麟:《辩证法与辩证观》(1942 年),《哲学与哲学史论文集》,商务印书馆 1990 年版,第 220 页。

③　贺麟:《辩证法与辩证观》(1942 年),《哲学与哲学史论文集》,商务印书馆 1990 年版,第 223 页。

④　贺麟:《斯宾诺莎的生平及其学说大旨》(1943 年),《哲学与哲学史论文集》,商务印书馆 1990 年版,第 249 页。

尔指出哲学方法的性质,应分为二方面,一方面,方法与内容不可分,此即体验方面,即方法的体验,亦即实际生活。一方面,由内容的自身去决定此内容之发展过程的节奏。此即理性方面,亦即矛盾进展的理则。"①贺麟关于辩证法的理解,最终落实到"理性方法",正是承继了黑格尔辩证法的研究路数。

贺麟以上所倡导的辩证法和直觉的方法,乃是对于唯心主义方法的发挥。这从他对新实在论的批评中亦反映出来。在贺麟看来,唯心主义的方法论就是主张辩证法和直觉,这是进化论的研究方法,实际上乃是一种"历史方法",其特点是注重变迁过程的考察,并从整体的、动态的着手。贺麟指出:"就进化论之为研究的方法言,乃即是一种历史方法(historical method),有时亦称为生发方法(genetic method)。哲学史家如文德尔班便称之为进化的历史方法。是即研究事物或问题的变迁沿革,由初生以至长成,甚或由长成以至衰落的整个历程的历史方法。这个方法的目的在于认识事物之变的方面、动的方面,察其变迁转化之迹,而了解其整体。而不在于静止的方面去分析验察其片面。"②对于新实在论者的言论,贺麟提出了批评性的意见,其中亦反映他对唯心论研究方法的推重:"新实在论者反对唯心论所用的历史方法,辩证法和直觉,而代之以分析的方法。他们以为黑格尔派的哲学家完全拿哲学史来做哲学的基础,但如太重哲学史,自己的思想就会被古人笼罩淹覆,以至无法推陈出新。……新实在论者对于辩证法更是弃之如敝屣,说它既不是哲学又不是历史方法,更不能称为科学方法,他们之中没有谁应用辩证法的。至于直觉,他们认为根本说不上是方法。……因此,新实在论者主张哲学方法和科学方法应该没有区别,哲学方法就是科学方法,就是重分而不重全的分析研究的方法。"③自然,贺麟研究并重视唯心论的"历史方法",但并不认为唯心论的"历史方法"能够无条件地适用,故而他对于唯心论也提出了必须基于"文化或文化科学"的要求。他说:"故唯心论者,不能离开文化或文化科学而空谈抽象的心。若离开文化的陶养而单讲唯心,则唯心论无内容;若离开文化的创造、精神的生活而单讲唯心,则唯心论无生命。故唯心论者注重神游冥想乎价值的宝藏,文化的大流中,以撷英咀华、取精用宏而求精神的高洁与生活之切实受用,至于系统之完成、理论之发抒、社会政治教育之应用,其

---

① 贺麟:《辩证法与辩证观》(1942年),《哲学与哲学史论文集》,商务印书馆1990年版,第233页。

② 贺麟:《道德进化问题》(1934年),《哲学与哲学史论文集》,商务印书馆1990年版,第324页。

③ 贺麟:《新实在论》(1947年),《现代西方哲学讲演集》,上海人民出版社1984年版,第68—69页。

余事也。如是则一不落于戏论的诡辩,二不落于支离的分析,三不落于骛外的功利,四不落于蹈空的玄谈。"①贺麟关于唯心论具有"历史方法"特点的看法以及提出的基于"文化或文化科学"的要求,这对其构建"新心学"体系有着很大的影响。

贺麟是一位积极关注并努力研究中西哲学的学者,在中西哲学的融会贯通中创建学术体系是其治学的重要特点。贺麟也是一位注重学术总结,关注学术发展前沿,并在总结中推陈出新的学者,始终保持着发展中国哲学的坚定信念。他在1945年撰写的《当代中国哲学》一书中说:"近五十年来,中国的哲学界即或没有别的可说,但至少有一点可以称道的好现象,就是人人都表现出一种热烈的'求知欲',这种求知欲也就是哲学所要求的'爱智之忱'。我们打开了文化的大门,让西洋的文化思想的各方面汹涌进来。对于我们自己旧的文化,如果不是根本加以怀疑破坏的话,至少也得用新方法新观点去加以批评的反省和解释,也觉得有无限丰富的宝藏,有待于我们的发掘。尤其足以迫逼着我们,使我们不得不努力探求新知的地方,就是我们处在一崭新的过渡时代,社会、政治、文化,思想信仰均起了空前急剧的变化。其剧变的程度,使许多激烈趋新的人,转瞬便变成了迂腐守旧的人,使许多今日之我,不断与昨日之我作战的人,但独嫌赶不上时代的潮流。我们既不能墨守传统的成法,也不能一味抄袭西洋的方式,迫得我们不得不自求新知,自用思想,日新不已,调整身心,以解答我们的问题,应付我们的危机。因此,这五十年来特别使得国人求知欲强烈的主因,是由于大家认为哲学的知识或思想,不是空疏虚幻的玄想,不是太平盛世的点缀,不是博取科第的工具,不是个人智巧的卖弄,而是应付并调整个人以及民族生活上、文化上、精神上的危机和矛盾的利器。哲学的知识和思想因此便被认为是一种实际力量,——一种改革生活、思想和文化上的实际力量。"②

贺麟的新心学体系是以儒学为本位,在会通诸子的前提下融贯中西,借鉴和吸收西方哲学的智慧,以求建立一个创造性发展的儒学新体系。贺麟的"新心学"之所以称为"心学",是因为有着陆王心学的根基,或者说就是陆王心学在新的条件下的创造性发挥。对于"心",贺麟正是根据陆王心学所作的解释:"心有二义:一、心理意义的心;二、逻辑意义的心。逻辑的心即理,所谓'心即理也'。……逻辑意义的心,乃一理想的超经验的精神原则,但为经验、行为、知识

① 贺麟:《近代唯心论简释》(1934年),《哲学与哲学史论文集》,商务印书馆1990年版,第132—133页。
② 贺麟:《当代中国哲学》(1945年),忻剑飞、方松华编:《中国现代哲学原著选》,复旦大学出版社1989年版,第619页。

以及评价之主体。此心乃经验的统摄者,行为的主宰者,知识的组织者,价值的评判者。自然与人生之可以理解,之所以有意义、条理与价值皆出于此心即理也之心。故唯心论又尝称为精神哲学。所谓精神哲学,即注重心与理一,心负荷真理,理自觉于心的哲学。"①同时,贺麟构建的新心学的学术体系,亦有着对于现代中国哲学发展的热切期待,这就是如何实现"中国哲学的调整与发扬"的问题。1945年,贺麟在撰写的《当代中国哲学》著作中,对于中国近50年哲学的发展,有这样的总结:"大体上讲来,中国哲学在近五十年来是有了进步。这进步的来源,可以说是由于西学的刺激,清末革新运动的勃兴,和从佛学的新研究里得到方法的训练,和思想识度的提高与加深。我们试简单地结算一下,至少有了下列几点,可以值得我们大书特书:(一)在这几十年中,陆王之学得了盛大的发扬;(二)儒、佛的对立,得了新的调解;(三)理学中程朱与陆王两派的对立,也得了新的调解;(四)对于中国哲学史有了新的整理。"②贺麟这里没有提及中国马克思主义哲学发展的情况,固然是重大的失误,但他对于西学影响下中国传统哲学的变迁及其趋势,正是在很大程度上反映了他创建"新心学"体系乃是为了实现其复兴中国传统儒学的目标。

(七) 唐君毅的儒学精神论

　　唐君毅③是现代中国新儒家的重要传承者,其所著《中西哲学思想之比较研

　　① 贺麟:《近代唯心论简释》(1934年),《哲学与哲学史论文集》,商务印书馆1990年版,第131页。

　　② 贺麟:《当代中国哲学》(1945年),忻剑飞、方松华编:《中国现代哲学原著选》,复旦大学出版社1989年版,第620页。

　　③ 唐君毅(1909—1978),四川省宜宾人,中国现代学者,哲学家、哲学史家,现代新儒家的代表人物之一。著作有《中西哲学思想之比较研究集》(正中书局1943年版)、《人生之体验》(中华书局1944年版)、《道德自我之建立》(商务印书馆1944年11月重庆初版,1945年再版,并有1946年沪1版)、《爱情之福音》(正中书局1945年版)、《新物与人生》(香港亚洲出版社1954年版)、《中国文化之精神价值》(台北正中书局1953年版)、《人文精神之重建》(香港新亚研究所1958年版)、《中国人文精神之发展》(香港人生出版社1958年版)、《文化意识与道德理性》(上、下卷,香港友联出版社1958年版)、《青年与学问》(香港人生出版社1960年版)、《哲学概论》(上、下卷,孔孟教育基金会1961年版)、《人生之体验续篇》(香港人生出版社1961年版)、《中国哲学原论(导论篇)》(香港人生出版社1966年版)、《中国哲学原论(原性篇)》(香港新亚研究所1968年版)、《中国哲学原论(原道篇)》(香港新亚研究所1973年版)、《中国哲学原论(原教篇)》(香港新亚研究所1975年版)、《说中华文化之花果飘零》(台北三民书局1974年版)、《中华人文与当今世界》(上、下卷,台北学生书局1975年版)、《生命存在与心灵境界》(上、下卷,台北学生书局1976年版)等。唐君毅是现代中国学术界新儒学的重要传人,代表作为《中西哲学思想之比较研究集》等。

究集》(重庆正中书局1943年5月初版,1947年11月沪1版),是一部反映自己新儒学思想的学术论文集,其主要努力就在于以天人合一观念,论比中西思想之不同。该著收录作者1932年至1937年间的16篇文章①。该著集中表达这样的理念:"中国文化之根本精神即'将部分与全体交融互摄'之精神:自认识上言之,即不自全体中划出部分的精神(此自中国人之宇宙观中最可见之);自情意上言之,即努力以部分实现全体之精神(此自中国人之人生态度中最可见之)。"②唐氏所言"中国文化之根本精神",即是他所指的儒学精神。

　　唐君毅关于宇宙本体问题的研究,就在于阐明儒家的宇宙本体观,使儒家的哲学思想得以发扬光大。在唐君毅看来,中西哲学关于宇宙的看法,就在于是"天人合一"还是"离人于天",由此也就决定了哲学的心灵与哲学问题的不同。他指出:"中国人对宇宙的看法,根本上是采取'分全合一天人不二'的看法的;西洋人对于宇宙的看法,根本上是采取'先裂分于全离人于天'的看法的。……这两种对宇宙看法之根本不同,直接决定两方哲学心灵之不同,间接决定两方各所著重之哲学问题之不同。"③唐君毅以庄子的"同异"观诠释宇宙,认为事物本身的性质如何,乃是取决于人们思想之本身。这就否认了宇宙本身的客观性。他指出:"夫宇宙事物之同异,诚如庄子所言:'自其同者观之,则万物皆一;自其异者观之,则肝胆楚越也。'哲学何独不然。人类文化之前进实赖殊方异域之思想,能交流而互贯。欲其交流而互贯也,恒须就其同者引而申之,触类而长之,以完成其交流互贯之事。"④正是基于对中国儒家宇宙观的理解与阐释,唐君毅提出了自己的生活化的宇宙观,这就是通过充实内在的自我,使自我首先能够具有"包摄外界统一内外"的能力,进而又通过"包摄外在的世界"于"内在的自我之中"的办法,达到将"内在的自我扩大至与宇宙本身合一"的境界。他说:"当你

---

　　①　计有:《导言——中国文化根本精神之一种解释》,《论中西哲学问题之不同》,《中国哲学中自然宇宙观之特质》,《如何了解中国哲学上天人合一之根本观念》,《论中西哲学中本体观念之一种变迁》,《中西哲学中关于道德基础论之一种变迁》,《中国艺术之特质》,《中国哲学与中国文学之关系》,《中国宗教之特质》,《庄子的变化形而上学与黑格尔的变化形而上学之比较》,《中国哲学中天人关系之演变》,《老庄易传中庸形而上学之论理结构》,《略论作中国哲学史应持之态度及其分期》。书末有附录《二十世纪西洋哲学之一般特质》,《论不朽》,《孔子与歌德》等。——参见北京图书馆编:《民国时期总书目(1911—1949)哲学·心理学》,书目文献出版社1991年版,第22页。

　　②　唐君毅:《中西哲学思想之比较研究集》,正中书局1943年5月初版,第2页。

　　③　唐君毅:《中西哲学思想之比较研究集》(1943年),忻剑飞、方松华编:《中国现代哲学原著选》,复旦大学出版社1989年版,第675页。

　　④　唐君毅:《中西哲学思想之比较研究集》(1943年),忻剑飞、方松华编:《中国现代哲学原著选》,复旦大学出版社1989年版,第664页。

由上部生活之肯定能反身看你自己的生活,求充实你内心的自我,知道世界充满价值,以肯定你自己于世界时,你的问题变成如何反身看你自己的生活,充实你内在的自我,如何包摄外在的世界于你内在的自我之中,将你内在的自我扩大至与宇宙本身合一。你的问题由内外之和谐,变为内外之渗透。你将不复只是要摆脱外物之束缚,暂求苦乐情绪之超越,认识你唯一之自己,知道以自强不息的态度去实现价值;而是要反观你的心灵如何逐步的发展,内心如何逐步的开辟以贯通于外界。你的问题由人生现象的体验变为心灵自身之发展的体验,由广的变为深的了。"①又说:"当你能肯定你之生活,体验心灵之发展,知道由内心的开辟以包摄外界统一内外时;你才真认识自我之存在,知自我是真正自强不息的求充实其生活内容的。你方要求进一步,更亲切的把握人在其生命的行程中之各种生活内容之形态与关联。"②唐君毅所谓自我体验自己的生活、体验自我心灵的发展并由"内心的开辟以包摄外界统一内外",这就突出自我的主观体验所具有的先导地位,并力图将自我的心灵与"自己的生活"及外在的世界统合起来,从而建立主观的唯心主义体系。

唐君毅阐发中国儒家哲学的精神,强调中国哲学独具特色的人文底蕴及其文化意义。关于中国文化,唐君毅的总看法是:"中国人赞美人生,故认为一切文化均以遂人之生为目的。顺乎生则善,逆乎生则恶,唯生为估量一切文化之价值标准。此中国文化之所以表现生命本位之特质,而被称为生命本位之文化也。"③在他看来,中国传统儒学其精要之处在以下几个方面:

一是重视"仁者之爱",强调人伦关系。唐君毅认为,中国哲学将仁爱作为基本的原则,强调人伦关系的和谐,中国文化也就具有伦理文化的显著特色。他说:"中国人重仁者之爱,故历代先哲咸努力于求人与人间相生相养相爱相安之道。于是化人与人间一切关系为伦理关系,以各尽其相互之责任为重,不可相视为工具。伦理关系中以父子兄弟夫妇关系为最亲,故等朋友之伦于兄弟,等君臣之伦于父子,而文人更时复以夫妇之爱喻朋友君臣相思相念之情。"④

---

① 唐君毅:《人生之路》(1944年),忻剑飞、方松华编:《中国现代哲学原著选》,复旦大学出版社1989年版,第650—651页。

② 唐君毅:《人生之路》(1944年),忻剑飞、方松华编:《中国现代哲学原著选》,复旦大学出版社1989年版,第651页。

③ 唐君毅:《中西哲学思想之比较研究集》(1943年),忻剑飞、方松华编:《中国现代哲学原著选》,复旦大学出版社1989年版,第668页。

④ 唐君毅:《中西哲学思想之比较研究集》(1943年),忻剑飞、方松华编:《中国现代哲学原著选》,复旦大学出版社1989年版,第668—669页。

二是重视"反求诸己"，主张个人的反省。唐君毅认为，中国哲学在矛盾的处理中强调个人的地位与作用，重视个人内心的修炼，以求得"万物皆备于我"的境界。他指出："中国人以反求诸己为教，故于一切冲突矛盾均于自己身上觅其谐和觅其解决之道。于是自己成为问题之中心，而生万物皆备于我之感，个人之责任无限之感。此中国文化之所以表现求之内心特质，而被称为内心之文化也。"①

三是重视"择乎中道"，兼容并包。唐君毅说，中庸是中国人的处世原则，宽容别人，调和持中，兼容并包，不走极端。他指出："中国人重择乎中道，故于各种学术文化，恒取兼容并包之态度。于各种异族文化，均思冶为一炉，学者又好树立或依附正统，以笼罩百家。此中国文化之所以表现好调和之特质，而被称为好调和之文化也。"②

四是重视"理想人格"，具有强烈的责任意识。唐君毅认为，中国人有着理想人格的追求，此理想人格就在于能够天人合一，具有人本主义的特色。他指出："中国人重化之人格理想。能化之人格，即天人交摄之人格。天人交摄则人在天之中，又在天之外。在天之中，故不能自外其责；在天之外，故不能自小其形。于是造化之运一日不息，人之责任一日无已。同时每个人之责任均相同，故各人人格本身无高下。此中国文化之所以表现人本主义之特质，而被称为人本主义之文化也。"③

五是重视"行与直觉"，讲求行己立身。唐君毅还将中国的哲学与文化诠释为既重"行"又重"直觉"，故而"素无讲习辩论之习惯"。他说："重知重思辨，自当重讲习辩论。重行重直觉，自不重讲习辩论。也可说，因无讲习辩论之习惯，故重直觉重行，因常讲习辩论，故重思辨重知。……西洋讲习辩论之风之盛，自希腊以来即如此。……但在中国则学术界素无讲习辩论之习惯。孔子曰：'予欲无言'。'君子欲讷于言'。老子曰：'知者不言，言者不知。''行不言之教。'庄子曰：'言者所以得意，得意而忘言。'又说：'意有所随，意之所随者，不可以言传也。'荀子以'入乎耳，出乎口，为小人之学'。"④

---

① 唐君毅：《中西哲学思想之比较研究集》（1943 年），忻剑飞、方松华编：《中国现代哲学原著选》，复旦大学出版社 1989 年版，第 669 页。

② 唐君毅：《中西哲学思想之比较研究集》（1943 年），忻剑飞、方松华编：《中国现代哲学原著选》，复旦大学出版社 1989 年版，第 669—670 页。

③ 唐君毅：《中西哲学思想之比较研究集》（1943 年），忻剑飞、方松华编：《中国现代哲学原著选》，复旦大学出版社 1989 年版，第 670 页。

④ 唐君毅：《中西哲学思想之比较研究集》（1943 年），忻剑飞、方松华编：《中国现代哲学原著选》，复旦大学出版社 1989 年版，第 673 页。

以上，唐君毅对于中国哲学具体特征的分析，就在于说明中国文化具有深厚的人文性的意蕴，并彰显出表现"生命本位"的鲜明个性。

唐君毅鉴于对中国哲学独特性的认知，认为不能以西方哲学的眼光来看待和评判中国哲学，更不可从中国哲学中来寻找"哲学问题相近的名辞"，这乃是因为中国哲学具有独特的表现方式及其文化传统。他指出："与哲学问题相近的名辞，在中国哲学著作中是找不着的。中国哲学家在他的著作中，尽管表现很坚固的哲学信仰，很深刻的哲学思想，但是他究竟是因为感着什么哲学问题而有这种信仰这种思想，他著的书是在讨论什么哲学问题，中国哲学家却从不曾明显的指出。这与西洋哲学上每一主张之出现，都是为意识着一种哲学问题的困难而欲求解决，每一本哲学书都是先指出问题所在，然后指出可能的答案，再到最后的答案，恰恰是一对照。"①正是源于对中国哲学的价值认同、思想体认和精神领悟，唐君毅所构建的哲学思想就在于复兴儒学中的心性之学。

唐君毅基于文化视域和比较研究的见地探讨儒学精神的历史底蕴及思想内涵，努力在价值层面彰显儒学体系的文化意蕴与现实意义，从而使中国传统儒学成为"中国文化之根本精神"的代名词。唐君毅的新儒学思想以"中西哲学思想之比较"的研究路径，承继了现代中国新儒学复兴中国文化的学统，力图通过阐释与发挥儒学精神来建立儒家价值本位的学术体系，从而彰显传统儒学在现代文化建设中的基础性地位。唐君毅在中国现代新儒学复兴中有着重要的地位。

以上，将现代中国新儒学的代表人物略作介绍。需要说明的是，现代新儒学的崛起乃是现代中国特定背景下的学术现象、文化现象，不只是有一批深谙中国传统哲学底蕴的哲学家，专注于中国哲学研究所能做到的。这里，极为关键的是，哲学家在感受西学巨大影响的同时，致力于探求如何将西学与中国传统哲学予以结合的问题。而这种"结合"的理念、"结合"的程度、"结合"的方式及"结合"的目的，则对于中国传统哲学的改造乃至复兴有着巨大的影响。贺麟有一段总结中国现代哲学发展的论述，有助于理解这个问题。他说："有许多纯粹研究中国哲学的学者，他们没有直接受过西洋哲学的训练，然而他们却感受到了西洋文化思想的震荡，而思调整并发扬中国哲学以应新时代的需要。他们的心理分析起来，大约有几种不同：有的人对于中国的文化有了宗教的信仰，而认为西方的文化有了危机，想发扬中国文化以拯救西方人的苦恼。有的人，看见西洋思

---

① 唐君毅：《中西哲学思想之比较研究集》（1943 年），忻剑飞、方松华编：《中国现代哲学原著选》，复旦大学出版社 1989 年版，第 670 页。

想澎湃于中国,中国文化有被推翻被抛弃的危险,抱孤臣孽子保持祖宗产业的苦心,亟思发扬中国哲学,以免为新潮流所冲洗,荡然无存。有的人,表面上攻击西洋思想,而不知不觉中却反受西洋思想的影响。也有些人,表面上,虚怀接受西洋思想,然而因不明西洋思想的根底,他所接受的乃非真正的西洋思想,而仍然回复到旧的窠臼。前一种人,他的思想中本来有新的成分,甚或从守旧眼光看来有些离经叛道的思想,然而他仍说他是直接孔、孟。后一种人,喜欢用他自己也不全懂得的新名词新口号,喜欢做翻案文章,抬出些他们尚未熔化的西洋某派学说或主义来攻击古人,然而细考其思想言论,他并未能将中国哲学向前推进一步。"①可见,哲学家对西洋思想的认识水平及其态度,对于他能否对中国哲学的发展作出贡献,也有很大的关系。

四、其他一些重要的哲学家及其哲学研究

在现代中国的哲学界,有一些哲学家既不是马克思主义的一派,也不属于新儒家体系,而是如梁启超所说的"不中不西、亦中亦西"的人物。这些人物在政治上大多属于自由主义者,其哲学思想虽未演成大势而自成一派,但对于现代中国哲学的发展也是有很大影响的。以下,试介绍几位具有代表性的哲学家及其哲学思想。

(一) 胡适的中国哲学史研究

胡适是现代中国积极宣传杜威实用主义哲学的重要代表,但他对于中国哲学史亦有相当的研究,其所著《中国哲学史大纲》(上卷)②,也是具有代表性的哲学研究著作。该著论述从上古至两汉中国古代哲学发生、发展的历史,并兼论哲学史的定义、种类、研究目的等问题。全书分为 12 篇:第 1 篇导言,论述哲学史的定义、种类、研究目的、研究方法,亦即中国哲学史在世界哲学史上的地位和分期;第 2 篇中国哲学发生的时代,叙述老子、孔子之前中国哲学萌芽时代的思潮;第 3—11 篇,以老子、孔子、孔门弟子、墨子、杨朱、别墨、庄子、荀子以前的儒

---

① 贺麟:《当代中国哲学》(1945 年),忻剑飞、方松华编:《中国现代哲学原著选》,复旦大学出版社 1989 年版,第 619—620 页。

② 胡适此著最早版本为商务印书馆 1919 年 2 月上海初版,5 月再版,1930 年 6 月 15 版,1932 年国难后 1 版。其后,商务印书馆又于 1936 年 8 月上海初版,1941 年 4 版。

家、荀子为题,论述先秦诸子生存的时代,遗著之真伪,各派学说传授渊源、互相间的影响、变迁次序,以及社会影响和价值;第12篇古代哲学之终局,叙述古代各派哲学终结的时间和原因①。胡适的《中国哲学史大纲》(上卷)在当时学术界影响很大,在中国现代哲学史上有着重要的地位。

胡适在《中国哲学史大纲》中,对哲学的定义是:"凡研究人生切要的问题,从根本上着想,要寻一个根本的解决:这种学问叫做哲学。"②在他看来,行为的善恶乃是人生一个切要问题,平常人对这个问题,或是劝人行善去恶,或是实行赏善罚恶,这并不是根本的解决。哲学家则不同,"哲学家遇著这问题,便去研研什么叫做善,什么叫做恶;人的善恶还是天生的呢,还是学得来的呢;我们何以能知道善恶的分别,还是生来有这种观念,还是从阅历经验上学得来的呢;善何以当为,恶何以不当为;还是因为善事有利所以当为,恶事有害所以不当为呢;还是只论善恶,不论利害呢;这些都是善恶问题的根本方面。必须从这些方面著想,方可希望有一个根本的解决。"③胡适关于哲学的定义,一方面突出了哲学是关于人生切要问题的研究,因而非人生问题或人生中非"切要"问题,不应该列为哲学的研究对象;另一方面强调哲学要对这些切要的人生问题寻得一个"根本的解决",这是说哲学要在问题的解决上下功夫。

胡适在中国现代哲学界是以哲学史研究而闻名的,他对于"哲学史"作为一门学问的研究有着诸多的见解。譬如,胡适提出哲学史的研究任务就在于梳理哲学思想沿革、变迁的线索。他指出:"哲学史第一要务,在于使学者知道古今思想沿革变迁的线索。例如孟子荀子同是儒家,但是孟子荀子的学说,和孔子不同。孟子又和荀子不同。又如宋儒明儒也都自称孔氏,但是宋明的儒学,并不是孔子的儒学,也不是孟子荀子的儒学。但是这个不同之中,却也有个相同的所在,又有个一线相承的所在。这种同异沿革的线索,非有哲学史,不能明白写出来。"④又譬如,胡适提出哲学史的研究目标就在于寻求哲学思想变迁的原因,认为哲学家思想的独特性,需要从哲学家的才性、时势以及接受的思想影响等方面

---

① 参见北京图书馆编:《民国时期总书目(1911—1949)哲学·心理学》,书目文献出版社1991年版,第45页。

② 胡适:《中国哲学史大纲》(卷上)(1919年),忻剑飞、方松华编:《中国现代哲学原著选》,复旦大学出版社1989年版,第28页。

③ 胡适:《中国哲学史大纲》(卷上)(1919年),忻剑飞、方松华编:《中国现代哲学原著选》,复旦大学出版社1989年版,第28页。

④ 胡适:《中国哲学史大纲》(卷上)(1919年),忻剑飞、方松华编:《中国现代哲学原著选》,复旦大学出版社1989年版,第29页。

进行分析。他指出："哲学史目的，不但要指出哲学思想沿革变迁的线索，还须要寻出这些沿革变迁的原因。例如程子朱子的哲学，何以不同于孔子孟子的哲学？陆象山王阳明的哲学，又何以不同于程子朱子呢？这些原因，约有三种：（甲）个人才性不同。（乙）所处的时势不同。（丙）所受的思想学术不同。"①胡适以进化论的观点看待哲学史研究，他提出的哲学史研究任务与研究目标，就在于以进化论为指导全面而又系统地整理中国的哲学史。

胡适通过对中国哲学史的梳理与研究，将中国哲学看成是一个不断前进的上升过程，并提出了一些有价值的观点。譬如，胡适认为印度佛学传入中国以后，印度哲学在中国可谓"别开生面，别放光彩"，极大地推动了中国哲学的发展。他说："自东晋以后，直到北宋，这几百年中间，是印度哲学在中国最盛的时代。印度的经典，次第输入中国。印度的宇宙论、人生观、知识论、名学、宗教哲学，都能于诸子哲学之外，别开生面，别放光彩。此时凡是第一流的中国思想家，如智𫖮、玄奘、宗密、窥基，多用全副精力，发挥印度哲学。"②又譬如，胡适认为清初出现汉宋之分，这起初只是"儒家的内哄"，汉学关于诸子的研究此时还只是经学的附属品，但到晚清，诸子学研究兴盛而成为专门学问。他说："明代以后，中国近世哲学完全成立。佛家已衰，儒家成为一尊。于是又生反动力，遂有汉学宋学之分。清初的汉学家，嫌宋儒用主观的见解，来解古代经典，有'望文生义'、'增字解经'种种流弊。故汉学的方法，只是用古训、古音、古本等等客观的根据，来求经典的原意。故嘉庆以前的汉学宋学之争，还只是儒家的内哄。但是汉学家既重古训古义，不得不研究与古代儒家同时的子书，用来作参考互证的材料。故清初的诸子学，不过是经学的一种附属品、一种参考书。不料后来的学者，越研究子书，越觉得子书有价值。……到了最近世，如孙诒让、章炳麟诸君，竟都用全副精力，发明诸子学。于是从前作经学附属品的诸子学，到此时代，竟成专门学。"③胡适对于清代汉学家的学术成就予以高度的重视，认为清代乃是"古学昌明的时代"，同时又结合晚清以来中国哲学受西方学术影响的状况，对于中国哲学的发展前景充满了期待。他说："综观清代学术变迁的大势，可称为

---

① 胡适：《中国哲学史大纲》（卷上）（1919 年），忻剑飞、方松华编：《中国现代哲学原著选》，复旦大学出版社 1989 年版，第 29—30 页。

② 胡适：《中国哲学史大纲》（卷上）（1919 年），忻剑飞、方松华编：《中国现代哲学原著选》，复旦大学出版社 1989 年版，第 31 页。

③ 胡适：《中国哲学史大纲》（卷上）（1919 年），忻剑飞、方松华编：《中国现代哲学原著选》，复旦大学出版社 1989 年版，第 32 页。

古学昌明的时代。自从有了那些汉学家考据、校勘、训诂的工夫,那些经书子书,方才勉强可以读得。这个时代,有点象欧洲的'再生时代'。……我们中国到了这个古学昌明的时代,不但有古书可读,又恰当西洋学术思想输入的时代,有西洋的新旧学说可供我们的参考研究。我们今日的学术思想,有这两个大源头:一方面是汉学家传给我们的古书;一方面是西洋的新旧学说。这两大潮流汇合以后,中国若不能产生一种中国的新哲学,那就真是辜负了这个好机会了。"[①]胡适以进化论为指导,梳理了中国哲学发展的轨迹,分析了中国哲学的内在系统及演进机理,从而使中国哲学呈现出崭新的面目。胡适对于中国哲学史所作的努力,乃是一个全新而有开创性的工作。

胡适研究哲学非常重视研究方法的运用,突出"假设"与"证验"在研究过程中的极端重要性。他的这个方法源于科学分析法,并有着科学的理论基础。他说:"近来的科学家和哲学家渐渐的懂得假设和证验都是科学方法所不可少的主要分子,渐渐的明白科学方法不单是归纳法,是演绎和归纳相互为用的,忽而归纳,忽而演绎,忽而又归纳;时而由个体事物到全称的通则,时而由全称的假设到个体的事实,都是不可少的。我们试看古今来多少科学的大发明,便可明白这个道理。"[②]胡适在哲学上奉行科学的分析法,突破时人将科学方法仅仅视为"归纳法"的认知,强调"演绎和归纳互相为用"的重要性,主张将思想的认知与理解应置于具体分析的基础上,突出了"分析"的具体功用及其所具有的程序性特征。如他说:"仔细分析起来,凡是有条理的思想,大概都可以分作五步:(1)感觉困难;(2)寻出疑难所在;(3)暗示的涌动;(4)评判各种暗示的解决,假定一个最适用的解决;(5)证实(就是困难的解)。"[③]正是循着这样的分析路径,胡适提出"大胆设想,小心求证"的方法。这一方法的关键,就是研究者要有怀疑的态度与求证的态度,并始终贯穿着"假设"的这个环节。如他说:"一切主义,一切学理,都该研究,但只可认作一些假设的(待证的)见解,不可认作天经地义的信条;只可认作参考印证的材料,不可奉为金科玉律的宗教;只可用作启发心思的工具,切不可用作蒙蔽聪明、停止思想的绝对真理。如此方才可以渐渐养成人

① 胡适:《中国哲学史大纲》(卷上)(1919年),忻剑飞、方松华编:《中国现代哲学原著选》,复旦大学出版社1989年版,第32—33页。

② 胡适:《清代学者的治学方法》(1919年),忻剑飞、方松华编:《中国现代哲学原著选》,复旦大学出版社1989年版,第51页。

③ 《五十年来之世界哲学》(1922年),《胡适文存》(二集)第2卷,亚东图书馆1924年上海版,第263页。

类的创造的思想力,方才可以渐渐使人类有解决具体问题的能力,方才可以渐渐解放人类对于抽象名词的迷信。"①胡适还具体地设计出这种方法的三个步骤,即"研究事实"、"提出解决的方法"及寻出"最满意的"解决方法。他说:"凡是有价值的思想,都是从这个那个具体的问题下手的。先研究了问题的种种方面的种种事实,看看究竟病在何处,这是思想的第一步功夫。然后根据于一生的经验学问,提出种种解决的方法,提出种种医病的丹方,这是思想的第二步功夫。然后用一生的经验学问,加上想像的能力,推思每一种假定的解决方法应该可以有什么样的效果,更推想这种效果是否真能解决眼前这个困难问题。推想的结果,拣定一种假定的(最满意的)解决,认为我的主张,这是思想的第三步功夫。凡是有价值的主张,都是先经过这三步工夫来的。"②这三个步骤,体现了胡适将分析方法具体化的思路。

胡适是现代中国宣传和传播西方哲学思想的先驱,他本人的哲学思想受西方思想的影响很大。对此,胡适毫不讳言。他曾说:"我的思想受两个人的影响最大:一个是赫胥黎,一个是杜威先生。赫胥黎教我怎样怀疑,教我不信任一切没有充分证据的东西。杜威先生教我怎样思想,教我处处顾到当前的问题,教我把一切学说理想都看作待证的假设,教我处处顾到思想的结果。这两个人使我明了科学方法的性质与功用。"③胡适的实用主义哲学在"五四"前后的中国哲学界占有重要的位置,而在中国马克思主义哲学兴起以后,也就萎靡不振,缺少其影响力了。诚如孙道升1935年的文章中说:"中国的实用主义是英美的实用主义之分枝。英美这派哲学,在民国七八年顷,由胡适之先生一手介绍到中国。所以这派哲学在中国应以胡适之先生为唯一的代表。这派哲学,初入中国时以北大哲学系为根据地,曾经风行一时,民国十二三年以前都是他的黄金时代。……实用主义在目下中国哲学界之势力,远不及十年以前他在中国哲学界之势力,据此,可见胡适之先生移植过来的这派哲学,在中国哲学界不惟没有'结实'而且没有开花;不惟没有开花,而且没有生芽。"④胡适的《中国哲学史大纲》一书与其所宣传的实用主义哲学,是胡适哲学思想的两个重要方面,但两者的价值与地位还是有所区别的。马克思主义哲学家艾思奇说:"胡适的《中国哲

---

① 《介绍我自己的思想》(1930年),《胡适论学近著》第1集,商务印书馆1935年版,第632—633页。

② 《介绍我自己的思想》(1930年),《胡适论学近著》第1集,商务印书馆1935年版,第632页。

③ 《介绍我自己的思想》(1930年),《胡适论学近著》第1集,商务印书馆1935年版,第630页。

④ 孙道升:《现代中国哲学界之解剖》,《国闻周报》第12卷第45期,1935年11月。

学史大纲》之价值,可以说远不及他的'拿证据来'的实验主义精神之价值。实验主义在今日,谁也知道是一种错误的思想方法,它能一变而成唯心论哲学。而在当时,作为与传统迷信抗战的武器,还不失为历史推进的前锋。胡适在当时之能成为得意人物,不是因为有什么系统的大贡献,也不是如某人所说,能给中国人以他们所需要的东西,只是为了实验主义的历史的意义和价值罢了。"[1]在20世纪30年代及40年代,胡适的这部《中国哲学史大纲》著作处于批判的状态,批评者除了马克思主义学者外,亦有其他方面的人参与其中,甚至以专著的形式予以集中的批判,并且各有其不同的目的。[2] 总体来看,胡适承继了实用主义哲学思想,其哲学研究所作的努力,是在进化论哲学指导下的学术梳理工作,同时也是对实用主义的宣传与应用,这在五四时期的中国哲学界和思想界确实发生了很大的影响。

(二) 朱谦之的《文化哲学》(1935 年)

朱谦之[3]是现代中国著名的哲学家,被称为"百科全书式的学者",其研究涉及历史、哲学、文学、音乐、戏剧、考古、政治、考古、政治、经济、宗教和中外交通文化等各个领域。他撰写的《文化哲学》,1935 年由商务印书馆出版。该著是一部以进化论的哲学观点,来探讨文化问题的哲学著作。

朱谦之在《文化哲学》中以"人类生活"来诠释文化,阐述了文化与社会生活的关系。朱谦之对于"文化"有这样的定义:"第一,文化就是人类生活的表现,……生物界中只有人类才能支配环境,创造文化的。第二,文化就是人类生

---

① 艾思奇:《廿二年来之中国哲学思潮》,《中华月报》第 2 卷第 1 期,1933 年 12 月。

② 譬如,李季著有《胡适中国哲学史大纲批判》(神州国光社 1931 年 12 月上海初版,1932 年 10 月再版),批判胡适《中国哲学史》一书的实验主义方法,并对胡著提出的一些主张,如春秋战国的时代性及其产生发展的情形,中国哲学发生时代的时势和思潮,诸子哲学勃兴的原因,老子、杨朱、庄子、孔子、孟子、荀子、墨子、别墨、法家及前三世纪的哲学思潮,古代哲学中绝的原因等问题,提出系统性批评意见。又譬如,严灵峰著有《胡适中国哲学史批判》(中华正气出版社 1943 年 9 月江西赣县初版),就胡著中关于老子、孔子、杨朱以及别墨等哲学思想与方法提出商榷,并从"评胡适的哲学的定义"、"老子的道之新解释"、"易的性质和意义"、"杨朱的兼利主义"、"何谓别墨"、"儒家之言性与天道"等方面,系统地提出批评意见。——参见北京图书馆编:《民国时期总书目(1911—1949)哲学·心理学》,书目文献出版社 1991 年版,第 45—46 页。

③ 朱谦之(1899—1972),字情牵,笔名闽狂、古愚、左海根等,福建福州人。主要著作有《周易哲学》、《无元哲学》、《历史哲学》、《革命哲学》、《历史哲学大纲》、《黑格尔主义与孔德主义》、《孔德的历史哲学》、《黑格尔的历史哲学》、《中国思想对于欧洲之影响》、《日本哲学史》、《日本的朱子学》、《日本的古学及阳明学》等,另有《老子校释》、《李贽》等专著。

活各方面的表现,……代表人类生活之两方面的表现。即一方面表现为人类之知识生活的文化,一方面表现为人类之社会生活的文化。"①不难看出,朱谦之重视人类活动的地位,视人类的生活为文化的基础,强调只有人类的生活才能推动文化的产生,故而作者主张"文化之泉源不是价值,是生活的经验之流,生活经验受了环境抑压而生的突进跳跃,乃是一切文化的根底"②。正是对于"人类生活"的高度重视,朱谦之认为"只要是人类生活的表现,便都可以叫做文化",故而也可以根据文化学研究的需要,分出"知识的文化生活"和"社会的文化生活"两大部分③。需要说明的是,朱谦之尽管承认人类活动对于文化有着基础性的地位,并且在说明文化的发展时,也十分强调文化的发展乃是"辩证法的发展",但他将柏格森的"生命冲动"乃是意志自由的主张以及关于"绵延"的观点引进文化领域,从而对于文化发展的动力问题作出了生命哲学的解释。他说:

> 我们知道文化的发展,完全是辩证法的发展,然而我们更重视的是在辩证法的发展之外,还注意到永远绵延创化的文化生命,这就是柏格森所谓"大绵延"了。只有这一个真的时间,才是永远的现在时间,只有从这生命所表现的文化,才是真正的文化。真文化是起于极微细,极简单,而累进自积的,无限扩张的。所以由微至著,积小至大,他是时时刻刻的累积,时时刻刻的创新,自过去而现在,过去即在现在当中;过去的保存无已,所以未来的扩张增大无已;即因未来的扩张增大无已,所以文化的进化也永远没有休歇;拿柏格森滚雪球的比喻,来象征文化,真再好也没有了。原来文化和生命之流实在只是一物,不可分开的;文化的根本现象即在于永远"创新",换言之,即于旧东西中,不期然而然生出新的东西。……所以不说文化则已,一说文化就必是有些新的。同时又必须是创造出来的。换言之,文化即现在的文化。④

朱谦之的《文化哲学》正是基于柏格森的生命学说,以进化论来说明文化现象的演进历程,重点诠释文化有如生命那样的累积与发展的关系问题,认为文化固然是在不断的"堆积"之中,但文化根本上乃是创新和发展的,故而"文化累积不已,便文化日新不已",这就突出了文化创新的意义与价值。该著指出:"我以

---

① 朱谦之:《文化哲学》,商务印书馆1935年版,第4—8页。
② 朱谦之:《文化哲学》,商务印书馆1935年版,第14页。
③ 朱谦之:《文化哲学》,商务印书馆1935年版,第9页。
④ 朱谦之:《文化哲学》,商务印书馆1935年版,第20—21页。

为过去数千万年所积成的文化,如果只是传给我们以一种压迫力,使我们永远受制于那个过去的定理之下,不得翻身,那么这种灰色的文化,无论人们怎样用那理想生活上的观念(如真呀美呀善呀),去估定他的价值,倒不如斩钉截铁毁灭了的好。因为文化本来就是生活,不是如希腊罗马的哲学家,同中古时代的神学家所说似的,为一种不变停顿的东西;相反地文化生活乃在永远创新,永远变化的过程当中;文化本身就是变和动的表现,而这个变动,就是生活进行,就是进化。所以文化和进化根本只是一个,一方面是时时刻刻的累积,一方面即时时刻刻的创新,我们可以保存过去文化的痕迹,而不能保存过去文化的精神,过去文化的精神是永远渗透、永远扩张于现在之中的。"①又指出:"所谓文化之意义,是决之于文化之为'堆积'的,抑为'文化'的? 固然文化的进化中,一方面仰倚着'故',一方面俯视着'新',一方面是未来的前进不可预测,一方面是过去的累积永无穷期;然而这种永不间断的过去累积,实存于现在绵延转起之一流之中,所以文化累积不已,便日新不已。因为文化累积是从内部发展而来,所以如生物之进化,而不如物质之为堆积的。物质的堆积是有限的,空间的,同质性的;文化的进化则为无限的,时间的,永远变化不息的。简单来说,'文化'实与自然对立,前者是有生命的,后者是无生命的;有生命所以既能创造又能进化,无生命所以变成凝固与有窒碍的东西,而那沉溺于文献的糟粕中以讲文化者,不得不说是已经陷于自然本位的偏见了。"②朱谦之以进化的观点看待文化的演变,认为文化是一个不断发展、变化与创新的过程,而文化的累积不仅不是文化发展的障碍,相反还是文化创新的基础和前提,这乃是由于文化"本来就是生活"并且是有生命的,正因为"有生命所以既能创造又能进化"的。

朱谦之正是源于对柏格森的生命哲学的信奉,故而格外强调生命的力量及其对于文化产生与发展的意义,倡导"文化是本,价值判断是末"的主张,试图建立具有生命内涵的"新的文化哲学"。他指出:"一说文化,即联想即创造和发明。创造成功了,发明成功了,然后才有一般似是而非的哲学家,来估定价值的问题。所谓文化是本,价值判断是末;文化是原因,价值判断是结果;我们如果希望建立一个有生命的文化哲学,我们便须不顾一切价值的判断,用我们劳动来建立一种新的文化哲学。我们知道,在资本主义社会是把金钱估定商品的价值的,同样他们也以为一切学术思想文学艺术都可以价值估定,于是文化成了抽象的

---

① 朱谦之:《文化哲学》,商务印书馆 1935 年版,第 15 页。

② 朱谦之:《文化哲学》,商务印书馆 1935 年版,第 17 页。

灵物,以致于和生活经验分离。反之我们新的文化哲学,则以为构成文化本质的东西,不仅是那已经可估定价值的人类生活所留下的总成绩,而是根源于人类生活深处那永远创造、永远进化的'生命之流'。"①不难看出,朱谦之并不是一味地反对文化的"价值判断",他担心的是价值判断会使文化脱离"生活经验"而成为"抽象的灵物",反对的是以金钱估价商品价值的方法来估定文化的价值。因而,他认为价值判断对于文化这个"本"来说,始终是处于"末"的地位;建立"新的文化哲学"特别是"有生命的文化哲学",不能依靠价值判断的方法,而只能依靠"根源于人类生活深处那永远创造永远进化的'生命之流'",亦即依据"劳动"来构建文化哲学的体系。

朱谦之的《文化哲学》一书有着独特的范畴,该著创造了"突创"、"层次"、"内包"、"上属"、"因缘"这五个概念,用以说明文化的演变与发展,并进而构建具有生命意义的文化哲学体系。他指出:"文化哲学最精巧的一点,即在应用层创的进化以说明文化在时间绵延中所有阶段的发展。约言之,有如下之五个基础概念:一、突创。二、层次。三、内包。四、上属。五、因缘。何谓文化之突创?因为一切文化都是过程,一切事物都有变化,而此文化实突如其来,每次变化必于原有以外有所创新,这种创出品,即为文化之新阶段。……何谓文化之层次?因为文化之新阶段,是以前阶段为底子而突然创生出来,所以前阶段为一层,新阶段则于这一层上又增加了一层,于是层层推进,每到一层必定有更高一层,而后一层必超过于前一层。……何谓文化之内包?因为文化之每一层,虽其上必另有一层,然上层必以其下的一层或数层为底子,从最高层以至最底层,一层包涵于一层。……何谓文化之上属?因为文化从前一层进至后一层,后一层虽以前一层为底子,前一层却不能左右其后一层,而后一层反足以支配前一层。……何谓文化之因缘?因为文化本来只是一个结构,从前一层突创出后一层,此后一层必有一个因缘和合之新格式,即新之结构,因结构不同,遂使后一层迥异于前一层。"②该著正是通过一系列的独特概念,来构建其文化哲学的学术体系的。

朱谦之的《文化哲学》对"文化"进行分类,并在文化史视角之下给予说明。在他看来,文化不但在知识生活上有三种类型,而且在社会生活上也有三种类型,并且文化在各种类型中的主要内容,都与其所处的时代相对应。这就将文化

① 朱谦之:《文化哲学》,商务印书馆1935年版,第14页。
② 朱谦之:《文化哲学》,商务印书馆1935年版,第24—25页。

置于时代演进的序列之中,并揭示文化在知识生活和社会生活上的表征。他指出:"在知识生活上说,文化本质应分为宗教,哲学,科学,再加上艺术;这样在社会生活上说,文化本质亦应分为政治(军事),法律,经济(产业),再加上教育。换言之,即文化史之第一时代,为宗教时代,同时即军事时代;文化史之第二时代为哲学时代,同时即法律时代;又文化史之第三时代为科学时代,同时即经济时代。这么一来,可见即照社会形态史观的解释,宗教时代不但以教会宗派为中心,而且以同样性质之军事家政治家为中心;哲学时代不但以学派为中心,而且以同样性质之法律家为中心。单就现代来说,现代以科学团体为中心,也就是以同样性质之经济家为中心,即为经济支配一切的时代。所以构成现社会文化之根底者,不是宗教,不是哲学;也不是政治,不是法律,实是那使人类现生活成为可能之科学团体,与经济组织;因而现代史的解释,当然只有由科学团体与经济组织之社会形态才能解释。不过由文化史之全体观察,所谓第三文化时代,也只能占一时之重大位置,将来总有一日艺术家教育家抬起头来,而主张以艺术与教育支配一切的时代来了。"[1]朱谦之的这段论述,是依据进化史观而对于文化发展时代的划分,体现了文化向上发展、不断累积中而又不断进步的历史轨迹。但是,关于三个时代的中心问题的论断,带有显著的机械性、绝对化的特征。事实上,从文化的知识生活角度来说,宗教、哲学、科学(再加上艺术),并不能简单化地与时代对应,如说第一时代是宗教、第二时代是哲学、第三时代是科学。这给人一种印象,即第三时代(以科学为中心)的哲学,似乎还不如第二时代(以哲学为中心)的哲学,尽管哲学在事实上也处于不断的累积之中。同样,从文化的社会生活来论,社会固然包括政治、法律、经济等方面内容,但社会是在各部分相互联系中而构成一个整体的,并不能说这个社会是政治社会,那个社会是法律社会,另一个社会则是经济社会。可见,朱谦之关于文化发展时代的划分,有着简单化、类比化的特点,没有能看到社会内在的联系性及在联系与发展中所构成的一个有机整体的特征。

朱谦之在《文化哲学》一书中,对于"文化"与"文明"的关系进行辨析。他提出了两个重要的观点:第一,文化的本质是艺术,文明的本质是科学。在朱谦之看来,对于"文化与文明"关系问题,需要从各自的本质进行分析,因为本质乃是表征其属性的。他说:"文化与文明的问题,就是艺术文化起而替代科学文化的问题。文明之本质为科学的,文化之本质为艺术的。文明与文化之不同,即为

---

①　朱谦之:《文化哲学》,商务印书馆 1935 年版,第 41—42 页。

科学与艺术之不同。如以科学为文明之代表，则文明就是必然的世界，而为走向'文化'之自由世界的阶梯。而且文化是有全体性的，一切文化最后均倾向艺术，而科学文化，则为达到此文化全体性之一捷径。我们不要完全倚赖科学，以为机械文明，绝对没有缺点；但是我们也不要否认必然世界，以为不宜于自由世界的创造。须知在将来艺术世界即文化之理想境里，一切宗教、哲学、科学，都并没有消失，这个时代宗教为艺术的宗教，哲学为艺术的哲学，同样地科学也一变而为艺术的科学。这么一来，文化才回复了文化的本性（艺术），而造成一部文化玩味自己的历史。"①第二，文明是文化演进中的重要环节，开辟了文化的艺术发展道路。朱谦之虽然将研究的重点集中在文化问题上，但他强调文明对于文化发展有重要的基础性意义，并认为文化进程中的每一阶段皆有文明为其"预备"，而且"新文化"是在既有文明中孕育成长起来的。他说："文明不过是文化之一个阶段，而且这个阶段乃不过为实现更高更完全的新阶段之一预备。所以一方文明的没落，正是一方新文化的产生，这新文化就是所谓'艺术的文化'，而以科学的文化为其过程中必经底程序的。"②又说："文明正是文化之物质的基础，所以文明不是文化的终点，却正是文化的新起点，不是文化变为文明，却是文明产出新文化。文化的累积，到了科学发达时代，虽未登峰造极，实际已为文化价值最高的艺术世界开出一条路径。"③正是基于文化与文明关系的考察，朱谦之对未来文化的前景表现出乐观的态度，认为文化的时代在将来，各民族皆走向"艺术文化"的境界。他说："'文化'与'文明'的问题，不是如 Spengler 所说宗教文化与科学文化的问题，而为未来将有之艺术文化与现在现有之科学文化的问题。真正的'文化时代'，不在过去，不在现在，而在于将来之文化理想的实现。印度也罢，中国也罢，西洋也罢，将来的文化，总不会回头于宗教哲学科学文化之旧类型，而必然地是往艺术的文化走的。不过在西洋因已走上科学的阶段，而在各民族由固有的一种文化达到理想的艺术文化，因为路径的远近不同，有的须走上两步，有的只走一步，就已经达到它文化的理想境，即所谓艺术世界了。"④朱谦之关于"文化"与"文明"关系的辨析，力求说明文明在文化发展中的基础性地位，并将文化定位为艺术的发展方向，亦即文化最终走向"艺术文化"的阶段。

①　朱谦之：《文化哲学》，商务印书馆 1935 年版，第 252—253 页。
②　朱谦之：《文化哲学》，商务印书馆 1935 年版，第 251 页。
③　朱谦之：《文化哲学》，商务印书馆 1935 年版，第 247 页。
④　朱谦之：《文化哲学》，商务印书馆 1935 年版，第 246 页。

朱谦之是一位有着强烈爱国心并坚持学以致用的学者,他研究文化哲学就在于实现复兴中国文化的理想,这在《文化哲学》中有突出的表现。中国文化有着怎样的特质呢? 朱谦之的看法是,中国文化在根本上就是"哲学的文化",就是代表"教养的知识",或者也可以称之为"本质的知识"的,因而其特质是"人生"的,亦即中国文化是一种"人生哲学",实际上就是"哲学的文化"。他指出:"依我考察中国文化历史的结果,以为中国文化的特质,就在'人生'。中国没有真正的宗教,也没有真正的科学,而只有真正的人生哲学,就是一种'教养的知识',一种'哲学的文化'。从文化之分播上说,中国的宗教是从印度传来的,科学是由西洋输入的,而真正可称为中国独立发展的文化只有这种哲学的文化。"①朱谦之认为,中国文化的特质形成于中国文化发展的进程中,既有外来文化传播所带来的影响,但更有内在的"独立发展"而不受影响的方面。对此,朱谦之从中国文化演变史角度,给予了这样的分析:"中国文化有它的分播与民族接触之一方面,同时也有它的独立发展不受外来影响之另一方面,这就是中国之哲学的文化,即中国文化之所以为中国文化的地方。再明白说吧! 每一类型的文化,都是有体有用的,如以哲学的文化,为中国文化的本体,则印度文化之东来,与中国吸收印度文化,使宗教文化与哲学的文化汇合,造成宗教的哲学时代,这是一种作用;而明清之际,西洋教士相继东来,所传入的科学知识,与晚近传入更进步的科学,与中国哲学的文化汇合,造成中国哲学史之'科学的哲学'时代,这是又一作用。可见,即就中国文化来做验证,文化之作用方面虽跟着他民族之文化分播而变迁,但是文化之本体方面,却是不变的。譬如中国文化仍是中国文化,这是不变的。"②中国文化发展的方向何在? 朱谦之提出中国文化必须接受科学文化的洗礼,走向艺术的文化目标。他指出:"中国文化的黄金时代,已不在过去,乃在将来,过去的已过去了,先秦诸子的文化,虽然光华灿烂,但和我们活的文化,有什么相干? 中国文化的复兴,不在于灰色的古典文化,乃在于二十世纪后之'艺术文化'。中国文化的根本特质,不是宗教,不是科学,而是人生哲学。但哲学固为中国文化之一大特色,然而过去数千年所积成的哲学文化,在现在也只能传给我们一种压迫力,使我们永远受制于那个'子曰''诗云'之下,不得翻身,所以'复古'的办法,如辜鸿铭在《春秋大义》里的言论,根本应该反对。因文化的发展是向前的,不是如一般所认为不变的东西,相反地,文化本身

① 朱谦之:《文化哲学》,商务印书馆 1935 年版,第 204 页。
② 朱谦之:《文化哲学》,商务印书馆 1935 年版,第 185—186 页。

就是变和动的表现，所以不说文化则已，一说文化则一定于过去之所有外，而时时常有所创，常有所生，所以中国文化虽以哲学为代表，而哲学文化在其发展进化之中，必须严格受科学文化的洗礼，而又走向艺术的文化目标的。"①在朱谦之看来，文化最终是走向艺术化的方向，而中国既有文化又本然地具有艺术的特质，因而中国文化走向复兴也是必然的趋势。他说："中国文化的根本特质，不是宗教，不是科学，而为艺术的。哲学固为中国文化之一特色，然而中国哲学自古即倾向于造成艺术的人生，中国只有泛神思想而无宗教，只有手艺而无科学；在艺术上亦只倾向于象征主义表现主义，而反对写实主义，自然主义。所以中国文化始终与第三期之科学文化不能完全融合，而所以不能完全融合的缘故，即因艺术的文化本高出于科学的文化一步。……然而未走到艺术世界以前，我们必须通过科学的文化世界。也只有牢牢守着科学的文化阶段，走到尽处，才可以转化入于艺术的世界，而这也是我们提倡中国文化复兴之最大目标。"②也正是源于"中国文化复兴之最大目标"，朱谦之提出了如下的"中国文化复兴的新信条"：

第一，我们坚信文化是民族活动的原动力，所以今后中国民族的复兴，必先唤起中国文化的复兴。

第二，我们坚信中国文化的复兴，不是旧的文化之因袭，而为新的民族文化之创造。

第三，我们坚信中国文化在文化全体系中，成一独立之系统，即哲学的文化。其根本精神是应加以发扬，以完成最高之文化统一。

第四，我们坚信印度之宗教文化已属过去，离开现代的文化太远，为中国文化计，应加以拒绝。

第五，我们坚信文明为文化之一阶段，中国文化在发展进行中，必须接受科学文化，而谋所以适合于现代之文明生活。

第六，我们坚信中国文化之史的发展，是自北而南，只有南方，才能吸收科学文化，给中国文化以物质的基础。

第七，我们坚信南方文化运动应从文化教育入手，故第一步骤，在先提倡南方之文化教育运动。

第八，我们坚信中国文化是从独特之哲学文化，走向艺术的文化，即以

---

① 朱谦之：《文化哲学》，商务印书馆 1935 年版，第 211—212 页。
② 朱谦之：《文化哲学》，商务印书馆 1935 年版，第 271 页。

艺术文化为此独特文化之理想境。

　　第九,我们坚信一切文化最后均归于艺术,而未来之世界文化,即为艺术文化,即所谓"大同世界"。①

　　朱谦之的《文化哲学》提出了"中国文化复兴"的宏大理想,这一理想不是固守中国传统的文化,相反还要求中国文化在发展中"必须接受科学文化,而谋所以适合于现代之文明生活",这就鲜明地表现出开放的文化视域。事实上,朱谦之是受五四新文化运动熏陶而成长起来的学者,对于近代西方的科学文明是主张采取积极的汲取态度的。他说,西洋文化就是"科学的文化",就是代表"实用的知识"或"征服自然的知识"的②;而"科学的文化最大特点,在于造出灿烂的物质文明,是由于实证主义实用主义对于环境要求改造的结果,然而这还不是科学的根本原因,科学之所以成为科学文化,乃在于应用了科学方法来变更现状,打碎分析来研究"③;故而,在现代科学精神指引之下,"宗教是科学的宗教,哲学是科学的哲学,乃至艺术也是科学的艺术。然而这种以科学支配一切的文化,却正是现代文化的特色,所以西洋文化,现已成为现代文化的代名词"④。正是基于对"科学的文化"的认知和评判,朱谦之提出的"中国文化复兴的新信条"中,"现代文化"不仅是其中的基本色调,而且是努力的阶段性目标。当然,朱谦之对西洋文明并非盲目崇拜、不加分析,相反,他也看到了西洋文明具有掠夺性的一面。如他说:"原来西洋文明即所谓'文明',是从近代才发达起来的,文明的特色,不但指着理性和科学,物质与财富,工商业的权威,民主政治与普通选举,而且更指着帝国主义的掠夺的性质。文明结果遂产生了一种突然的急速的残忍的世界征服,为历史前例所未有。文明使亚洲非洲与澳洲三部及各大洋的岛屿,都直接间接屈服于欧洲近代国家的工业的有组织的权力之下。但是这种过度的压迫过程,是不会长久下去的,于是帝国主义的世界征服,遂激起反抗欧洲的世界革命。'打倒帝国主义'的呼声起来,而所谓近代文明的矛盾性更全然暴露了。"⑤总体来看,朱谦之对于西方文化的态度,对其文化哲学体系的构建有着极为重要的影响。

　　朱谦之研究文化哲学问题所用的理论,自然是西方的进化论;所用的研究方

　　① 朱谦之:《文化哲学》,商务印书馆1935年版,第253—254页。
　　② 朱谦之:《文化哲学》,商务印书馆1935年版,第231页。
　　③ 朱谦之:《文化哲学》,商务印书馆1935年版,第235页。
　　④ 朱谦之:《文化哲学》,商务印书馆1935年版,第242页。
　　⑤ 朱谦之:《文化哲学》,商务印书馆1935年版,第248页。

法,大体上也是进化论指导下的科学分析方法。但是,朱谦之也试图对文化问题进行辩证的分析。譬如,朱谦之对于文化的独立性与非独立性的解说,就有着辩证法的色彩,尽管他对于辩证法的运用还不尽如人意。他说:

> 依我意思,则各种文化从其独立的观点来看,都是独立的;从其互相关系的痕迹来看,都是不独立而互相影响的。每种文化究竟能接受其他文化至某一程度,这是要受质和量的定律的限制,但是每种文化要想从根本上消灭他种文化,则简直是不可能的事。而且每种文化均各自有其独特之文化价值,因而各自占有独特之历史时代。我们不要把宗教、哲学这些前阶段的文化估价得太低了;在宗教、哲学之文化的发展中,那个非宗教、非哲学之"科学的文化"是绝对地必要的,只要宗教、哲学的文化,要保持其为宗教、哲学的文化的话。然而宗教、哲学即因其自身彻底了的原故,而吸收科学文化,移为自身之反对物,这正是辩证法所谓"一切有限的东西,正是自己扬弃自己的东西",然而并不是什么消灭!没有一种文化的类型,而可以消灭下去的。所以宗教的文化依辩证法的发展,可以从宗教的宗教,进至科学的宗教;哲学的文化,依辩证法的发展,也可以从哲学的哲学,进至科学的哲学。然而文化之史的发展路径,并不是到此而止的,只要宗教、哲学,能固执地保持着独立的悟性规定,它就自然而然地会有辩证法之内在的超越作用,从科学的宗教、科学的哲学,再进而为艺术的宗教、艺术的哲学的。只有艺术时代,才能使宗教、哲学、科学融合为一,这就是文化之理想境。然而要达到这文化之理想境,实在谈何容易;我们要一方面不自毁本国之固有文化,一方面大着心胸去接受本时代的文化,这真是谈何容易;然而我们除却这一条路以外,便"此路不通"了。①

朱谦之的《文化哲学》是用进化论写成的,在"文化"与"文明"关系的厘定中阐明文化演进的进路,并接受了西方生命哲学的相关思想来建构其"文化哲学"体系。该著关于文化哲学的研究,不仅分析了世界文化演进的态势,而且积极关注中国文化建设的需要,提出了中国文化复兴的主张,有着鲜明的时代特征和爱国主义立场。朱谦之的《文化哲学》是20世纪30年代以哲学视域研究文化问题的重要著作,开启了哲学的"文化哲学"分支学科,在中国文化哲学的研究上具有开拓性的学术地位。

---

① 朱谦之:《文化哲学》,商务印书馆1935年版,第187—188页。

（三）张东荪的知识论哲学体系

张东荪①是现代中国建立独具特色的知识论哲学体系的著名哲学家,其思想体系有着严密的逻辑架构,其哲学研究有着深厚的文化底蕴,其治学方法亦有不同寻常的独特路径,为推进哲学体系中知识论的研究作出了重要贡献。总体来看,张东荪注重哲学体系的建构,其哲学思想具有极为丰富的内容,并以"知识论"为显著的特色。早在 1934 年,张东荪出版的《认识论》(上海世界书局 1934 年 9 月初版),就以五章的篇幅(第一章,知识之由来;第二章,知识之性质;第三章,知识之切否;第四章,知识之标准;第五章,认识的多元论)对知识问题展开论述。② 这为张东荪"知识论"哲学体系的建立提供了学术基础,于是也就有后来的《思想与社会》、《知识与文化》等著作对"知识"问题研究的展开。这里,仅就张东荪所著《思想与社会》和《知识与文化》这两部代表性哲学著作,作简要的分析:

张东荪所著《思想与社会》一书,由重庆商务印书馆 1946 年 3 月初版③。该著是《知识与文化》一书的续编,主要讨论以哲学为代表的理性知识与以社会学为代表的社会实际生活之间的关系。全书共 9 章:序论,泛论概念,三种知识系统,形而上学性质,思想与社会组织,中国之道统(上)——儒家思想,中国之道统(下)——理学思想,西洋的道统(上)——耶教思想与社会主义,西洋的道统(下)——民生主义,后顾与前瞻,结论。这是一部构建知识论体系的奠基性的哲学著作,在现代中国的哲学界有着很大的学术影响。

张东荪的《思想与社会》一书非常重视基本范畴的研究,该著对于"概念"与"命题"的研究就很有特色。"概念"与"命题"是哲学体系中基本性因素,一般哲学著作是否能够建构独特的学术体系,在很大程度上取决于其相关概念与相关命题。总体上说,张东荪认为概念具有单一、固定、显分、符号性等特性,如他说:"由概念与概念之间有关系,遂致可以互相推出;同时由互相可以推出,而又

---

① 张东荪(1886—1973),原名万田,字圣心,浙江杭州人,早年留学日本。主要著作有《知识与文化》、《认识论》、《新哲学论丛》、《哲学与科学》、《道德哲学》、《思想与社会》、《理性与民主》等。

② 张东荪这部《认识论》原为介绍性质的概论性哲学读物。该著的前四章是张东荪的学生王光祥根据盖默茨费尔德(Gamertsfelder)和伊文思(Evans)合著的《哲学纲要》而撰写的,张东荪认为这"实在是一本顶好的哲学概论",遂大为删减而作为《认识论》的前半部分(即该著的前四章),并表示这是"为初学的人而设"。张东荪又根据自己的观点,增写了第五章"认识的多元论",占《认识论》全书的三分之二篇幅。

③ 其后,该著又由商务印书馆 1946 年 6 月沪初版,1947 年 7 月沪再版。

决定其关系。所谓逻辑的运算（或称演算）就是这样的一回事，但其根本上，假使概念之特性不是单一，不是固定，不是显分，同时又不是附在符号上，则决不会致此。所以我们讨论逻辑，千万不可把概念之特性抛开或忽视。"①在张东荪看来，"概念"具有"复合的单一体"（unitary complex）的存在形态，因而也是具有"可分析的"特征，而不是人们习惯上所认为的那种"单纯的名相"（simple notion）。尽管"概念"因其"符号"而表现出单纯性，但是就其所"指示的内容却是非常复杂"，所以这些概念无不是"可分析的"。故而，"从分析的结果可以得各种不同的方面与观念，其所以能分析的缘故，乃是由于其本身原来就混合的，并且可以说是异质的混合物（heterogeneous whole）"②。张东荪认为，概念的使用不仅仅是在有形的方面，其应用的范围亦很广。他指出："概念有不同的使用，遂致其有不同的方面。我们往往以为概念是代表实物，不问其物是有形抑或无形，其实概念的用途并不限于此。这种代表实物的，我们名之曰以概念当作东西（concept as entity），又名之曰概念之实体的用法（the substantive use of concept）。至于此外却另有把概念当作规范（concept as regulative principal），更有把概念当作方法（concept as method logical assumption），更还有把概念当作所悬的理想或标准。"③张东荪强调，"概念"本身不仅有着社会的与文化的内涵，而且也随着社会与文化的变迁而变迁。他指出："一个概念之内容往往因时代推移与文化的转变，而致有相当的变化。有时一个概念（a）与另外的这一个概念（b）相结合，又有时与另外的那一个概念（c）相连。这些都是所谓概念之变迁。关于这一方面，黑格儿派的学者实有炯眼。因为概念之变迁即等于历史之进展，历史之进展即等于文化之开发。所以，黑格儿派的学者把哲学与历史认为是同一的。"④这里，不仅强调概念在内容上的变化性特征，而且是将概念的内容及其变化置于"时代推移与文化的转变"之中，凸显出"时代推移"的基础性地位和"文化的转变"所给予的关键性影响。总体来看，张东荪在《思想与社会》一书中对"概念"展开研究，在时代语境和独立的学术进路中，揭示了概念的特性、存在形态、使用范围及变迁状态。值得注意的是，张东荪在研究概念的同时，也将"命题"问题提了出来，并梳理出"命题"的生成逻辑。在张东荪看来，命题源于概念之间的联结，而命题一旦形成也就可以简约为一个独特的概念，因而探求命题与概念的

---

① 张东荪：《思想与社会》，商务印书馆 1946 年版，第 19 页。
② 张东荪：《思想与社会》，商务印书馆 1946 年版，第 53 页。
③ 张东荪：《思想与社会》，商务印书馆 1946 年版，第 77 页。
④ 张东荪：《思想与社会》，商务印书馆 1946 年版，第 56 页。

关系,也就有了逻辑关系的问题。他指出:"概念与概念相连结就成为命题,同时一个命题又可凝缩了变为一个概念,于是我们所有的就是概念与其关系,专讲其关系的是逻辑。因为概念的内容有关于实际,所以逻辑管不着了。逻辑所管的固然只是其关系,但尤其只是形式的关系(formal relation),此外尚有实际的关系(material relation)则不是在逻辑所能对付的范围以内。"①又指出:"因为命题是概念与概念之连结,概念决不会孤立的。概念间有连结有关系则必即有命题,有命题则其中有概念。这正类似'关系'与'关系者'之相连一样,有关系者必有关系,有关系亦有关系者。"②张东荪的这两段论述,不仅强调了命题产生于概念间的关系,而且将这种关系具体地分为"形式的关系"与"实际的关系",这就提示出哲学研究"实际的关系"的具体任务。

张东荪在《思想与社会》中,对于宇宙观和本体论进行学术的探索,这构成了该著的基础。张东荪从荀子的"性"与"伪"概念的分别,来探索宇宙问题研究的路径,认为"本有的"是不能与"造作的"(即外在的)分开的,故而,由逻辑而进到形而上学并不是探索宇宙本体的道路。他指出:"荀子主张有'性'与'伪'之分。所谓性即是'自然的'(natural)之义。所谓伪即是'造作的'(artificial)之义。自然的就是'本有的'(innate),而造作的则是加上去的(additive)。从分析上看,自是应该发现两者的'分解'(demarcation)。这是作学问的工夫。至于实际则需知二者总是不能分散的(inseparable)。换言之,即总是合在一起的。倘若用实在与假现之对立(the antithesis of reality and appearance)来讲,而以为自然的乃是实在,凡加上去的都是假现,则我们所取的态度便显然与传统哲学有大大不同。传统哲学对于这个问题,大概总不免拘束在三个方式之下:第一是以为实在永远在假现以外,由假现求不到实在。第二是以为假现就是实在,不劳他求。第三是以为假现与实在只是看法的不同:从各个事物单独存在来看,一切都是假现。而从绝对来看,又皆实在的表现。这三种学说,都是由从事于研究逻辑而得到的。殊不知,据我看,逻辑只能助我们在形式方面对于思想之可能的形式有所明了,却不能对于真正的问题给我们以具体的结论,所以由逻辑而进到形而上学,并不是我们研究宇宙问题时所应采取的唯一条路。"③概而言之,张东荪认为逻辑的进路并不是研究宇宙本体的路径,就在于"物之概念所由以造成"具有

---

① 张东荪:《思想与社会》,商务印书馆1946年版,第23页。
② 张东荪:《思想与社会》,商务印书馆1946年版,第20页。
③ 张东荪:《思想与社会》,商务印书馆1946年版,第9页。

多方面的根据,故而由概念的分析亦即逻辑的进路,并不能发现宇宙本体,而且在宇宙之外亦有外物的存在。

张东荪基于逻辑进路不可探索宇宙本体的认知,进而认为"言语的结构"也不能求取宇宙本相。对于"言语的结构"在宇宙本体认知的作用问题,他的看法是:"我则以为言语的结构并不是表现宇宙的条理,乃只是表示人们对于宇宙条理的看法。这种看法,可以名之为最粗浅的宇宙观。于此虽用宇宙观一辞,却不含有很深的哲学意义。换言之,宇宙条理的本身依然只是在知识上的,所以我主张言语的结构实表现这三种知识系统之混杂的、含混的与粗浅的形式(mixed,confused,and orude form)。"①自然,张东荪在这里不是说"言语"对于思想的前进没有作用,而是说"言语的结构"具有某种的外在性,并不直接地就是"宇宙的条理",亦即"言语的结构"只是对于"宇宙的条理"的认知。张东荪尽管十分重视"言语"对于思想发展的意义,但他认为,那是就语言与思想的关系而言的,强调的是语言对于思想形成的作用,而这并不能说明"言语的结构"能够探索宇宙本体问题。其原因就在于,所谓"言语的结构"只是"表示人们对于宇宙条理的看法",而并不就是宇宙条理的本身。

张东荪在《思想与社会》一书中对于认识论问题的研究,知识论的探索也是其中的一个极为重要的方面。就学理而论,知识是人类社会实践的结晶,并且任何认识的成果皆是建立在一定知识基础上的,而一旦认识活动得以形成比较系统的认识,又会成就新的知识体系,并进而对既有的知识体系发生作用。张东荪对于知识问题的看法有着独特的研究思路,他曾在传统知识论的批判中提出了自己的新看法:"传统的知识论如果偏于心理学方面便只注重在知的作用,如果偏于哲学方面则注重在能知,如果偏于科学方面则又注重在所知。总而言之,他们不以知识作起点,总是不从知的作用来着眼,即从所知着眼。这便是我与他们不同的所在。我是专注重于知识,须知知识是个产物,并且不是个人的产物,乃是集合的产物。所以我讲的这样的知识论,天然包括知识社会学在内。"②《思想与社会》一书将知识论的探究作为重点,认为"真"这个概念属于知识论范畴,而不属于逻辑学的研究范围。他指出:"所谓真伪就是知识的对与不对,当然是知识论上的概念,亦就是知识论上的问题。现在学者们专从逻辑来讲,便把意义弄歪曲了。我以为在逻辑上只有'形式的符合'(formal consistency),凡在形式上

---

① 张东荪:《思想与社会》,商务印书馆 1946 年版,第 36 页。
② 张东荪:《思想与社会》,商务印书馆 1946 年版,第 44 页。

符合的可算是'成立'(即有效),则真不真的问题则关乎具体的知识,决不只限于知识之纯粹形式一方面而已。所以'真'这一个概念是属于知识论而不属于逻辑,这一点既明,然后我们方可讨论真的标准与真如何决定。"①张东荪专门研究了"真"的问题与知识体系的关系,一方面认为"真"形成于知识系统的进路,另一方面认为"真"之性质取决于知识系统本身的性质。他指出:"我以为'真'是随着知识系统而定的,这并不是说由知识而始创出真来,乃是说知识系统各有界域,界域不同则真亦必有多种。就常识这个知识系统来说,其所通行的界域是方便界,在这个界域内只要是方便,常识决不会发现其不真,所以可以说在常识上是愈方便则愈真,于是方便就是真之标准了。因为常识是把方便当作'实在',愈方便乃是愈接近于实在。而科学不然。在上文已提出,科学所认为'实在'的是事实,事实并不是自然,乃是抽出的实在(the abstract real)。"②又指出:"真的性质是随知识系统而不同,在常识上真就是便(truth as convenience)。未有便(便利)而不真者,亦无法发现有真而不便者,有真而不便者必待科学而后发见。在科学上真就是实(truth as fact),未有实(事实)而不真者,亦未有真而不实者。有真而不实者,必待形而上学乃可窥见。在形而上学上,真就是好(truth as good)。未有好而不真者,亦未有真而不好者。有真而不好者,必自他种知识系统以观之而后成。"③张东荪在研究知识问题时,并不主张将价值问题纳入其中,而认为"价值问题必须在知识问题以外另行讨论"。在他看来,"思想上一切争论与知识上一切矛盾例如自由与必然之争,本体与现象之争,以及唯心唯物等等",都是不分别"知识系统"之所致④。张东荪关于"真"与"知识体系"关系的论述,尽管有许多可议之处,但大体上来说,还是自成体系的一家之言。

张东荪的《思想与社会》一书,其努力所在就是在文化研究的视角之中,通过相关概念的分析与梳理,来构建具有文化底蕴和思想意蕴的、知识论的学术体系。该著不仅重视哲学对于文化问题的分析,而且提出了哲学家的文化研究任务,因而文化在张东荪的学术视域中有着独特性的位置。张东荪指出:"须知哲学家的真正任务是对于文化作综合的检讨、澈底的评判,打穿后壁的研究。其所以先从知识论入手,就是要追问知识之准确性(relevancy)。换言之,即问吾人是否真能知物,如不能,即吾人一切改变现状使人生更有意义之计划皆归泡影,所

---

① 张东荪:《思想与社会》,商务印书馆1946年版,第41页。
② 张东荪:《思想与社会》,商务印书馆1946年版,第41页。
③ 张东荪:《思想与社会》,商务印书馆1946年版,第43页。
④ 张东荪:《思想与社会》,商务印书馆1946年版,第44页。

以知识之可能性是一个先决问题。哲学家之研究知识原是想对于人类之有文化，即从自然演成的社会变到由理性规划的社会，作一个理论的检讨。"①哲学家以研究文化为使命，则必须在文化视域中解析相关的概念，这是因为相关的概念特别是"几个特别概念"，乃是文化"为其所寄托的所在"，亦即概念体现着文化的丰富内涵与基本特性。张东荪说："须知每一个比较发达的文化必须有几个特别概念为其所寄托的所在，换言之，即必有若干概念是代表这个文化的特性，例如在希腊文化上一些概念（phusis，psyche，nous，eidos，eusia，eros，logos 等等）都是与其文化全体有不可分的关系。欧洲各国因为已经吸收希腊文化变为其自己的文化，所以对于这些概念非常亲切谙熟，好象是寻常家饭一样，这是由于与日常生活打成一片的缘故。至于中国虽则欧化东渐已有数十年的历史，但始终尚未把它织入到不可分开的地步，所以中国人对于这些概念纵有译名，而决不会真正了解。因为了解这样的概念虽只一个，亦需同时了解其文化全体，倘使对于其文化无真正的了解，则对于这样的概念纵使只是一个，亦决不会了解。同样在中国情形亦然。例如'天''道''理''仁'等等概念，决不能有适当的外国翻译，外国人只看译名亦决不会懂，例如'天'可以译为 God，又可译为 Nature，又可译为 universe，故译为 heaven 不足以尽之。"②张东荪提出概念在文化体系中的地位，并要求在解析其概念时要"同时了解其文化全体"，亦即主张在整体的文化视域中理解概念，这充分地体现了他所主张的文化学研究的路径。

张东荪在《思想与社会》一书中，以"形而上学"为研究对象，并从知识论的角度对于形而上学进行较为系统的分析，阐发了形而上学中的基本概念、形而上学的"事实"所属界域以及形而上学的起源等问题。张东荪分析了形而上学系统中的"有"这个根本性概念，说明"有"乃是形而上学之所以存立的基本范畴。他指出："形而上学这个知识系统是以'有'或'体'（Being）为其根本概念。关于这个概念有两个分派，一个是演化'底质'（substratum）。一个是推变为'绝对'或'全体'（totality）。这乃是中国与西方的哲学分歧点，从底质这个概念遂产生'本体'（substance）这个概念来。但在中国方面除了老子有'有物混成先天地生'一类的话以外，大概都不向这一方面去发展。……有些哲学是以'经验'作基本的出发点，但这种的哲学依然是把经验即认为'有'。于是我们分为'起始的有'与'最终的有'。这两个往往就是一个，正好象一个连环其两端是互相接

①　张东荪：《思想与社会》，商务印书馆 1946 年版，第 202 页。
②　张东荪：《思想与社会》，商务印书馆 1946 年版，第 53 页。

着的。讲经验亦必说到经验之分化，而同时由经验之分化又必显示这个原始的经验，所谓绝对不一定是最后的，因为在哲学上最后的必同时就是最初的。……总之，一切形而上学系统决无一个能离开'有'这个概念。"①在张东荪看来，形而上学作为哲学并不是以具体事实为研究对象，而是通过"较好"这个概念制造出其所追寻的"理想界"，因而也就具有价值的因素，但并非就是知识系统中本然的"价值之界域"，而只是依着人们的意愿、人为地造出的"理想界"，亦即是在"在事实以外另想造出"的"理想界"。他指出："形而上学的系统决与事实无干，任有何等如铁一般的事实存在于眼前，形而上学总可采取另外的解释把他'解释丢了'（explain away），所以形而上学的对象决不是事实，形而上学的知识系统就是在事实以外另想造出一个界域来。……这是理想界，理想界之存在是靠着'较好'（better）这个概念，倘没有这个概念则理想界决不会成立。因为较好并不是表示个人'希望'（hope）与愿望（wish），乃是改变现状，就是把现状重新组织一番，或另行组织一番。我们认为这个另行组织的状态乃比现在已然既成的状态为好。……根据此义，我不称形而上学知识系统所占领的界域为价值（value）之界域，而称之为理想界。"②可见，在张东荪的知识论视域之中，形而上学的"事实"乃是"理想界"中的事实，亦即"在事实以外另想造出一个界域来"，其所占领的界域并非就是本然的"价值之界域"。这就从知识论角度，将形而上学从价值系统中剥离出来，而归之于"理想界"的界域。源于对形而上学归属于"理想界"的判断，张东荪不同意实证论认为形而上学的命题只是"表现"的看法，认为这是不了解形而上学的性质之所致。张东荪的看法是："我以为形而上学却是'推理'。在此处可见形而上学的对象是原理原则，而与科学绝无两样。所以我们可以说形而上学有象文学的地方，亦有象科学的地方，但决不可因为象文学就说他是文学，同样亦决不可因为象科学说他是科学。"③这里，张东荪提出形而上学的"推理"方法，说明这种"推理"方法"与科学绝无两样"，就在于从理路上将形而上学与科学联系起来，从而打通形而上学（亦即哲学）与科学之间的联系。继而，张东荪在将哲学与科学连接之中，高扬哲学家"理想"的力量，不仅强调了哲学与科学的合作，而且认为真正的哲学家就是科学家，这就将科学置于哲学的统御之下，凸显哲学对于科学的指导地位。他说："哲学家之可贵就在于

---

① 张东荪：《思想与社会》，商务印书馆 1946 年版，第 30 页。
② 张东荪：《思想与社会》，商务印书馆 1946 年版，第 42 页。
③ 张东荪：《思想与社会》，商务印书馆 1946 年版，第 64 页。

能见到理想,能知何者为真善。特我所谓哲学家并不是指那些以理智为把戏的专门学者,这种学者走上一条又狭又小的路,只知其精细处,恐怕无由窥见高远的理想。同时亦决不是专发空论的学者。这种学者已早不适于在现在科学大发达的时代。故我所说的哲学家其实即就是科学家。因为在现代哲学与科学非密切合作不可,一个人学了科学同时不可不知哲学。"①关于形而上学的起源问题,张东荪认为古代宗教中关于知识方面的,直接形成了形而上学。他说:"形而上学的前身是宗教。这句话不是只说形而上学由宗教而出,须知在古代一切文化,尤其是关乎知识这一方面,无不是起源于宗教。……我愿意把宗教作一个较广的名词,就中关于知识一方面却是形而上学为主。我们可以武断地说,在宗教的整体中凡关于知识的,我们统可归之于形而上学;除此以外尚有其他方面,我们则迳称之为宗教。所以宗教与形而上学直是一件东西,因为二者是分不开的。"②张东荪将形而上学定位在知识论上,故而认为形而上学正是起源于原始宗教中的有关知识的部分。

张东荪在《思想与社会》一书中,对于"形而上学的知识"予以知识论的分析。在张东荪看来,以知识论来观照和分析形而上学问题,不仅要重视命题的概念分析,而且也很自然地要关涉到形而上学的知识问题。基于这样的认知,张东荪基于"知行合一"的理念来看待形而上学的知识,认为形而上学的知识正是通过"知"而贯穿到"行"之中,从而影响着人的气质、性格等方面,故而,形而上学的知识不同于常识的或科学的知识,因而也就不能以一般的知识观来看待"形而上学的知识"。显然,张东荪这是从知识的性质上来立论的。他指出:"我们对于这个世界确有些是无可奈何,然又确不能不安之若素,则我们决不可不寻出个理由来,用以使自己有勇气得生活下去。这种寻找理由是为了得感情的满足,情感的满足不是仅在情感一方面,乃同时造成态度的转换,态度转换了在行为上就有变化,所以'知'与'行'根本上是一件事,知的影响首先及于'性情'(disposition)。宋儒所谓变化气质就是现代伦理学上所谓的铸造品格,铸造品格之道有由于纯由读书的。苏格拉底所主张的知识即道德就是指此。所以读书多的人比不读书的人性格有不同。中国读书人传统办法是读书养气,可见寻找理由虽是在知识方面,而其实乃在引起态度,是属于行为方面的。所以形而上学的知识不仅是在内容上,在题目上,与常识及科学不同,并且在其自身的性质上就确有

---

① 张东荪:《思想与社会》,商务印书馆 1946 年版,第 194 页。
② 张东荪:《思想与社会》,商务印书馆 1946 年版,第 46 页。

其独有的特色。详言之,形而上学这种知识其本身是正如荀子所言的'君子之学也入乎耳,著乎心,布乎四体,形乎动静,端而言,蠕而动,一以为法则'。这种知识不仅是知道了就完事,乃是知道以后自然而然在自己的身上起了气质的转化。在这里所谓学习就是修养。换言之,知即是'化',乃是自己化自己,使自己在性格上心理上起变化。……对于外界的自然事物,这样的知识是不适用的。所以我们决不可以为形而上学的知识是最高的知识与最真的知识,而把科学加以轻视。我在上文已经说过,这乃是两种不同的知识,不能互相代替或抵消。"①张东荪这里正是强调形而上学的知识与科学知识所具有的不同性质,其所提出的要求主要在两方面:一方面必须重视形而上学知识在人生修养中的作用,使知行统一、知化为行;另一方面,也不要走向独断论、绝对化的境地,以为所谓形而上学的知识就是"最高的知识与最真的知识",更不可因此而"把科学加以轻视"。那么,形而上学的知识是如何呈现社会的呢?张东荪以"社会组织政治制度"为例,说明形而上学是如何就既有之"说",而"再制造一些说",从而叙述"社会组织政治制度"存在理由的。他指出:"凡社会组织政治制度必附有说。此处所谓理由的加强,就是把这些说使之深奥与广大化。质言之,即本来只限于社会政治的,而使其扩大到人生与宇宙以及万物。把对于宇宙与万物的说明,作为对于社会制度政治形式的辩护的理由。我所以尝说形而上学一类的思想,只是社会政治思想补充的与扩大的说明。没有一个形而上学思想,不要由天上而落下地来以切到实际的人生,并且这个人生不是单独的个人,乃是在社会中生活的。可见形而上学思想是对于这些'说',再制造一些说,使其加大与加强。"②张东荪还专门研究了形而上学知识的性质,认为形而上学的知识具有"非实验的"特征,这是由于其基于"传统"而来的,具有"文化之连续性"特征,因而其性质又具有历史性。他指出:"形而上学知识是'非实验的'(non-experimental)。所以同时必是'历史的'(historical)。在此所谓历史的是指其性质与问题以及所用的一切概念,都是从'传统'(tradition)而来而言,详言之,即其性质是由传统而决定,其问题是由传统而传遗下来的,其所用的概念是都早有其根源在传统上的。所谓'传统',这一概念是在文化学(science of culture)上的。一讲到传统,就不能不讲到文化的体系与派别。因为文化是一个'连续体'(continuum)。文化之连续性(the cultural continuity)在形而上学的知识系统上表现出来,比在科

---

① 张东荪:《思想与社会》,商务印书馆 1946 年版,第 48 页。
② 张东荪:《思想与社会》,商务印书馆 1946 年版,第 78 页。

学与常识两系统为更显明。即一种文化之所以有其特性,亦是从其形而上学这一方面表现出来比较更厉害些。所以,我们可以说形而上学知识所用的名词(即概念)与所提的问题,都是表现那个文化的传统的。一个民族的文化大统只能在其形而上学知识系统中求之,因此我主张研究哲学倘使采取外在的观点,则必须研究人类学。即以人类学来看哲学,把哲学史作为人类学的题目材料。在哲学史上可以使我们看出概念之相因袭与问题之转变出。在这些上却有一个连贯的背境,即是那个具有特性的文化之流。"①张东荪的论述说明,形而上学知识所用的名词(即概念)与所提的问题都是表现文化传统的,因而形而上学的知识乃是基于"传统",故而是"非实验的"、"历史的"。这不仅揭示了形而上学知识的性质,而且也阐明了形而上学知识的文化根源,同时还提示出人类学研究哲学的路径,这就是"以人类学来看哲学,把哲学史作为人类学的题目材料",从而寻找"那个具有特性的文化之流"。

张东荪在《思想与社会》一书中,对于中国传统哲学有诸多的评析,亦体现出其对中国传统哲学的体认及其在哲学上所持有的理念。譬如,张东荪认为中国传统儒家哲学的"心外无物",不可解释为"全在心中",而应作"心与物打通"的解释。他说:"所谓无心外之物不可解为全在心中,如果谓为存在于心内,这便是取西洋哲学上柏克来(Berkeley)的观点。所谓在人心中便是摄收之以入于心中,这便是以'摄'诠心之不同。王阳明依然笃守宋儒传统的态度,以宇宙为一个整个儿的有机体,在其中人只是其一部分,至于心之功用就在于把部分与全体打通。所以我们对于他所说的'你看此花时,此花分明起来',不当解作此花在你心内,而只可解作此花与你心共现。"②又譬如,张东荪认为中国传统儒学的整体主义,主要是对社会而不是对宇宙,这乃是国家统一的需要与反映。他说:"中国思想始终不离所谓整体主义,即把宇宙当作一个有机体。……这种整体思想在表面是讲宇宙,实际上却是暗指社会。即把社会当作一个有机体,个人纯为社会所服务,所谓尽性,所谓知命,都是指此。……这种思想之所以发生,实由于暗中有社会的团结之加紧之趋势。顺着这个文化上所需要的趋势,于是才会有这样的思想。于此,可见中国始终是散漫的,国家是始终没有十分统一的。换言之,社会的互相倚靠之加紧与国家的行政统一之完成,始终是中国之必需的要

---

① 张东荪:《思想与社会》,商务印书馆1946年版,第50页。
② 张东荪:《思想与社会》,商务印书馆1946年版,第127页。

求。"①再譬如,张东荪以解析的方法对待中国的传统道德所"统辖的范围",认为中国的传统道德必须缩小范围而专注于个人的内在修养方面,而有关治国平天下的方面则必须依靠科学。他说:"中国道德是不会灭亡的,但必须缩小其统辖的范围。须知退缩了以后,其性质必亦因之改变。换言之,即儒家道德只可为内心修养之用,至于治国平天下以及对社会的关系,对自然的研究,则须完全依赖科学。即使用科学,科学的文化虽有极大的长处,但有时未尝不使人感到苦痛。梁漱溟先生曾批评西方文化为向外逐物的文化。诚然西方是偏于这一方面,不过幸而他们吸取希伯来文化以耶教为其内心修养的要求。至于中国则太偏于向内一方面了。因不向外之故,遂对于'方法'(methodology)不注意。因此遂产生不出来科学。我以为中国关于内心修养一方面已经有了,只须去其流弊而发挥光大之就行了,而向外的方面却须大为推进。"②张东荪在《思想与社会》一书中对于中国传统哲学的诠释,实际上在于探索儒学改造的道路。

张东荪的《知识与文化》一书,1946 年 1 月由重庆商务印书馆初版、12 月再版③。全书有"从知识而说到文化(关于知识的性质)"、"从文化说到知识(关于知识的限制)"、"中国思想之特征"等 3 编,讨论文化的产生与发展、文化的分化以及中国哲学的特征。该著可谓张东荪的《思想与社会》一书的姊妹篇,承继了文化视域中建构哲学体系的使命,直接地打通知识与文化之间的通道,旨在全方位地建立其知识论的学术体系。

张东荪的《知识与文化》一书对于概念的特性进行探讨,并就概念的功用作出新的分析。在张东荪看来,概念是具有固定性的特性,但这种特性乃是基于概念的符号。他指出:"概念的'固定性'乃是完全由于有符号。换言之,即其变为符号,符号必须为'自身同一'(self-identical)。如果缺少此条件,则符号便失其功能了。所以普通逻辑上的思想律,只是思想发为符号所必遵从的法则。"④关于概念的功用,张东荪将其细化为"所指"、"所造"及"规范"等三个具体方面:"第一即必有所指,不问所指的是具体的事物抑或想象的所对。因为概念与符号根本上是一件事,所以必须有所代表(即被代表者另有所在而非即为符号自身)。第二即必有所造。换言之,即其本身是一个造成者,因为概念是由于凝一而成的一个'单体'(unity)。……至于第三即上文所云的规范作用。即每一个

---

① 张东荪:《思想与社会》,商务印书馆 1946 年版,第 181 页。
② 张东荪:《思想与社会》,商务印书馆 1946 年版,第 188 页。
③ 该著还有商务印书馆 1947 年沪 3 版。
④ 张东荪:《知识与文化》,商务印书馆 1947 年版,第 21 页。

概念除了关于太具体的东西而外,都可以当作'规则'来用。而凡可以当作规则来用的概念,因其都有支配其他概念的功用,都可以名之为范畴。"①概念的"所指"、"所造"的功用比较好理解,关键是概念何以就具有"规范"功用而被作为"法则"来使用呢? 对此,张东荪的解释是:"概念之所以能规范其他概念,其故乃由于概念一起来了,立刻即为一个概念世界,或'概念群',于此中则所有的概念都是互相关联的。就是说,在概念群之中,那一个概念其规范力最大,便可以使其他概念跟着它变了颜色(即染着它的颜色了)。"②可见,在概念的研究上,张东荪虽然在总体上未改变自己既有的观点,但显然的是进一步细化和丰富了自己的主张。

　　张东荪的《知识与文化》一书以"知识"与"文化"作为研究的对象,因而也就特别重视对"知识"的诠释。在张东荪看来,"知识"与"知觉"、"概念"、"范畴"等是相关联的,但在相连之中有着多重的"帘幕"。他打比方说:"姑假定外在者如日光,知觉一重帘幕,日光只能在相当的限度透过这一层帘子。在知觉这层帘幕以前,又有另外的一重帘幕,这就是概念。从概念而又抽出范畴,不啻又再加上一重帘幕。我们不妨名知觉为第一重帘,概念为第二重帘。一重一重帘幕加上去只有使日光透入更稀,并且第二重帘上却映有第一重帘的形态。虽则帘幕重重,却依然有些日光透入。"③由此,张东荪又提出了"造成者"、"所与"及"影响"这三个概念,来解释知识形成的内在机理。他说:"我提出三个概念来以解释知识。一个是所谓'造成者'。感觉是混合,这个混合是个造成者。知觉是配合,这个配合其本身又是一个造成者。概念是凝合与抽出,而凝合与抽出又都是造成者。……但知识虽是造成者,却不是凭空而造,必有所依据,有所取材。此即通常所谓'所与'。……在'所与'以外尚有一方面,我名之曰'影响',因为每一个知识必与其他知识所连系。从来不会只有一个知识孤立自存在那儿的,所以知识根本上是一个'集合的连续体'(collective continuum)。"④关于知识与知识之间的关系,张东荪从社会与文化的视域给予这样的解释:"两个知识互不相容,于是乃会有一真一假。倘两个知识可以融合,则不生真伪问题。……可见'真'本来是含有'问题性的'(problemic)。如果没有问题即无所谓真不真了。问题是从何而起呢? 显然是由矛盾而生。而大部分的矛盾不是出于一个人自己

　　①　张东荪:《知识与文化》,商务印书馆 1947 年版,第 25 页。
　　②　张东荪:《知识与文化》,商务印书馆 1947 年版,第 25 页。
　　③　张东荪:《知识与文化》,商务印书馆 1947 年版,第 27 页。
　　④　张东荪:《知识与文化》,商务印书馆 1947 年版,第 34 页。

的前后所见所想不一致,乃是起于本人以外另有他人与我所见所想完全不同。因为我们必须承认一个人到了超过官觉的界限以上,其心理作用已经是有了共同性,换言之,即为社会的产物了。所以'真之发生'(the genesis of truth)乃是由于社会。简言之,即是由于多数的人心互相交往,互相订正,而后方使人们感着有所谓'真理'那么一回事。故真理是一个文化上的观念(cultural notion)。离了文化便无真理可言。"①张东荪关于知识与知识间关系的认识固然有很大的问题,如他将真理视为"文化上的观念",亦即将真理作为纯粹主观的产物,而不是对世界的客观认识,但他强调知识因为"问题"而起,"真"具有"问题性的"性质,人们的心理在超越感官之外具有共同性亦即社会性,真理形成过程中有着文化因素的重要影响等等,这些看法对于认识论研究还是很有启发的。张东荪在《知识与文化》一书中还对知识的性质进行新的探讨,认为知识因"解释"(理论)而得以形成,而知识的目的就在于使复杂问题简单化。他指出:"理论当然就是'解释'(interpretation)。解释的范围愈广泛则其理论的程度必愈高,即所谓总括是也。……知识根本上是为了对付外界便利起见,总是把复杂的使之单简化。这是知识之根本性质与一贯的倾向。理论知识依然是顺着这个倾向而更前进一步,此是由于知识之本性所使然。"②由于知识的性质具有复杂性的一面,张东荪还提出研究知识形式的三个视角:"第一是把知识作为'历程'。这是心理学对于知识的看法。……第二是把知识作为'评定'(valuation),这是哲学的观点。因为哲学对于知识不仅是要讲其性质,还必须讲其'实效'(validity)。所谓认识论其中心问题即在于此。……第三是把知识作为'产品'(products)。须知所谓产品便不是只在当事者一个的人心中了。知识到了这步田地便成了'传具'(vehicle)。"③张东荪关于"知识"问题的探讨,集中地阐述了知识产生的机理、知识与知识间的关系、知识的性质及认识知识性质的视角,这使得《知识与文化》一书有着建构知识论体系的鲜明特色。

张东荪的《知识与文化》一书在文化与知识的关系中展开,对诸多的关键性问题作出创造性的回答。譬如,该著在文化视野中诠释哲学研究中的"循环"问题,认为哲学上所谓"循环"根本上乃是受着文化的影响。张东荪指出:"须知哲学上一切研究都不能免于循环。因为这完全是一个关于起点之问题。好像一个

①　张东荪:《知识与文化》,商务印书馆 1947 年版,第 89 页。
②　张东荪:《知识与文化》,商务印书馆 1947 年版,第 71 页。
③　张东荪:《知识与文化》,商务印书馆 1947 年版,第 42 页。

球体,任何一点皆可作为起点,同时亦都可作为终点。哲学上的对象其本身总是这样情形。他可以随你任择一点作起点。由这一点出发,而推广下去一直仍到原点为止。于是起点反变为终点了。换言之,即出发点同时即为结论了。在我的看法,以为这种起点的决定由于研究的态度,而研究的态度则受文化的影响。"①又譬如,该著提出了哲学的"追问法"问题,认为"追问法"就在于取得"最高最广的概念",其所以如此就在于概念有着文化的因素。他指出:"论到哲学方法最好以笛卡儿之'泛疑主义'(即无不可疑)为最好的代表。一切哲学无论是那一派,总不能不采取这样穷追的探问的态度。这种探问不是向前面研求,乃是向后面问其根底。我名此法为追问法(method of retrogressive inquivies)。这种向背后加以屡进的追问,乃是哲学的唯一特性。但须知哲学为甚么要如此,则不外乎要取得最高最广的概念,即上文所谓总括概念是也。但这些广泛性的概念,如'本体'、'心'、'物'、'理性'、'实在'、'上帝'、'有'(being)等等,在表面上是各哲学家所共有的,而在实质上,却各人各赋以特别的意义。其故由于穷追的方法可以得到广泛性概念,而因穷追的态度有不同,则所得的广泛性概念便各含有具体的到达历程。此种历程一有不同,则广泛性概念在本身上便有些不同了。依此之故,所有各大哲学家的著述总有一些不容易完全懂得。因为我们推想时其历程不能完全和他一样,我们所了解的只是我们对于他的一种看法。所以哲学家所用的名辞尽管相同,而各人所赋予的意义总有不同。他们所以难懂的地方,即在于共同名辞的背后尚有各别意义。为甚么他们不造新名辞呢?须知哲学家无论如何总须创造一些新名辞,至少亦须把旧名辞赋予新意思。至于不造新名辞而就用旧名辞,止加以新意思,乃止是由于这些名辞,代表那个文化上的中心问题,所以不能尽弃这些名辞而另用新的。"②张东荪从哲学的概念中解析出"文化"的意义,就在于更好地说明哲学与文化的关系,从而凸显哲学所具有的文化意义的内涵。故而,张东荪有着这样的看法:"哲学上所用的名辞无一不是负了历史上所延下去的使命,每一个名辞其背后却有一个悠久的文化性的历史。而每一个哲学家又必须对于旧名辞加以新意义,其故乃在藉此推进文化,对于理想致其所渴望者。所以哲学家无论其说如何,其结果却无不是改良人生与开辟文化上的新方面。就每一个名辞都有其长久的历史而言,我们便知哲学上的问题都有历史的决定性。每一个哲学问题其本质就只是文化问题。文化

①　张东荪:《知识与文化》,商务印书馆 1947 年版,第 2 页。
②　张东荪:《知识与文化》,商务印书馆 1947 年版,第 76 页。

是有历史性的,故哲学亦必有历史性。历史与文化可以决定哲学的范围与趋向。"①张东荪在文化视域解读哲学,并联系文化的历史性特点,阐明了"历史与文化可以决定哲学的范围与趋向"的主张。

张东荪在《知识与文化》一书中,同样重视本体问题的研究。在张东荪看来,属性与本体的关系乃是本体论研究的重要内容,但属性并非直接地与本体相连,亦即属性是有其附丽的,这就是"低层"(substratum),而低层才生有"本体"。他指出:"从在名学上主语的不可缺少,遂一转而变为思想上'低层'(substratum),亦是不可缺少的了。如云甲是乙,甲乙二者所以能连缀在一起,必定是靠着有一个低层,以连合之。更以浅显的例来说明:如这个是黄的,又是硬的,这个'黄'与'硬'当然是所谓'属性'(attributes),但每一属性必有所附丽。他所附丽的就是低层,内低层乃生有'本体'的观念。于是,这个本体乃变为无尽的泉渊。凡有形容都变为属性,但凡属性所云谓必系对于一个本体而施。所以,本体在思想上为绝对不可缺少,因此在言语上主语亦是绝对不可缺少。这便是西方哲学史上无论正反各方的讨论,而总不能把本体观念不列为一个问题的缘故了。……属性与本体虽合一,但仍不能说本体不存在而只有属性。所以'存在'与'是甚么'分开为二事,这乃是本体观念所产生的根本要件,而这个要件唯由西方言语结构能表出。"②张东荪认为,对于宇宙本体的探索,不能依照逻辑方法进行,其原因就在于"物之概念所由以造成,不单是在外界有根据,在知觉上有依凭,尚且还有其他的根据。第一,是所谓主观客观之两极端化。……第二,是所谓'抵抗之感'(即碍觉)。这是由于行动。至于相关者有变化,必使感觉上起变化,这种变化使人无可奈何,便是它有强迫力,使我们不能要如何便如何。从这种强迫性上,又使我们推想到外物的存在。"③张东荪还对于中国传统哲学中的"本"字给予了新的诠释,他说:"中国思想上最显明的概念而当作范畴来用的,却莫过于'本'字。我常说中国无 substance 而代之以'本'。但'本'的意思,从西方来看,可以说等于 fundamental,又可以等于 original,亦可以说等于 substantial。故其义好像甚为含糊,其实在中国人却认为凡原始的就是'基本的'(basic)。凡基本的必是重要的,凡重要的必是结实的,所以不必有十分的分别。从'原始的'一点而讲,'本'与'末'乃兼含有'顺''逆'。从本到末的顺的,以末到本是逆

---

① 张东荪:《知识与文化》,商务印书馆 1947 年版,第 76—77 页。
② 张东荪:《知识与文化》,商务印书馆 1947 年版,第 179—180 页。
③ 张东荪:《知识与文化》,商务印书馆 1947 年版,第 30 页。

的。我们从顺逆上便可以辨别出本末来。因此又复兴'主''从'有关系。本就是主，末必附丽于其上。故是以这三对范畴是合在一起的。……中国思想上的'本'不仅在宇宙观上是一个重要范畴，并且在人生方面关于道德与社会都是很注重于它。例如《大学》上'一是皆以修身为本'，乃是显然提出这个范畴以说明治国、齐家的顺序。所以，本末的思想在其背后是预伏有秩序的概念。"①张东荪的论述说明，中国哲学也是重视宇宙问题研究的，只不过关于宇宙问题的研究是与其在社会生活中的运用联系在一起的。

张东荪的《知识与文化》一书，对科学与哲学的关系进行新的探索，确认科学本身内含着哲学的因素。该著认为，科学可以从知识方面解释，这自然使科学与文化及其哲学发生关系。张东荪指出："我以为科学之为知识有两方面，一是实验知识，二是理论知识。二者当然有互相关系，但现在却止就理论一方面而言。我以为科学的理论知识，其实质就只是哲学。我们只要通检科学史，一看科学发展的历程便可知了。……所以有人说，从科学史上看，有不少在历史上的科学，在今天观之，却就是哲学；同时从哲学史上看，有不少在历史上的哲学却就是当时的科学。这话却颇有见地。其故乃是由于科学亦和哲学一样，不能完全脱离了文化所累积而成的那些根本范畴。……此外，我们更须知道的，就是科学是靠着'科学方法'。而科学方法本身却又是属于哲学的。"②张东荪既从科学史说明科学所具有哲学的内容，又从科学所用"科学方法"所具有的哲学性质，将科学置于哲学的体系之中。

张东荪在《知识与文化》一书中对中国传统哲学与西方哲学进行了深入的比较，并在比较中透视中国传统哲学的特点，其总的看法是中国只有"实践哲学"而无"纯粹哲学"。譬如，张东荪以文化视域看待中西哲学的差异，认为中西哲学在研究对象与研究目标上有着根本的不同。他指出："我以为哲学上名词是代表那个文化中理论方面的最中心的问题的。西方人的哲学无论那一派，而其所要研究的中心对象是所谓'reality'，这个字在中国哲学上就没有严格的相当者。因为中国哲学所注重的，不是求得'真实'。须知'求真实'则必是先把'reality'与'appearance'分为两截。而后一字在原始中国思想上，亦没有恰好的相当的字。可见中国人根本上不理会有这样的分开。"③又譬如，张东荪根据中

---

① 张东荪：《知识与文化》，商务印书馆 1947 年版，第 134—135 页。

② 张东荪：《知识与文化》，商务印书馆 1947 年版，第 77—78 页。

③ 张东荪：《知识与文化》，商务印书馆 1947 年版，第 47 页。

国传统哲学关注人生的特点,认为中国传统哲学不是那种"纯粹哲学",而只是"实践哲学"。他指出:"严格讲来,可以说中国没有'纯粹哲学'而只有'实践哲学'(practical philosophy)。老子与庄子好像很有形而上学的成分,而其实仍不外是实践哲学。王充很有自然主义的倾向,但依然不是专注重于自然研究。在中国人看来,形而上学若与人生无干,便无存在的必要,甚至于自然研究若不与人生有关亦无此必要。所以中国哲学是很明显把人生列在前面,使大家知道这些问题完全由人生而起。在这一点上,我反而感到中国是坦白,是正当的。"①再譬如,张东荪对于中西哲学之间的差异,试图从中西哲学的各自起源来予以解释。他说:"我以为西方哲学是由宗教而蜕化出来,故其所要研究的问题,亦必是从宗教中引伸出来的。中国哲学是从政治论而推衍出来,故其问题亦是由社会与人生而提出的。因此'本质'概念是插不进去的。所以中国便缺少这一方面。西方哲学最高的目的是求得'最后的实在'。而中国哲学不然,乃只是想解决下列的问题:即人类为甚么要有文化? 与文化以哪一个样子为最好? 严格说来,中国只有'实践哲学'而无纯粹哲学。换言之,中国可算是没有形而上学,其故便在于此了。"②正是基于对中国哲学的理解和认知,张东荪对中国哲学提出了一个整体性的看法:"中国哲学中是确有所谓历史哲学。不过不完全是从历史上抽出公例公式来,乃是以宇宙的构造作反映而说明之。这样以宇宙的变化来比拟人事的变化,则必须把宇宙亦视为'职能'(function)的配合与交替。所以是职能论的宇宙观,而与西洋人重视'构造'(structure)的思想态度颇有不同。因为必须如此,方能与社会上各人的地位分配相当,与历史上各时代所负的使命相当,同时使历史上各时代之间得有一个相当的分配与交替的关联。这样便形成了所谓历史哲学。"③张东荪关于中西哲学的各方面比较,尽管有些结论亦有可议之处,但所提出的研究思路和研究方法,确实有助于推进中西哲学的比较研究。

张东荪在《知识与文化》一书中,对于"言语"与"思想"的关系及其意义给予新的说明。在他看来,"言语"对于人类思想的发展并不是障碍,"老实说,在人类思想的发展上,与其说言语是个障碍,毋宁说言语是个助力。因为从人类的全史来看,言语的创造与变化实在是代表思想的生长与发达。……虽则言语与

---

① 张东荪:《知识与文化》,商务印书馆1947年版,第75页。

② 张东荪:《知识与文化》,商务印书馆1947年版,第101页。

③ 张东荪:《知识与文化》,商务印书馆1947年版,第155页。

思想并非绝对的同一,然而二者却不能分离。"基于这样的认识,张东荪高度重视言语对于思想发展的意义,并从社会演进的角度给予了说明:"言语的变成复杂就是把思想使其发展。言语上名词的进化,就是思想的进化。不是言语限制思想、言语阻碍思想,乃是言语创造思想,言语伸展思想。……言语上每有新名词创出,每有新结构产生,都足以把思想推进一步。这乃是言语激发思想,或言语启迪思想。……而实际只是思想随着言语的进化而变为复杂。这一点是我们所应注意的。如果把这一点(即思想随言语而起)与上述一点(即言语是社会行为)合而观之,则可知人类的知识,除了本人五官征验的一部分以外,全是社会的;或换言之,即人们的心理都是为社会的浸染于不知不觉之中。"①张东荪重视"言语"对于思想发展的意义,并在社会文化的视域给予说明。

张东荪的《知识与文化》一书在其自身的学术体系中具有延伸性,发挥了他在《思想与社会》一书中关于形而上学问题的看法。在张东荪看来,研究"形而上学"问题,需要将"形而上学"解析为三部分而加以分别的讨论,这三个部分是:"第一是'形而上界'(metaphysical realm),即问:是否有个形而上界?第二是形而上学上各种学说(metaphysical theories);第三是所谓'形而上的命题'(metaphysical proposition)。"②张东荪认为,形而上学的这三个方面,实际上"不是一件事"。对于"形而上界"这个问题,他的解释是:"所谓形而上界乃只是个'要求的概念'(demanding concept)。为甚么必要求有这么一个概念呢?就因为没有它,则在文化上终归有个缺隙。要填补这个缺隙,所以才不得已立了这样的一个概念。其实和'限制概念'(limiting concept)在功用上是一样的。例如我们说'这个世界以外我们甚么都不能知道',其实这句话并无意义,只不过告诉我们说这个世界有限制而已。……这个形而上界只能承认,而不能研究。一加研究便变为形而上学的学说了。……形而上界是个谜底,形而上学各学说都是猜的答案。在此却有一个奇怪现象,正是形而上学和实验科学不同的所在。就是那一个人所猜的都不能说真正与谜底相合。换言之,即在此没有对与不对的问题。亦可以说都对,亦可以说都不对。所以如果有一个哲学家,自以为只有我的哲学是对了(即猜着了谜底了),著者以为此人便是不十分真了解形而上学的性质。……须知我们人类是个怪东西,虽明知谜底永远不能揭开来对证,但却总是不甘于从此放手不去猜它。尤奇怪的是:猜得结果并不在乎是求对于谜底,乃是

---

① 张东荪:《知识与文化》,商务印书馆 1947 年版,第 176—177 页。
② 张东荪:《知识与文化》,商务印书馆 1947 年版,第 2 页。

就这个答案本身发生起作用来。"①张东荪上述关于形而上学三分法的研究,应该说是有很大的开拓性的。需要说明的是,张东荪在思想学术上对形而上学的作用是肯定的,故而对于社会上那种批评形而上学为"无谓之言"的言论不以为然,但也认为不能依形而上学那样的乐观,因为形而上学所能表示的也只是"理想"。他指出:"反对形而上学的人们,以为形而上学是无谓之言(nonsense talk)。这是大误。但形而上学者自以为可以得着最后最真最超出人生感情以外的道理,这亦是大错。老实说,形而上学所表示的,只是'理想'。须知,所谓理想就是表现人类的愿望。人类有不平等的事实,遂生出平等的愿望。人类感着自己的空虚,遂起有'与宇宙合体'的愿望。有了愿望便去努力。文化是由愿望而促成的,是由不满而迫起的,决不是由于写实与描真。所以一切哲学的理论在文化上都有其功用与地位,而决不是'无意义的'。"②张东荪一方面承认形而上学不是"无意义的",认为其所表达的理想就是"人类愿望"的表现;但另一方面,也认为不应该相信形而上学"可以得着最后最真超出人生感情以外的道理"。

张东荪所著《思想与社会》及《知识与文化》著作,在汇通中西哲学中建构了知识论的哲学研究体系。在治学上,张东荪走中西哲学兼治的道路,力求将中西哲学熔为一炉,在整体哲学视域中创建知识论的学术体系。张东荪所创建的知识论哲学思想体系,以西方哲学为其鲜明的底线,有着"新唯心论"的显著特色,不仅汲取了西方形而上学的智慧,而且注重基本范畴的构建与分析,因而又有着现代西方分析哲学的浓厚色彩。张东荪所代表的"新唯心论"乃是现代中国哲学的重要流派,承载着西方哲学"本土化"的学术使命,力图从西洋哲学中开辟出新的哲学路向。对此,孙道升20世纪30年代有这样的说明:"新唯心论是与新唯物论正相反对的一派哲学。中国哲学界的新唯心论当然也是来自西洋。把西洋派哲学移植到中国来,不用说也是近二十年中的事。……中国新唯心论的领袖,无异议的当推张东荪先生。中国研究西洋哲学的人,不可谓不多,说到能由西洋哲学中引伸出来新的意见,建设新的哲学,恐怕只有张东荪先生一人。关于此点,不惟赞成他者如此称许,就连反对他者也如此赞扬。"③张东荪作为现代中国"新唯心论"的重要代表,在中国现代哲学史上有着重要的地位,而其所著《思想与社会》、《知识与文化》等著作,也是中国现代哲学史上不可多得的学术经典。

---

① 张东荪:《知识与文化》,商务印书馆1947年版,第3页。
② 张东荪:《知识与文化》,商务印书馆1947年版,第74页。
③ 孙道升:《现代中国哲学界之解剖》,《国闻周报》第12卷第45期,1935年11月。

（四）金岳霖的新实在论哲学

金岳霖①是现代中国运用西方哲学的方法并融会中国哲学的精神,建立自己哲学体系的著名哲学家。金岳霖创建的形而上学的哲学体系,包括本体论和知识论这两个部分,而知识论是以本体论为基础的。金岳霖说:"知识论是哲学底一部门,知识论这一小范围是哲学这一大范围底一部分;小范围即令一致也不必就是大范围底一致。与大范围不一致的知识论,即令在本范围之内一致也不能给我们以真正感,而知识论者之所要求,不但是通而且是真。"②知识论的"通"及"真"的具体要求,皆说明知识论是服从于哲学的整体体系的。金氏所著《论道》一书建构的是本体论,主要讨论中国古代哲学所谓理与气的问题,亦即西方哲学的形式与质料问题,所以书中讲"式"类似于理与形,"能"类似于气与质,道则为"式"与"能"之综合,亦即"道是由式和能综合而成的;能是不具备任何性质的纯材料,是构成世界上万事万物的物质材料;式是'析取的、无所不包的可能'"③;而金氏所著《知识论》一书建构的知识论,即通常所说的认识论。金岳霖所著《论道》等著作,以传输和发挥西方新实在论的精神,以其逻辑学的根基建立了其学术体系,是中国新实在论哲学的领军人物。

金岳霖非常重视哲学研究的目标,认为哲学研究者必须追求"通"的目标。在他看来,科学在于获得道理,史学在于发现事实,而哲学在于求通。他说:"哲学底目标可以说是通,我们不盼望学哲学的人发现历史上的事实,也不盼望他们发现科学上的道理。他们虽然不愿意说些违背历史或科学的话,然而他们底宗旨并不是在这两方面增加我们底知识,当然学哲学的人也许同时是学历史的人,他在历史底立场上,也许求发现历史上的事实;也许是学科学的人,在所习科学底立场上,也许求发现科学上的道理;然而在哲学底立场上他仍只是求通。"④金岳霖从各门学科皆是在提供"知识"的角度,阐述了哲学在于求"通"的主张。传统意义上的学科研究目标,一般皆认为哲学在求善、科学在求真,而美学在于求美,亦即"真善美"在学科上有所分属的。金岳霖在新实在论的学术视域中,将

---

① 金岳霖(1895—1984),字龙荪,祖籍浙江省绍兴市诸暨县,出生于湖南长沙。著有《论道》、《知识论》、《逻辑》、《罗素的哲学》等著作。

② 金岳霖:《知识论》,商务印书馆 1983 年版,第 98 页。

③ 谢龙、胡军、杨河:《哲学百年》,北京出版社 1999 年版,第 140 页。

④ 金岳霖:《〈知识论〉导言》(1948 年),忻剑飞、方松华编:《中国现代哲学原著选》,复旦大学出版社 1989 年版,第 543—544 页。

求"通"作为哲学的研究目标,这就使得他的哲学观及哲学体系有别于哲学上的其他各家。

金岳霖建立的乃是实在论的哲学体系,受到格林、休谟、罗素等西方哲学家的影响,西方的分析哲学乃是其学术体系的底色。他在回顾自己学术历程时说:"我最初发生哲学上的兴趣是在民八年底夏天。那时候我正在研究政治思想史,我在政治思想史底课程中碰着了 T.H.Green,我记得我头一次感觉到理智上的欣赏就是在那个时候,而在一两年之内,如果我能够说有点史学的话,我底史学似乎是徘徊于'唯心论'底道旁。民十一年在伦敦念书,有两部书对于我的影响特别的大;一部是罗素底 Principle of Mathematics,一部是休谟底 Treatise。"① 罗素的哲学思想后来衍化发展为 20 世纪 20—30 年代的维也纳学派,其特点是拒绝形而上学。但金氏却十分重视形而上学,并致力于本体论的构建。这说明,金氏主要承继的乃是罗素开创的分析哲学的方法论路数,而不是分析哲学拒绝形而上学的理念。一方面,在金岳霖的学术体系中,特别重视罗素的归纳法并使之运用到哲学研究之中。另一方面,金岳霖也在《知识论》中批评罗素,认为罗素在实在论上越来越物观,其知识论与实在论不能协调,其原因就是因为缺乏形而上学的理念。

金岳霖所建构的新实在论形而上学体系,将"道"视为思想和学术中最为基本的范畴,不仅认为这个"道"乃是"最基本的原动力",而且认为正是"道"而形成了其特有的文化与哲学的体系。他指出:"每一文化区有它底中坚思想,每一中坚思想有它底最崇高的概念,最基本的原动力。……中国思想中最崇高的概念似乎是道。所谓行道、修道、得道,都是以道为最终的目标。思想与情感两方面的最基本的原动力似乎也是道。成仁赴义都是行道;凡非迫于势而又求心之所安而为之,或不得已而为之,或知其不可为而为之的事,无论其直接的目的是仁是义,或是孝是忠,而间接的目标总是行道。"②金岳霖的学术思想正是基于"道"而展开的,他的哲学思想实际上就是在西方新实在论指导下,具体地对于"道"的阐发与研究。

金岳霖在学术上特别重视知识论的研究,认为逻辑学与知识论是两门完全不同的学问。在他看来,"知识论"作为哲学的重要组成部分,涉及"共相"与"殊

① 金岳霖:《论道》,商务印书馆 1987 年版,第 3 页。
② 金岳霖:《〈论道〉绪论》(1940 年),忻剑飞、方松华编:《中国现代哲学原著选》,复旦大学出版社 1989 年版,第 535 页。

相"及其相互间的关系,而事物之表现出的"共相"与"殊相"因为有着根本的分别,故而并不能由"共相"而直接地求得"殊相",这乃是由于"殊相"有着独特的性质。他指出:"对于任何一事物我们可以用许多谓词去表示它底性质与关系,一方面性质与关系是表示不尽的,另一方面,即以无量数的谓词去表示它,而它仍有谓词之所不能表示者在。……但是一特殊的事物不仅是一大堆的共相。把共相堆起来,无论如何的堆法,总堆不出一个特殊的事物来。这不仅是共相与殊相底分别底问题,殊相底'殊'虽殊于共相底'共',而殊相底相仍是共相底相。一特殊事物也不仅是一大堆的殊相,把殊相堆起来也堆不出一个特殊的事物来。"①在金岳霖看来,在哲学视域之中,知识论不可能与哲学中的美学、伦理学、形而上学相混,但却是可能与哲学中的逻辑学相混,其原因就在于"知识论是有内容的",而逻辑学是"没有内容的"。对此,金岳霖解释道:"在哲学范围之内,有美学,有伦理学,有形而上学,或玄学或元学,也有逻辑学。知识论与前三者都不至于相混,可是,与逻辑学有相混底可能。……逻辑学是纯形式的学问(也许纯算学亦在哲学范围之内或逻辑学范围之内,是否如此,我们不必讨论)。从别的学问之有某种内容说,逻辑学可以说是没有内容的。从别的学问之有某种内容说,知识论是有内容的。这说法也许不清楚,我们可以假设以下情形表示:如果一个人关上门窗不见客,不看别的书,埋头于逻辑学,他可以把逻辑学研究得很好,而对于世界上任何方面的事实底知识毫无所得。即此一点,已经可以表示知识论与逻辑学完全是两门学问。"②金岳霖还注意到这样的一个事实,即知识论意义上的"常识"乃是可以而且也是应该进行修改的,但所谓的对现有"常识"的修改,也是利用既有的常识进行修改的。这里,"常识"乃是知识论中的基础。他指出:"常识确须修改,但修改常识最初所利用的或最基本的工具仍是常识。我们总是在常识中以某一部分的常识去修改另一部分常识作为学问底出发点,或者利用常识中所有的意念产生常识中所无的意念。最初的懂似乎是常识地懂。"③金岳霖将知识论的研究从"共相"与"殊相"的关系进到"常识"问题的研究,是以其对于逻辑学的认知为基础的。

---

① 金岳霖:《〈论道〉绪论》(1940 年),忻剑飞、方松华编:《中国现代哲学原著选》,复旦大学出版社 1989 年版,第 533—534 页。

② 金岳霖:《〈知识论〉导言》(1948 年),忻剑飞、方松华编:《中国现代哲学原著选》,复旦大学出版社 1989 年版,第 553 页。

③ 金岳霖:《〈知识论〉导言》(1948 年),忻剑飞、方松华编:《中国现代哲学原著选》,复旦大学出版社 1989 年版,第 555 页。

金岳霖对于"道"的研究,试图从逻辑学上寻求进路,故而对于逻辑学作出积极探索,并发表了诸多的见解。在金岳霖看来,"逻辑"有一个重要的特点,这就是"逻辑本来就没有时间"的限制,尽管"时间是现实的最重要的因素"①。因此,只要是人们能够思议的皆必须遵循逻辑的规则,因而"只有矛盾的才是不可思议的",换言之,"反逻辑的才是不可思议的,而可以思议的总是遵守逻辑的"。他指出:"从逻辑这一方面着想,任何世界,即与现实世界完全不同的世界,只要是我们能够想象与思议的,都不能不遵守逻辑。关于这一点,我从前也有许多疑问。后来想起来,这实在用不着疑问的。思议底范围比想象宽。可以想象的例如金山、银山、或者欧战那样的大战在一个人脚指上进行,都是可以思议的;但是可以思议的,例如无量、无量小、无量大、或几何底点线等等,不必是可以想象的。既然如此,我们只就思议立论已经够了。我们要知道思议底范围就是逻辑思议底限制是矛盾,只有矛盾的才是不可思议的。这当然就是说,只有反逻辑的才是不可思议的,而可以思议的总是遵守逻辑的。"②正是基于"思议"遵循逻辑的认知,金岳霖将逻辑研究推进到"逻辑命题"的分析之中,认为"逻辑命题"本身不仅具有互为条件的特征,而且对于其他"逻辑命题"又具有排他性的特征。他指出:"纯粹的逻辑命题彼此都是彼此底必要条件,否认任何一逻辑命题也就否认任何其他的逻辑命题。它们只有系统上成文的先后,没有系统之外超乎系统的先后。"③金岳霖进而分析概念的功能,探索逻辑推进的内在机理,特别是概念的"所与"而表现出的与"共相"的关联。他指出:"我们底范畴都是概念,而我们底概念有两方面的作用:一方面是形容作用,另一方面是范畴作用。就概念之为形容工具而言,它描写所与之所呈的共相底关联,它是此关联底符号,此所以它能形容合于此关联的所与,因而传达并且保存此关联于此所与消灭之后。就概念之为范畴而言,它是我们应付将来的所与的办法,合乎此关联(即定义)之所与即表示其现实此共相。不合乎此关联之所与,即表示其不现实此共相。……就概念之代表共相,而共相又不能无彼此底关联着想,概念总是有图案的或有结构的或有系统的。把概念引用到所与上去,或以概念去范畴所与,那所与总是一图

---

① 金岳霖:《〈论道〉绪论》(1940 年),忻剑飞、方松华编:《中国现代哲学原著选》,复旦大学出版社 1989 年版,第 531 页。

② 金岳霖:《〈论道〉绪论》(1940 年),忻剑飞、方松华编:《中国现代哲学原著选》,复旦大学出版社 1989 年版,第 523—524 页。

③ 金岳霖:《〈论道〉绪论》(1940 年),忻剑飞、方松华编:《中国现代哲学原著选》,复旦大学出版社 1989 年版,第 525 页。

案,一系统,或一结构范围之内的东西。"①金岳霖对于逻辑的研究是很有特色的,特别强调"所与"与"共相"关系的理解和把握,这也使得他的哲学体系有着逻辑学的底蕴与特色。

金岳霖所构建的新实在论的学术体系有着独特的发展进路,而逻辑学的研究在其中亦有着特别重要的作用,甚至可以说,重视逻辑乃是金岳霖哲学体系最为鲜明的特色。在金岳霖看来,逻辑已不仅仅是一种方法或工具,不只是人的思维所不得不遵守的思维规律,而且也是客观外在的东西,或者说逻辑本身就是客观存在,于此"逻辑学就是研究式的学问,或研究必然的学问"②。由于逻辑就是"式",故而逻辑也就具有了本体论的地位。对于自己的学术生涯,金岳霖有这样的回忆:"在辛亥革命之后的几年中,因为大多数的人注重科学,所以有一部分的人特别喜欢谈归纳,我免不了受了这注重归纳的影响。后来教逻辑,讲到归纳那一部分,总觉得归纳法不是一个象样的东西,……一方面我不能大刀阔斧地把它扔掉,另一方面,我又不能给它以一种理论上的根据。归纳原则本身有同样的问题。这原则不是从归纳得来的,但既不是从归纳得来的,又以什么为根据呢? 实实在在引用归纳为求知底工具的人们,大概不会有这样的问题,但是我底兴趣是哲学的,这问题在我是逃避不了的。"③这是说,金岳霖正是在逻辑学的研究中,而集中到对科学的归纳法的哲学反思,并进而开启其新实在论哲学道路的。金岳霖哲学思想的底色是近现代西方哲学,以西方的实在论为其根柢,故而在方法上具有实在论的分析法的显著特色。20 世纪 30 年代,即有人这样评价:"中国哲学界的新实在论也当然是英美的新实在论之分枝。这派哲学是由陈大齐、冯友兰、张申府、邓以蛰、付佩青、金岳霖诸先生协力移植于中国的。……而首领则当推金岳霖先生担任。金先生的头脑简直是西洋的,其分析法运用之娴熟精到,恐怕罗素见了也要退避三舍。有人称他为中国的 G.E.Moore,实非过誉。"④当然,由于金岳霖的"思想过于周密,理论过于深邃,而文字又过于谨严;不善于运用符号的人,不能了解其学说思想,善于运用符号的人既不多,故了解

---

① 金岳霖:《〈论道〉绪论》(1940 年),忻剑飞、方松华编:《中国现代哲学原著选》,复旦大学出版社 1989 年版,第 527 页。

② 金岳霖:《论道》,商务印书馆 1987 年版,第 92 页。

③ 金岳霖:《〈论道〉绪论》(1940 年),忻剑飞、方松华编:《中国现代哲学原著选》,复旦大学出版社 1989 年版,第 522 页。

④ 孙道升:《现代中国哲学界之解剖》,《国闻周报》第 12 卷第 45 期,1935 年 11 月。

金先生的学说思想之人甚寥寥",但其"学说自成体系,非传袭他人之学说者可比"①。概而言之,金岳霖以西方思想为底线构建的"实在论"哲学体系,有着逻辑学研究的深厚底蕴,这在哲学上可谓自成体系、自成一家。金岳霖在中国现代哲学史上有着重要的位置。

中国现代哲学源于近代以来中国社会的急速转型,产生于新文化运动中西学激流涌进的时期,在社会生活空前动荡、中西文化猛烈撞击、新鲜学科体系平台竞相搭建、民族救亡图存呼声振聋发聩、社会变革路向不断选择中,演绎出学派纷呈、思路各异、论争蜂起、百家争鸣的局面。在各种哲学思潮的竞争中,马克思主义哲学以其强大的生命力,不可遏止地迅速传布于中国社会,并在中国共产党领导下与变革社会的政治实践相结合,实现了马克思主义哲学中国化,开创了中国马克思主义哲学发展的新道路。其他各派哲学尽管在探索方面尚能有所创新,在体系构建方面亦有其所长,但或因脱离民众的生活与实践,或因其研究理念过于悬远,或因经院色彩甚为浓烈,显现出难以克服的局限性,不可避免地走向衰微。但是,作为反映时代精华的中国现代哲学,乃是中国现代学术体系中不可或缺的组成部分,并对现代中国其他人文社会科学的发展有着引领和导航作用,尽管各派哲学所起的这种作用有着显著的不同。

① 郭湛波:《近五十年中国思想史》,山东人民出版社 1997 年版,第 205 页。

第二章　史　学

历史学无论是在西方还是在中国,都有着悠久的历史传统,史学也就成为人文社会科学体系中的重要学科。中国现代史学是在"五四"这一特定的历史条件下接受西方史学的影响建立起来的,同时也继承了中国传统史学的一些传统,并在与中国历史、现状的结合中构建其学科体系和学术研究体系。就现代中国史学演进而言,形成了马克思主义史学、进化论史学(实证主义史学)这两大学派,并经历了史学科学化的过程。现代中国史学乃是中国现代学术体系中的重要组成部分,在服务于现代中国社会变革中表现出其显著特点。

一、中国马克思主义史学的产生与发展

马克思主义唯物史观的运用是 20 世纪中国历史学的伟大进步,中国马克思主义史学就是唯物史观运用于历史学科的结晶。关于唯物史观对于中国史学变革的重大意义,戴逸指出:"自从马克思的唯物史观传入中国,中国的历史学发生了根本变化,成为真正的科学。唯物史观是超越进化史观的更高层次的理论,其所以如此,一是唯物史观在承认历史是进步的、具有因果关系的同时,明确地提出历史发展具有不以人们意志为转移的客观规律性。当然历史渗进了人的活动,主观可以影响历史进程,不像自然界的规律那样单纯,但历史毕竟是客观的,不是主观的,历史并不仅仅存在于人们的心中;二是承认历史是前进的,而历史前进决定性因素是生产力和生产关系的发展。历史的前进是许多因素交互作用的结果,经济是最重要的,却又不是惟一的力量,因此历史还应该重视政治、军事、文化、地理种种因素的作用。三是唯物史观把阶级斗争看作阶级社会前进的动力。马克思认为:阶级存在于一个统一体内,各阶级之间既有矛盾对立性,又有相互统一性。我们既要看到阶级斗争的作用,又不能把社会历史看成仅仅是

阶级之间的斗争,把阶级斗争绝对化。"①中国共产党成立后,加强了对史学研究的领导和组织,在宣传和实践马克思主义历史观、推进中国古代史研究走向深入、倡导和组织中国近代史的研究、领导中国共产党自身历史的研究等方面发挥了重大作用,有力地推进了马克思主义史学中国化的进程②。可以说,"中国的马克思主义史学,是伴随着中国共产党的诞生而诞生、伴随着中国共产党的成长而成长、伴随着中国共产党的发展而发展,与中国共产党在不同时期的政治使命紧密地结合在了一起"③。在中国共产党的领导和唯物史观的指导下,中国马克思主义史学在现代中国时段中的演变,大体上可以分为三个阶段:

(一) 中国马克思主义史学的产生(1919—1927年)

1919—1927年是中国马克思主义史学演进的第一个阶段。这一阶段的中国马克思主义史学,以唯物史观为指导开展社会发展史的研究,尤其是在中国近代史的研究方面取得重要的成果。正是在新民主主义革命的推进下,中国马克思主义史学在配合革命斗争的实践中开始创建起来。随着马克思主义在我国的进一步传播及与史学研究的结合,马克思主义在史学研究中的指导地位得以确立,中国的马克思主义史学也就产生了。

李大钊是我国马克思主义史学的第一个奠基人,建构了以马克思主义为指导的史学理论体系。他于1924年出版的《史学要论》著作,是我国第一部用马克思主义观点写成的史学理论的著作,为中国马克思主义史学开辟了道路。李大钊在《史学要论》这部史学理论名著中,依据唯物史观对历史的界定突出"人类生活"为其基本内容,认为"历史就是人类的生活并为其产物的文化"。李大钊指出:"史学非就一般事物而为历史的考察者,乃专就人事而研究其生成变化者。史学有一定的对象。对象为何? 即是整个的人类生活,即是社会的变革,即是在不断的变革中的人类生活及为其产物的文化。换一句话说,历史学就是研究社会的变革的学问,即是研究在不断的变革中的人生及为其产物的文化的学问。"④因此,历史"是活的历史,不是死的历史;活的历史,只能在人的生活里去

① 戴逸:《中国历史学的百年历程》,北京市社会科学界联合会组织编写:《学界专家论百年》,北京出版社1999年版,第45—46页。
② 吴汉全:《中共民主革命时期推进史学研究的努力及其特色》,《学术界》2022年第4期。
③ 李红岩:《中国近代史学史论》,中国社会科学出版社2011年版,第5页。
④ 《史学要论》,《李大钊全集》第4卷,人民出版社2006年版,第407页。

得,不能在故纸堆里去寻。"①换言之,"历史既是整个的人类生活,既是整个的社会的变革,那么凡是社会生活所表现的各体相,均为历史的内容所涵括。因为文化是一个整个的,不容片片段段的割裂。文化生活的各体态、各方面,都有相互结附的关系,不得一部分一部分的割裂着看,亦不得以一部分的生活为历史内容的全体。"②即是说,由于历史以"人类生活"、"社会变革"为考察对象,因此作为"人类生活"的"各体相"(表现为各种文化)都应理所当然成为历史的内容,只不过不能以其一部分来取代"历史内容的全体"。李大钊认为,历史的内容是极为丰富的,不仅社会上的政治、法律和经济是历史的内容,"其实道德、学术、宗教、伦理等等,所谓文化的理想,亦莫不应包含在历史以内"。但在构成历史的各部分内容中,根据马克思主义的唯物史观,"社会上层,全随经济的基址的变动而变动,故历史非从经济关系上说明不可"③。李大钊对历史内容的唯物史观阐释中,批判了过去那种以政治为历史唯一内容的观念,凸显以经济关系为基础的人类历史的丰富性。李大钊是中国马克思主义史学的开山祖,他除在史学理论方面卓有建树,对于历史哲学理论、中国古代史及中国近代史等领域,皆有创造性的研究④。值得注意的是,李大钊在开创中国马克思主义史学的过程中,一方面批判地承继了中国资产阶级"新史学"在"破"的方面的传统,另一方面则主要是在马克思主义指导之下,在"立"的方面进行重大的探索。诚如有研究者所说:"李大钊率先阐明了马克思主义的新史学观。……在批判旧古史、创建新古史方面,他与梁启超等人开启的新史学思潮既有共性,也有差异。在古代史研究的对象问题上,他批评旧史中'只是些上帝、皇天、圣人、王者,决找不到我们自己'。'中国旧史,其中所载,大抵不外帝王爵贵的起居,一家一姓的谱系,而于社会文化方面,则屏之弗录'。包括主张进化论的观点、非盲目信古的观点等,在'破'的地方,有他们的相同处。不同之处在于'立'的地方,在于唯物史观主张历史学'以经济为中心纵着考察社会变革',可以因此发现因果律。同时,'一方面把历史与社会打成一气,看作一个整个的;一方面把人类的生活及其产物的

---

① 《史学要论》,《李大钊全集》第4卷,人民出版社2006年版,第399页。

② 《史学要论》,《李大钊全集》第4卷,人民出版社2006年版,第401页。

③ 《史学要论》,《李大钊全集》第4卷,人民出版社2006年版,第401页。

④ 参见吴汉全:《李大钊与历史哲学理论》,《史学史研究》2002年第2期;《李大钊与中国古代史研究》,《史学月刊》2002年第5期;《李大钊与中国近代史研究》,《近代史研究》2003年第3期;《历史·历史学·历史哲学:李大钊对历史学几个相关概念的马克思主义诠释》,《江海学刊》2004年第2期。

文化,亦看作一个整个的,不容以一部分遗其全体或散其全体。与吾人以一个整个的活泼泼的历史的观念'。这样建立起来的新古史或新史学,是一部具有一根主线贯穿着的整体的历史,是对社会的各方面之变化可以做出根本解释的历史,而不是支离破碎的、停留在复原和描述层次上的历史。"①概而言之,李大钊在五四时期积极推进马克思主义与史学研究的结合,不仅有《史学要论》等代表性的史学理论著作,而且对历史哲学、西方史学史、中国古代史、中国近代史等皆有重要的研究,建立了以马克思主义为指导的史学体系,成为五四时期中国马克思主义史学的开创者。

陈独秀是中国共产党的主要创始人、中国早期重要的马克思主义者,虽然不是严格意义上的史学家,但他依据马克思主义唯物史观并结合民主革命的实际来开展中国近代史相关问题的研究,不仅阐发近代中国社会的性质,而且揭示了中国近代历史发展的任务,同时还以马克思主义的革命观点剖析了近代历史上戊戌变法、义和团运动、辛亥革命、五四运动等重大事件,与李大钊一起成为中国近代史研究"革命史范式"的开创者②,并对此后学者以马克思主义为指导进行中国近代史研究有着引领作用。

瞿秋白是早期杰出的马克思主义者、政治活动家,虽不是专门从事史学研究的历史学家,但对于运用马克思主义唯物史观来分析社会历史有着重要的贡献。他在1923年发表的《自由世界与必然世界》的文章中,认为人类社会的发展与自然界的发展各有不同的历史,两者最显著的差异是:"自然界里只有无意识的盲目的各种力量流动而互相影响;此中共同因果律的表现,亦仅只因为这些力量的互动。自然界里绝对无所谓愿望、目的。人类社会的历史里却大不同,这里的行动者是有意识的人,各自秉其愿欲或见解而行,各自有一定的目的。"然而,"并不能因此而否认历史的进程之共同因果律",因为"历史之中无数不同的倾向及行动互相冲突,其结果却与无意识的自然界毫无差异"③。瞿秋白研究的结论是:

一、社会现象的规律性应当先求之于社会的最后原因;不能以个人动机或群众动机作为社会现象的唯一因素,当再求此因素之因素。

二、社会现象确有因果律可寻;唯知此因果律之"必然",方能得应用此

---

① 赵世瑜:《范式更新的意义:回首百年史学》,北京市社会科学界联合会组织编写:《学界专家论百年》,北京出版社1999年版,第59页。

② 吴汉全:《陈独秀与中国近代史研究》,《安徽史学》2006年第3期。

③ 瞿秋白:《自由世界与必然世界》,《新青年》季刊第2期,1923年12月20日。

因果律之"自由"。

三、人的意识是社会发展之果,既成社会力量之后亦能为社会现象之因;然必自知此因果联系,人的意志方能成社会现象之有意识的因。

四、社会的有定论以科学方法断定社会现象里有因果律;然后能据此公律推测"将来之现实",就是"现时之理想"。

五、社会发展之最后动力在于"社会的实质"——经济;由此而有时代的群众人生观,以至于个性的社会理想;因经济顺其客观公律而流变,于是群众的人生观渐渐有变革的要求,所以涌出适当的个性。此种"伟人"必定是某一时代或某一阶级的历史工具。

历史的工具运用"必然"的公律,由个性而阶级而人类,由无意识而有意识,成为群众的实际运动;群众运动的斗争正需要此历史的工具,社会的实质亦已能产生此历史的工具,于是方开始从"必然世界"进于"自由世界"的伟业。①

蒋光慈②在 1924 年撰写的《唯物史观对人类社会历史之解释》文章,不仅阐述唯物史观解释人类社会演进的基本观点,认为"马克斯首先使历史成为真正的科学,规定一严密的规律,而以唯物的观点解释一切过去历史的事实及现在的现象,预言将来的趋向",而且还从中国历史变迁中提取鲜活的事例,指出:"我们再举一个例:中国数千年生产力凝滞不进,农业与小手工业为社会经济生活的中心,封建制度非常坚固,一切社会思想都是封建式的。但是自从门户开放以来,欧洲资本主义侵入内地,农业的小手工业的生产不能敌抗大工业机器的生产,经济基础起非常大的变动,社会生活日形不安,骚乱已极;而同时思想界也随之变动,什么自由、平等、德谟克拉西、民主共和国,闹个不了;若比之海禁未开之前,真有天壤之别罢。"③蒋光慈以近代中国社会中的现实事例予以举证,为人们运用唯物史观研究中国社会提供了现实而又具体的视角。

---

① 瞿秋白:《自由世界与必然世界》,《新青年》季刊第 2 期,1923 年 12 月 20 日。
② 蒋光慈(1901—1931),祖籍河南,生于安徽霍邱县,原名如恒(宣恒),又名蒋侠僧,笔名蒋光赤、蒋铁生等,后改名光慈。曾留学苏联,回国后到上海大学任教,与邓中夏、恽代英、瞿秋白等提倡革命文学。1928 年与阿英、孟超等人组织太阳社,出版《太阳月刊》,主编过《时代文艺》、《新流》、《拓荒者》等刊物。1929 年夏赴日本养病并从事文学创作和翻译,研究马克思主义文学理论。1930 年左联成立,被选为候补常委。著有诗集《新梦》、《战鼓》、《乡情集》、《哀中国》,创作的小说有《少年漂泊者》、《鸭绿江上》、《短裤党》、《最后的微笑》、《丽莎的哀怨》、《咆哮了的土地》、《胜利的微笑》、《冲出云围的月亮》等。另有《蒋光慈选集》行世。
③ 蒋侠僧:《唯物史观对于人类社会历史发展的解释》,《新青年》季刊第 3 期,1924 年 8 月 1 日。

蔡和森①所著《社会进化史》，是作者1922年在上海平民女子学校及在上海大学讲授社会进化史的教材，1924年由上海民智书局出版。该著以恩格斯的《家庭、私有制和国家的起源》、列宁的《国家与革命》为蓝本，吸收了《劳动在从猿到人转变过程中的作用》、《共产党宣言》的主要观点，征引了古希腊、罗马、日耳曼、埃及、中国的大量史料，将马克思主义经典著作中关于家庭、私有制、国家的论述具体化、实证化，阐述人类演进之程序、家庭之起源与进化、财产之起源与进化、国家之起源与进化，从而有效地解说了人类历史演变的进程和规律，成为我国第一部用马克思主义唯物史观写成的社会发展史著作。蔡和森在《社会进化史》中，阐明了生产力的发展是人类进化的根本动因这一历史唯物主义的基本观点，指出："人类进化的主要动因有二：一是生产，一是生殖。前者为一切生活手段的生产，如衣食住等目的物及一切必要的工具皆是；后者为人类自身的生产，简言之即为传种。人们生活于一定时期与一定地域的各种社会组织，莫不为这两种生产所规定所限制。"②即物质生产、人自身的生产是人类进化、社会发展的根本原因，亦即人类社会的形态是由这两种生产所规定的，而不是上帝、个别人决定论、意志决定论。蔡和森在《社会进化史》中还指出，达尔文的《物种起源》、马克思的《资本论》以及摩尔根的《古代社会》这三部著作，是"十九世纪学术界空前的大杰作"，但是只有"至恩格斯著《家族私产与国家之起源》将摩尔根和马克思两人的意见联合一致，至此摩氏不朽之业才发扬光大于世，而历史学亦因此完全建立真实的科学基础"③。此外，蔡和森还有《中国共产党史的发展》（1926年）、《党的机会主义史》（1927年）等中共党史学著作，成为中共党史研究的开创者。

中国马克思主义史学是在火热的新民主主义革命实践中产生和发展的，是马克思主义与史学研究相结合的学术成果，服务于中国共产党领导的新民主主义革命的伟大实践。中国马克思主义史学家努力推进马克思主义在史学研究中指导地位的确立，努力为中国共产党领导的新民主主义革命提供学理的依据，并在中国马克思主义史学体系的建构中，积极争取马克思主义学者对于历史研究的解释权，因而在推进中国马克思主义学术体系、学科体系及话语体系建设中发挥了重大作用。初创阶段的中国马克思主义史学，有着重点阐述并践行马克思

---

① 蔡和森（1895—1931），字润寰，号泽膺，复姓蔡林，学名彬。祖籍湖南湘乡永丰镇（今属双峰县管辖），曾赴法国勤工俭学。中国早期杰出的马克思主义者，中国共产党早期领导人之一。

② 《蔡和森文集》，人民出版社1980年版，第444页。

③ 《蔡和森文集》，人民出版社1980年版，第437—438页。

主义历史理论、史学研究中学术性与政治性并重、历史研究对象侧重于近现代中国社会等显著特点,不仅为中国马克思主义史学体系的构建奠定了学理基础,而且也为中国共产党的历史活动提供了历史根据和学术的论证。

(二) 中国马克思主义史学的发展(1927—1937 年)

1927—1937 年是中国马克思主义史学演进的第二阶段,这一阶段随着政治形势的变动和史学实践的不断推进,作为专业性的马克思主义史学家群体业已出现,使中国马克思主义史学得到极大的发展。这 10 年中,在全国范围内,思想界、学术界展开了关于中国社会性质问题、中国社会史问题和中国农村性质问题的三大论战[1],对中国社会及其发展规律进行认真的研究,初步对中国原始社会、奴隶社会、封建社会和近代半殖民地半封建社会进行贯通性的系统考察,从而探索出以马克思主义为指导的中国历史的发展体系。这标志着中国马克思主义新史学体系的形成。

郭沫若[2]是 20 世纪 30 年代中国马克思主义史学的主要代表之一,他于1930 年出版了《中国古代社会研究》,收入了自己撰写的《中国社会之历史的发展阶段》、《〈周易〉时代的社会生活》、《〈诗〉〈书〉时代的社会变革与其思想上之

---

[1]　20 世纪 20 年代末 30 年代初的中国社会性质问题的论战,对于当时的中国社会具有何种社会性质,形成三种主张:其一,以任曙、严灵峰、李季、刘镜园(刘仁静)为代表的"动力派",认为中国已经是资本主义社会;其二,以陶希圣、周佛海、梅思平等为代表的"新生命派",认为中国仍然是封建社会;其三,以潘东周、王学文等为代表的"新思潮社",依据马克思主义观点认为中国现阶段是半殖民地半封建社会。中国社会性质问题论战不久,王礼锡主编的《读书杂志》开辟了"中国社会史论战"专栏,并于 1931 年 8 月 1 日出了《读书杂志》第 1 卷的第 4 及第 5 期合刊,即《中国社会史论战》专辑的第 1 辑;继第 1 辑之后,《读书杂志》又于 1932 年 3 月 1 日、8 月 1 日及 1933 年 4 月 4 日先后出版《中国社会史的论战》专号。这样,在中国思想界和学术界就出现了中国社会史问题论战。中国社会史问题论战涉及问题较多,但主要是以郭沫若为代表的马克思主义史学家与以《读书杂志》为中心的李季、陶希圣、王礼锡、胡秋原等就中国历史研究而展开的论战,论战重点集中在这样三个问题:即关于"亚细亚生产方式"问题,关于中国历史上有没有奴隶制社会阶段的问题,关于秦汉以后中国社会的性质问题。1934 年发生的中国农村社会性质问题论战,是中国社会性质问题论战的继续和深入,论争的焦点是中国农村是资本主义社会还是半殖民地半封建社会,参加论战分为两个阵营:一个是以《中国经济》杂志为基础,代表人为王宜昌、张志澄、王毓铨、王景波、张志敏等;一个是以"中国农村经济研究会"的《中国农村》为基础,参加论战的有钱俊瑞、薛暮桥、孙冶方等马克思主义学者。

[2]　郭沫若(1892—1978),四川乐山人,原名开贞,后取家乡沫水、若水之意,改名沫若。现代中国著名的文学家、史学家,中国马克思主义学术的主要代表者。史学著作有《甲骨文字研究》、《中国古代社会研究》、《两周金文辞大系》、《卜辞研究》、《殷周青铜器铭文研究》、《青铜时代》、《十批判书》等。

反映》、《卜辞中之古代社会》、《周代彝铭中的社会史观》等文章,其主要成就是以《易经》、《书经》、《诗经》及甲骨文、金石文等史料研究中国古代史,创造了一个唯物史观的中国古代文化体系。在《中国古代社会研究》中,郭沫若认为殷商以前的中国社会是"原始共产制"社会,其理由是中国历史传说中的"三皇""五帝"时代,祖先都是"感天而生,知其母而不知其父",这正说明那是"一个野合的杂交时代或者血族群婚的母系社会"①。至于商代,"还是一个原始共产制的氏族社会",因为从有关文献称赞武丁"旧劳于外,爱暨小人"、称赞祖甲"旧为小人"来看,"可以知道殷代帝王也不过是一位牧夫或农夫",这也说明此时"农业纵有也是在萌芽的程度",故而所谓商代"大约自中期以后农业是已经发明了,但还没有十分发达"②。但郭沫若也认为,卜辞中有关"锡朋"、"锡贝"的记载,表明在商朝末年私有财产已经产生,就是说"那时的王侯虽然以极少数的货贝宝物赐予其臣下,但那证明族的公有物俨然成为了王的私有,而臣庶也能有私有物的公然的权利"③。郭沫若又考察了卜辞中关于战争的记载,指出当时战争有一次杀死俘虏多者达 2600 人以上的记载,但此时的俘虏亦转作为奴隶,主要用于服御、牧畜耕作等方面,甚至也有用作为"常备军警"的,这些都说明"当时确已有阶级存在"④。由此,郭沫若得出结论:"殷代已到氏族社会的末期,一方面氏族制度尚饶有残余,而另一方面则阶级制度已逐渐抬头"⑤。《中国古代社会研究》提出了西周奴隶制社会的观点,认为西周是一个不同于殷商的"新社会"。其根据,一是西周有了铁器的使用。郭沫若认为,铁兵的发生是在春秋末年,发生在长江一带的淮夷民族,而北方的民族只是用铁来作工具,《国语》中关于"恶金"的记载便是"铁"。另外,《管子》的《海王篇》中关于"耕者必有一耒一耜一铫"及"一斤一锯一锥一凿"记载,"证明当时的铁已经用到手工业上了";至于周代的《考工记》、《大雅》的《公刘篇》等,都说明"在周初的时候铁的耕器是发现了"⑥。二是西周的农业较为发达。在郭沫若看来,正是因为周初有了铁器的使用,所以才有周代农业的发达;这从《诗经》上专门关于农业的诗《豳风》、《豳雅》、《豳颂》来看,周代已经"从牧畜社会的经济组织一变而为农业的黄金时

---

① 郭沫若:《中国古代社会研究》,河北教育出版社 2000 年版,第 15 页。
② 郭沫若:《中国古代社会研究》,河北教育出版社 2000 年版,第 80—81 页。
③ 郭沫若:《中国古代社会研究》,河北教育出版社 2000 年版,第 183 页。
④ 郭沫若:《中国古代社会研究》,河北教育出版社 2000 年版,第 185 页。
⑤ 郭沫若:《中国古代社会研究》,河北教育出版社 2000 年版,第 187—188 页。
⑥ 郭沫若:《中国古代社会研究》,河北教育出版社 2000 年版,第 18 页。

代",也正因为"周室有那样发达的农业,所以它终究把殷室吞灭了,而且完成了一个新的社会"①。三是西周有了新的阶级构成和发达的奴隶制度。郭沫若根据对古文献的考察和梳理,认为周代的社会阶级构成除了"君子"之外,还有"小人"、"民"、"庶民"、"黎民"、"群黎"等社会阶层,而且在《书经》、《诗经》里面,还能看见使用大量的奴隶来"大兴土木,开辟土地,供徭役征战"。关于西周的奴隶制度,郭沫若根据对大盂鼎、大克鼎等10余件青铜器铭文的考释,证明奴隶在周代社会中的普遍使用。郭沫若的结论是,周代的"四面八方都还是比较落后的牧畜民族",周朝在事实上是"被四围的氏族社会的民族围绕着的比较早进步了的一个奴隶制的社会"②。郭沫若所著《中国古代社会研究》是中国学者用马克思主义理论系统地阐述中国历史的第一部著作,成为中国马克思主义史学在20世纪30年代的代表作。此后,郭沫若又对金文、甲骨文进行了系统的搜集、考订和研究,在历史文献学领域里取得了优异的成就。

　　吕振羽③在20世纪30年代写出了《史前期中国社会研究》(1934年)、《殷周时代的中国社会》(1936年)等著作,以马克思主义唯物史观为指导对史前期的中国社会进行研究,率先提出并论证西周封建社会是"初期封建社会"的主张,开创了以马克思主义为指导的中国古史研究的新天地。《史前期中国社会研究》出版于1934年6月。吕振羽在出版"自序"中称这部著作为《中国社会史纲》的第一分册,当时计划写作"四个分册"。撰写此书的目的有二:"第一只在给无人过问的史前期整理出一个粗略的系统,引起大家来研究;第二只在说明中国社会的发展过程,和世界史的其他部分比较,自始就没有什么本质的特殊,而是完全有其同一的过程"④。《殷周时代的中国社会》出版于1936年,即是他计划中撰写的《中国社会史纲》的第二分册。该书从结构上看,上半部是"殷代的奴隶制社会",探讨殷周社会性质为"奴隶制社会";下半部是"两周——初期封建制社会",主要论证西周社会性质为初期封建社会。该书的写作目的:一是为了说明殷代的生产工具是以青铜器为主,生产力已经达到相当的水平,存在着奴隶制;二是为了说明西周是中国封建社会的开始,土地私有而出现农奴制,封建性的生产关系确立。该书在判断殷代为青铜器时代的基础上,论证当时的社会

　　①　郭沫若:《中国古代社会研究》,河北教育出版社2000年版,第19页。
　　②　郭沫若:《中国古代社会研究》,河北教育出版社2000年版,第19—20页。
　　③　吕振羽(1900—1980),湖南武冈县(今属邵阳)人,中国著名的马克思主义史学大家。主要著作有《史前期中国社会研究》、《殷周时代的中国社会》、《中国政治思想史》、《简明通史》等。
　　④　吕振羽:《初版自序》,《史前期中国社会研究(外一种)》,河北教育出版社2000年版,第8页。

是属于奴隶制社会,这一观点为学术界首创。与此同时,该著还提出了西周为封建社会的著名论断,并论证西周封建社会是"初期封建社会",成为学术界"西周封建论"的首倡者。关于中国历史的分期,吕振羽对郭沫若的看法提出了疑问,并给出了一种新的划分:"(1)传说中之'尧舜禹'的时代,为中国女性中心的氏族社会时代;(2)传说中之'启'的时代,为中国史由女系本位转入男系本位的时代;(3)殷为中国史的奴隶制社会的时代;(4)周代为中国史的初期封建社会时代;(5)由秦到鸦片战争为变种的封建社会时代;(6)由鸦片战争到现在,为半殖民地半封建时代。"①吕振羽的这两部著作,是20世纪30年代中国马克思主义学者研究中国古代史的代表性著作,同时也是继郭沫若的《中国古代社会研究》之后的中国马克思主义史学经典著作,在中国马克思主义学术史上有着重要的地位。

在1927年至1937年间,杨东莼②撰写的《本国文化史大纲》(1931年)及《中国学术史讲话》(1932年)、熊得山③撰写的《中国社会史研究》(昆仑书店出版1929年版)、《中国社会史论》(写作于1935年至1938年之间④)等著作,也对中国古代社会的思想、学术和文化进行专门研究,进一步推了马克思主义与中国古代社会研究的有机结合,为中国马克思主义史学的发展作出了重要贡献。譬如,杨东莼在《本国文化史大纲》中,恪守马克思主义唯物史观的基本观点,坚持以马克思主义的经济观点解释广义的文化,始终以经济变动来研究文化现象

① 李达:《初版李序》,转引自吕振羽:《史前期中国社会研究(外一种)》,河北教育出版社2000年版,第7页。

② 杨东莼(1900—1979),原名杨人杞,字岂匏,笔名采岩,湖南醴陵人。中国马克思主义史学家。译著有《费尔巴哈论》、《古代社会》、《狄慈根哲学著作选》,专著有《中国学术史讲话》、《本国文化史大纲》、《高中中国史教科书》等。

③ 熊得山(1891—1939),亦名康年、字子奇,湖北江陵郝穴人,早年赴日本留学。1920年,与胡鄂公等在北京组织马克思主义研究会(又称中国共产同志会),宣传马克思主义。1922年2月15日在北京创办《今日》杂志,任主编。1929年与李达、邓初民、钱纳水等人创办昆仑书店,出版社会科学书籍,1930年5月再与李、邓、钱等发起组织"中国社会科学家联盟"。熊得山在中国社会史问题论战中,发表《中国农民问题之史的叙述》、《中国商业资本的发生之研究》等重要文章,对马克思主义史学的观点多有阐发。遗著有《中国社会史论》、《中国革命的出路》、《社会主义之基础知识》、《社会问题》、《社会思想》等20多种;译著有《唯物史观经济史》、《欧洲经济通史》、《西方哲学史》等20多部。

④ 熊得山的《中国社会史论》原稿本已经散失,今存《中国社会史论》是当代学者张家清先生整理出的一部不完整稿本。据张家清考证,熊得山的原稿本《中国社会史论》,写作于1935年至1938年之间。——参见张家清:《诊断国脉,追溯远古:整理熊得山先生遗著感言》,熊得山:《中国社会史论》,上海世纪出版集团2007年版,第273页。

的变迁。正如著者在该著的《序言》中所说,该著"在叙述的方法上,尽力地固守着客观的立场,用经济的解释,以阐明一事实之前因后果与利病得失,以及诸事实间之前后相因的关联"①。具体来看,《本国文化史大纲》基于"文化就是生活"、"只要生活方式一有变动,则文化随着变动"的观点,从"文化"含义向外延伸与拓展,努力将文化置于社会生活的变动中予以全景地考察,从而进一步凸显文化所涵盖的物质的、政治的及精神的基本内涵。杨东莼指出:"'文化就是生活','只要生活方式一有变动,则文化随着变动。'但是,生活方式又是由什么而决定的呢?不用说,生活方式是由社会的生产关系而决定的。人类的文化,即人类的生活,是人类的社会所创造的。换句话说,即人类的生活,不是孤立的个人所能办到的。人类要生活,就必得在社会内谋相互的分工合作,这种社会内相互的分工合作,就叫做社会的生产关系。人不是神,不是超人,所以人人都不能离开这种社会的生产关系,而且,必得加入于这种社会的生产关系。但是,社会的生产关系,又是由什么而决定的呢?不用说,社会的生产关系,是由生产方法而决定的,而后者,又是由生产工具而决定的,所以生产工具是经济基础之基础。由社会的生产关系所产生出来的物质的生活方式,如衣、食、住、行,便叫做物质文化。由社会的生产关系所产生出来的精神的生活方式,即由社会的生产关系所反映出来的意识形态,如法律、政治、艺术、哲学,便叫做精神文化。要这样去解释文化这个名词,才能获得这名词的真义。"②阅读《本国文化史大纲》的这段话,不由得想起马克思在《〈政治经济学批判〉序言》中的一段经典性论述:"人们在自己生活的社会生产中发生一定的、必然的、不以他们的意志为转移的关系,即同他们的物质生产力的一定发展阶段相适合的生产关系。这些生产关系的总和构成社会的经济结构,即有法律的和政治的上层建筑竖立其上并有一定的社会意识形式与之相适应的现实基础。物质生活的生产方式制约着整个社会生活、政治生活和精神生活的过程。"③可以说,杨东莼正是依据马克思的这段论述来诠释"文化"的演进历程,并依据马克思的"物质生产"、"精神生产"的思想来提出其"物质文化"、"精神文化"等相关概念,充分肯定人类的经济生活对文化发展的总体制约性作用。

又譬如,熊得山的《中国社会史研究》,以马克思主义为指导分析社会,将生

---

① 《杨东莼学术论著选》,华中师范大学 1997 年版,第 8—9 页。
② 《杨东莼学术论著选》,华中师范大学 1997 年版,第 11—12 页。
③ 《马克思恩格斯选集》第 2 卷,人民出版社 1995 年版,第 32 页。

产力与生产关系、经济基础与上层建筑相互关系的理论,科学地运用到中国古代社会的研究之中,注意从社会构成要素分析的角度来表征中国古代社会的面貌及其特点,注重土地制度、封建思想、重农抑商政策、地主豪绅阶级、生产工具变革等在中国古代社会演进中的地位,并重点地阐明土地资本在中国封建社会中的支配地位及商业资本不能够占优势地位的原因,借以说明中国封建社会延续的长期性。尤其值得注意的是,熊氏的《中国社会史研究》认为夏开启"封建的雏形",成为中国历史研究中"夏代封建说"的主要代表。他的理由有三:一是"从唐虞到夏,已由新石器进到铜石器,其表现于生产技术上自有相当的进步";二是古代文化是河流文化,大禹治水取得的成就乃是"封建时代的象征",因为此时"才足表现其不是各个独立的并列的氏族部落,才足表现其经济联系的扩大,不只是数十人乃至数百人的一个集团";三是皇帝至唐虞之间禅让制"足以为氏族部落的象征,正可证明其为并立的各不相连属氏族部落","然而一到夏时,叫禹王的就毫不客气,就把宝座直接传给他的儿子叫启的,故由这点说来,封建也是开始于夏代的"①。熊氏认为,"封建乃起于夏代",但这只是"封建的开始"而并不是比较成熟的封建,这不仅因为"各部落与中央——的联系,还不十分紧密",而且还因为"器用上还在极不进步的铜器时代,故其生产力必是十分微弱的",但此种情形在经过千余年而到西周时就大不一样了,"到周初或者就有宝贵的铁器出现了,铁较铜和青铜更为坚硬,更为锐利,它在生产上是放了一个新异彩的,生产效率的增大,是突过前世的记录的,生产技术既有大的发展,故其经济联系也至为广被,因之各处的藩封与中央的关系也就十分密切",于是也就形成"周代的封建系统"②。熊得山的观点是变化的,他后来撰写《中国社会史论》时,改变了"夏代封建说"看法,而是主张"西周封建说"了。

再譬如,熊得山撰写的《中国社会史论》也是坚守马克思主义的唯物史观,认为历史学不仅仅在于记述过去的事实,关键的是在记述中来发现历史发展的规律,这样的历史学才能称之为科学。他指出:"宇宙间一切事物、一切现象都是发展的、变动不居的。因此,关于自然的发展过程之叙述,则有地质学、古生物学等。关于社会的发展过程之叙述,则有历史的社会科学的等。所谓历史的社会科学的,就是将社会的、经济的、政治的、意识形态的所有现象,作系统的历史

① 熊得山:《中国社会史研究(外二种)》,上海古籍出版社 2023 年版,第 23—25 页。
② 熊得山:《中国社会史研究(外二种)》,上海古籍出版社 2023 年版,第 25 页。

的考察之谓。这样历史学的意义，就不仅仅在记述过去的事实，尤在探求其运动法则。"①因此，历史研究就其目的而言，"并不是为的过去，而是为的现在及未来"，"故吾人究明了历史的运动法则之后，遵照历史的运动法则来改造历史、推动历史，才是我们研究历史的任务"②。熊氏还指出，历史研究中科学的方法"是用唯物辩证法解释社会现象的，即历史的唯物的观点"，这集中体现在马克思的《〈政治经济学批判〉序言》之中，马克思的历史观是唯一"正确的历史观"③。

以上例证足以说明，在 20 世纪 30 年代，以马克思主义为指导来研究中国古代社会，已经引起更多学者的认同。事实上，不仅延安地区的史学研究坚持马克思主义的指导地位，而且在国统区的进步学者在研究中国古代史的过程中，亦相继在理论上接受了马克思主义的指导。这一方面说明，20 世纪 20 年代末 30 年代初的中国社会史问题论战对于史学研究的重要影响一直在持续着，马克思主义在论战之后日益为广大史学研究者所接受；另一方面也表明，马克思主义不仅在社会和历史的解释中显示出无比的生命力，而且马克思主义与中国古代史研究的结合正在不断推进之中。由此，中国马克思主义史学在 20 世纪 30 年代的现代中国史学界也就有着显著的话语权。

马克思主义与中国古代史研究的有机结合，对于中国历史学有着极为重要的意义。由郭沫若、吕振羽、杨东莼、熊得山等在 20 世纪 30 年代的史学研究来看，以马克思主义观点研究中国古代史业已取得重大的突破，确立了马克思主义在中国历史研究中的指导地位，不仅对此后中国史学界的古代史研究产生了极其重要的影响，而且对于马克思主义的历史理论与研究方法在史学界的进一步发展并建立其话语权，有着极为重大的意义。正是"由于马克思主义理论和方法在古史研究领域中的影响日益扩大，许多思想进步的中青年史学家虽未全部接受马克思主义，但却在研究中深受影响。在 30 年代，吴晗、谷霁广、梁方仲、罗尔纲、孙毓棠、夏鼐、汤象龙、朱庆永、刘隽等人组成史学研究会，着力研究社会经济史，其中大多数人都在日后成为此领域的大家。……历史唯物论观察历史的角度和方法已为部分学者所了解，并在一定程度上加以运用，这为 1949 年后这种指导性理论和方法在史学界的普及奠定了基础。"④

就 20 世纪 30 年代而言，中国马克思主义史学不仅在中国古代史研究领域

① 熊得山：《中国社会史论》，上海世纪出版集团 2007 年版，第 1 页。
② 熊得山：《中国社会史论》，上海世纪出版集团 2007 年版，第 1 页。
③ 熊得山：《中国社会史论》，上海世纪出版集团 2007 年版，第 3 页。
④ 刘新成主编：《历史学百年》，北京出版社 1999 年版，第 118—119 页。

取得突出的成就,而且在中国近现代史研究领域亦有重要的创获,使中国近代史这门学科得以创建起来,并为此后以马克思主义为指导的中国近代史研究提供了"革命史"范式。何干之、华岗、李鼎声等马克思主义史学家,在中国近代史研究方面的成就具有深厚的学术底蕴和丰富的思想内涵,在现代中国的学术界尤为显目。

何干之①的《中国社会性质问题论战》(1937年)和《中国社会史问题论战》(1937年)两书,总结了中国社会性质问题论战及中国社会史问题论战的基本情况,是20世纪30年代很有影响的中国近代史研究的著作。何干之在这两本书中认为,这两次论战"为着彻底认清目下的中国社会,决定我们对未来社会的追求",因而"中国社会性质、社会史的论战,正是这种认识过去、现在与追求未来的准备工夫",因而也是"为了决定未来方向而生出彻底清算过去和现在的要求"②。同时,何干之也认为在论战中马克思主义史学家亦有不到之处,如"郭、吕两先生对于奴隶社会的研究,留下一个很大的缺点,就是他们把东西奴隶社会看作毫无差别的一个东西"③。在何干之看来,研究一个时代的生产方法,要抓住这个时代主要的生产方法,如研究封建社会的生产方法就应认识到:"纯粹的封建社会是没有的,有的只在人们的幻想中。特别是中国封建社会,不只在它的早期,混合着农村公社和奴隶制度的残余。在以后的一二千年中,也就是如此。研究那时代的历史的人,必须把主要的生产方法,和封建制度以前的各种生产方法的残余,区别开来,并且再进一步阐明他们之间的相互关系。"④这是因为,"必须各种生产力的要素结合以后,才有实在的生产力;但这结合是有历史性的。这历史的被制约性,是以生产关系作先决条件。"⑤何干之还进一步论证了中国当时的半殖民地半封建社会的性质,认为中国近代社会根本不是什么"先资本主义社会"、"商业资本主义社会",而是半封建半殖民地社会;并且,这里的"半封建经济"乃是一种"过渡形式","它不是一种自然经济,也不是资本主义经济",而是融合着封建经济和资本主义经济的形式⑥。何干之还写有《近代中国启蒙

①　何干之(1906—1969),广东省台山县人,早年留学日本。现代中国著名的马克思主义史学家。代表性的史学著作有《中国经济读本》、《中国社会性质问题论战》、《中国社会史问题论战》、《近代中国启蒙运动史》等,并有《何干之文集》(三卷本)行世。

②　《中国社会性质问题论战》,《何干之文集》第1卷,北京出版社1994年版,第186页。

③　《中国社会史问题论战》,《何干之文集》第1卷,北京出版社1994年版,第314页。

④　《中国社会史问题论战》,《何干之文集》第1卷,北京出版社1994年版,第357页。

⑤　《中国社会史问题论战》,《何干之文集》第1卷,北京出版社1994年版,第249页。

⑥　《中国社会性质问题论战》,《何干之文集》第1卷,北京出版社1994年版,第199—200页。

运动史》著作，确认"鸦片战争是新旧中国的转折点"，认为"鸦片战争以来，由曾李的洋务运动、康梁的维新运动、辛亥反正的三民政策、'五四'时代的文化运动、国民革命时代及以后的新社会科学等，都是与一百年来中国社会的经济结构、政治形态，与中国资本主义互相适应的"①。在这个过程中的洋务运动，"曾国藩、李鸿章、张之洞等新政派所提倡的洋务，是吃了大亏以后的自我觉醒，不论他们的眼光是如何短视，容量是如何狭隘，也不能不对妄自尊大的天朝，起了一个重新估定的观念，他们感觉到枪炮不如人，轮船机器也不如人，不急起直追，必受天演公理所淘汰。"②但是，洋务派的缺点也是显著的："第一，他们不从经济基础上发掘社会变迁的原因，而从这基础的演变中，找寻一切文物制度变迁的根源。""第二，他们对于中国社会史的知识，是很笼统、很浅薄的。""第三，新政的鼓吹，不是自发的，而是被动的。"③何干之认为，五四运动是区分新旧启蒙运动的标志，因为"五四"以前的启蒙运动是自上而下的运动，是由官僚、士大夫和知识分子发动的，不是真正的启蒙运动；而五四运动是中国资本主义兴起的产物，以"民主"和"科学"为核心的新文化运动是以"下层国民为中心"的新思潮运动，因而是真正的思想启蒙运动的开始。概而言之，何干之的《中国社会性质问题论战》及《中国社会史问题论战》等，是以马克思主义为指导来研究和总结20世纪30年代论战的学术著作，而《近代中国启蒙运动史》则是研究近代中国思想史的学术专著。

　　华岗④撰写的《中国大革命史》（1931年），是以历史事件的当事人身份写成的一部当代史著作。《中国大革命史》注意到历史演进的内在逻辑性，认为中国"大革命"的发生有一个"预演"的过程，这就是从鸦片战争到五卅运动之间的中国民族解放运动。华岗对包括戊戌变法、辛亥革命、五四运动、香港海员大罢工、二七罢工等予以分别研究，借以说明中国革命的社会基础与历史前提。他认为，义和团运动是农民出于反帝国主义的原始暴动，义和团运动继承了近代以后的反帝传统，因而"实际上就是当时反帝国主义的民族解放运动"，故而"仍不失为

---

① 《近代中国启蒙运动史》，《何干之文集》第2卷，北京出版社1994年版，第2—3页。
② 《近代中国启蒙运动史》，《何干之文集》第2卷，北京出版社1994年版，第4页。
③ 《近代中国启蒙运动史》，《何干之文集》第2卷，北京出版社1994年版，第19—20页。
④ 华岗（1903—1972），浙江龙游（现衢县）人，著名的马克思主义史学家和教育家。代表性史学著作有《中国大革命史》（1931年）、《中国民族解放运动史》（1941年）、《社会发展史纲要》（1941年）、《中国历史翻案》（1946年）、《太平天国革命战争史》（1949年）、《苏联外交史》（1950年）等。

中国民族解放运动史上悲壮的序幕"①;辛亥革命前夕的保路运动"实际上是一种反对帝国主义的运动"②,由此以后就发生了资产阶级政治运动——辛亥革命;五四运动在性质上是"学生平民反抗帝国主义与卖国贼"的政治运动,"开辟了中国革命之新方向","这新方向便是社会中最有革命要求的无产阶级参加革命,开始表现他的社会势力",因而"五四运动在中国民族解放运动史上最值得注意的一点,是把义和团运动失败后'尊洋主义'的天经地义打破了"③。正是基于对近代中国历史演变过程尤其是革命过程的梳理,《中国大革命史》认为中国大革命的发生具有一个"预演"的过程,这个过程就是"原始的反帝国主义的农民暴动,有名无实的资产阶级反抗君主贵族的辛亥革命,学生平民反抗帝国主义与卖国贼的五四运动,血淋淋的工人阶级争取自由的英勇斗争,工农平民群众反抗买办阶级的镇压商团事件和促成国民会议"等。华岗的《中国大革命史》重点描述 1925—1927 年的中国大革命过程,认为五卅运动本身在性质上是"中国历史空前的民族革命运动"④,在这个"民族革命运动"的过程中,1926 年的"广东北伐的根本意义,乃是继续五卅运动,并且是五卅运动更进一步的发展"⑤,而省港罢工是"在中国革命运动进程中有名的政治罢工",并且"是五卅以后民族解放运动普遍全中国之坚持最久,使帝国主义受绝大打击的罢工"⑥。五卅运动的重要特征是,"中国工人阶级开始反帝国主义斗争,工人阶级并自己起来实行革命的独裁",特别是"在五卅运动中,中国无产阶级客观上已经在争取革命领导权"⑦。华岗通过对中国大革命历史事实的细致梳理和严谨分析,提出大革命所应吸取的经验教训。一是要坚持无产阶级对国民革命的领导权,坚持与资产阶级进行斗争,如此才能将革命斗争不断推进下去。华岗指出,中国无产阶级在五卅运动中已经在争取无产阶级领导权了,由此说明"国民革命的发展与阶级斗争联系起来,事实上无产阶级已开始拿阶级斗争去领导国民革命,没有这种领导,中国革命运动是不能如此蓬勃发展的"⑧。大革命后期的"上海工人第三次暴动,客观上是中国无产阶级与资产阶级争夺国民革命联合战线中的领导权的

① 华岗:《中国大革命史》,文史资料出版社 1982 年版,第 62—63 页。
② 华岗:《中国大革命史》,文史资料出版社 1982 年版,第 67 页。
③ 华岗:《中国大革命史》,文史资料出版社 1982 年版,第 69—70 页。
④ 华岗:《中国大革命史》,文史资料出版社 1982 年版,第 105 页。
⑤ 华岗:《中国大革命史》,文史资料出版社 1982 年版,第 176 页。
⑥ 华岗:《中国大革命史》,文史资料出版社 1982 年版,第 182 页。
⑦ 华岗:《中国大革命史》,文史资料出版社 1982 年版,第 131 页。
⑧ 华岗:《中国大革命史》,文史资料出版社 1982 年版,第 135 页。

斗争达到最高峰的表现"①。大革命的历史也证明,中国"革命中的主力军却是无产阶级"②,中国无产阶级的政党——中国共产党也能够领导革命,这是因为"中国共产党是无产阶级的先锋,就是无产阶级最先进、最革命、阶级觉悟最高的一部分"③。大革命失败后的广州起义是中国共产党夺取政权的"第一次的伟大尝试","开辟中国革命的新阶段——苏维埃阶段之旗帜",也用革命斗争的事实说明"共产党是中国革命的唯一领袖"④。二是要领导农民开展土地革命,重点地解决土地问题,如此才能彻底完成资产阶级民主革命的任务。华岗指出,中国革命的性质是民族民主革命,而民族民主革命就必须彻底地解决农民的土地问题,这关系到民族解放运动的成败。中国大革命的历史已经证明,"土地革命问题是中国的资产阶级性民权革命中的中心问题",由此"土地革命是中国国民革命的中枢",这是由民族解放运动的性质所决定的。实际的情形是,"反帝国主义的解放运动,同时就在以全力反对地主豪绅的政权。封建势力的扫除,就是帝国主义在中国的统治上严重的致命的打击",在此时"而要根本扫除中国的封建势力,又只有用剧烈的土地革命"⑤。华岗撰写的《中国大革命史》,坚持以民族解放运动为主线,以马克思主义的"革命"观来阐释近代中国历史的演变,在揭示中国革命历史必然性的同时,通过具体历史事实的梳理,客观地凸显了中国大革命的历史图景,构建了以"革命"为中心和线索的中国近代史的研究体系,成为 20 世纪 30 年代研究中国大革命历史的一部开创性学术著作,初步建立了以马克思主义研究中国大革命史的研究体系。

李鼎声⑥撰写的《中国近代史》(1933 年)一书,不仅创建了完整形态的"革命史体系",而且也是中国学者运用马克思主义观点写成的第一部中国近代史的学术著作。李鼎声认为,鸦片战争开启了帝国主义大规模侵略中国的历史,它"不仅使各国资产阶级得以自由地用鸦片来毒害中国的人民,而且更进一层保

---

① 华岗:《中国大革命史》,文史资料出版社 1982 年版,第 225 页。

② 华岗:《中国大革命史》,文史资料出版社 1982 年版,第 292 页。

③ 华岗:《中国大革命史》,文史资料出版社 1982 年版,第 324 页。

④ 华岗:《中国大革命史》,文史资料出版社 1982 年版,第 264 页。

⑤ 华岗:《中国大革命史》,文史资料出版社 1982 年版,第 329 页。

⑥ 李鼎声(1907—1966),江西南昌人,又名李平心,原名循钺,又名圣悦,笔名李鼎声、邵翰齐等,著名马克思主义史学家、社会科学家。著述丰富,主要有《现代社会学理论大纲》(1930 年)、《中国近代史》(1933 年)、《生活全国总书目》(1935 年)、《社会科学研究法》(1936 年)、《国际问题研究法》(1937 年)、《各国革命史讲义》(1939 年)、《社会哲学研究》(1939 年)、《中国现代史初编》(1940 年)、《论鲁迅思想》(1941 年)等著译二十多种,有《平心文集》(3 卷本,罗竹风主编)行世。

障了他们对中国的经济的政治的掠夺的合法,扩大了国际资本主义对中国的侵略网。从此时起,国际资产阶级得以利用大工业与商业来压倒中国土著的与农业结合的手工业及家庭工业。而中国农村由于外国商品的流入,与由此而加强的商人资本利贷资本的活跃,遂更加剧其破坏与衰落的程度。同时由于帝国主义对中国政府的苛索——巨大的赔款等——又更加紧了统治阶级对平民的剥削,这样当然使中国国民经济陷于万劫不复的境地"①。由此,李鼎声的《中国近代史》对帝国主义侵华的历史事件按时间的先后次序予以一一描述,梳理了帝国主义侵略中国的历史线索,将帝国主义侵华历史作为中国近代史的主要内容之一。通过细致的研究和理论的分析,李鼎声认为近代中国历史具有特殊性,这就是"中国的近代史完全不能与资本主义国家的近代史相提并论,后者是一部资本主义的发达史,而前者却是一部中国民族沦为半殖民地及国民经济受着帝国主义破坏的历史,这部编年史是用血与火来写成的"②。李鼎声以唯物史观为指导撰写《中国近代史》,高度颂扬人民大众反抗帝国主义的斗争,充分肯定中国人民在近代中国历史中的主体地位。该书对三元里人民的抗英斗争予以高度的赞赏,认为是"中国民众最初的自发的反帝国主义运动"③。太平天国运动是反封建的民众运动,"太平天国革命运动为勃起于清道、咸间之农民反抗封建统治的伟大斗争","它不仅掀起了国内反满洲政府的统治的民族革命,而且一开始就发展为划期的资产阶级性的农民革命"④。义和团运动是北方农民和平民自发的反帝运动,表现了北方民众对帝国主义侵略的痛恨,彰显了强烈的反帝斗争精神,"尽管义和团暴动是充分地表现出流氓无产阶级乌合之众的散漫幼稚诸弱点,它始终不失为一个伟大的群众的反帝斗争"⑤。李鼎声的《中国近代史》尤为注重历史教训的分析和总结,如他认为太平天国失败有主观原因与客观原因,其主观原因主要是"缺乏有严密组织与彻底的政治觉悟的中心领导力量",表现为"在当时没有进步的市民阶级之坚强的反封建组织,亦没有现代的集团的城市生产阶级之有力的革命领导,而充分的表现出的散漫的私有制的农民意识"⑥;其客观原因是"在革命扩大和深入以后,商业资产阶级起来帮助地主

① 李鼎声:《中国近代史》,光华书局1937年版,第34页。
② 李鼎声:《中国近代史》,光华书局1937年版,第5页。
③ 李鼎声:《中国近代史》,光华书局1937年版,第28页。
④ 李鼎声:《中国近代史》,光华书局1937年版,第61页。
⑤ 李鼎声:《中国近代史》,光华书局1937年版,第232页。
⑥ 李鼎声:《中国近代史》,光华书局1937年版,第62—63页。

贵族，一致来反攻革命，形成一条巨大的地主、商人、富农、绅士、官僚、贵族的反革命路线"，并且由于"帝国主义曾竭尽全力帮助地主、商人资产阶级进攻革命"①。关于义和团失败的原因，李鼎声认为义和团运动的反帝斗争表现出原始性、自发性，"因为没有坚强有力的基本阶级的领导，同时因为不能与全国的反封建势力的革命斗争密切地联系起来，就常常给帝国主义和国内的封建统治阶级残酷地镇压下去了"②。关于戊戌变法失败的原因，李鼎声认为一方面是因为旧党势力的强大及其镇压政策；另一方面也是主要的方面，"是没有广大的群众斗争做基础，康有为等虽能揭出资产阶级的改良思想，而因为仅依傍一手无寸柄的德宗做后援，这当然敌不过基础雄厚的反动势力"③。关于辛亥革命失败的原因，李鼎声认为在根本上是没有建立一个与反革命相对立的强有力的革命独裁政权，因而变成一个流产的资产阶级革命，其失败的具体原因大致有：一是没有发动全国资产阶级与农民的反封建斗争，二是没有解决农民土地问题这一当时最主要的经济问题，三是因为反革命势力强大，四是没有能执行反帝国主义的革命任务④。李鼎声对于中国共产党领导的南昌起义、广州起义也进行了分析，认为南昌起义失败的原因"除了军事方面的战略错误而外，在政治方面主要是缺乏广大工农群众为基础，更没有发动土地斗争，造成了一个单纯的军事投机"⑤。李鼎声的《中国近代史》将提炼近代中国历史演变的经验和教训作为一个研究任务，其目的在于指明共产党领导的极端重要性和新民主主义革命的正确性。李鼎声的《中国近代史》是以马克思主义为指导的第一部中国近代史专著，尽管其中有些观点还不够准确（如认为太平天国反清属于"民族革命"等），但该著所构筑的中国近代史研究的革命史体系为后继马克思主义学者所遵循。

中国马克思主义史学是马克思主义史学理论与中国史学研究相结合的产物，并且也是与中国共产党人所从事的变革中国社会的实践活动密切关联的，坚持史学研究的"中国本位"乃是必然的要求。就研究的目标和任务而言，中国马克思主义史学必须始终立足于中国、服务于现实，要认识到中华文化中有许多"宝贵的遗产"，并且"在这许多遗产中，可以发掘出不少带民主性、科学性、大众

①　李鼎声：《中国近代史》，光华书局 1937 年版，第 95—96 页。
②　李鼎声：《中国近代史》，光华书局 1937 年版，第 230—231 页。
③　李鼎声：《中国近代史》，光华书局 1937 年版，第 225 页。
④　李鼎声：《中国近代史》，光华书局 1937 年版，第 306—307 页。
⑤　李鼎声：《中国近代史》，光华书局 1937 年版，第 392 页。

性的积极因素,而且是在民间广泛流传的,我们必须给以批判的接收,或者给以某种程度的改造,使之发扬光大,使其适合今天中国的需要"①。而在实际上,"我们研究中国史的主要任务,乃是要考察中国社会在全人类历史之一般的进展过程中特有的发展路线,同时要解释中国历史上许多重大事变——如民族的分合斗争,社会形态的转变交替,各阶级的分化战斗,各种文化制度与意识形态的递增变化等等——发生的原因与其成果,说明中国文化与世界文化交汇影响。只有这样,中国史才能成为人类一般历史的一个支流,才能帮助我们了解中国民族的内在变化与外在关系,而变成我们一种有用的智识工具。"②就研究理念而言,中国马克思主义史学家始终坚持实事求是的治学理念,借以在马克思主义指导下求得历史的真实。郭沫若所著《中国古代社会研究》以唯物史观来探索中国古代社会演变的规律,他自称"本书(即《中国古代社会研究》)的性质可以说就是恩格斯的《家庭、私有制和国家的起源》的续篇"③,写作此书的目的在某种程度上也是"考验辩证唯物论的适应度"④,亦即以历史的实际来校验理论的正确性。华岗也说,史学研究必须实事求是,要采取尊重历史实际的态度,"不需要任何外来的附加,更不可断章取义、望文生义和牵强附会",以致"走上失实失真的地步"⑤;坚持以马克思主义指导来探求历史发展规律乃是史学研究的必然要求,"许多中国历史书所以不能成为真正的科学的东西,最主要的原因就是由于那些所谓史家,根本没有找到一把真正研究社会历史规律的锁钥",以至于"把社会发展的历史归结于少数突出人物的行动,归结于少数英雄的一时'胜利者'与'征服者'的活动"⑥。故而,马克思主义史学中国化乃是中国马克思主义史学在发展中最为鲜明的特征。中国马克思主义史学家用马克思主义的历史理论观察和研究整个中国历史的进程,强调史学研究服务于现实的政治斗争,并将研究视域从中国古代史推进到中国近代史的阶段,同时也注重学术研究体系的构建和学术观点在思想论战中的完善,这是这个阶段中国马克思主义史学的显著特点。

---

① 山东大学青岛校友会编:《华岗文集》,山东大学出版社1998年版,第219页。
② 李鼎声:《中国近代史》,光华书局1937年版,第1—2页。
③ 郭沫若:《中国古代社会研究》,河北教育出版社2000年版,第7页。
④ 《郭沫若全集》(文学编)第13卷,人民文学出版社1992年版,第331页。
⑤ 山东大学青岛校友会编:《华岗文集》,山东大学出版社1998年版,第464—465页。
⑥ 华岗:《研究中国历史的锁钥》,《读书月报》第1卷第10期,1939年12月1日。

（三）中国马克思主义史学的初步成熟（1937—1949 年）

1937—1949 年是中国马克思主义史学演进的第三阶段,承继了中国马克思主义者在中国社会史问题论战及中国社会性质问题论战中的成果,并在伟大的抗日战争的要求和人民革命的需要中不断推进。在这一阶段中,中国共产党加强了对史学研究的组织和领导,同时也经过中国马克思主义史学家的不懈努力,使中国马克思主义史学走向初步成熟阶段。

在抗日战争和解放战争的岁月里,中国马克思主义史学家们面对着民族的生死存亡和反动政权的残酷统治,以严肃的科学态度总结祖国的历史,发掘祖国的优秀文化传统,在推进中华民族现代文明建设的道路上不断前行,这充分显示了马克思主义史学家对于中华民族的科学认知及对历史前途的必胜信心,同时亦极大地鼓舞了全国人民特别是青年一代反对内外反动派的斗志。早在 1936年 10 月,史学家吕振羽鉴于民族危机日益严重的严峻现实,向历史学界发出了历史研究"去解决现实"、为民族抗争服务的号召:

> 历史并不是一种学究的工作,而是一种和实践不能分离的理论的探究。我们在严重的当前情势下,为着解决现实,不能不彻底的正确无误的把握现实,所以我们应该从历史的追究上来把握现阶段,确证现阶段之唯一的动向。现阶段不是能和过去历史的诸阶段相对立,而能把它截断下来的。但是那些提倡先探明历史再来解决实际问题的议论,却包藏着一个绝大的骗局。我们已经把握着现实,我们只须从历史的探究上来更强调现实的动向;我们要积极的去探究历史,但我们要更积极的去解决现实,这而且有其不可分离的统一性。①

中国共产党对历史研究高度重视并加以领导,毛泽东 1938 年在《论新阶段》中指出:"学习我们的历史遗产,用马克思主义的方法给以批判的总结,是我们学习的另一任务。我们这个民族有数千年的历史,有它的特点,有它的许多珍贵品。对于这些,我们还是小学生。今天的中国是历史的中国的一个发展;我们是马克思主义的历史主义者,我们不应当割断历史。从孔夫子到孙中山,我们应当给以总结,承继这一份珍贵的遗产。这对于指导当前的伟大的运动,是有重要的帮助的。"②1939 年,冬毛泽东主持编写了《中国革命和中国共产党》,对中国

---

① 吕振羽:《史学新论》,《北平晨报·历史周刊》创刊号,1936 年 10 月 3 日。
② 《毛泽东选集》第二卷,人民出版社 1991 年版,第 533—534 页。

古代封建社会、近现代半殖民地半封建社会,对近百年的中国革命运动和中国革命的各项基本问题,依据唯物史观与中国历史实际相结合的思路作了科学的论述,为中国马克思主义史学的发展指明了方向。1938 年 5 月 5 日在延安成立了马列学院,院长是洛甫(张闻天),副院长是王学文。不久设立了历史研究室,陈伯达为主任。马列学院除开设马克思主义理论课程外,还开设了中国革命史、西方革命史、联共(布)党史等课程。1941 年 7 月,马列学院改组为马列研究院;同年 8 月 1 日,为加强中国现状和历史研究,马列研究院改名为中央研究院,院长仍为洛甫,副院长由历史学家范文澜担任。延安中央研究院下设九个研究室,中国历史研究室是其中之一。中国历史研究室主任由范文澜兼任,下设三个小组,即近代史组、农民土地组及民族组。延安中央研究院推动了中国马克思主义史学的发展,《中国通史简编》上册及中册、《中国近代史》上册等历史著作相继出版。这一时期,马克思主义史学中国化的进程得以持续推进,不仅历史研究侧重于中国古代社会及中国近代史、中共党史,而且马克思主义史学家的历史辩证法水平得以显著提升。1943 年,翦伯赞就马克思主义历史辩证法如何运用于中国史研究,提出如下主张:

> 我以为研究历史,一方面,固然应该注重社会经济对历史的决定作用;另一方面,也不应忽视人类的主观斗争在历史上所起的作用。如果只注意社会经济的发展而忽略人类之主观斗争,那就无异说任何人类的历史行动对历史都不发生作用,而历史的发展,只是经济的自动发展。反之,如果只注重人类之主观斗争,而忽视社会经济对历史之决定作用,则又无异说,历史是英雄手中的一块泥土,任他捏成他所需要的形式,而一切客观条件,都失掉了对人类主观斗争的制限性。但是,在现实的历史发展中,人类的主观斗争,在历史上起着很大的作用。如中国史上的许多王朝,大半都被人们叛变所颠覆;反之,社会经济对人类的主观斗争,也有着决定的制限性,如中国史上许多反动的英雄,都一个跟着一个碾死于社会经济前进的车轮之下。因此,我以为历史的发展,不是经济的自动,也不是人类斗争之自由创造,而是社会的客观条件与人类的主观斗争之辩证的统一。所以,研究中国史,也和研究其他民族的历史一样,一方面,应该拨开许多复杂的现象,去发现那条通过倾斜曲折乃至倒退的过程而贯通于中国史之社会经济发展的曲线,另一方面,也不要忽略活动于这一条曲线上下之形形色色的历史人物的活动。[1]

---

[1] 翦伯赞:《略论中国史研究》,《学习生活》第 4 卷第 5 期,1943 年。

　　总体来看，全面抗战以后的中国马克思主义史学有显著的特色：一是从接受马克思主义的社会经济形态理论到系统地研究历史上的阶级斗争；二是从"一般规律"的阐释转变为注重对中国历史特殊性的探讨；三是从偏重方法研究到重视史料并形成方法与材料兼重的倾向①。在这一阶段，中国马克思主义史学成果丰富，其中郭沫若、翦伯赞、范文澜、侯外庐、尹达、毛泽东、吴玉章等在这个阶段做出的成绩特别显著。翦伯赞的《历史学教程》（1938 年）、范文澜的《中国通史简编》（1940 年）及《中国近代史（上册）》（1946 年）、侯外庐的《中国古代社会史论》（1946 年）、《中国古代思想学说史》（1944 年）及《中国近世思想学说史》（1944—1945 年）、尹达的《中国原始社会》（1943 年）、郭沫若的《青铜时代》（1945 年）及《十批判书》（1945 年）等，具有很高的史学价值。毛泽东的史学思想、张闻天的革命史研究、叶蠖生的苏维埃运动史研究、刘少奇的中共党史研究等，也很有理论上和学术上的特色。从科学水平来看，这个阶段的史学比以前两个阶段要成熟得多，马克思主义史学家们既努力运用马克思主义理论，又详细地占有必要的材料，从而得出了独立的学术见解，出现了中国历史研究的通史著作，为我国马克思主义史学的发展创立了优良学风。以下，试就这一时期中国马克思主义史学的成就，作简要的介绍：

　　1. 张闻天的《中国现代革命运动史》（1937 年）

　　张闻天②所著《中国现代革命运动史》早在 1936 年就有油印本问世，1937年冬延安解放社印行了第一个铅印本，此后又多次再版。各抗日根据地和国民党统治区曾据 1937 年的版本予以翻印，在社会上广为流传。1946 年，张闻天在东北工作期间曾对《中国现代革命运动史》做过一次修订，牡丹江书店根据作者的修订予以再版，各解放区随后根据修订本翻印。

　　《中国现代革命运动史》一书，在观点的提炼、体系的建构和资料的运用等方面，有着显著的特色。该著以马克思主义的革命观点考察近代中国的社会变革运动，将重大的历史事件按照历史的连续性贯穿起来，自成一个以"革命运动"为主线的学术研究系统。就内容来看，全书共分为七讲：第一讲，太平天国革命运动；第二讲，戊戌政变与义和团运动；第三讲，辛亥革命；第四讲，五四运

---

　　① 姜义华、武克全主编：《二十世纪中国社会科学·历史学卷》，上海人民出版社 2005 年版，第 32 页。

　　② 张闻天（1900—1979），又名洛甫，上海南汇人，早年留学日本、美国、苏联。中国杰出的马克思主义理论家、无产阶级革命家，在较长时期担任中国共产党的重要领导人。主要著作编为《张闻天选集》、《张闻天文集》（四卷本）。

动;第五讲,中国共产党的产生与中国工人运动的发展;第六讲,中国国民党的改组与国共合作;第七讲,1925—1927年的中国大革命。就资料来说,该著尤为注重对文献资料的搜集,引证了共产国际关于中国革命的指示、中国共产党的文件,引用了道光朝《东华续录》、《天朝田亩制度》等资料,运用了《中国劳动年鉴》、《统计月报》、《中国银行报告》、《字林西报》等统计资料,参考了当时的学术成果如李鼎声的《中国近代史》、李达的《中国产业革命》、侯树形的《东三省金融概论》、苏联学者卡赞宁的《中国经济地理》等学术著作。从《中国现代革命运动史》引证材料来看,材料的范围极其广泛,政治的、经济的、社会的材料都有,因而该著成为一部材料比较翔实的史学专著。

《中国现代革命运动史》特别重视历史经验与教训的总结,认为在中国所开展的武装斗争是以"革命战争"的形式表现出来的,这"和其他各资本主义国家有许多不同的地方"。这是因为中国是"一个半殖民地半封建的国度",加上"帝国主义势力范围的划分,中国政治经济发展的不平衡,军阀的封建割据",于是"就使得中国革命发展也不平衡,使中国革命武装斗争形式开始在一省或一区域首先胜利,在这里首先能组织起革命的军队,以便和反革命的军队作战,争取革命在其他省区和全国的胜利"①。作者对于"二七"事变的教训进行总结和分析,认为"'二七'事变更教训了中国无产阶级必须参加民主革命","因为驱逐帝国主义肃清封建势力的民主革命,对于中国无产阶级是有莫大利益的。而且在半殖民地的中国,无产阶级的利益与中国民族的利益正是一致的。无产阶级在民主革命中可以解脱帝国主义与封建军阀统治下的压迫与束缚,而取得政治上的自由,这样去组织与锻炼无产阶级自己。"②张闻天还认为,"'二七'事变在另一方面又教训了中国无产者:工人阶级的斗争,必须取得其他阶级首先是农民、小资产阶级的配合才能取得胜利,无产者的孤军独战是没有最后胜利的把握的。中国无产阶级经过'二七'的失败,就把争取无产阶级的同盟军的问题更严重的提在斗争的日程上。这也就是无产阶级在民族民主的革命运动中树立指导的根本问题。"③《中国现代革命运动史》强调中国共产党对革命运动领导的极端重要性,十分注重革命斗争经验的总结,努力探索中国现代革命运动的历史规律,并与现实的政治斗争密切联系起来,这是本书的突出之处。

① 张闻天:《中国现代革命运动史》,中国人民大学出版社1987年版,第248—249页。
② 张闻天:《中国现代革命运动史》,中国人民大学出版社1987年版,第162—163页。
③ 张闻天:《中国现代革命运动史》,中国人民大学出版社1987年版,第164页。

张闻天所著《中国现代革命运动史》不仅有着很高的理论水平,而且亦有很高的学术价值。该著坚持以马克思主义为指导,以"革命"的观点来诠释鸦片战争以后的历史进程,不仅将近代以来的历史分为旧民主主义革命时期的农民革命、资产阶级革命和新民主主义革命时期无产阶级领导的民主革命,而且总结了中国共产党领导革命运动的历史经验,从而构建了以马克思主义为指导的研究中国近现代史的"革命史"体系,这就使得该著成为中国马克思主义史学"革命史体系"的重要代表作。

2. 叶蠖生的《中国苏维埃运动史稿》(1939 年)

叶蠖生①是延安时期重要的马克思主义史学家,担任中央研究院历史研究室秘书,协助范文澜的研究工作,并参与了《中国通史简编》的写作。他在延安时期所撰写的《抗战以来的历史学》、《对于学习中国历史的几点意见》②等文章,对于马克思主义史学的特点及史料在中国历史研究中的具体运用,皆有独到的看法。范文澜改任延安中央研究院副院长后,叶蠖生担任历史研究室秘书,主要是协助范文澜领导研究室的研究工作。

叶蠖生所著《中国苏维埃运动史稿》,出版于 1939 年。该书分为五章:一、苏维埃运动的产生与发展(革命低潮时代 1927—1930 年);二、新高潮时期苏维埃之巩固与其扩大(1930—1934 年);三、五次"围剿"与反"围剿"的斗争(1933 年 10 月—1934 年 10 月);四、全国红军大转移——长征与会合(1934—1936 年);五、陕甘宁边区之巩固与扩大及苏维埃政策之转变(1936—1937 年)。该书第一次较详细地梳理了中国苏维埃运动的产生与发展、巩固与扩大以及苏维埃政策转变的全过程,展示了中国苏维埃运动的历史画卷。

《中国苏维埃运动史稿》聚焦于苏维埃运动这个研究对象,对中国共产党领导的中国苏维埃运动兴起的原因、历史全过程作了较为详细的记述,认为 1927 年 11 月中共中央政治局扩大会议提出建立苏维埃运动以后,中国的苏维埃运动便在各地开展。苏维埃运动在中国的开展,主要表现为各根据地的创建、中华苏维埃共和国中央政府的建立和发展、苏维埃政策的转变、工农红军的发展与红军

---

① 叶蠖生(1904—1990),原名叶季龙,江苏沭阳人,早年留学日本。著名的马克思主义历史学家、哲学家。新中国成立前著有《中国苏维埃运动史稿》、《中国历史读本》等著作,新中国成立后出版《现代中国革命史话》、《人民的胜利》、《中国人民解放战争中的历史故事》、《简明中国史话》、《第一次国内革命战争简史》、《井冈山上的红旗》、《井冈山的斗争》、《历史唯物主义浅说》等著作。

② 参见叶蠖生:《抗战以来的历史学》,《中国文化》第 3 卷第 2、3 期合刊,1941 年 8 月;《对于学习中国历史的几点意见》,《解放》第 133 期,1941 年 7 月。

战争的进行,等等。该书对中国苏维埃运动中的重大的历史事件予以详尽的记述,对党的思想发展以及党内的思想斗争也有明确的记载。因此,该书是中国研究苏维埃运动的开创之作。

《中国苏维埃运动史稿》征引的史料极为丰富,除了搜集中央文件、中央领导人对这段历史的谈话外,还利用当时各解放区负责人在延安学习的机会,对他们分头进行访问,广搜各种口头资料,并将这些口述史料同《红色中华》、《向导》等杂志上的材料相印证,最终编成初稿。该书引证资料广泛,所保存下来的有些重要的回忆录弥足珍贵,注重引用口述历史资料撰写史书是该著显著的特色。

叶蠖生是现代中国著名的马克思主义史学家,史学研究基础很好,学术研究领域宽广。新中国成立前,叶蠖生虽主要研究中国革命史,但对于中国通史亦有很好的研究①,并且在哲学、经济学、文学方面亦有很好的素养。新中国成立后,叶蠖生不仅出版《现代中国革命史话》、《人民的胜利》、《中国人民解放战争中的历史故事》、《第一次国内革命战争简史》、《井冈山上的红旗》、《井冈山的斗争》等革命史著作,同时也出版了《历史唯物主义浅说》等哲学著作。叶蠖生的《中国苏维埃运动史稿》,开创了中共苏区史研究的新领域,在中国马克思主义史学史上有着重要的地位。

3. 翦伯赞的《历史哲学教程》(1938 年)

翦伯赞②从 1936 年起,开始撰写《历史哲学教程》,该书于 1938 年由新知书店在长沙出版。这是一部系统而又有学术深度的中国马克思主义史学理论著作。《历史哲学教程》有这样几个特色:

一是坚持治史的"经世"目标。《历史哲学教程》虽然是系统地阐述历史理论问题的学术著作,但作者"正是为了配合这一伟大斗争的现实行动而写的",故而"决没有闲情逸致埋头于经院式的历史理论之玩弄"。翦伯赞特别强调历史哲学的重大指导意义,认为"历史哲学的任务,便是在于从一切错综复杂的历史事变中去认识人类社会之各个历史阶段的发生发展与转化的规律性"③。作者撰写这部著作的目的是:第一,为当前的抗日民族解放战争提供精神武器。他在《序》中明确指出:"现在,我们的民族抗战,已经把中国历史推到崭新的时代,中华民族已经站在世界史的前锋,充任了世界史转化的动力。为了争取这一伟

---

① 叶蠖生:《中国历史读本》,海天出版社 1948 年版。

② 翦伯赞(1898—1968),湖南桃源人,代表性著作有《历史哲学教程》、《中国史纲要》等。翦伯赞是我国著名的马克思主义史学家,中国马克思主义学术的领军人物。

③ 翦伯赞:《历史哲学教程·序》,河北教育出版社 2000 年版,第 5 页。

大的历史胜利,我们认为决不应使理论的发展,落在实践的后面。"为此,"必须要以正确的活的历史原理,作为这一伟大斗争的指导,使主观的努力与客观情势的发展,相互适应"①。第二,为了澄清当时政治战线和思想战线上存在的混乱状态,并为历史科学提供马克思主义理论武器。当时,在统一战线内部隐藏着失败主义、悲观主义等有害的倾向,而在史学理论战线上,正散布着各种错误理论,如资产阶级实验主义史学把"中国史玄学化",经济唯物论者也在修正和歪曲马克思主义唯物史观。所有这些,都在政治上、理论上以及学术上造成了极大的混乱现象和恶劣影响。因此,《历史哲学教程》力图"从历史哲学上去批判过去及现在许多历史理论家对中国历史之一贯的错误见解,及其'魔术式'的结论",并把这项正本清源的工作看作是历史研究者的"一个不可逃避的任务"②。于此,不难看出翦伯赞对史学为现实政治斗争服务功能的高度重视。

二是坚持以马克思主义为指导构建史学理论体系。翦伯赞强调历史科学的阶级性,对史学史上的神学史观、玄学史观和各种资产阶级唯心史观(包括最新出现的法西斯主义历史观)的产生原因作了科学的阶级分析,并运用历史唯物主义原理对"历史发展的合法则性"、"历史的关联性"、"历史的实践性"、"历史的运应性"作了具体的阐述。翦伯赞在"历史发展的合法则性"的论述中,着重阐明了历史发展的规律性。在翦伯赞看来,马克思关于社会经济形态的理论,就是人类历史发展合法则性的体现,但世界史发展的一般法则"并不能把特殊性根除"。鉴于这样的认识,翦伯赞分析了中国各派资产阶级史学家,认为从梁启超到胡适、陶希圣等在历史观上的共同错误,就是否认中国历史的合规律性,甚或对历史规律加以严重歪曲,从而严重地破坏了史学的科学性。翦伯赞在"历史的关联性"的阐述中,主要论述了历史发展的普遍联系的理论。他强调,历史唯物主义者应该看到,世界是一个整体,是存在着普遍联系的;每个民族都不断受到其他民族的历史影响,同时也影响其他民族。因而,历史事件在时间上、空间上、主观与客观上具有辩证关系。而翦伯赞在"历史的实践性"的论证中,则高度地强调了实践性的极端重要性,不但重视阶级斗争的重要性,而且提出了生产斗争的实践性对于历史变迁、社会变革的重要意义,并对此进行了理论上的论证和学理上的说明。值得注意的是,翦伯赞在再版代序的"群众领袖与历史"

---

① 翦伯赞:《历史哲学教程·序》,河北教育出版社 2000 年版,第 3 页。

② 翦伯赞:《历史哲学教程·序》,河北教育出版社 2000 年版,第 4 页。

中,以马克思主义理论阐明群众史观,正确地指出了领袖个人在历史上的巨大主观作用,着重阐明只有人民群众才是历史的创造者,认为"只有群众的力量的兴起,才能执行任何一个历史的行动",并且"群众的力量与行动,是一切过去以及未来的历史行动决定的力量";而历史人物的出现,则是历史发展客观因素所决定的,"一个历史人物之有无力量,伟大与不伟大,也不是完全依靠他自己的天才与特性,而是看他是否代表着大众的一般要求,是否为了实现大众的一般要求而领导这一历史行动"①。这就科学地坚持了马克思主义关于人民群众创造历史的理论。由翦伯赞构建的史学理论体系来看,显然是以马克思主义为指导的而具有创新性的史学理论。

三是在对各派史学家进行批判的基础上提出中国史理论的基本观点。《历史哲学教程》是针对当时的社会史论战而写的,因而具有较强的论战气息,洋溢着革命者的批判精神。翦伯赞有力地批判了中外各派史学家关于中国社会历史发展阶段上的具体论点或体系上的错误,既包括非马克思主义者如胡适、顾颉刚、陶希圣等和一些外国学者,也包括一些中国马克思主义史学家如郭沫若、吕振羽等。翦伯赞指出,"历史怀疑主义者"胡适、顾颉刚等人,以"疑古"为旗号,完全否认商代甚至周代的中国古代史,就是企图从中国史体系中完全否定了原始社会和奴隶社会的存在;他们既然以秦汉封建社会为研究起点,当然"无法理解中国社会形势发展之整个的行程",以致发出"惶惑不解"或"谜的时代"②的悲叹,更进而编造出"前资本主义"、"先资本主义"、"商业资本主义"等错误论点和体系,这是对中国史研究的极大危害。翦伯赞对假马克思主义者、托派者在中国史问题上散布的有害观点,对以马列词句为伪装来歪曲中国历史,而为日本帝国主义侵华辩护的外国学者的谬论,都分别作了有力的批判。值得注意的是,翦伯赞对郭沫若的学术观点进行了批评,认为郭沫若把奴隶制的断代划归原始社会、西周划为奴隶社会、近百年中国社会划归资本主义制,这些论点都是没有看到中国历史的特点,在方法论上犯了公式主义的错误。翦伯赞对于吕振羽的学术观点,同意其商代奴隶制的观点,但批评他在封建制内部的分期上,不能明确说明各阶段间的发展与突变,认为其研究中所表现出的"循环的公式"带着"形式化的危险"③。在学术批判的基础上,翦伯赞提出了自己对中国历史的见

---

① 翦伯赞:《历史哲学教程》,河北教育出版社 2000 年版,第 55 页。
② 翦伯赞:《历史哲学教程》,河北教育出版社 2000 年版,第 196 页。
③ 翦伯赞:《历史哲学教程》,河北教育出版社 2000 年版,第 224—227 页。

解和建设中国史体系的基本观点：根据大量考古资料，肯定中国原始公社制的存在；承认奴隶制在中国的存在，主张殷商奴隶制的观点；提出西周封建论的观点，并分析封建社会长期性的问题。这些结论，是翦伯赞探索中国古代史理论体系的开创性成果，对后来的史学影响深远。

翦伯赞的《历史哲学教程》是 20 世纪 20 年代以来中国马克思主义史学理论在发展中的一次科学总结，不仅从哲学的见地来考察历史学的理论问题，而且还就中国马克思主义史学发展中的相关问题提出学术反思，形成了以马克思主义为指导的历史哲学的理论架构，使李大钊在 1924 年的《史学要论》中所明示的"历史哲学"的研究领域取得突出的进展，标志着中国马克思主义史学在理论建设上的高度自觉。

4. 范文澜的通史与近代史著述

范文澜①是我国杰出的马克思主义史学家，中国现代学术史上马克思主义史学的泰斗，是与郭沫若齐名的一代马克思主义史学大师。《中国通史简编》是范文澜最有代表性的学术著作之一，同时也是延安时期中国共产党领导马克思主义史学的标志性成果。1940 年，受中共中央的委托，范文澜在延安开始编写中国通史，以便作为干部补习文化之用。开始，《中国通史简编》由延安马列学院历史研究室的人员分头编写，参加写作的有谢华、佟冬、尹达、叶蠖生、金灿然等。但初稿出来后，由于缺乏集体写作的经验，各部分详略失当，"不甚合用"，于是范文澜在吸取编写者成果的基础上"从头写起"，在 1940 年 8 月至次年 4 月、5 月完成上册（五代十国以前），年底又完成中册②。该著有这样几个鲜明的特色：

一是坚持以唯物史观所发现的共同规律来指导这部通史著作的撰写。范文澜以五种社会形态理论为基础，系统叙述几千年中国历史的进程，将中国几千年的历史划分为原始社会、奴隶社会、封建社会（又把封建社会划分为初期、中期、后期），从而形成以社会形态划分中国历史阶段的通史体系。他指出："我们要了解整个人类社会的前途，我们必需了解整个人类社会过去的历史；我们要了解中华民族的前途，我们必需了解中华民族过去的历史；我们要了解中华民族与整个人类社会共同的前途，我们必需了解这两个历史的共同性与其特殊性。只有

---

①　范文澜（1893—1969），初字芸台，改字仲沄，浙江绍兴人。早年在北京大学受业于著名学者黄侃（季刚）、陈汉章和刘师培，师从黄侃研治《文心雕龙》，后又赴日留学。主要史学著作有《中国通史简编》、《中国近代史》（上册）、《文心雕龙注》、《范文澜史学论文集》等。

②　参见《范文澜历史论文选集》，中国社会科学出版社 1979 年版，第 17 页。

真正了解了历史的共同性与特殊性,才能真正把握社会发展的基本法则,顺利地推动社会向一定目标前进。"①范文澜的这一努力,使中国史的研究体系具有崭新的内容。

二是在把马克思主义关于人类社会发展的一般规律运用于中国历史研究的同时,力图揭示中国历史发展在不同阶段的特点。他认为:"只有真正了解了历史的共同性与特殊性,才能真正把握社会发展的基本法则。"他从社会演进的进程中看到历史发展的联系性与特殊性,从而概括出各个朝代的特点。如他认为春秋是列国兼并时代,两汉是对外扩张时代,三国则是内战时代,两晋是外族侵入时代,唐是封建制度发展时代,北宋是封建制度进一步发展时代,清是外族统治、严格闭关、社会停滞、西洋资本主义侵入时代,等等。由于注重历史的分期,指明朝代之间的联系及变革的轨迹,因而较好地将中国历史演变的阶段性和一般性统一起来。

三是始终贯彻历史唯物主义阶级分析的方法。该著以阶级斗争为理论核心,注重从历史上生产关系的变化说明阶级变化,并以阶级斗争说明历史的演进,认为"整部历史只是阶级间、阶层间相互斗争、联合的历史"。范文澜把封建社会里农民对地主的阶级斗争看成历史发展的真正动力,认为中国从秦末大泽乡起义起,两千余年的封建社会内,大规模的农民起义几乎从未停止。《中国通史简编》揭露统治者对劳动人民的残酷剥削和压迫,通过叙述历代农民起义的经过及其影响,对阶级斗争推动历史发展的巨大作用予以充分肯定,纠正了旧史书站在地主阶级立场上咒骂农民起义的偏见。

四是取材广泛,语言简洁流畅,注重评介,通俗易懂。《中国通史简编》在搜集史料上下功夫,从甲骨钟鼎、经传诸子、史书地志、小说笔记、哲学宗教、诗文札记、歌谣戏曲中梳理材料,并加以文字的精心加工,以简洁通俗的语言表现出来,增加了可读性。书中不是罗列史料,而是以论述为主,并注重对历史事件的评价,以简洁的文字来总结经验,引导人们从历史中吸取教训。譬如,书中对楚汉战争予以评价:"军事脱离政治,军事归根要失败,说明了没落的贵族世家,敌不过新起的农村庶民;说明了保守旧制度,违反人民意愿,旧制度终归于破坏;说明了封建社会农民起义,只能推翻旧的地主政权,起而代之的仍然还是地主政权。"全书在每章之后,都有一个简短的结论,写得通俗易懂,简明扼要,出版后很受解放区干部群众的欢迎。

① 范文澜:《中国通史简编》,华北新华书店1948年出版,第1页。

范文澜自 1943 年起开始研究和撰写《中国近代史》(上册),这是为了适应当时革命斗争的需要。范文澜注重以历史来为现实政治斗争服务,因而对近代史予以高度重视。他撰写《中国通史简编》上册,就是要以通史的"下册"来说明中国近代以来的历史。1941 年,毛泽东在《改造我们的学习》中发出了研究近代中国百年史的号召,中央组织力量研究近代史,陈伯达负责经济史,范文澜负责政治史,欧阳山负责文化史,郭化若负责军事史。范文澜的《中国近代史》(上册)就是对近百年政治史研究的代表性学术成果。该书从 1943 年开始撰写,1945 年完稿,1946 年在延安出版。1947 年 9 月由华北新华书店翻印,各革命根据地先后印行多个版本。1947 年该书在重庆和上海出版,1949 年生活·读书·新知上海联合发行所再次出版。

范文澜所著《中国近代史》(上册)的上限从鸦片战争开始,下限到义和团运动,全书共八章。第一章,第一次鸦片战争;第二章,中国人民的反英反满斗争;第三章,太平天国革命;第四章,第二次鸦片战争;第五章,洋务派的"自强"与第一次割地狂潮;第六章,甲午战争及第二次割地狂潮;第七章,第一次改良主义运动——戊戌变法;第八章,对抗瓜分运动的义和团反帝运动。范文澜本来是想把旧民主主义革命时代和新民主主义革命时代的历史"一气写下来",将旧民主主义革命时代划归上篇,新民主主义革命时代划归下篇,但因为近代史与现代史的分期问题,而将这部书稿称为《中国近代史》(上册)。范著《中国近代史》(上册),有这样几个突出的方面:

一是以大量篇幅反映鸦片战争、太平天国革命和义和团运动中人民的反抗活动,赞颂人民的革命斗争精神。譬如,范文澜在书中对于广东人民的抗英斗争予以高度赞赏,认为广东人民的反英斗争"不管它是原始的,规模不大的,意识模糊的,方法陈旧的,甚至有时带些野蛮气味的,但必须承认它是民族民主主义革命的开始,也必须承认它有无限的前途"①。又譬如,范文澜认为太平天国运动是反帝反封建的革命运动,"太平军抗击反革命联军勇敢坚决,充分表现出中国人民无限的英雄气概"。"太平革命最大的意义,就在于它是中国历史上第一次提出政治、经济、民族、男女四大平等的革命运动。自从太平革命揭开了中国资产阶级民主革命的序幕,陈胜、吴广以下数百次的旧式农民起义,面目为之大变。太平革命是中国历史划时代的大事件,与五四运动同为一百年来历史上两大转变时代的标帜,它的光荣成就永不会废灭,它的伟大精神也永远在继续

---

①　范文澜:《中国近代史》(上册),生活·读书·新知上海联合发行所 1949 年版,第 71 页。

和发展"①。再譬如,在"义和团运动"这一章中,范文澜指出:"义和团运动是落后的中国社会产物,它不能提出进步口号",但是它充分"表现出中华民族特有的反抗精神,使高谈瓜分的帝国主义者不得不认识'中国群众含有无限蓬勃生气'……。义和团'灭洋'战斗是惨败了,义和团运动却阻止了各侵略国的瓜分运动,这一功绩是不可磨灭的"②。范文澜在歌颂人民的反抗斗争的同时,把1840年至1905年这段时期的人民斗争称为"中国人民旧式的反抗运动",积极主张将人民的革命斗争以新的形式进行下去。

二是对帝国主义和封建势力予以猛烈的抨击,揭露其反革命的面目。范文澜研究英国发动战争的动因,指出英国发动的鸦片战争是"不惜发动武力来阻止中国人的自救行动"。该书以相当的篇幅控诉帝国主义列强的侵略罪行,对帝国主义发动的两次鸦片战争、中法战争、中日战争、八国联军侵华战争进行了无情的揭露,号召人民起来投入到反侵略的战争之中,为民族独立、人民解放而战斗。范文澜还借古喻今地批判封建地主阶级代表人物,指出他们是对外战争中的投降派,这派人"从穆章阿开始,继承人有曾国藩、李鸿章、袁世凯、段祺瑞、汪精卫以及现在的中国反动集团的领袖,百年来一脉相传,逼迫中国走上殖民地化的道路"③。范文澜认为,"曾国藩是屠杀同胞的内战能手,一切思想行动,都以反革命的内战为中心","曾国藩创造了走殖民地道路的反民主革命的反动典型"④;"曾国藩是封建中国数千年,尤其是两宋以下封建统治阶级一切黑暗精神的最大体现者,又是鸦片战争后百年来一切对外投降对内屠杀的反革命的汉奸刽子手们的'安内攘外'路线的第一个大师"⑤。范文澜这里的论述有着"借古喻今"的意思,尽管有些论述还可以进一步研究,但经世致用的治学取向是十分突出的。

三是以近代中国人民的革命斗争和帝国主义、封建主义的压迫作为叙述近代中国史的线索,是中国近代史"两个过程"的学术表达。这正是延安时期中国近代史研究中"毛—范体系"的显著特色之一,同时也是近代史研究"革命史体

---

① 范文澜:《中国近代史》(上册),生活·读书·新知上海联合发行所1949年版,第158—159页。

② 范文澜:《中国近代史》(上册),生活·读书·新知上海联合发行所1949年版,第414页。

③ 范文澜:《中国近代史》(上册),生活·读书·新知上海联合发行所1949年版,第14页。

④ 范文澜:《中国近代史》(上册),生活·读书·新知上海联合发行所1949年版,第449页。

⑤ 范文澜:《中国近代史》(上册),生活·读书·新知上海联合发行所1949年版,第447—448页。

系"的重要表征。诚如学术界所公认的那样,范文澜的《中国近代史》(上册)"明确提出中国人民进行的反帝反封建斗争是贯穿整个中国近代历史的主线。全书紧紧抓住这一主线,旗帜鲜明地揭露帝国主义列强的侵略罪行,抨击封建统治阶级对人民的残暴统治和勾结外敌的行径,热情赞扬广大人民群众抵抗外来侵略、反抗压迫的正义斗争,澄清了许多认识上的迷惘。"①这样的评价是非常到位的。范文澜的《中国近代史》(上册)中的"两个过程",实际上就是历史叙述中的两条线索,并且这两天线索是平行的、演进的、内在关联的,但两条线索的位置是不同的,而是以人民的革命斗争为主线索的;同时,这两条线索又是以重大历史事件来表现的,亦即是通过重大历史事件的衍化而呈现历史行进的状态,从而呈现历史的复杂样态及本质内涵。这就突出人民群众创造历史的地位,体现了马克思主义唯物史观指导史学研究的根本性要求。

四是尤为重视重大历史事件的独特性地位,不仅注重运用辩证的方法评价历史事件,而且在对历史事实的具体分析中,既肯定其意义又指出其不足,进而引导人们从历史中吸取教训。譬如,范文澜在肯定太平天国运动具有伟大意义的同时,还具体地分析太平天国失败的原因,认为"在主观方面,主要由于领导方面犯了许多严重的错误,归纳起来,有宗派思想、保守思想、安乐思想三种"②,其"总根源在农民阶级消极方面的狭隘性、保守性、私有性","正是这些特性的反映,也就决定了太平天国的必然崩溃"③。又譬如,他在歌颂义和团运动斗争精神的同时,也指出义和团因为要保持旧的生产方式而具有不可避免的落后性,因而表现为盲目排斥洋人、洋教、洋书、洋式生产工具,用降神念咒方法来动员群众等。《中国近代史》(上册)指出,义和团的群众多是破产的农民和手工业者,他们要保守旧的生产方式,表现出不可避免的落后性,因而"它是旧式组织的反帝运动,在当时起着一定的积极作用",但"义和团降神念咒,盲目排斥洋人、洋教、洋货、洋书、洋务人员;凡带洋气的人和物,一见'怒不可遏,必毁杀而后快',这是愚昧甚至反动的一面"④。以历史事件作为史学著作的主体性内容,并以历史事件作为史学著作的基本单元来架构章节体的著述体系,显现了范文澜创新中国传统史学的纪事本末体的独特性研究进路,这是范文澜的中国近代史研究的显著特色之一。

范文澜是延安时期中国马克思主义史学的领军人物,所著《中国通史简编》

① 刘新成主编:《历史学百年》,北京出版社1999年版,第158—159页。
② 范文澜:《中国近代史》(上册),生活·读书·新知上海联合发行所1949年版,第159页。
③ 范文澜:《中国近代史》(上册),生活·读书·新知上海联合发行所1949年版,第163页。
④ 范文澜:《中国近代史》(上册),生活·读书·新知上海联合发行所1949年版,第364页。

构建了以马克思主义为指导的中国史研究体系,奠定了中国共产党人从事中国古代史研究的基本框架;所著《中国近代史》(上册)论证了近代中国沦为半殖民地半封建社会的过程,理清了中国近代历史的线索,确立了此后中国马克思主义学者研究中国近代史的学术体系。范文澜也是新中国成立后中国马克思主义历史学的泰斗,为中国马克思主义史学研究体系的构建、推进马克思主义史学中国化进程作出了突出的贡献。

5. 侯外庐的《中国古代社会史论》(1941年)

侯外庐①是中国现代著名的马克思主义史学家,20世纪40年代以马克思主义为指导在社会史视域之下系统梳理和研究中国思想史的史学大家。侯外庐治学有三个具体阶段:1936年之前,主要是从事经济学的研究,曾与王思华合作翻译《资本论》,前后花去十年时间,奠定了自己从事学术研究的理论基础;1936年至1941年间从经济学研究转向史学研究,以马克思主义为指导研究中国古代史,写出了《中国古代社会与老子》、《社会史论导言》、《中国古代社会史论》等著作,在中国社会史研究方面独树一帜,卓然成家;其后,转入思想史研究领域,以社会史的见地剖析中国古代思想演变历程,同时又汲取中国传统考据学之所长和近代实证史学之优势,相继写出《中国古代思想学说史》②、《中国近世思想学说史》(上下卷)③等系列性著作,从而开创了从社会史角度研究中国古代思想史的新道路,成为中国马克思主义史学的杰出代表。

侯外庐的《中国古代社会史论》著作,有这样几个显著的特色:

---

① 侯外庐(1903—1987),原名兆麟,又名玉枢,自号外庐,山西省平遥县人。早年留学法国。主要著作有:《中国古代社会与老子》、《中国古代社会史论》、《中国古代思想学说史》(上、下册)、《中国近代思想学说史》、《中国近代哲学史》、《中国思想史纲》(上、下册)、《中国封建社会史论》、《宋明理学史》(上、下册)等。

② 《中国古代思想学说史》,重庆文风书局1944年6月初版,1946年沪版。该著重点讨论孔墨显学,论及道、名、法诸学派,论述殷周至春秋战国思想发展的历史。全书分为13章:中国古代思想底三阶段,殷代的主要意识生产,周人国有思想及其前途,周人思想第一次的变迁,孔墨显学主要潮流(上、下),老庄学派反显学的智者学说,儒家思孟学派及其放大的儒学,后期墨家及其通约了的墨学,诡辩学者的论理学,古代思想底荀学,法家的悲剧历史与韩非子,附论屈原思想。

③ 《中国近世思想学说史》(上、下卷),三友书店1944年11月—1945年6月出版(上卷,1944年11月初版;下卷,1945年6月初版)。该著论述17世纪至清末民初中国学术思想演变的过程及其因果关系。全书分为:第17世纪中国学术之新气象,中国第18世纪学术——专门汉学及其批判,第19世纪思想活动之巨变,共三编17章,主要叙述朱之瑜、傅山、黄宗羲、顾炎武、王夫子、唐甄、颜元、李塨、戴震、章学诚、汪中、焦循、阮元、龚自珍、魏源、康有为、谭嗣同、章太炎、王国维等学者的思想。此书1947年出版时,书名改为《近代中国思想学说史》(上、下册,生活书店1947年5月胜利后1版)。

　　一是在坚持马克思主义历史观前提下,探索中国历史发展的独特规律。"亚细亚生产方式"是中国社会史问题论战中的重要问题,研究者对"亚细亚生产方式"的不同理解,直接关系到中国古代社会是否存在着奴隶制社会的问题,并进而影响到对中国古代社会的历史演进阶段的判断。《中国古代社会史论》的"第一个原则",就是首先弄清楚亚细亚生产方式的理论,"继承亚细亚生产方式论战的统绪",注重研究和吸收恩格斯的《家庭、私有制和国家的起源》一书中关于古代社会的研究成果,努力"把《家族、私有财产及国家的起源》等经典著作的理论和中国古代史的各方面资料结合起来"①,主要阐述中国古代社会中氏族、财产、国家这三个重点问题。因而,他的这部《中国古代社会史论》著作,主要努力是关于"氏族、财产、国家等问题的研究在中国的引申和发展"②。侯外庐遵循马克思主义唯物史观原理,着重从物质生活的生产方式中来说明社会演变的历史,显示出独特的理论与具体史实相结合的研究路径。他在研究中强调,中国古代史研究中既要坚持马克思主义史观,又要坚持史学研究中的历史主义原则,同时还要具体联系到中国历史的实际。他指出:"简单地说来,我断定'古代'是有不同路径的。在马克思恩格斯的经典文献上,所谓'古典的古代','亚细亚的古代',都是指的奴隶社会。但是两者的序列却不一定是亚细亚在前。有时古典列在前面,有时两者平列,作为'第一种'和'第二种'看待的。'古典的古代'是革命的路径;'亚细亚的古代'却是改良的路径。前者便是所谓'正常发育'的文明'小孩';后者是所谓'早熟'的文明'小孩',用中国古文献的话来说,便是人惟求旧、器惟求新的'其命维新'的奴隶社会。旧人便是氏族(和国民阶级相反),新器便是国家或城市。"③他认为,中国古代曾经存在过奴隶社会,但在这一般的规律之中还存在着特殊的规律,因而也就不能因为承认普遍规律而忽视对历史演进中特殊规律的具体研究。譬如,"研究古代,不可把'古典的'和'亚细亚的'看成一件东西,在一般的历史规律上,我们既要遵循着社会发展史的普遍性,但在特殊的历史规律上,我们又要判别具体的社会发展的具体路径。"④正是基于普遍规律之下又具有特殊规律的认知,侯外庐通过对中国古代社会中具体事实的研究而得出这样的见解:在古代中国,氏族土地的公有制在进入私有制后延续为贵族的国有制,地域关系就很难冲破血缘关系,使氏族关系不

---

① 侯外庐:《中国古代社会史论·自序》,河北教育出版社 2000 年版,第 3 页。
② 侯外庐:《中国古代社会史论·自序》,河北教育出版社 2000 年版,第 7 页。
③ 侯外庐:《中国古代社会史论·自序》,河北教育出版社 2000 年版,第 4 页。
④ 侯外庐:《中国古代社会史论·自序》,河北教育出版社 2000 年版,第 6 页。

仅一直延伸到奴隶社会，而且又以家族制度的形态长期存在于封建社会，这是与古典时代的西方不同的。根据侯外庐的分析，"这种特点影响到中国传统社会的许多方面，比如商品经济长期不发达、重人治而轻法治、儒家思想占据统治地位、农民起义频仍、封建社会长期延续等等"①。侯外庐的史学实践在坚持马克思主义指导的同时，充满了科学性和创新性的探索，显示其史学研究具有独断之学的特色。

二是遵循考证辨伪、实事求是的史学态度。侯外庐认同中国古代的考据传统和注重实证的学风，强调史学研究对材料的占有和辨析的极端重要性，这方面他与同时代的其他马克思主义史学家相比更有特色。他认为，研究中国历史，尤其是中国古代史，必须谨守传统史学所恪守的考证辨伪的方法，研究者需要掌握文字训诂、辨别史料的基本技能，并需要在尊重历史实际的前提下表达学术见解，切忌脱离具体史料而主观臆断。在他看来，科学重证据，历史研究更应言之有据，那种胡乱比附、空泛议论的做法，只能妨碍探究历史的真相和实质。他说："我研究中国古代社会的第二个原则，是谨守考证辨伪的治学方法。要想得出断案，必须勤恳虚心地吸取前人考据学方面的成果，再进一步或改进或订正他们的说法。"在他看来，科学是注重证据的，证据不够或不适当，结局便会是闭门造车和主观臆度。而且，因为古书文字有一定的时代含义，因而在研究中绝不能"托古"、"影古射今"。正确的态度应该是，"实事求是的研究，尤其研究古代史，却不能有一丝一毫的渲染，以免差之毫厘，谬以千里"②。坚持实事求是的治学路径，是侯外庐史学实践的重要特点。因而，他在学术研究方面特别注重史料的搜集与考证，并能够根据史料的分析而作出科学、公正的论断，从而分清学术理论之是非。

三是正确对待既有的马克思主义史学成果，以客观的态度对待各家学术思想。侯外庐坚持学术求真的理念，并有着强烈的学术个性，不随便附和别人的学术主张。在研治学问上，侯外庐十分尊重郭沫若、翦伯赞等马克思主义学者的学术主张，但也不因为尊重就放弃自己在学术上的主张。他多次说过，自己的学术主张受到郭沫若的《中国古代社会研究》著作的启发，但对于郭沫若提出的诸多观点（如在对待屈原、孔子的评价上）仍然发表不同的看法。他与翦伯赞有着良好的学术交往，两人在许多学术观点上却有着很大的分歧，但这并不影响彼此间学术上的相互启发与交流互鉴。侯外庐遵循马克思主义的指导，在史学实践中贯彻马克思主义的实事求是的精神，坚持严谨求实、客观评价的态度。这在同时

① 刘新成主编:《历史学百年》,北京出版社1999年版,第118页。
② 侯外庐:《中国古代社会史论·自序》,河北教育出版社2000年版,第6—7页。

代的马克思主义史学家中,还是非常突出的。

侯外庐在完成了《中国古代社会史论》著作之后,相继出版了《中国古代思想学说史》、《中国近代思想学说史》(上下卷)等专著,其治学的重点虽然转到思想史方面,但力图将社会史研究的理念贯彻到思想史研究之中,体现社会史在思想史研究中的基础性地位。侯外庐说:"对中国思想史的研究,我以社会史研究为前提,着重于综合哲学思想、逻辑思想和社会思想(包括政治、经济、道德、法律等方面的思想)。……我的研究既注意每种思想学说的'横通'(即它与社会历史时代的联系),又注意它的'纵通'(思想源流的演变):既注意思潮,也注意代表人物。"①由于侯外庐是在汲取中国传统史学及近代实证史学优点的基础上,并进而从社会史领域进入思想史研究领域的,因而他的思想史研究既有着马克思主义与史学研究相结合的显著特征,又有着社会史研究的深厚底蕴和独特视域,同时在治学方法及史料的处理上又带有中国传统史学和近代实证史学相统合的色彩,故而可以称之为"社会史视域中的思想史研究范式"。这种独特的思想史研究范式,诚如有研究者所分析的那样:"侯外庐不仅从社会背景去考虑思想学说的产生发展,从经济思想出发去分析其它方面的思想,更重要的是他对史料极为重视,在最基本的层次上认同中国古代的考据传统和科学实证的学风,同时大胆立言,在材料的基础上提出和坚持自己的独到见解。因此他对某些思想家及其学说的解释和评价上是与其他马克思主义史学家如郭沫若不同的,学术上的科学性也比起吕振羽的思想史研究要更进一步。"②可以说,侯外庐的"社会史视域中的思想史研究范式",这在同一时期的马克思主义史学家中也是很有代表性的,在中国现代学术史上确实是独树一帜。侯外庐在研究思想史过程中,善于组织马克思主义史学家合力攻关。他与杜国庠、赵纪彬等合著多卷的《中国思想通史》③,充

---

① 侯外庐:《侯外庐史学论文选集》上册,人民出版社 1987 年版,第 11 页。

② 刘新成主编:《历史学百年》,北京出版社 1999 年版,第 117 页。

③ 该著的第 1 卷 1947 年 8 月新知书店初版,主要论述中国从殷末至秦初思想发展的源流、特征,以及其在世界文化发展史中的地位。全书分三编,共 17 章。上编为中国古代思想绪论,有:中国古代思想与社会,中国古代思想总论,殷末思想的氏族性质,西周城市国家的思想形态,西周末至东迁的悲剧思想等章;中编为孔墨显学,有:古代社会的早熟与国民思想的晚出,前期墨家的古代改革思想等章;下编为战国百家并鸣之学,有:老子思想与历史价值,庄子的主观唯心主义,思孟学派及其形而上学的儒学思想,惠施的相对主义诡辩思想,公孙龙的绝对主义诡辩思想,后期墨家的墨学通约及其知识论与逻辑思想,中国古代思想的综合者——荀子,法家的悲剧与韩非子,中国古代思想的没落等章。——参见北京图书馆编:《民国时期总书目(1911—1949)哲学·心理学》,书目文献出版社 1991 年版,第 49 页。

分显现了中国马克思主义学者的群体力量。该著的前三卷和后来作为第五卷出版的,都写作于解放前,可以说是解放前中国马克思主义学者在中国思想史研究方面的结晶。侯外庐在中国马克思主义学术史上有着突出的地位,"他研究中国社会史和中国思想史的业绩,为马克思主义在中国的发展做出了可贵的贡献",后来的研究者"纵然不同意他的这一个或那一个看法,但都不能不重视他的研究成果,从他和他的合作者的大量著作中吸取养料"①。

6. 尹达的《中国原始社会》(1943 年)

尹达②是 20 世纪 40 年代延安史学研究中的重要代表,以马克思主义研究中国原始社会史的重要开创者,所著《中国原始社会》于 1943 年由延安作者出版社出版。全书以文献资料和考古材料为依据,分为两编:第一编是叙述从考古学上所见到的中国原始社会,第二编主要内容是叙述从古代传说中所见到的原始社会。此外,此书还收入作者研究原始社会的两篇文章,其一是《关于殷商社会性质争论中的几个问题》,其二是《关于殷商史料问题》。《中国原始社会》的主要特色是:

一是以马克思主义理论为指导再现了中国原始社会的基本概貌。尹达在《中国原始社会》一书中,在使用大量史料的基础上,描述了中国原始社会各阶段的社会结构,梳理了中国原始社会演变的历史过程,认为旧石器时代相当于氏族制以前的社会,而新石器时代则相当于氏族制社会;夏代是父系氏族阶段,殷代是氏族社会走向崩溃的阶段。这就清晰地展示了中国原始社会产生、发展到崩溃的历史过程。

二是大量使用考古学资料,为中国古史研究提示了明确的努力方向。尹达的《中国原始社会》一书大量引用最新的考古资料,并注意考古资料与文献资料的相互印证,使中国原始社会史的研究进到科学的境地。与同时期的其他中国马克思主义史学家相比,尹达具有丰富的考古学的经验,掌握当时考古学的最新研究状况,善于运用最新的考古材料来构建中国古史研究体系,并依据马克思主义的观点进行解说,这是他的史学研究最为显著的优势和特征。在理论上,尹达

---

① 《怀念侯外庐同志》(1988 年 11 月),《胡绳全书》第 3 卷,人民出版社 1998 年版,第 717 页、720 页。

② 尹达(1906—1983),原名刘耀,又名刘虚谷,字照林,河南滑县人,毕业于河南大学。早年曾在中央研究院历史语言研究所工作,参加殷墟、浚县辛村和日照两城镇的发掘,1938 年赴延安在陕北公学任教,后在马列学院研究部等处工作。主要著作有《中国原始社会》、《新石器时代》、《中国史学发展史》等。

强调考古学对于历史学发展的极端重要性,倡导考古学研究成果在历史学上的具体运用,并且在重视历史学理论指导的同时又注意到历史学的实证性。如他在论述考古学与历史学的关系时主张:"考古学是历史科学的一个构成部分,它的目的是为了研究过往的历史,而不是其它。新石器时代遗址的考古调查、发掘和研究的最终目的,应当是为了更具体、更深入地了解祖国原始社会氏族制度的历史,而不是其它。这就是我们新石器时代考古学者规定了明确的科学目的性。"①

　　尹达有着从考古到史学研究的治学道路,其所著《中国原始社会》有着考古学的深厚底蕴。全国抗战爆发前,尹达在中央研究院史语所(历史语言研究所)参加过多次考古发掘。1938 年初到延安,进行一系列的古史研究工作,参加了范文澜主持的《中国通史简编》的编写工作,并开始撰写《中国原始社会》一书。尹达在解放前学术上所走的是"从考古到史学研究"的治学道路:1931—1937 年步入考古领域,参加河南殷墟发掘;1938—1943 年,把新石器时代考古推进到中国原始社会研究方面,考古与史学研究结合。1939 年冬尹达在延安蓝家坪写成《中国新石器时代》一文,论证了中国新石器时代的发展程序,推测出龙山文化(两城期、龙山、辛村期)与仰韶文化(后冈期、仰韶期、辛店期)的绝对年代,填补了中国新石器时代早期文化空白。尹达由于有考古的经历,故而其所著《中国原始社会》与其他马克思主义学者关于中国原始社会的论述,也就有很大的不同。

　　尹达在学术思想上受到郭沫若、梁思永两位学术大师的深刻影响。早在 20 世纪 40 年代,尹达就曾有这样明确的表示:"三十年代,我读了郭沫若同志关于古代社会的著作后,就很自然地吸引着我。从此,我就逐步进入古代社会研究这个阵地了。我之所以学习考古,而且走向革命,都同样是受到了郭老的影响。"② 尹达受到梁思永的影响也特别显著。尹达的《龙山文化与仰韶文化之分析》一文,是以梁思永领导的一系列新石器时代遗址的考古发掘为基础得出的学术结论。尹达 1939 年冬在延安蓝家坪写成的《中国新石器时代》一文,文章论述昂昂溪文化反映"以渔猎为基础的氏族制的社会"所据材料和结论,是引自梁思永《昂昂溪史前遗址》中的,此文完稿后还承"梁思永先生在病中曾仔细看过,且提

---

　　① 林甘泉、叶桂生:《尹达》,陈清泉等编:《中国史学家评传》下册,中州古籍出版社 1985 版,第 1658 页。

　　② 尹达:《郭沫若与古代社会研究》(前编),吴泽主编:《中国史学集刊》第 1 辑,江苏古籍出版社 1987 年版,第 158—159 页。

出了不少宝贵意见"①。尹达1955年在《中国新石器时代·后记》中写道:"《关于赤峰红山后的新石器时代遗址》是《中国新石器时代》一文的补充,就是梁思永先生提出的意见。他本来希望我插在那篇里面,因为那篇写得较早,不便大动,所以就附在后面了。现在梁思永先生已去世一年多了,我谨以这册书的出版永志思永先生的热情。"②尹达的史学研究受梁思永、郭沫若等影响,反映了中国马克思主义史学在继承中不断发展的特征。

7. 郭沫若的《青铜时代》、《十批判书》(1945年)

郭沫若于1938年底到重庆,在这里生活了八年,写出《屈原》、《虎符》、《孔雀胆》、《南冠草》等重要的历史剧。此外,他还写出几部重要的史著,代表性著作有《青铜时代》、《十批判书》③,对中国马克思主义史学的发展作出了积极的努力。

郭沫若的《青铜时代》、《十批判书》两部著作,是研究先秦学术思想的姊妹篇,前者偏重于考证,后者偏重于批评。《青铜时代》于1945年由重庆文治出版社出版,《十批判书》于1945年由重庆群益出版社出版。《青铜时代》收入《先秦天道观之进展》、《〈周易〉之制作时代》、《由周代农事诗论到周代社会》、《驳〈说儒〉》、《墨子的思想》、《公孙尼子与其音乐理论》、《述吴起》、《老聃、关尹、环渊》、《宋钘尹文遗著考》、《〈韩非子·初见秦篇〉发微》、《秦楚之际的儒者》、《青铜器时代》等文章。《十批判书》收入《古代研究的自我批判》、《孔墨的批判》、《儒家八派的批判》、《稷下黄老学派的批判》、《庄子的批判》、《荀子的批判》、《明辩思潮的批判》、《前期法家的批判》、《韩非子的批判》、《吕不韦与秦王政的批判》等文章。这两部书的出版,表明郭沫若在中国社会史问题论战后,将研究目标逐渐转移到思想意识方面。这一转移是进一步深入探讨中国社会发展的阶段性。

郭沫若的《青铜时代》以研究先秦诸子为主,以实事求是的态度提出一些新颖的观点,同时继续贯彻历史唯物主义原理,从分析社会结构出发来评析历史人物的思想。他将青铜时代作为奴隶制社会的特点,首先研究先秦"天道观"的形成与历史演变。他认为,老子最先提出"天道"为哲学本体的思想。老子以"道"来说明宇宙万物的本原,这是对殷周以来人格神的"天"至上权威的否定,是中

---

① 尹达:《新石器时代》,生活·读书·新知三联书店1979年版,第244页。

② 尹达:《新石器时代》,生活·读书·新知三联书店1979年版,第245页。

③ 这里对郭沫若《青铜时代》、《十批判书》的分析和评价,参考了马金科、洪京陵编著的《中国近代史学发展叙论》,中国人民大学出版社1994年版,第401—403页。

国哲学思想的新发展。郭沫若还分析《道德经》的起源,认为《道德经》实出自关尹之手,关尹即环渊。关尹为阐发老子旨意而作《道德经》,但战国时关尹一派道家演化为"术家",在现存的《道德经》中已经露骨地宣传愚民政策。郭沫若是以马克思主义唯物史观肯定了老子"天道"思想对中国哲学的贡献,并主张在分析古代思想家时必须与社会形态直接联系起来。在《青铜时代》一文中,他根据青铜器的制作、花纹等分成四个时期,即:鼎盛、颓败、中兴、衰败,指出这四个时期反映了生产方式的变化,是奴隶制社会从兴盛到衰弱的演变。他对儒家、法家、墨家等诸子思想的研究,都是依据这一社会性质来分析的。

　　郭沫若肯定儒家思想的礼制观点,对孔子的评价很高,承认自己"袒护孔子"的态度。他曾声明:"我所见到的孔子是由奴隶社会变为封建社会的那个上行阶段中的前驱者。我是在这样的意义上'袒护'他。"他认为,孔子是继老子后的伟大思想家,孔子的思想核心是"仁","仁"含义就是"爱人",而先秦时代的"人"是包括奴隶在内的,这反映了社会变革时期对人的重视,因而"是站在代表人民利益的方面",是顺应当时社会反对奴隶制潮流的。在郭沫若此时看来,孔子及其门徒的思想"在各家中是比较富于人民本位的色彩"[1]。为什么说孔子的思想具有"人民本位的色彩"呢? 郭沫若的理由是,孔子在当时是袒护"乱党"的,而当时的所谓"乱党"其实"在当时都要算是比较能够代表民意的新兴势力",由此来看,"孔子的基本立场既是顺应着当时的社会变革的潮流,因而他的思想和言论也就可以获得清算的标准。大体上他是站在代表人民利益的方面的,他很想积极地利用文化的力量来增进人民的幸福。对于过去的文化于部分地整理接受之外,也部分地批判改造,企图建立一个新的体系以为新来的封建社会的韧带。"[2]由此,郭沫若对于孔子的教育思想也予以高度的推崇,认为孔子的"教民"、"有教无类"等主张,是打破只有奴隶主受教育的新主张,其目的是将教育普及到下层人民群众及奴隶之中。郭沫若的结论是,孔子主张"仁者爱人",并积极地行"仁道",其"爱人"主张在先秦是包括奴隶在内的,因而"爱人"也包括爱奴隶的意思;至于孔子的"仁道"行为,是适应了奴隶解放要求的,因而"他的'仁道'实在是为大众的行为"[3]。郭沫若在 20 世纪 40 年代的《十批判书》中对孔子的评价,一改以前对孔子的整体定位。

①　郭沫若:《十批判书·后记》,《十批判书》,科学出版社 1962 年版,第 479 页。

②　郭沫若:《孔墨的批判》,《十批判书》,科学出版社 1962 年版,第 84—85 页。

③　郭沫若:《孔墨的批判》,《十批判书》,科学出版社 1962 年版,第 86 页。

郭沫若在《青铜时代》、《十批判书》中对墨子思想采取批判的态度,与其早期著作对墨子的肯定性态度,形成鲜明的对照。《青铜时代》中《墨子的思想》一篇,发表于1943年。这篇文章一发表,在当时社会上引起了强烈的反响,遭到许多非难。正如郭沫若所说:"当我的《墨子的思想》一文发表了之后,差不多普遍地受着非难,颇责于我是犯了众怒。这些立刻刺激了我。"正是因为这样的缘故,郭沫若感觉应有一番总清算、总答复的必要,就这样,彻底整理古代社会及其意识形态的想法便更受到了鼓舞。于是他写出了收在《十批判书》中的第二篇《孔墨的批判》(发表于1944年)及其他有关文章。郭沫若主要从以下几方面批评墨子的思想和政治主张:第一,批判了墨子的神权理论。郭沫若认为,墨子的"天志"、"明鬼"、"非命"是一种神权理论,而这种理论比起孔子的哲学思想来说是一个倒退。第二,批判了墨子的"阶级调和"的理论。郭沫若认为,墨子的"尚同"理论就是不许人民有思想言论的自由,甚至行动的自由;墨子的"兼爱",是把这推广到无限大,其实也就是把爱冲淡到没有了。他认为墨子的"兼爱"主张,在理论上是矛盾的,在行动上是行不通的。因为统治阶级根本不会接受"兼爱"这种理论,其结果只能是人民对统治阶级实行单方面的爱。"兼爱"主张的内部矛盾,还在于它承认了一切既成秩序的差别对立,而要叫人去"兼"。因而,"兼爱"和"非攻"就是把私有财产神圣化。第三,批判了墨子代表奴隶主阶级立言的政治立场。郭沫若认为,墨子是奴隶主的代言人,是"以帝王为本为的","纯粹是一位宗教家,而且是站在王公大人立场的人"①。郭沫若指出,墨子的"尚同"、"兼爱"是要求人民心甘情愿地受奴隶主的统治;墨子承认一切旧有秩序,口口声声称"王公大人",表现了维护奴隶主的政治立场。据他统计,《墨子》中有67次称"王公大人"。所以,郭沫若说墨子"他是同情公室而反对私门的人。他站在同情公室的立场上,所见到的只是腐败了的奴隶生产,因而看不出人民生产力的伟大",至于"与民同乐"的观点,在墨子思想中是根本没有的②。郭沫若站在人民的立场来立论,对墨子的批评是从现实需要出发的,紧紧抓住时代的要求而有针对性地维护马克思主义的观点。他对墨子思想的评价,从学术上来看尽管有不少值得商榷的地方,但在当时还是有其积极的政治意义。

郭沫若在《青铜时代》、《十批判书》中,在继承前人积累的材料基础上,运用唯物史观进行了大量考订工作。在考察古代名家思想方面,一个很重要的方面

---

① 郭沫若:《十批判书·后记》,《十批判书》,科学出版社1962年版,第86页。
② 郭沫若:《孔墨的批判》,《十批判书》,科学出版社1962年版,第117—118页。

是利用反面材料进行论证,如在考察孔子思想时,就使用了墨家攻击儒家的材料,以《墨子·非儒篇》作为主要依据。他引用《墨子·非儒篇》中记载的四个关于孔子的故事,说明孔子所支持的人,墨家所指斥的人,都是当时进步势力的代表。郭沫若主张在一定历史条件下去评论古代思想家,以时代作为评价的标尺。从《青铜时代》和《十批判书》中可以看出,郭沫若在研究时注意考察了生产力发展状况,社会经济发展程度是所有先秦诸子一切思想和各种趋向的根源,注意到了人民群众的历史地位和作用。这是继《中国古代社会研究》之后的进一步深入。

郭沫若是中国马克思主义史学发展的领军人物,他的《青铜时代》和《十批判书》着重对先秦诸子予以全面的清算,是以马克思主义为指导研究先秦思想和学术的标志性成果,尽管有一些研究结论(如过高地评价儒家学说、过低地甚至全盘否定墨子的言行等)还有值得商榷的地方,但却为中国古代思想史的研究打下了坚实的基础。郭沫若在史学研究中的现实意识特别强烈,为现实社会变革提供历史借鉴的理念非常突出,而在史学研究的学理探索上也是努力前行而不断开拓的。其所著《青铜时代》和《十批判书》,从材料实证和思想诠释两方面对于先秦诸子展开系统研究,为学术界深入研究先秦诸子的思想提供了思路。

8. 吴玉章的史学研究

吴玉章①是无产阶级革命家,同时也是现代中国著名的马克思主义历史学家。他除了撰写了大量的关于历史的回忆录外,还撰有许多关于中国历史的学术著述。代表性的有:

(1)《太平革命以前中国经济、社会、政治的分析》。该书是吴玉章1928年12月在莫斯科中山大学研究院时,为了驳斥托派关于中国没有封建主义的谬论而写出的学术性著作,探讨中国历史与中国革命的关系。此文征引了中国典籍如《文献通考》、《续文献通考》、《日知录》、《礼记》、《孟子》、《广治平略》、《汉书》、《后汉书》、《三国志》、《章氏丛书初编》、《皇朝经世文编》等,以马克思的《资本论》、恩格斯的《家庭、私有制和国家起源》、列宁的《中国的民主主义和民粹主义》、狄拉克的《中国革命运动史》为指导,对中国封建社会的经济、政治状况作了切实的研究,是一部理论与学术相结合的学术论著。

(2)《中国历史教程》。该书是吴玉章在苏联期间(1930—1935年)从事中

---

① 吴玉章(1878—1966),原名永珊,号玉章,四川荣县人,早年留学日本。主要著作有《辛亥革命》、《历史文集》、《吴玉章回忆录》等。

国历史教学时所编的讲义稿,以马克思主义观点对中国历史进行全面的叙述。今天,我们重读该书关于母系氏族社会向父系氏族社会转变、宗法家族制度在中国历史发展中的特殊作用、秦土地制度对中国社会经济发展的影响、均田制的发生和衰灭、武后临朝的事变、南宋的和战之争、宋学、元末和明末的农民起义以及鸦片战争以前中国的社会经济等问题的论述,仍然感到该书在学术上、理论上具有很高的高度。该书因为是当时的讲稿,没有正式出版而在学术界传播,但在留苏学生中还是有广泛影响的。

（3）《中国历史大纲》。该书是吴玉章1936年写成的纲要性的中国通史著作,中华民族的理念和通史意识非常突出。该书主张"中国历史应该是包括全中国各民族的历史",力求"把各民族的历史汇合起来作成中国的历史"。全书共九章,把中国几千年的历史分成上古史、中古史、近古史、近代史四大时代:"甲、上古史:从太古到周朝末年秦统一中国止(公元前二二一年):这中间又分为两个时期:一、从太古到夏朝末,这是神话传说的时期;二、从商朝到秦统一中国,这是一方面有出土文物,一方面有比较可靠的文字记载的时期。乙、中古史:自秦统一中国到五代末年宋平定中国止(公元前二二一年到公元九五九年)。丙、近古史:自宋平定中国到鸦片战争止(公元九五九年到一八四〇年)。丁、近代史:近代史又分为两个时期:(一)自鸦片战争到'五四'运动止(公元一八四〇年到一九一九年);(二)自'五四'运动到现在(公元一九一九年到一九三五年)。"①该著提纲挈领、条分缕析,注重在整体性的中华民族的理念中,将中国历史各个历史阶段有机地贯通起来,展示了中国几千年的历史概貌。

概括地说,吴玉章对于中国马克思主义历史学的贡献,主要有以下方面:

第一,坚持马克思主义对史学研究的指导地位。吴玉章强调科学的理论指导对历史研究的极端重要性,指出,"我们要研究人类的历史,特别是有成文史以前的历史,只有用马克思的历史唯物辩证法来作我们解剖人类社会的唯一武器"②。在吴玉章看来,历史研究当然离不开史料,需要以切实可靠的史料为基础,但如果没有理论指导特别是马克思的辩证唯物主义和历史唯物主义的指导,历史研究仍然不能得出正确的结论。他在一次谈话中这样指出:"研究历史必须与档案材料结合起来,但更重要的还在于既有确切的档案材料,还要有马克思

---

① 《吴玉章文集》(下),重庆出版社1987年版,第811—812页。

② 《吴玉章文集》(下),重庆出版社1987年版,第810页。

主义唯物史观的科学分析,使它能适用于促进社会主义的发展。"①吴玉章用自己的亲身经历说明马克思主义对历史研究的指导意义,他说:"历史工作者必须认真的学习马克思主义理论。当我未接受马克思主义以前,虽然很喜欢历史,但却不了解历史发展的规律,对许多历史现象都不能作出正确的解释;只有接受了马克思主义以后,对历史上的一些问题才有了科学的理解。因此我深深地体会到,没有马克思主义便没有科学的历史,要想掌握历史科学必须首先掌握马克思主义。"②而以马克思主义来指导历史研究工作,就是要求"研究历史要从过去实际事变,从经济基础和上层建筑去找它的原因和发展规律,以马列主义辩证唯物主义来观察事变,以科学的历史观来研究历史"③。

第二,主张研究历史的目的在于总结和把握历史演变的规律、推动历史的前进。1936 年 7 月以后,吴玉章在莫斯科东方大学分校主持编写一本中国历史讲义,坚持历史研究必须探寻规律的使命。他的看法是:"历史是人类社会自己发展的过程,人类社会最根本的特点,是人类能劳动生产,因此,人类社会的历史,是劳动生产者发展的历史。历史又是一种科学,它是要发现整个人类社会发展变化的规律的科学。"④在此思想指导下,吴玉章写成了自史前时期到近代时期的一部讲义,后来还印成《中国史教程》一书。他指出:"历史是一种科学,它是要发现整个人类社会发展变化的规律的科学。尤其要研究劳动者推进人类社会发展的规律的科学。但是,一切过去社会的历史,除了原始的状态以外,都是劳动者被奴役和争取解放的历史,都是阶级斗争的历史。因此现在我们研究过去的历史,主要地是研究一定阶级社会的产生、发展和衰落的科学;是研究阶级斗争的科学。同时要研究怎样消灭阶级,以达到无产阶级的社会的科学。"⑤吴玉章主张将历史规律的探索与理论的学习紧密联系起来,与社会实践结合起来,认为历史科学的任务就在于发现事变中的真实联系,说明一般的运动规律。那么,怎样在研究中来体现历史发展的规律性呢? 吴玉章认为,历史规律反映事物发展的普遍性,就是说"人类社会历史发展的法则是一元的,均有其一般性、共同性",由此"中国社会历史的发展,当然也不能在这个共同法则之外,另有一个途

①　《吴玉章文集》(上),重庆出版社 1987 年版,第 534 页。
②　《吴玉章文集》(下),重庆出版社 1987 年版,第 906 页。
③　《吴玉章文集》(下),重庆出版社 1987 年版,第 933 页。
④　《吴玉章文集》(下),重庆出版社 1987 年版,第 1122 页。
⑤　吴玉章:《研究中国历史的意义》,《知识》第 11 卷第 6 期,1949 年 7 月。

径"①。在研究之中就是要在历史发展、历史联系中来把握其连续性和因果性，在观察问题的时候，在评价历史事件和历史人物的时候，就不要割断历史。由此，"我们研究历史的态度，不仅要诚实的按照年代纪实，叙述其中个别的事实，正确的描写单个的事变，而最重要的是要把这些事实和事变中间的联系表现出来。要遵守历史年代的连续性，并且必须把重要的历史现象、历史人物、年代日期叙述出来，使人觉得易解、醒目而有具体性。只有在这样的基础上，才能正确的分析历史的事变，引导人们进到马克思主义的人类历史的研究。"②当然，研究历史以发现历史演变的规律，最终就在于为现实的社会变革服务，以推进历史的前进。自然，吴玉章在强调历史研究要揭示出历史发展规律的同时，也特别重视历史发展的特殊性，并要求史学工作者在马克思主义指导下注重历史发展"特殊性"的研究。他指出："历史发展的规律有共同性，也有特殊性。因此，说到一般共性之外，一定要把握住它的特殊性。我们反对那种认为'亚细亚生产方法'是另外一种历史发展道路的说法，但是我们并不反对说东方社会发展有它的一些特点。例如：中国的资本主义为何迟迟不发展；中国的家族姓氏制度为何特别严密而至今还能保持；中国奴隶制度和封建制度的特点何在；中国没有统一的宗教，而孔子学说何以能支配几千年的社会；东方专制君主制的基础何在；中国土地农民问题之特点等等。这些问题都必须用马克思的唯物史观的方法来加以分析。我认为《马克思、恩格斯论中国》这本书上关于论东方'生产力、村社'等文章是很重要的。它可以解答许多问题。"③吴玉章在强调历史发展具有共同规律的前提下，要求研究者亦要具体地注重各个国家、各个民族历史发展特殊性的研究，是符合马克思主义关于历史研究的基本思想的。

第三，主张从经济变动来梳理并说明历史的演变过程。吴玉章认为，以历史唯物主义观点来研究历史，说明一个社会发展、变化的规律及其根本原因，必须先从经济的角度进行分析，这是因为"据恩格斯的意思，社会的发展，是以劳动生产力的发展为动力"的④。因而，研究中国历史的"每一时代必定要先从它的经济发展情形说起，然后及于它的文物制度等上层建筑"⑤，才能得出科学的符合社会发展客观规律的结论。为了揭示中国社会的经济和政治结构并进而揭示

① 《吴玉章文集》(下)，重庆出版社1987年版，第810页。

② 《吴玉章文集》(下)，重庆出版社1987年版，第873页。

③ 《吴玉章文集》(下)，重庆出版社1987年版，第843—844页。

④ 《吴玉章文集》(下)，重庆出版社1987年版，第763页。

⑤ 《吴玉章文集》(下)，重庆出版社1987年版，第843页。

出中国社会的性质,吴玉章运用马克思主义原理,对从秦朝到太平天国以前的中国历史作了较详尽的考察。通过研究,他指出:"中国这个半封建的经济制度,保障了中国封建的家族社会与地主阶级的政治,而封建的家族社会和地主阶级的政治又转过来束缚了经济,因果相循,就造成了中国特殊的现象。所以我们认为财产资本的土地经济制度,是阻碍中国经济不能发展到近代资本主义的重要原因。因为社会上积累了的资本(尤其是官僚及商业剥削来的资本),不能向他方面发展,都争投到土地中来。地主又小又多,都靠坐收利息——地租——为生活。时局承平愈久,则这个现象越扩大,造成社会上数百千万的无业游民——巨大的寄生地主阶层,他们无情地剥削农民,结果只有引起农民暴动。地主与佃农两方面的经济关系,常常是因为农民暴动的大乱而归于消灭,土地问题也自然的暂时和解决了。"①吴玉章从土地关系入手,比较透彻地分析了中国的社会和政治,进而指明了中国革命的出路:"中国革命若要成功,非推翻财产资本的地主阶级不可;要推翻财产资本的地主阶级,非推翻小资产阶级的绅士及封建家族社会不可;要推翻绅士及家族社会,非推翻孔子的学说不可。而唯一的就是要推翻他的经济基础,就是说唯一的手段就是土地革命,无条件地没收一切地主阶级的土地收归国有。"②吴玉章主张从经济的角度来阐释历史的变动,说明历史变动的真实依据,是历史唯物主义原理在历史研究中的正确运用。

第四,在史学研究中坚持人民群众本位的思想,科学地贯彻唯物史观的基本原理。在吴玉章看来,坚持唯物史观对史学研究的指导地位,就必须坚持人民群众创造历史及其在历史发展中起决定作用的观点,同时也要承认个人包括领袖人物在历史发展中的重要作用。吴玉章通过总结历史经验来说明群众是社会变革的主要力量或决定力量,认为没有广大群众的参与和支持,任何活动都只能以失败告终。他指出:"自来每个革命的成功,必定是动员了广大民众,各阶层的革命力量。什么东西能够发动这些群众呢?第一是国家的存亡问题,第二是人民切身的利益的问题。"③吴玉章在史学研究的理论和实践中深切体会到,研究历史就必须充分研究历史上的人民群众,阐明劳动人民创造历史的作用。他指出:"研究中国最近五十年的历史,就是要研究我们中国人民向国内外一切敌人作斗争的历史,就是研究我国人民为独立、自由、民主、统一而奋斗的经验教训,

---

① 《吴玉章文集》(下),重庆出版社 1987 年版,第 733—734 页。

② 《吴玉章文集》(下),重庆出版社 1987 年版,第 761 页。

③ 《吴玉章文集》(下),重庆出版社 1987 年版,第 910 页。

来增强我们革命的力量。"①吴玉章强调在研究中彰显人民群众在历史发展进程中的地位,坚持了马克思主义的历史唯物主义原理。

吴玉章是中共党内的著名历史学家,其史学思想注重历史经验的积累,强调马克思主义对史学研究的指导地位,尝试运用唯物史观全面地梳理中国历史演变的轨迹,从历史的角度论证中国社会变革的历史必然性和共产党领导民族民主革命的正确性。吴玉章是马克思主义史学体系革命史观的重要代表,对中国马克思主义史学的发展作出了重大贡献。

9. 毛泽东的史学方法论

以毛泽东为代表的中共领导人结合领寻新民主主义革命的过程中,也是特别重视历史研究的,并身体力行地对历史问题加以阐释,在马克思主义史学中国化进程中发挥了组织和领导作用。除前述张闻天的《中国现代革命运动史》外,毛泽东提出的历史研究方法论亦很有特色:

(1)"古今中外法"。毛泽东提出综合分析的史学方法——"古今中外法",将分析与综合联系起来,并以此作为研究历史的重要方法。毛泽东认为,对于研究中国的历史,"应聚集人材,分工合作地去做,克服无组织的状态。应先作经济史、政治史、军事史、文化史几个部门的分析的研究,然后才有可能作综合的研究。"毛泽东曾把这种方法比喻为"四面受敌"法。他说:古人说:"文章之道,有开有合。这个说法是对的。苏东坡用'八面受敌'法研究历史,用'八面受敌'法研究宋朝,也是对的。今天我们研究中国社会,也要用个'四面受敌'法,把它分成政治的、经济的、文化的、军事的四个部分来研究,得出中国革命的结论。"②毛泽东经常提倡这种分析与综合的结合,多方位、多角度地研究历史的方法。毛泽东讲到研究党史的根本方法,"就是全面的历史的方法"。毛泽东把他的方法通俗地称为"古今中外法","就是弄清楚所研究的问题发生的一定的时间和一定的空间,把问题当作一定历史条件下的历史过程去研究。所谓'古今'就是历史的发展,所谓'中外'就是中国和外国,就是己方和彼方。"③毛泽东这里所提出的方法有着十分深刻的含义,无论对于研究党史还是其他方面的历史研究都是适用的。

(2)辩证分析方法。毛泽东主张以辩证方法来分析历史,在研究中贯彻好

① 《吴玉章文集》(下),重庆出版社1987年版,第872页。
② 《毛泽东文集》第二卷,人民出版社1992年版,第381页。
③ 《毛泽东文集》第二卷,人民出版社1992年版,第400页。

唯物史观。毛泽东把唯物史观作为观察历史的方法论,他强调人类的物质生产活动是最基本的实践活动,发展了马克思主义的史学思想。他指出:"马克思主义者认为人类的生产活动是最基本的实践活动,是决定其他一切活动的东西。"①在毛泽东看来,人民群众不仅是物质财富的创造者,而且是精神财富的创造者,人民群众乃是创造历史的主要力量。他指出:"人民,只有人民,才是创造世界历史的动力"②。同时,毛泽东指出在阶级社会中,阶级斗争是历史发展的真正动力。他说:"在中国封建社会里,只有这种农民的阶级斗争、农民起义和农民的战争,才是历史发展的真正动力。"③他指出,贯彻唯物辩证法在历史认识中的作用,就是要以辩证的观点研究历史。毛泽东指出:"一切事物中包含的矛盾方面的相互依赖和相互斗争,决定一切事物的生命,推动一切事物的发展。没有什么事物是不包含矛盾的,没有矛盾就没有世界。"④在分析社会历史发展的原因时,毛泽东指出:"社会的变化,主要地是由于社会内部矛盾的发展,即生产力和生产关系的矛盾,阶级之间的矛盾,新旧之间的矛盾,由于这些矛盾的发展,推动了社会的前进,推动了新旧社会的代谢。"⑤在强调社会内部矛盾是社会发展的基本原因时,他也没有排除或降低外部原因的作用。他说,外因是变化的条件,内因是变化的根据,外因通过内因而起作用。比如说,中国的五四运动、中国共产党的诞生等,就是在俄国的十月革命这样的外部影响下发生的。毛泽东主张在历史研究中运用辩证法思想,坚持马克思主义的指导地位,突破了旧史学中形而上学的历史研究的局限,在中国的条件下运用并发展了马克思主义,影响了一代历史学家的治学路径及研究方法。

(3)专题研究法。在毛泽东看来,由于社会是一个整体,又由于社会运动具有复杂性,因而对于历史可以先作专题的研究,弄清基本的事实,理清基本的脉络,为进一步认识历史、研究社会提供依据。譬如,他认为研究近百年的中国史十分重要,需要采取分专题的方法来一一研究,以深化这段历史的各个层面的认识。对于近百年中国史没有分门别类地进行研究,毛泽东感到十分忧虑和不安,认为:"近百年的经济史,近百年的政治史,近百年的军事史,近百年的文化史,

①　《毛泽东选集》第一卷,人民出版社1991年版,第282页。
②　《毛泽东选集》第三卷,人民出版社1991年版,第1031页。
③　《毛泽东选集》第二卷,人民出版社1991年版,第625页。
④　《毛泽东选集》第一卷,人民出版社1991年版,第305页。
⑤　《毛泽东选集》第一卷,人民出版社1991年版,第302页。

简直还没有人认真动手去研究。"①由此,毛泽东告诫全党要特别注重研究中国共产党历史和鸦片战争以来的中国近百年史,并且要作分门别类的研究。1941年,毛泽东提出:"对于近百年的中国史,应聚集人材,分工合作地去做,克服无组织的状态。应先作经济史、政治史、军事史、文化史几个部门的分析的研究,然后才有可能作综合的研究。"②在1943年3月16日的中央政治局会议上,毛泽东提议中国近百年各专门史的研究作这样的分工:政治史(范文澜),军事史(总参谋部、总政治部),经济史(陈伯达),哲学史(艾思奇),文学史(周扬)③。延安时期的史学研究在毛泽东的指导之下,在专题研究方面出现了大量的著作,为中国马克思主义史学的发展增添了新的成果。

需要指出的是,毛泽东不仅依据马克思主义指导,在史学方法论方面有着突出的建树,而且还运用其史学方法研究和阐发中国共产党的历史进程,推动了中共党史研究的开展。譬如,1949年1月底和2月初,毛泽东与米高扬的谈话中就以"中共党史"作为谈话的主题。根据米高扬1949年2月5日给斯大林的绝密电报,毛泽东在两次谈话中关于中共历史"四个阶段"的"要点"是:"第一个阶段从开始成立(1921年)到1927年,当时党在成为一股重大的政治力量之后,由于右倾领导(陈独秀)而在1927年遭到了失败。当时毛泽东被认为是'左'倾机会主义者。第二个时期是所谓苏维埃时期,这是党在从第一次失败后恢复起来之后,再次成为一股重大的政治力量,建立了苏区,以及自己的政府和红军。但由于在1935年之前的四年内,党的领导掌握在'左'倾机会主义者手中(在李立三手中有一段短暂的时间,大部分时间掌握在王明一派的手中),党遭受了第二次失败,损失了十分之九的苏区和十分之九的党和军队,而在国统区党则被完全摧毁。在这一时期,毛泽东被看作是右倾机会主义者。自1935年1月中央全体会议开始,毛泽东的看法在中央内重获支持,党开始健康发展和巩固。……第三个阶段是抗日战争时期,在这段时期党在内部得到了巩固,思想上成熟起来并达到了团结。第四个时期是反对国民党的国内战争时期,并最终走向了胜利。"④值得注意的是,毛泽东在与米高扬的谈话中,不仅就中共党史分期问题发表看法,而且还就中共党史问题传达了四点信息:

(1)中共是学习型和实践型马克思主义政党。毛泽东在1月30日与米高

---

① 《毛泽东选集》第三卷,人民出版社1991年版,第798页。

② 《毛泽东选集》第三卷,人民出版社1991年版,第802页。

③ 《毛泽东文集》第三卷,人民出版社1993年版,第10页。

④ 沈志华主编:《俄罗斯解密档案:中苏关系》第1卷,东方出版中心2015年版,第429页。

扬的谈话中,就特别指出中共是"用马克思主义教育中共干部"的,一方面是"要求自己的干部读完十二部马克思主义著作",包括"宣言、从空想到科学、国家与革命、列宁主义问题等",而不是"读完所有的马克思主义的著作";另一方面,是要求"干部在学习这些著作的同时",要"进行大量的实践工作"①。值得注意的是,在与米高扬的会谈中,"毛泽东也援引了他在各个时期所写的小册子,特别是关于 1936 年出版的有关军事战略的小册子,关于党的任务(1936 年)的小册子、关于新民主主义(1940 年)的小册子和关于中国革命的基本方向(1945 年)的小册子"②。这说明,中共固然高度重视马克思主义基本著作的学习和研究,但更重要的是在实践中运用和发展马克思主义,并形成马克思主义中国化的理论成果。

（2）中共在党内业已形成了批评与自我批评的作风。毛泽东与米高扬谈话中,曾重点介绍了中共在党内业已形成的批评与自我批评的作风。在毛泽东看来,党内因为认识不同、意见分歧而出现斗争是正常的,通过团结与批评的办法给予解决并达到新的团结,这是中国共产党在自身建设中的独特创造。联系到中共历史,党内曾出现王明"左"倾教条主义,在组织上"残酷斗争,无情打击",给党的事业造成严重的危害。苏联共产党在 20 世纪 30 年代也曾出现肃反扩大化问题,并严重地影响到中共。毛泽东在与米高扬谈话中特别强调中共的批评与自我批评作风,是切合党建实际并且也是有所指的。

（3）中共所进行的是新民主主义革命而非社会主义革命。俄国十月革命是社会主义革命,中国共产党成立之后是进行新民主主义革命,其近期目标是建立新民主主义社会,为向社会主义社会过渡作准备。但包括苏共中央领导人在内,并不是所有人能理解这一点,甚至还有人对于中共所领导的革命存在"非议"。

---

①　沈志华主编:《俄罗斯解密档案:中苏关系》第 1 卷,东方出版中心 2015 年版,第 369 页。这里说的"十二部马克思主义著作",在随后召开的中共七届二中全会上作出了明确而又具体的规定。这十二本著作,即《社会发展史》、《政治经济学》、《共产党宣言》、《社会主义从空想到科学的发展》、《帝国主义是资本主义的最高阶段》、《国家与革命》、《共产主义运动中的"左派"幼稚病》、《论列宁主义基础》、《联共(布)党史》、《列宁斯大林论社会主义建设》、《列宁斯大林论中国》、《马恩列斯思想方法论》。

②　沈志华主编:《俄罗斯解密档案:中苏关系》第 1 卷,东方出版中心 2015 年版,第 431 页。这里,"1936 年出版的有关军事战略的小册子",是指《中国革命战争的战略问题》(1936 年 12 月);"关于党的任务(1936 年)的小册子"的时间有误,应该是指《中国共产党在抗日时期的任务》(1937 年 5 月);"关于新民主主义(1940 年)的小册子",是《新民主主义论》(1940 年 1 月);"关于中国革命的基本方向(1945 年)的小册子",既然是毛泽东在 1945 年所撰写的"小册子",则有可能是指《论联合政府》(1945 年 1 月),但还不能最终确定。——引者注。

故而,毛泽东在与米高扬的会谈中一再提示中国革命的性质问题,说在苏维埃时期"出了教条主义,照搬了苏联的方法,这在当时造成了重大的失败"①。这样,经过多年的探索并汲取苏维埃时期实现"工农专政"的教训,中共最终找到了建立人民民主专政的道路。这就从中共历史的高度,说明中国革命道路与苏俄社会主义道路的不同。

（4）以王明为代表的"左"倾教条主义是严重错误的。毛泽东与米高扬的会谈中,关于王明"左"倾教条主义及其危害乃是毛泽东介绍"中共历史"中的重要问题。王明"左"倾教条主义给中国革命造成严重的危害,几乎使中国革命陷入绝境,故而毛泽东在与米高扬的谈话中一再分析王明的"左"倾错误及其恶劣影响。并且,毛泽东在谈话中还提及并高度评价王稼祥带回的共产国际指示的重要意义,指出这个指示对于解决王明"左"倾教条主义所发挥的重大作用。事实上,在苏共党内甚至在苏共的高层中,亦有王明"左"倾的"同情者",这就不能正确地认识和评价中共。从这个意义上分析,毛泽东在与米高扬的会谈中重点批评王明"左"教条主义,也就可以理解了这个问题在中共中央与苏共中央关系中的位置。

最后,应该特别强调的是,中国马克思主义史学在民主革命时期的发展过程中,中国共产党发挥了政治领导和学术组织的作用。在中国马克思主义史学的演进中,中国共产党不仅注重在思想上的有力领导,而且在组织上、学术运行机制上给予重要的指导和帮助,同时以毛泽东为代表的中国共产党的领导人亦积极地参与到历史研究之中,从而在推进马克思主义与史学研究的结合方面作出了重要贡献。故而,在研究和阐发中国马克思主义史学成就时,在梳理中国马克思主义史学产生与发展的历史轨迹时,不能不高度重视中国共产党对于史学研究的领导和组织作用。

（四）中国马克思主义史学的重要特点

中国马克思主义史学在中国共产党领导和组织下,除了坚持以马克思主义唯物史观为指导、以阶级及阶级斗争来考察历史的进程、评析重大的历史事件与历史人物外,还体现了以下几个重要的特点:

其一,"中国中心"的研究范式。中国共产党人和中国马克思主义者具有的强烈的"中国中心"意识,要求重点地研究中国的历史,着重解决当时中国社会

---

① 沈志华主编:《俄罗斯解密档案:中苏关系》第1卷,东方出版中心2015年版,第369页。

所要解决的问题,而不是泛泛地、一般地研究历史。毛泽东在 1938 年 10 月中共六届六中全会所作的《论新阶段》报告中,将研究中国历史作为研究工作的三大任务之一:"一切有相当研究能力的共产党员,都要研究马克思、恩格斯、列宁、斯大林的理论,都要研究我们民族的历史,都要研究当前运动的情况和趋势;并经过他们去教育那些文化水平较低的党员。"①关于研究中国历史的作用,毛泽东在该文中还给予了理论上、现实上的说明:"学习我们的历史遗产,用马克思主义的方法给以批判的总结,是我们学习的另一任务。我们这个民族有数千年的历史,有它的特点,有它的许多珍品。对于这些,我们还是小学生。今天的中国是历史的中国的一个发展;我们是马克思主义的历史主义者,我们不应该割断历史。从孔夫子到孙中山,我们应当给以总计,承继这一份珍贵的遗产。这对于指导当前的伟大运动,是有重要的帮助的。"②毛泽东在《改造我们的学习》中要求,"不单是懂得希腊就行了,还要懂得中国;不但要懂得外国革命史,还要懂得中国革命史;不但要懂得中国的今天,还要懂得中国的昨天和前天。"③正是在中国共产党的倡导下,中国共产党人和马克思主义者将史学研究的中心放在中国上,取得了一批值得称道的学术研究成果。中国共产党领导的史学研究以中国历史的研究为中心是一个鲜明的特色,不仅为全面地继承祖国的优秀文化作出了贡献,而且为现实的政治运动提供了本土化的资源。

　　其二,"当代本位"的研究取向。中国共产党人和中国马克思主义者面向现实、注重现实问题的研究,强调研究历史是"尊重自己的历史",但"这种尊重,是给历史以一定的科学地位,是尊重历史的辩证法的发展,而不是颂古非今,不是赞扬任何封建的毒素"④,因而主张将现实研究与历史研究高度结合起来,这体现了立足现实的"当代本位"的研究取向。因而,中国共产党在指导历史研究之中,比较侧重于中国近现代史、中国革命史、中共党史这些与现实关联度较高的研究领域。需要指出的是,由 20 世纪 30 年代开创的以马克思主义指导中国古代史研究,也是与现实问题的解决紧密联系在一起的。譬如,翦伯赞就认为中国马克思主义学者"决没有闲情逸致埋头于经院式的历史理论之玩弄",而他的《历史哲学教程》"正是为了配合这一伟大斗争的现实行动而写的"。作者认为历史哲学的任务"在于从一切错综复杂的历史事变中去认识人类社会之各个历

　　① 《毛泽东选集》第二卷,人民出版社 1991 年版,第 532—533 页。
　　② 《毛泽东选集》第二卷,人民出版社 1991 年版,第 533—534 页。
　　③ 《毛泽东选集》第三卷,人民出版社 1991 年版,第 801 页。
　　④ 《毛泽东选集》第二卷,人民出版社 1991 年版,第 708 页。

史阶段的发生发展与转化的规律性"①。他自己撰写《历史哲学教程》这部著作的目的是:第一,为当前的抗日民族解放战争提供精神武器。他在《序》中明确指出:"现在,我们的民族抗战,已经把中国历史推到崭新的时代,中华民族已经站在世界史的前锋,充任了世界史转化的动力。为了争取这一伟大的历史胜利,我们认为决不应使理论的发展,落在实践的后面。"为此,"必须要以正确的活的历史原理,作为这一伟大斗争的指导,使主观的努力与客观情势的发展,相互适应"②。第二,为了澄清当时政治战线和思想战线上存在的混乱状态,并为历史科学提供马克思主义理论武器。当时,在统一战线内部隐藏着失败主义、悲观主义等有害的倾向,而在史学理论战线上,正散布着各种错误理论,如资产阶级实验主义史学把"中国史玄学化",经济唯物论者也在修正和歪曲马克思主义唯物史观。因此,需要"从历史哲学上去批判过去及现在许多历史理论家对中国历史之一贯的错误见解,及其'魔术式'的结论,是我们一个不可逃避的任务"③。于此,不难看出翦伯赞在史学研究中的当代意识、现实责任感。又譬如,范文澜研究中国古代史,也有着强烈的现实关怀。在《中国通史简编》中,范文澜明确地以唯物史观发现的共同规律来指导这部通史著作。他以五种社会形态理论为基础,系统叙述几千年中国历史的进程,将中国几千年的历史划分为原始社会、奴隶社会、封建社会(又把封建社会划分为初期、中期、后期),从而形成以社会形态划分中国历史阶段的通史体系。他指出:"我们要了解整个人类社会的前途,我们必需了解整个人类社会过去的历史;我们要了解中华民族的前途,我们必需了解中华民族过去的历史;我们要了解中华民族与整个人类社会共同的前途,我们必需了解这两个历史的共同性与其特殊性。只有真正了解了历史的共同性与特殊性,才能真正把握社会发展的基本法则,顺利地推动社会向一定目标前进。"④中国共产党人和中国马克思主义者研究历史的"当代本位"研究取向,强化了历史与现实的联系,使史学研究体现出现实性、时代感,很好地发挥了历史研究的现实功能。

其三,"革命史观"的研究体系。中国共产党人和中国马克思主义者注重以"革命"来诠释社会的变迁,以阶级斗争作为历史发展的主线,认为生产力是社会发展的最终决定性力量,阶级斗争是历史发展的直接动力,人民群众是历史的

---

① 翦伯赞:《历史哲学教程·序》,河北教育出版社 2000 年版,第 5 页。
② 翦伯赞:《历史哲学教程·序》,河北教育出版社 2000 年版,第 3 页。
③ 翦伯赞:《历史哲学教程·序》,河北教育出版社 2000 年版,第 4 页。
④ 范文澜:《中国通史简编》,华北新华书店 1948 年出版,第 1 页。

真正创造者。李大钊在《我的马克思主义观》中指出："历史的唯物论者观察社会现象,以经济现象为最重要,因为历史上物质的要件中,变化发达最甚的,算是经济现象。"① 又指出："生产力一有变动,社会组织必须随着他变动。社会组织即社会关系,也是与布帛菽粟一样,是人类依生产力产出的产物。手臼产出封建诸侯的社会,蒸汽制粉机产出产业资本家的社会。生产力在那里发展的社会组织,当初虽然助长生产力的发展,后来发展的力量到那社会组织不能适应的程度,那社会组织不但不能助他,反倒束缚他、妨碍他了。而这生产力虽在那束缚他、妨碍他的社会组织中,仍是向前发展不已。发展的力量愈大,与那不能适应他的社会组织间的冲突愈迫,结局这旧社会组织非至崩坏不可。这就是社会革命。"② 后继的中国马克思主义者,运用生产力理论从阶级斗争的视角解释历史的变迁。毛泽东在《论联合政府》中指出："中国一切政党的政策及其实践在中国人民中所表现的作用的好坏、大小,归根到底,看它对于中国人民的生产力的发展是否有帮助及其帮助之大小,看它是束缚生产力的,还是解放生产力的。"③ 中国共产党人确认经济是基础,也承认上层建筑对经济基础的巨大反作用,并以此来分析社会的结构。毛泽东在《新民主主义论》中指出："一定的文化(当作观念形态的文化)是一定社会的政治和经济的反映,又给予伟大影响和作用于一定社会的政治和经济;而经济是基础,政治则是经济的集中体现。这是我们对于文化和政治、经济的关系及政治和经济的关系的基本观点。那末,一定形态的政治和经济是首先决定那一定形态的文化的;然后,那一定形态的文化又才给予影响和作用于一定形态的政治和经济。"④ 大致而言,中国共产党人及马克思主义史学家在历史研究中所体现的"革命史观",其研究工作的基本路径是:在遵循历史唯物主义的前提下,坚持民众本位原则,首先是分析一定社会的经济状况,确定该社会的性质及其所表现的主要矛盾;继而,根据社会性质及其主要矛盾,分析该社会的阶级状况及其阶级关系,从而确认革命的性质;再根据革命的性质,运用阶级分析的方法,确认革命的领导者、革命的任务、革命的对象、革命的动力,进而对历史的变迁作出解释和说明。

其四,"以史为鉴"的研究目标。中国共产党人和中国马克思主义者在领导史学研究的过程中,从指导现实政治运动出发,高度重视史学的现实应用功能,

---

① 《李大钊全集》第3卷,人民出版社2006年版,第20页。
② 《李大钊全集》第3卷,人民出版社2006年版,第27页。
③ 《毛泽东选集》第三卷,人民出版社1991年版,第1079页。
④ 《毛泽东选集》第二卷,人民出版社1991年版,第663—664页。

注重从历史研究中来汲取有益的经验教训,把"以史为鉴"作为历史研究的目标。譬如,瞿秋白在 1928 年根据他在中共六大所作的"中国革命与共产党"的报告内容,写了题为《中国革命和中国共产党》的小册子。这是一本 6 万字左右的通俗党史读物。该书对于中国共产党与中国革命的关系作了较为详细的梳理,在第十一个问题"中国共产党"中,从总结历史经验的角度指出:中国共产党由于"经验、阅历非常之少",因而"做了两件极大的错误事情","第一件是在与资产阶级合作的时候犯的错误。就是党的指导机关不明白指示群众资产阶级的反革命的根性,要中国的革命能得到胜利只有无产阶级能握得领导权。而反以为中国革命的性质既然是资产阶级革命,就不要和资产阶级决裂,使他害怕退出革命,所以在每个紧要关头都向资产阶级让步,而求巩固革命的力量。……这种不明白工人阶级利益,向工人的仇敌让步政策,叫做机会主义。第二是执行暴动政策的时候,有些地方没有估计好,没有发动群众,使群众明白暴动的意思,坚决的团结起来动作,却以为可以用少数人的力量去冒险。这种乱干冒险的拼命政策,叫做盲动主义。"①又譬如,李鼎声 1933 年出版的《中国近代史》一书,亦特别注重分析和总结近代历史经验,力图为中国的新民主主义革命提供历史的教训。该书注重分析太平天国失败的原因,认为太平天国失败有主观原因与客观原因,其主观原因主要是"缺乏有严密组织与彻底的政治觉悟的中心领导力量",表现为"在当时既没有进步的市民阶级之坚强的反封建组织,亦没有现代的集团的城市生产阶级之有力的革命指导,而充分的表现出散漫的私有制的农民意识"②;其客观原因是"在革命扩大和深入以后,商业资产阶级起来帮助地主贵族,一致来反攻革命,形成一条巨大的地主、商人、富农、绅士、官僚、贵族的反革命战线",并且由于"帝国主义曾竭尽全力帮助地主、商人资产阶级进攻革命"③。关于义和团运动失败的原因,该书认为义和团运动的反帝斗争表现出原始性、自发性,"因为没有坚强有力的基本阶级的领导,同时因为不能与全国的反封建势力的革命斗争密切地联系起来,就常给帝国主义与国内的封建统治阶级残酷地镇压下去了"④。关于戊戌变法失败的原因,该书认为一方面是因为旧党势力的强大及其镇压政策;另一方面也是主要的方面,"是没有广大的群众斗争做基础,康有为等虽能揭出资产阶级的改良思想,而因为仅依傍一手无寸柄的

① 《瞿秋白文集》第 6 卷,人民出版社 1996 年版,第 252—253 页。
② 李鼎声:《中国近代史》,光华书局 1937 年版,第 62—63 页。
③ 李鼎声:《中国近代史》,光华书局 1937 年版,第 95—96 页。
④ 李鼎声:《中国近代史》,光华书局 1937 年版,第 230—231 页。

德宗做后援,这当然敌不过基础雄厚的反动势力"①。关于辛亥革命失败的原因,该书认为在根本上是没有建立一个与反革命相对立的强有力的革命独裁政权,因而变成一个流产的资产阶级革命,而失败的具体原因大致有:一是没有发动全国资产阶级与农民的反封建斗争,二是没有解决农民土地问题这一当时最主要的经济问题,三是因为反革命势力强大,四是没有能执行反帝国主义的革命任务②。该书对于中国共产党领导的南昌起义、广州起义也进行了分析,认为南昌起义失败的原因"除了军事方面的战略错误而外,在政治方面主要是缺少广大工农群众为基础,更没有发动土地斗争,造成了一个单纯的军事投机"③。李鼎声的《中国近代史》将提炼近代中国历史演变的经验和教训作为一个研究任务,其目的在于指明共产党领导的极端重要性和开展新民主主义革命的正确性。"以史为鉴"是中国共产党领导史学的显著特色和重要传统,这在延安时期得以发扬光大。延安时期,毛泽东在 1939 年 1 月致何干之的信中,希望何干之能够在著作中"证明民族抵抗与民族投降两条路线的谁对谁错,而把南北朝,南宋,明末,清末一班民族投降主义者痛斥一番,把那些民族抵抗主义者赞扬一番,对于当前抗日战争是有帮助的"④。1944 年,郭沫若写了《甲申三百年祭》总结了李自成骄傲而导致失败的深刻教训。对此,毛泽东大加赞扬,并把《甲申三百年祭》列为整风文件。他给郭沫若写信说:"小胜即骄傲,大胜更骄傲,一次又一次吃亏,如何避免此种毛病,实在值得注意。倘能经过大手笔写一篇太平军经验,会是很有益的"⑤。在党的七大上,毛泽东又及时提出了全面总结八年抗战经验的问题,希望总结这些经验、借以教育人民,并为我党决定政策的根据。毛泽东高度重视史学的社会功能与政治功能,主张史学为现实政治服务。毛泽东说:"指导一个伟大的革命运动的政党,如果没有革命理论,没有历史知识,没有对于实际运动的深刻的了解,要取得胜利是不可能的。"⑥在他看来,学习历史、了解历史、借鉴历史,不论对认识全局性问题还是解决具体的问题都是至关重要的。

中国马克思主义史学起源于五四时期马克思主义在中国的传播和运用,并

---

① 李鼎声:《中国近代史》,光华书局 1937 年版,第 225 页。
② 李鼎声:《中国近代史》,光华书局 1937 年版,第 306—307 页。
③ 李鼎声:《中国近代史》,光华书局 1937 年版,第 392 页。
④ 《毛泽东书信集》,人民出版社 1983 年版,第 136 页。
⑤ 《毛泽东书信选集》,人民出版社 1983 年版,第 241 页。
⑥ 《毛泽东选集》第二卷,人民出版社 1991 年版,第 533 页。

在中国共产党的领导和组织下得以发展、壮大起来,同时也是与中国马克思主义史学家的努力开拓、辛勤耕耘分不开的。中国马克思主义史学基于中国的历史文化而积极推进马克思主义与史学研究的有机结合,紧密配合中国共产党领导新民主主义革命的需要,努力汲取中国共产党领导新民主主义革命的经验,不仅形成了坚持马克思主义指导地位的优良传统,而且在与非马克思主义史学的斗争中形成了具有中国风格、中国特色、中国气派的学科体系、学术体系和话语体系。

二、中国资产阶级史学的发展及其终结

"资产阶级史学"作为一个独特的史学概念,是指以进化论为指导形成和发展起来的史学研究体系,故而也就有着进化论与史学研究相结合的显著特点。这对近代中国史学研究观念的转变及由传统史学到现代史学的过渡,产生了极为重要的影响[①]。对此,五四时期著名学者陶孟和[②]在《新历史》中曾指出:"自从达尔文用自然淘汰的道理说明进化,开思想界的新纪元,我们得到许多益处。今只就历史简单言之,有三层:第一层,我们的眼光不是限于一时一处的,扩充到久远。第二层,使人有连贯的观念,从事于发生的(Genetic)的研究,将人类的历史扩充到有史前的时代。人类自有生以来到现在之进化,久远自远过于有史之时代。第三层,历史是人类的演化嬗变,不是各不相关的片段的事实。人事复杂,所以嬗变的关系也是复杂。"[③]可以说,在中国推进进化论与史学研究的有机结合,以进化论方法来阐释历史,并从学理上论证资产阶级革命的合理性和建立

---

① 晚清史学能够发展为"新史学",固然有着进化论的理论指导,特别是进化论与史学研究的结合,但从今文经学衍化来看,又有着今文经学分化的轨迹,梁启超创建"新史学"乃是重要的例证。按周予同、刘梦溪等先生的观点,崔适(1852—1924)、夏曾佑(1863—1924)皆是经今文学兼史学,但尚未冲破"旧史学"的范围,而"只有梁启超说得上是摆脱了今文学的羁绊,走上了新史学的道路"。——参见刘梦溪:《中国现代学术要略》(修订本),生活·读书·新知三联书店2018年版,第110—111页。

② 陶孟和(1887—1960),原名履恭,浙江绍兴人,生于天津。早年留学日本,后留学英国伦敦大学,获经济学博士学位。主要著作《孟和文存》《中国城镇与乡村生活》《社会与教育》《北平生活费之分析》等。陶孟和是现代中国著名社会学家,1948年当选为中央研究院院士,新中国成立后任中国科学院副院长。

③ 陶孟和:《孟和文存》,上海世纪出版股份有限公司、上海书店出版社2011年版,第131页。

资产阶级统治的正当性,这是中国资产阶级史学的基本特征。

就学术衍化的进路来看,"中国资产阶级史学"是以进化论为指导的史学研究体系,它发端于20世纪初梁启超所倡导的"新史学"。梁启超[1]于1901年写出《中国史叙论》、1902年写出《新史学》文章,在批判传统史学的基础上,提出了史学革新的内容与方向,成就其"新史学"理论。在《新史学》一文中,梁启超一方面对传统史学予以猛烈的批判,认为传统史学不仅有着"知有朝廷而不知有国家"、"知有个人而不知有群体"、"知有陈迹而不知有今务"、"知有事实而不知有理想"的"四蔽",而且传统史学还有"能铺叙而不能别裁"、"能因袭而不能创作"的"二病",造成了人们对于历史著作"难读"、"难别择"、"无感触"的"三恶果";另一方面,又重点地阐述了他的历史进化论观点:历史者,叙述进化之现象也;历史者,叙述人群进化之现象也;历史者,叙述人群进化之现象而求得其公例公理者也。梁启超提出的"新史学"主张具有开启新路的意义,对中国现代史学的发展有着深远的影响。梁启超无疑是中国资产阶级史学的鼻祖。

在五四时期,欧美在20世纪初出现的一股"新史学"潮流[2],亦开始影响中国的史学界。蒋梦麟[3]曾发表《历史教授革新之研究》,在介绍美国新史学的基础上,要求中国史学像美国史学那样,"扩张历史范围,改变历史方针,革新教授方法"[4]。蔡元培[5]曾于1907—1913年在德国莱比锡大学学习,不仅选听德国新史学代表朗普勒希特的文明史课,而且入朗氏创设的"文明史与世界史研究所"从事比较文明史的研究,并为朗氏的研究提供中国文明史的材料。蔡氏基本上接受朗氏的文化史观,提出中国编写"新体之历史,不偏重政治,而注重于

---

[1]　梁启超(1873—1929),字卓如,一字任甫,号任公,又号饮冰室主人、饮冰子、哀时客、中国之新民、自由斋主人,广东新会人,中国近代著名的思想家、政治家、教育家、史学家、文学家。著作等身,有《饮冰室合集》行世。

[2]　20世纪新史学的主要特征是,借助自然科学和新兴社会科学的成果,在历史研究的对象与范围、历史学与社会的联系,以及历史研究的观念和方法等方面,对西方19世纪的史学进行重大的变革。这一史学流派尤其重视包括社会、政治、经济、文化等因素在历史上的作用,力图突破历史仅仅是为政治事件叙述的局限,而要求在更广阔的范围来探讨历史的真谛。新史学派在西方的主要代表人物有德国的朗普勒希特(Karl Lamprecht)和美国的鲁滨逊(J.H.Robinson)。

[3]　蒋梦麟(1886—1964),原名梦熊,字兆贤,号孟邻,浙江余姚人,中国近现代著名教育家。早年留学美国,师从杜威研究教育学,并获博士学位。曾任北京大学校长、国民政府第一任教育部长、行政院秘书长。主要著作有《西潮》、《新潮》、《谈学问》、《中国教育原则之研究》等。

[4]　蒋梦麟:《历史教授革新之研究》,《教育杂志》第10卷第1期,1918年。

[5]　蔡元培(1868—1940),字鹤卿,又字仲申、民友、孑民,曾化名蔡振、周子余,浙江绍兴人(原籍浙江诸暨)。著名教育家、政治家,曾任北京大学校长。主要著作有《中国伦理学史》、《中国新文学大系导论集》等,有《蔡元培全集》行世。

人文进化之轨辙"的主张。在 1919 年至 1949 年时段中,中国资产阶级史学在现代中国的演变,大致可以分为三个具体阶段:

(一) 中国资产阶级史学的兴盛(1919—1927 年)

如上所说,中国资产阶级史学的建立,是以梁启超撰写的《中国史叙论》和《新史学》为发端的。梁氏治学向以博雅、开阔、新颖、多变著称,不仅亦学亦政,而且在学术上兼治多门学科,被称为学术史上的"百科全书式人物",但就其一生学术研究而言,实以史学为重点。林志均在为《饮冰室合集》所作的"序"中指出:"知任公者,则知其为学虽数变,而固有其紧密自守者在,即百变不离于史是。"①梁启超于 1920 年出版《清代学术概论》著作,提出了他对于有清一代学术的总体意见,开启了中国现代史学中学术史的分支学科;其后,梁启超在清华大学、南开大学任教,又出版《中国近三百年学术史》、《中国历史研究法》及其"补编"等著作,并写出了《什么是文化?》(1922 年 12 月)及《研究文化史的几个重要问题》(1923 年 3 月)等史学理论研究的论文,涉及了史学理论和中国历史研究的重要方面。需要指出的是,梁启超不仅致力于史学理论建构及中国古代史的研究,而且开启了当代人研治当代史之先河,其对于中国近代史的研究亦很有特色,是以进化论为指导研究中国近代史的代表性史学家②。总体来看,此时(五四时期)的梁启超在史学理论上处于倒退状态,突出地表现为:"梁启超在《新史学》中指出历史有进化的公理公例,到了写《中国历史研究法》,不再提公理公例,认为历史中只有一种因果律,到了他写《研究文化史的几个重要问题》,连因果律也否定了。"这也说明,梁启超晚年对于自己"在 20 世纪初年提出的新史学思想不但没有发展,而且否定了自己提出的论点"③,因而在史学理论上乃是一个倒退的"典型"。然而,资产阶级"新史学"在中国现代史学史上仍然有着重要的地位,甚至对于中国马克思主义史学的开创亦有较大的影响。资产阶级"新史学"是唯心主义史学,这是其史观的根本之处,故而它本身无法自发地发展成为以唯物史观为指导思想的马克思主义史学,但"它客观上为马克思主义史学的诞生奠定了逻辑的起点和学术的基础",因为如果没有资产阶级"新史学","马克思主义史学就要直接面对封建主义旧史学,就会付出更多艰苦的工

---

① 林志均:《饮冰室合集序》,《饮冰室合集》第 1 册,中华书局 1989 年版,第 3 页。
② 参见吴汉全:《梁启超与中国近代史研究》,《西南大学学报》2021 年第 6 期。
③ 刘新成主编:《历史学百年》,北京出版社 1999 年版,第 17 页。

作"①。这当然也不是说,中国资产阶级"新史学"已经完成了击溃封建主义史学的任务。

　　梁启超作为中国资产阶级"新史学"的领袖,在五四时期确实是倒退了,并且梁氏的"论坛权威"的地位也有所丧失,但梁启超所倡导的"新史学"思想在新文化运动的有力推动下,却呈现蓬勃发展的势头,承继者大都为史学界的头面人物。可以说,包括王国维、胡适等在内的一些资产阶级学者,皆受到梁氏史学思想的影响。他们在梁氏史学思想的导引下,一方面是汲取和借鉴西方史学的新思想,继续抨击封建主义的陈腐史观;另一方面则是在承继中国传统史学(尤其是乾嘉学派精神)的基础上奋力开拓,在文化史研究和历史资料(包括地下文物、古文字)的搜集整理等方面做出了重要成绩。王国维②是"五四"前后有影响的史学大家,中国实证主义史学的杰出代表,涉猎的学科及研究领域相当广泛,在教育、哲学、文学、戏曲、美学、史学、古文学等方面均有深诣和创新。王氏年少时熟读中国传统典籍,奠定了经学和小学的深厚功底,并深受乾嘉学派客观求实学风的影响。后来,王国维留学日本,追求新学,接受资产阶级改良主义思想的影响。故而,王国维早年治学集中在哲学与美学方面,致力于西方哲学、美学思想与中国古典哲学、美学相融合,并形成了独特的美学思想体系。继而,王国维专攻词曲戏剧,而在罗振玉影响下又对甲骨文产生兴趣,后又兼治史学、古文字学、考古学。在某种意义上说,王国维在甲骨学上的地位,是建立在罗振玉成就的基础上。殷墟甲骨在 1899 年出土后,后经刘鹗、孙诒让、罗振玉的搜集与考释才开启初步研究的局面,而罗氏的功绩实在刘鹗、孙诒让之上。郭沫若在《中国古代社会研究》一书中说,罗振玉对于甲骨的研究乃是"在中国的文化史上实际做了一番整理工夫",其功劳就是"为我们提供出了无数的真实的史料":一方面,"他的殷代甲骨的搜集、保藏、流传、考释,实是中国近三十年来文化史上所应该大书特书的一项事件";另一方面,"还有他关于金石器物、古籍佚书之搜罗颁布,其内容之丰富,甄别之谨严,成绩之浩瀚,方法之崭新,在他的智力之

---

① 李红岩:《中国近代史学史论》,中国社会科学出版社 2011 年版,第 2 页。
② 王国维(1877—1927),初名国桢,字静安,亦字伯隅,初号礼堂,晚号观堂,又号永观,谥忠悫,浙江省海宁州(今浙江省嘉兴市海宁)人。现代中国著名史学家、文学家。王国维(号观堂)与罗振玉(号雪堂)、郭沫若(字鼎堂)、董作宾(字彦堂)一起,被学界称为"甲骨四堂"。主要著作有《人间词话》、《宋元戏曲考》、《观堂集林》、《静安文集》、《殷卜辞中所见先公先王考》、《殷卜辞中所见先公先王续考》、《殷周制度论》、《殷虚卜辞中所见地名考》、《殷礼徵文》、《古史新证》等。

外,我想怕也要有莫大的财力才能办到的"①。罗氏之政治品行固然极差,但还是要肯定其在甲骨学上的贡献及其对王国维学术上的影响。

王国维在史学上善于运用乾嘉学者的小学研究成果,并擅长于将文字的训释与史事、制度的研究结合起来,在融通中西中开拓新径。胡适在 1922 年 8 月 28 日的日记中写道:"现今的中国学术界真凋敝零落了。旧式学者只剩下王国维、罗振玉、叶德辉、章炳麟四人……内中章炳麟尚在学术上已半僵了,罗与叶没有条理系统,只是王国维最有希望。"②胡适称王国维为"旧式学者",但实际上王国维在治学上并非"旧式"研究方法,其提出的"古史二重证据法"固然有着传统考据学的根底,但也体现了现代史学的比较研究法及其所要求的宏大视域,这在学术上可谓独树一帜,影响至大。

关于王国维的"二重证据法",陈寅恪有这样的概括与评定:"其学术内容及治学方法,殆可举三目以概括之者。一曰取地下之实物与纸上之遗物互相释证。凡属于考古学及上古史之作,如《殷卜辞中所见先公先王考》及《鬼方昆夷玁狁考》等是也。二曰取异族之故书与吾国之旧藉互相补正。凡属于辽金元史事及边疆地理之作,如《蒙古考》及《元朝秘史之主因亦儿坚考》等是也。三曰取外来之观念,与固有之材料互相参证。凡属于文艺批评及小说戏曲之作,如《红楼梦》评论及《宋元戏曲考》、《唐宋大曲考》等是也。此三类之著作,其学术性质固有异同,所用方法亦不尽符合,要皆足以转移一时之风气,而示来者以轨则,吾国他日文史考据之学,范围纵广,途径纵多,恐亦无以远出三类之外。"③从学术渊源上说,王国维的"二重证据法"源于清人音韵文字的训诂之法,又结合当时考古材料的新发现,故而有文字材料与地下材料相结合的思想。这里要说明的是,殷墟甲骨文这种"地下材料"的发现,乃是王国维提出"二重证据法"的不可缺少的重要条件,这不仅因为"二重证据法"中有着关于"地下材料"的独特认知,而且还因为"二重证据法"在根本上乃是建立在甲骨文这种新史料发现的基础上。进而言之,王国维的"二重证据法"既是甲骨文这种史学新资料出现之后的思想成果与学术结晶,同时也对中国现代史学的突破性发展有着创新性的价值。关于殷墟甲骨文发现与王国维的"二重证据法"的关系,有学者指出:"1899 年,山东潍坊古董商持甲骨求售于王懿荣,世人始知这项殷人遗物,于是甲骨首先经历

① 郭沫若:《中国古代社会研究(外二种)》,河北教育出版社 2004 年版,第 6—7 页。
② 《胡适的日记》,中华书局 1985 年版,第 440 页。
③ 陈寅恪:《王静安先生遗书序》,《金明馆丛稿二编》,上海古籍出版社 1980 年版,第 219 页。

了从所谓'龙骨'变为一种古董的过程。1910 年,罗振玉出版《殷商贞卜文字考》,甲骨文的重要性始为人认识,但这还多局限于对该文字的释读上。直到王国维在 1917 年撰写《殷卜辞中所见先公先王考》和《续考》等一系列文章后,将《史记·殷本纪》、《世本》等载殷王世系与甲骨文的材料互证得实,才把甲骨文的史料价值凸显出来。新的史料的出现,不仅使殷商史的研究在一种全新的基础上重新展开,而且由于王国维倡导'二重证据法',把地下考古材料与文献材料互证,也即把考古学与历史学结合起来,在史学方法上开辟了一条新路。甚至中国现代考古学也由此契机而得到发展。"①王国维的"二重证据法"史学主张,不仅将以前不被重视的相关材料纳入到史料的范围之中,而且尤为强调史料在史学研究中的核心地位,这就突出地体现了史料至上的原则,因而对中国现代史学的变革与发展有着根本性的意义。

值得重视的是,王国维不只是发明"二重证据法",而且将"二重证据法"主张具体运用到学术实践之中,写出了《殷卜辞中所见先公先王考》、《鬼方昆夷玁狁考》、《殷周制度论》、《说自契至于成汤八迁考》、《鞑靼考》等系列性的学术名篇,其史学成就有二:一是最先证明了《史记》的《殷本纪》、三代世表等所记载的商代帝王世系的正确可靠,证明了《尚书》中《汤誓》、《盘庚》、《高宗肜日》诸篇的确凿可信;二是把甲骨文和《山海经》、《竹书纪年》、《楚辞》、《吕氏春秋》等古书参比互证,用甲骨文等地下材料订正文献材料的讹缺,又用文献材料补足地下材料的脱略,证明殷周史的信而有证,从而把中华民族可信历史上推到四千年以前。②王国维在史学理论和史学实践上,全面地开启了中国实证主义史学的道路。

中国资产阶级史学到胡适之时处于急速发展的状态之中,并呈现兴盛的局面。胡适是中国的"实验主义"史学的主要代表,他在五四时期出版的《中国哲学史大纲》一书,以进化论梳理中国哲学的演进历程,对哲学史的对象、任务、范围、方法等一系列问题,提出了诸多开创性的观点。胡适在北大讲授中国哲学史,只从春秋时代开端,此前之哲学则略而不谈,并著有《诸子不出于王官论》名篇,用新的学术理念来重新审视传统旧史料、旧问题,重点抨击刘歆、班固论诸子之说,进一步申论诸子百家的思想与王官没有关系的主张。"诸子之说"是否"出于王官",是中国学术史上的一桩公案。刘歆据《周礼》的记载,不仅分析了

① 刘新成主编:《历史学百年》,北京出版社 1999 年版,第 107—108 页。
② 龚书铎主编:《中国近代文化概论》,中华书局 1997 年版,第 162 页。

儒的起源,而且大体描述了孔子之后儒学演变的一般情况。就儒的起源来说,刘歆强调是由司徒之官演变而来,其功能是助人君顺阴阳明教化。按照清代学者康有为的说法,刘歆佐王莽建新朝出于托古改制的需要而伪造《周礼》,因此《周礼》的说法既没有成为历史事实,也并不可靠。然而,近代学者章太炎却接着刘歆的研究往下说,以为包括儒家在内的诸子百家,实际上都是出于古代"王官"。章太炎在《诸子学略说》中说:"古之学者多出于王官。世卿用世之时,百姓当家,则务农商畜牧,无所谓学问也。其欲学者,不得不给事官府为之胥徒,或乃供洒扫为仆役焉。故《曲礼》有云:宦学事师。……所谓宦于大夫,犹今之学习行走尔。是故非士无学,非学无士,二者是一而非二也。"章太炎的研究虽有相当的道理,但其明显的欠缺是他过于相信古籍的记载,而对先秦学术之所以发生的时代背景,缺少一种深切的体会和理解,故而其结论不能不引起包括胡适在内的后来学者的怀疑。胡适在《诸子不出于王官论》一文中,与章氏的说法明显立异,强调诸子之学决无出于王官的道理。他说,《周礼》司徒掌邦教,儒家以六经设教,而论者遂谓儒家出于司徒之官。不知儒家之入籍,多非司徒之官之所能梦见。此所施教,固非彼所谓教也。此其说已不能成立。胡适认为,关于诸子起源的探讨,必须深切体会诸子起源的思想背景,而不应囿于前人所无法明了的成见。这是因为学术之兴,由简而繁,由易而赜,其简其易,皆属草创不完之际,当然不意味着其要义已尽于草创时期。包括儒家在内的先秦诸子,皆为忧世之乱而思有以拯济之,故其学术皆应时而生,与王官无涉。及时变事异,则过去应世之学反成无用之文。于是,后起之哲人乃张新帜而起。胡适的《诸子不出于王官论》文章,在五四时期成为史学疑古派的旗帜。

此时,南京高等师范学校的柳诒徵①,则撰写《论近人讲诸子之学者之失》,批评胡适的"诸子不出于王官"观点,认为诸子出于王官。柳诒徵在南京高等师范学校讲授《中国文化史》、《中国通史》等课程,其特色是把史学与哲学结合起来,这在当时的南方史学界中是有重要影响的。柳诒徵关于中国文化史的文章曾在《学衡》杂志上发表,1932年汇编成《中国文化史》由钟山书局印行。这部《中国文化史》分上古、中古、近世三册,每编分章分段,段落后必附引经史、诸子

---

① 柳诒徵(1880—1956),字翼谋,亦字希兆,号知非,晚年号劬堂,江苏省镇江丹徒人。17岁考中秀才,后就读三江师范学堂。1914年2月,应聘为南京高等师范学校国文、历史教授。1925年北上,先后执教于清华大学、北京女子大学和东北大学。1929年重返南京,任教中央大学,并曾任南京图书馆馆长、考试院委员、江苏省参议员。主要著作有《中国文化史》、《国学图书馆小史》、《中国版本概论》、《东亚各国史》、《印度史》、《中国财政史》等。

百家之语，以及现代中外学人之评论，在援古证今、以今鉴古方面颇有特色。柳诒徵的史学研究，大致有这样几个显著特色：一是注重"会通"，亦即倡导"广义之史学"，力主史学"探求人类过去之思想、言论、事实"，而其所著《中国文化史》著作"一以求人类演进之通则，一以明吾民独造之真际"①，具有贯通古今的显著特色；二是注重"礼"的意蕴，这是在研究内容上力图凸显文化的意义，突出表现是提出"吾国以礼为核心之史"的主张，亦即所谓"伦理者，礼之本也，礼之义也；仪节者，礼之文也，观秩序之发明"②，从而体现出以"礼"释"史"的研究进路；三是强调"致用"，这是强调史学的"持身应世"、"知虑通达"的功用，并提出"史学即史术也，犹之经学亦曰经术，儒家之学亦曰儒术"③的主张，故而突出史学具有"术"的作用。柳诒徵提出的这种研究取向，实质上在张扬史学的人文主义传统，对抗当时科学派在中国所形成的"话语权势"，其研究理念与研究方法为其弟子所承继并得以发扬光大。总体来看，柳诒徵是当时中国南方史学界中的领袖人物，传统学术的根底尤为深厚，学术上又能自成一体，且有诸多弟子光大其说，故而在中国南方地区的学术影响较大。

　　胡适在柳氏《中国文化史》出版后，曾专门写了对该著的评论文章，一方面认为"柳先生的书可算是中国文化史的开山之作"，"为中国文化史立下了一个草创的规模，替一般读者搜集了一些很方便有用的材料"，另一方面又认为此书有着明显的缺陷，其中"有一些可指摘的地方"。胡适认为，柳诒徵的《中国文化史》的"一个大缺陷"乃是全书的"不均匀的分配"，"约略言之，此书之前二十一章，约占全书四分之一，其所据材料多很可疑，其论断也多不很可信，为全书最无价值的部分"；该著不仅运用可疑的传说材料，而且对于其他的材料也不加考订，"关于材料的整理，我们在此书中时时发现很疏忽，或很潦草的地方"，这源于"柳先生是一位不曾学过近代史学训练的人，所以他对于史料的估价，材料的整理，都不很谨严。例如研究佛教史，材料何患缺乏，何至于征引到杨文会的《十综略说》和谢无量的《佛学大纲》？"④柳诒徵还著有《中国历史要义》一书，分史原、史权、史统、史联、史德、史诚、史义、史术、史化等十篇，条分缕析，简明扼要，博约兼具。其得意门生陈训慈、缪凤林、张其昀、郑鹤声等，阐发并光大柳氏

① 柳诒徵：《中国文化史绪论》，《学衡》第46期，1925年10月。
② 柳诒徵：《国史要义·史德第五》，中华书局1948年影印本，第88页。
③ 柳诒徵：《国史要义·史术第九》，中华书局1948年影印本，第190页。
④ 《评柳诒徵编著〈中国文化史〉》，《胡适文集》(10)，北京大学出版社1998年版，第769—770页。

之学术见解,与北大的胡适相对抗。对此,柳诒徵在《我的自述》中曾说自己"执教南高,历有数年,以张(其昀)、缪(凤林)、郑(鹤声)、陈(训慈)诸子为得力最深,用功最勤"①。

陈训慈②在《史学观念之变迁及其趋势》中,较好地承继了其师柳诒徵的思想。该文突出"史"与"文"的内在关联,强调史学的文化意义。他指出:"史之起源,既与文相近,故最初史学,无论何国,常呈文史混一之象;如荷马之诗,亦文亦史。《尚书》之文,固为吾国古代之文学。所谓美术史观,即以文学美术眼光,以视史者也。"③这里,陈训慈一方面固然是对"史学"进行探源,另一方面则是力图体现出"史"与"文"的内在关联,这实际上是强调史学的文化意义。前者体现的是史学研究所必需的探寻"源流"的贯通理念,后者表达的是史学研究的目的在于"促文化之进步"的文化价值取向。对此,陈训慈在《历史之社会的价值》中有这样的明确表述:"吾人研究一事一物,若仅见其目前,而不究其源流,其结果但为断片之智识,非真正之了解也。此种断片智识,无论其繁博如何,仅足以饰己眩人,而其弊害,则(1)凌乱驳杂,浮动不居,不能触类旁通,进为发见;(2)不究因果,不假细索,臆测妄断,引至谬误。此种现象,在浮浅之智识觉悟时代为尤著,今日中国社会,颇复类之。实则万事万物,皆有源流;历史之价值,即在供给此源流之说明,以实吾人之智识,而促文化之进步也。"④仅就史学之"通"要求及史学之所显示的"文化"意义上看,陈训慈乃是忠实地承继着柳诒徵所代表的"南高史地学派"的学术理念。

应该说,在史学是否是科学的问题上,陈训慈更能体会并表现柳诒徵的思想。关于史学是否需要成为"科学"的问题,陈训慈说:"至于史学之能成科学与否,实非至要之问题。史学当有条件的采用科学方法,已为必然之趋势。惟详考其性质,最近学者皆确信其与自然科学迥殊。故纵多以科学相称者,亦必申明其非自然科学之意。然则史学之所包含者广,吾人但求其实际之裨益,初无须以为必成科学,而足见史学之伟大也。"⑤陈训慈虽然不认为史学能够变成"科学",

---

① 转引自区志坚:《道德教化在现代史学的角色:以柳诒徵及其学生缪凤林、郑鹤声的传承关系为例》,《史学史研究》2010 年第 2 期。

② 陈训慈(1901—1991),字叔谅,浙江慈溪官桥村(今属余姚三七市镇)人,陈布雷之弟。著有《五卅惨史》、《世界大战史》、《晚近浙江文献述概》等。

③ 陈训慈:《史学观念之变迁及其趋势》,《史地学报》第 1 卷第 1 号,1921 年 11 月。

④ 陈训慈:《历史之社会的价值》,《史地学报》第 1 期第 2 号,1922 年 5 月。

⑤ 陈训慈:《史学观念之变迁及其趋势》,《史地学报》第 1 卷第 1 号,1921 年 11 月。

但亦不排除科学方法在史学中的运用,而且他还认为史学尽管有着不同的解释,但关于史学的解释乃是有着一定趋势的。他指出:"最初之史学解释,以为文学之一部分(美术史观),或视为天心之表现(宗教史观)。其后有以为所以改善人格(道德史观),或以为所以考求真理(哲学史观)。尚政治者则以为'过去政治之记载'(政治史观),重社会者则以社会发达之说明(社会史观)。受科学影响则倡导科学方法(科学史观),信伟人势力者则归根个人心理(个人史观)。经济学者以生产方法为解释(经济史观),地理学者则以地理环境为要因。凡兹各说,虽无一定之程序,然大致循此而下,有无形渐进之趋势,以向更允当之结果。"①这里,陈训慈在史学是否是"科学"以及是否需要向"科学"方向迈进的问题上,虽然作出否定的回答,但对于史学需要进行"因果"关系的研究及史学具有发展的趋势,其主张却是十分明确的。重视史学的"因果"关系研究,可以说是"南高史地学派"的一个重要传统,但这种研究并不是要求使史学成为与自然科学一样的所谓"科学"。柳诒徵在《中国文化史》的"绪论"中就明确说史学是"因果之学",指出:"历史之学,最重因果。人事不能有因而无果,亦不能有果而无因。治历史者,职在综合人类过去时代复杂之事实,推求其因果而为之解析,以昭示来兹。舍此,无所谓史学也。"②柳氏的学生多就史学的"因果之学"加以阐发,但对于史学之是否是科学的问题,亦存在较大的分歧。如柳氏的学生缪凤林认为,史学是"公例之学",可以通过归纳法的研究使史学成为"科学"。缪凤林说:"历史为演进活动,无始亦无终,故其事迹至繁至赜,非研究归纳,御之以简,殆非吾人所能问津,且亦无以为用。此求历史之公例,实治史者之一要图,而史之能成科学与否,亦即以此为断。盖科学之特色,为系统之知识。换言之,即有公例之学耳。"③在史学重视"因果"研究、但史学又不是自然科学的观点上,相比较而言,陈训慈的主张比缪凤林更接近柳诒徵的原意。

其后,作为胡适弟子的顾颉刚,重点地发挥其师胡适的观点,遂在学术界形成以胡适为精神领袖的古史辨派。胡适批评章太炎的诸子"多出于王官"的看法,述说自己的学术与乾嘉学派的渊源关系,同时又将西方实证主义治学方法与乾嘉学派相结合,认为西方从伽利略到牛顿的整个近代科学,乃是通过实验的办法而确立了假设与验证相结合、归纳法与演绎法相结合的方法论,而此种科学的

① 陈训慈:《史学观念之变迁及其趋势》,《史地学报》第 1 卷第 1 号,1921 年 11 月。
② 柳诒徵:《中国文化史绪论》,《学衡》第 46 期,1925 年 10 月。
③ 缪凤林:《历史与哲学》,《史地学报》第 1 卷第 1 号,1921 年 11 月。

方法论正与清代朴学相一致。这里,且不论胡适的论断正确与否,但仅从胡适将清代朴学与西方实证主义相比附,亦可见其在治学上会通中西的努力及推进中国古史研究科学化进程的学术追求。以胡适为精神领袖的古史辨派,在治学上有其师承之所在:一方面远承古代的郑樵、姚际恒等人,另一方面又受到近人康有为等人的很大影响,试图从古史演变的层次上去寻找古史传说的发展脉络与演进轨迹,故而力图从学术上整理出一个关于古史的系统。顾颉刚于1923年初发表《与钱玄同先生论古史书》这篇重要文章,提出以疑古的态度对待中国的传统史学,并集中地阐发了他的"层累地造成的古史"说。遂而,"层累地造成的古史"这一主张,成为古史辨的核心观点。顾颉刚的"层累地造成的古史"说,认为"时代愈后,传说的古史愈长",而"时代愈后,传说中的人物愈放愈大",故而历史研究虽不能知道某一件事的真确状况,但可以知道传说中的最早状况。顾颉刚提出的"层累地造成的古史"主张"的确是个卓识",应该说是"有先见之明"的,"在现在新的史料尚未充足之前,他的论辨自然并未能成为定论,不过在旧史料中凡作伪之点大体是被他道破了"①。古史辨论战的情形固然复杂,涉及范围颇广,讨论的问题亦较多,但亦可以说是北京派与南高派的一场论争。其结果,就是形成南高师与北大的对立之势,故而学术界遂有"南有南高,北有北大"之说。但由于他们对唯物史观的敌视态度及引进来的西方史学理论中的落后观点,因而遭到了中国马克思主义史学家的严肃批判。

上面所言"五四"以后"南北史学"的对峙,实际上乃是世界史学变革思潮在后五四时期中国的延伸。借此,如何统合史学研究中的科学派与人文派,也就成为以柳诒徵为代表的"南高史地学派"所必须解决的课题。关于当时世界史学变革中的两派对峙状况,曾留学美国、当时已经是南高师教授的徐养秋②有如下的认知:"百年来史学特征之可举有二:曰任情,曰崇实。两者皆19世纪两大思潮之表现,盖浪漫主义(Romanticism)与实验主义(Experimentalism)影响及于史学之效果也。浪漫主义以想像感情本能解释人生,轻将来而重过去,其见于史学者则有法兰西史家之打破古今界限,从今人性情上领会古人。普鲁士史家之爱国若狂,感情浓厚。实验主义惟事实是务,无征不信,其见于史学者则有朗开之倡考订之学,与各国学者之罗掘古物、搜集典籍(原著)。史学性质与其他科学

---

① 郭沫若:《中国古代社会研究》(外二种),河北教育出版社2004年版,第233—234页。

② 徐养秋(1886—1972),字则陵,江苏金坛人。中国著名现代教育家、历史学家。早年读于南京的金陵大学,后留学美国伊利诺大学研究院获史学硕士学位。著有《汉代教育史》、《五十年世界进化概论》、《中学本国史测验》等。

不同,其适用实验主义也,亦有程度之差别,方法虽殊,然精神则一也。惟史学较易于流入浪漫主义,故今日直接方法之科学上,浪漫主义已失其势,而在史学界,则尚间有堕入此道者。使史学家能引以为戒,祛除情感,以事实为归,则史学之有造于研究人事之学术,固未必多让于其他社会科学也。"①徐养秋尽管也是"南高史地学派"重要成员,然而其上述言论虽然主旨在于阐明当时世界范围内的史学两大思潮,但他在论述中特别强调史学家必须以浪漫主义史学"引以为戒",并希望史家能够"祛除情感,以事实为归",则显然又是站在实验主义史学的立场上。由此而言,所谓"南高史地学派",其内部在史学的具体看法上,其实也是有相当大的分歧。

何炳松亦是五四时期中国资产阶级史学的重要代表,对于西方史学尤其是美国的"新史学"在中国的引进有着重要的贡献,其所著《历史研究法》中也有着丰富的学术思想,并体现中西结合的研究路数。在五四时期的中国学术界,引进西方史学理论成为一股潮流,"新史学"则是这股潮流中的一支。中国的不少学者为宣传西方史学思想作出了重要的努力,而何炳松则是其中的代表。这里所说的"新史学",在现代西方的主要代表者,一是德国的朗普勒希特,一是美国的鲁宾逊。前者的思想为蔡元培等人所承继,后者为何炳松所重点介绍。然而,何氏学术未有得力的传承者,故而何氏在20世纪20年代后期以后的中国学术界,未能产生很大的影响。尽管如此,在研究五四时期的史学状况时,何炳松的史学思想及其学术贡献,仍然是应值得高度重视的。

(二) 中国资产阶级史学的衰落(1927—1937年)

以胡适为领袖的中国资产阶级的史学,在20世纪20年代后半期和30年代得到一定的发展,傅斯年可以说是重要的承继者。傅斯年作为北大的学生辈,与胡适有着密切的师生之谊,在史学研究路径上大体上承继胡适倡导的"新问题、新材料、新方法"。傅斯年游学欧洲之后,虽然在史学理念上仍然承继胡适的进化论史学观,但在史学研究的路径上可谓独辟蹊径,在学界高举"史学本是史料学"的大旗,而其史学成就亦在胡适之上,在学术界可谓独树一帜。傅斯年在1928年5月拟定的《历史语言研究所工作之旨趣》中提出:"历史学不是著史:著史每多多少少带点古世中世的意味,且每取伦理家的手段,作文章家的本事。近代的历史学只是史料学,利用自然科学供给我们的一切工具,整理一切可逢着的

---

① 徐则陵:《近今西洋史学之发展》,《学衡》1922年第1期。

史料,所以近代史学所达到的范域,自地质学以至目下新闻纸,而史学外的达尔文论正是历史方法之大成。"①他在1943年撰写的《〈史料与史学〉发刊词》中,又申明:"本所同人之治史学,不以空论为学问,不以'史观'为急图,乃纯就史料以探史实也。史料有之,则可因钩稽有此知识,史料所无,则不敢臆测,以不敢比附成式。此在中国,固为司马光以至钱大昕之治史方法,在西洋,亦为软克、莫母森之著史立点。"②不难看出,傅斯年在史学上高举史料派的旗帜,一方面是要承继中国以钱大昕为代表的考据学路径,另一方面又承继西方兰克、莫田森(1817—1903)的治学方法,有着立足中国、会通中西、史料本位的显著特色,这实际上乃是要创建具有中国特色又具有世界史学色彩的"史料考据派"。这样看,傅斯年的史学研究在进化论的学术理念上虽与胡适有着师承关系,但其治学方法、学术主张与努力目标,又很显然地在很大程度上脱离出胡适实验主义史学的系统。

陈寅恪③是20世纪20年代后期出现在学术界的著名史学家,他与胡适在学术上没有师承关系,其史学研究自然不能纳入胡适一系。但陈寅恪与胡适的弟子傅斯年曾在史语所长期共事,其治史亦有着史料考证派的显著特色,这可以说与傅斯年的史料本位思想有着相当多的共同点,并有着较为相近的研究路数,但尚不能说陈寅恪在学术上接受傅氏的影响,更不能说直接承继着傅氏的研究路数。在史料问题上,陈寅恪与傅斯年有相近之处,也是要求对史料加以严格的考证,强调史料的真确性及其在史学研究中的基础性地位,并主张把史料的考辨作为研究工作的起点。他说:"吾人今日治史者之职责,在逐层消除此种后加之虚伪材料,庶几可略得一似近之真。"④不过,陈寅恪尽管在史料的重视及运用上与傅斯年有极为相近的地方,但他在治学路径上,实在是自创体系、自成一家,并非傅斯年史料学之一系。关于陈寅恪治史的特点,刘梦溪先生概括为八点:

> 一是在史识上追求通识通解;二是在史观上格外重视种族与文化的关系,强调文化高于种族;三是在史料的运用上,穷搜旁通,极大地扩大了史料

① 《傅斯年全集》第3卷,湖南教育出版社2003年版,第3页。
② 《傅斯年全集》第3卷,湖南教育出版社2003年版,第335页。
③ 陈寅恪(1890—1969),字鹤寿,江西修水人,曾留学德国柏林大学、瑞士苏黎世大学、法国巴黎高等政治学校、美国哈佛大学。中国现代著名的历史学家、古典文学研究家、语言学家,先后任职任教于清华大学、西南联大、广西大学、燕京大学、中山大学等。主要著作有《隋唐制度渊源略论稿》、《唐代政治史述论稿》、《元白诗笺证稿》、《金明馆丛稿》、《柳如是别传》、《寒柳堂记梦》等。
④ 陈寅恪:《金明馆丛稿二编》,上海古籍出版社1980年版,第148页。

的使用范围;四是在史法上,以诗文证史、借传修史,使中国传统的文史之学达致贯通无阻的境界;五是考证古史而能做到古典和今典双重证发,古典之中注入今情,给枯繁的考证学以活的生命;六是对包括异域文字在内的治史工具的掌握,并世鲜有与其比肩者;七是融会贯彻全篇的深沉强烈的历史兴亡感;八是史著之文体熔史才、诗笔、议论于一炉。①

就学术旨趣而言,陈寅恪是典型的学问大家,酷爱学术有如自己的生命,一生矢志于学术事业,有着"为学术而学术"的不懈追求,此与傅氏"亦学亦政"、"学不离政"的治学旨趣是根本不同的,而其治学方法虽与傅氏有相近之处,但其在史料的处理方法、学术研究的领域以及学术成就上,又远在傅氏之上。

譬如,陈寅恪在考证之中,搜罗史料的范围极其广博,不仅包举典籍、类书、笔记、野乘、诗文、墓志尺牍、金石碑拓等类别,且有佛经、道藏、农书、壁画、书谱、医书、外来文献等各方面资料,可谓到了无所不包、应有尽有的境地。如此庞杂的史料,如何才能运用到史学研究之中呢?这恐怕非一般的史家所能做到。陈寅恪由于通晓一二十种中外古今的语言文字,又能游走于哲学、史学、宗教学、语言学、文学等学科之中,故而面对这样广阔的史料而能娴熟地加以驾驭和统领,从而成就其史学大家的地位。

又譬如,陈寅恪在史料的处理上有着更为开放的学术视域和研究方法,一方面是注重包容与接纳,力图综合各家之法,汲取其所长,可谓广采博纳、照应八方;另一方面则又力主创新,开辟研究新径,自成研究范式,自立一家之法。陈寅恪的治学以"证"为显著特色,擅长以内典与外书合证,以实录与小说补正,以官书与私记对证,以诗文与史传互证,其考证方法在很大程度上业已超出中国传统的考据范围②。笔者以为,陈寅恪考据中的"证",不仅是史料考证中的"证实"问题,还包括在"证实"基础上的"探意",亦即在证实史料真伪基础上进一步探求史料背后的意蕴。这与傅斯年的"考史但不著史"的治学理念有着很大的不同,其史料考据在于提出历史的新解释③。诚如有研究者所评价的那样:"陈寅恪多作考据文章,但他与乾嘉学者乃至新史学的科学实证派不同的是,他的考据与其说是考'实',不如说是考'意'。也就是说,他不仅注意史实的真伪,更注意

① 刘梦溪:《中国现代学术要略》(修订本),生活·读书·新知三联书店 2018 年版,第 115 页。

② 姜义华、武克全主编:《二十世纪中国社会科学·历史学卷》,上海人民出版社 2005 年版,第 36 页。

③ 姜义华、武克全主编:《二十世纪中国社会科学·历史学卷》,上海人民出版社 2005 年版,第 37 页。

史料背后蕴藏着的意义。比如他的《读〈莺莺传〉》主要不在考出这是元稹的《自叙之作》,而在考出当时社会的婚姻门第等观念及道德观念;又如他考《琵琶行》中'移船相近邀相见'一事,意在论证唐时礼法观念与宋不同。……再比如他的'以诗证史',就是把以往不被视为史料的文学资料纳入视野,与其它材料相互参证,达到更接近真实的结论。"①至少可以说,陈寅恪开放性的学术视野以及对待史料独特的处理方法,在中国史学史上也是他所独有的。

再譬如,陈寅恪在史学界首倡"同情理解"的治学方法,别出心裁地理解和运用史料。他认为,清人以经学方法治史,只是"止于解释文句,而不能讨论问题"②,故而在考据之外还需要有学者的理解和诠释,而不能只是以硬邦邦地呈现史料为能事,因而也就需要学者在研究中充满对古人的"同情理解"。关于治学中如何"同情理解",他指出:"吾人今日可依据之材料,仅为当时所遗存最小之一部,欲藉此残余断片,以窥测其全部结构,必须备艺术家欣赏古代绘画雕刻之眼光及精神,然后古人立说之用意与对象,始可以了解。所谓真了解者,必神游冥想,与立说之古人处于同一境界,而对于其持论所以不得不如是之苦心孤诣,表一种之同情,始能批评其学说之是非得失,而无隔阂肤廓之论。"③在中国史学上,"同情理解"也就成为陈寅恪史学思想的显著标识之一,这与不愿意对史料加以任何一点解释的傅斯年,显然是有很大不同的。

陈寅恪酷爱史学、不改初心,甚至到了视学为命的地步,其治学经年累月、勤勉有加,不仅知识渊博、功力深厚、识见高远,而且尤为精于史料的释读和考辨及史论的阐发,并善于探源求是、穷其原委。就陈寅恪解放前的史学研究来看,大致是两个阶段:1923 年至 1932 年,主要进行"殊族之文,塞外之史"研究,重点是佛经译本及其对于中华文化的影响这两方面的工作;1932 年至 1949 年,主要是研究唐朝以及中亚、西北外族与汉族交涉史,开辟魏晋至隋唐研究新领域,成果是《隋唐制度渊源略论稿》、《唐代政治史述论稿》等。新中国成立后,陈寅恪仍然保持其特立独行的学术个性,在 1953 年至 1963 年间,积十年之功而成就 70 万字的《柳如是别传》巨著,成为他"一生之中最重要的著述,是我国现代文史考

---

① 刘新成主编:《历史学百年》,北京出版社 1999 年版,第 104 页。

② 陈寅恪:《陈垣〈元西域人华化考〉序》,《金明馆丛稿二编》,上海古籍出版社 1980 年版,第 238 页。

③ 陈寅恪:《冯友兰〈中国哲学史〉上册审查报告》,《金明馆丛稿二编》,上海古籍出版社 1980 年版,第 247 页。

证的典范"①。故而,陈氏是特立独行、富有独立个性的学者,在治学上乃是自辟门径、自创体系、自成风格而自立门派的一代宗师。

　　陈垣与陈寅恪在学术界并称为"史学二陈"。陈垣是在 20 世纪 20 年代后期即已成名的著名史学家,在史学领域爬梳史料、探其奥窔、纵横驰骋,其治学亦以史料的考证及释读为其鲜明特征。这方面,似乎与傅斯年、陈寅恪等有着较多的相似之处。另外,陈垣不仅在史学实践中注重并发扬考据学的传统,而且在其史学思想的"有意义之史学"的理念之中,多少亦有陈寅恪所倡导的"同情理解"的思想意蕴。对此,有研究者指出:"陈垣除了考据学上成就以外,另一重要成就就体现在他'提倡有意义之史学'。他的《通鉴胡注表微》远不仅是一部文献学研究,而是对胡三省的思想史和心态史研究,是对'他隐藏在文字里的思想的探索',所谓'不谙身之身世,不能读身之书也'。在当时的环境下'阅读胡注,体会了他当日的心情,慨叹彼此的遭遇,忍不住流泪,甚至痛苦'。因此这样的研究是与'同情理解'(sympathetic understanding)的研究相通的。"②这样看,陈寅恪与陈垣在学术上亦多有契合之处,也许因为这个缘故,两人被史学界称为"南北二陈"。然而,陈垣毕竟是从传统史学中走出的现代学术大家,他不像傅斯年、陈寅恪那样有着海外留学的经历,故而在治学上更多的是承继传统史学的研究路数而开拓创新,亦即乾嘉考据学乃是其治学的基本路数。这样说,并不否认陈垣在史学研究中有着强烈的经世致用的理念。在 20 世纪 20 年代末,有人感觉中国史料整理太困难,便主张"索性把这些史料统通烧了"。对此,陈垣说过这样一段话:"这种焚书的办法到底不是根本的解决。譬如,蒙古西藏我们暂时不能积极经营,断无把它放弃之理。我以为我们若是肯大家来想法子,把这些史料都弄成整个有用的东西,或很容易运用的史料,那自然也不用烧了。反之,我们若是自己不来整理,恐怕不久以后,烧又烧不成,而外人却越俎代庖来替我们整理了,那才是我们的大耻辱呢!"③这可见,陈垣研究史学有着深沉的民族主义诉求,希望通过史料的整理为民族复兴贡献自己的力量。

　　当然,陈垣毕竟是在五四时期成长起来的学术大家,受到"五四"以来西方科学的治学方法的很大影响,故而在学术进路上既有着传统学问的根底,同时又有着现代西方学术的视域,并在治学上表现出"土洋结合"的显著色彩。诚如有

---

①　刘梦溪:《中国现代学术要略》(修订本),生活·读书·新知三联书店 2018 年版,第 118 页。
②　赵世瑜:《范式更新的意义:回首百年史学》,北京市社会科学界联合会组织编写:《学界专家论百年》,北京出版社 1999 年版,第 57 页。
③　陈垣:《中国史料的整理》,《史学年报》1929 年第 1 期。

研究者所说："陈垣治学方法的出发点是清代乾嘉的考据学,被称为'土法'考据,但实际上也广泛吸收了西方的方法论。胡适、陈寅恪、傅斯年等人对他的影响自不必说,西方学者对他的影响也显而易见。他与法国汉学家伯希和交往甚深,从伯希和那里了解到西方汉学家的方洀。'七七事变'前,他与日本学术界交往频繁,日本学者坪井久马三、那珂通世、多纪元胤在方法上对他都有很大的启发。正是这种土洋结合,他在治学过程中有着高度的'方法的自觉',不但奠定了年代学、史讳学、校勘学这些史学辅助学科的基础,而且注重'条例'的归纳,并创立了'史源学'。"①"土洋结合"是个通俗而又形象的说法,其实质就是指陈垣在治学上"中外会通"的特色。但总体上说,陈垣属于从中国传统史学开新中走出的著名学者,受到清代赵翼、钱大昕等学者的影响很大,治学上主要是承继中国传统史学的研究路数,并在此基础上通过接纳西方学术观念而在治学上融贯中外、开拓创新、自成一家。当然,陈垣尽管在学术上出于清代朴学的传统,但又能认知朴学"囿于小学,疏于史事"之弊端,从而在史学实践中通过"会通中西"而吸纳新知、自为创造,在大胆革新中开辟新路,努力"摆脱清代经师之旧染",而不落传统朴学之窠臼。这是很不容易的。对此,陈寅恪有这样的评价:"清代经学发展过甚,所以转至史学之不振也。近二十年来,国人内感民族文化之衰颓,外受世界学术思潮之激荡,其论史之作,渐能摆脱清代经师之旧染,有以合于今日史学之真谛,而新会陈援庵先生之书,尤为中外学人所推服。盖先生之精思博识,吾国学者,自钱晓徵以来,未之有也。"②就治学历程而言,陈垣在"九一八"事变之后,治学路径大变,改变了"为学术而学术"的研究取向,并由考证而转入"经世致用",学术研究的现实关怀有显著的提升;全面抗战以后,陈垣更是通过中国传统文化的研究与诠释来宣扬民族主义,努力学习并运用马克思主义理论于史学研究之中,急速地向马克思主义史学方向转变。

　　钱穆③是 20 世纪 20 年代后期即已成名的史学家,成为 20 世纪 30 年代"中

　　①　姜义华、武克全主编:《二十世纪中国社会科学·历史学卷》,上海人民出版社 2005 年版,第 37 页。

　　②　陈寅恪:《陈垣〈元西域人华化考〉序》,《金明馆丛稿二编》,上海古籍出版社 1980 年版,第 219 页。

　　③　钱穆(1895—1990),字宾四,笔名公沙、梁隐、与忘、孤云,江苏无锡人。中国现代历史学家、思想家、教育家。代表作有《先秦诸子系年》、《中国近三百年学术史》、《国史大纲》、《中国历代政治得失》、《中国历史精神》、《中国思想史》、《宋明理学概述》等。

国文化本位"派的主要代表。钱氏在政治上确实比较保守,支持当时的"文化本位"思潮,大致属于史学上"守旧派"营垒,因而学术界一般不将钱氏归入中国的资产阶级的史学序列之中。但观其一生的治学历程,虽然在政治上属于文化保守主义,但其治学方法仍然有着现代学术的研究路数,而其所从事的文化与学术的研究亦有着历史进化的观点,故而也应属于中国资产阶级史学体系中的缓进派。钱穆虽以文化史、学术史名世,但其政治史的理念可谓根深蒂固,如他对中国史研究提出这样的主张:"我觉中国史之进步,似乎不重在社会经济方面,而重在其政治制度方面。若论经济状态,中国社会似乎大体上是停滞在农业自给的情况之下,由秦汉直到最近二千多年,只有一治一乱。治则家给人足,乱则民穷财尽,老走一循环的路子,看不出中国史在此方面有几多绝可注意之变动与进步。然从政治制度方面看,则实在有其层累的演进。"①事实上,钱穆从事学术史研究亦是以其"政治史观"为基础的"连带"性研究,亦即是为了彰显政治制度及政治思想这个目标而进行的研究。他说:"希望有志研究中国史的,多注意于其历代政制的演变上。但我们要研究政治制度,不可不连带注意到其背后的政治理想。我们要研究某一时代的政治理想,又不得不牵连注意到其时一般学术思想之大体。所以我希望有志研究中国史的,应多注意于中国历代学术思想之演变与制度、学术有关系的。我又希望能多注意于历代人物的活动。学术、制度、人物三者相互为用,可以支配一时代的历史。"②就学术进路来看,钱穆治学是由"子学研究"而进于"考据",其代表作是《刘向歆父子年谱》(1930年)和《先秦诸子系年》(1935年)。但自20世纪30年代后期起,钱穆由于受到民族危机的强烈刺激,其治学理念亦发生重大变化,变考证的路数为理论阐发的路数,研究工作由微观的事实考据而转变为宏观的历史梳理,特别重视阐释和彰显中国文化的精神,并将中国学术文化的整理作为自己的努力方向。他1937年出版的《中国近三百年学术史》,是这种转变的重要标志③。钱穆在研治清代学术史时,

---

① 钱穆:《如何研究中国史》,《历史教育》第1期,1937年第2期。
② 钱穆:《如何研究中国史》,《历史教育》第1期,1937年第2期。
③ 钱穆的《中国近三百年学术史》与梁启超的《中国近三百年学术史》同名,以各自的理念梳理清代学术发展史,此可见总结清代学术乃是当时史学同人的重要方向。但总体来看,在20世纪30年代及40年代,马克思主义学者及非马克思主义学者皆致力于对中国学术发展的"通史式"梳理,中国学术史的研究业已出现贯通性研究的趋势,代表性的著作有蔡尚思的《中国学术大纲》、杨东莼的《中国学术史讲话》、孙其敏的《中国学术思想史》、王伯祥与周振甫的《中国学术思想演进史》、胡行之的《中国学术思想之变迁》、李宗吾的《中国学术之趋势》等。——参见北京图书馆编:《民国时期总书目(1911—1949)哲学·心理学》,书目文献出版社1991年版,第47—50页。

已经表现出彰显学术文化的研究志向,但大致还是在断代史研究的范围之中。其后,钱穆的学术研究由专深而致博雅,一方面是由断代史向通史的研究方向推进,另一方面则是将"学术史"研究向整体的"文化史"研究的方向进发。1939年至1940年,钱穆完成的《国史大纲》则是其学术路径业已完成转变的显著表征。

中国的资产阶级史学在20世纪30年代的中国社会史问题论战、中国社会性质问题的论战中,走向衰落。在论战中,以陶希圣为代表的"新生命"派,歪曲中国社会性质为"帝国主义侵略下的封建社会"、"商业资本主义社会"、"前资本主义社会"等等;托派严灵峰、任曙等认为中国社会已经是"资本主义社会",另一托派分子刘镜园(刘仁静)认为中国是"落后的资本主义社会"。论战中,马克思主义史学所揭示的中国历史经历的原始社会、奴隶社会、封建社会和近代半殖民地半封建社会的历程,为中国史学界所普遍接受。由此,新生命派、改组派、托派的理论在论战中被击破,其基本观点在学术界失去了影响,这些派别中的不少头面人物后来大多数当了政客,退出现代中国学术的舞台。在此阶段,中国资产阶级史学开始处于衰落的状态。

值得注意的是,一些资产阶级史学家在论战中逐步接受了马克思主义的社会历史研究理论的影响。在当时社会史问题论战的影响下,不少资产阶级学者承认马克思主义的唯物辩证法对于历史变迁有着很强的诠释力,并主张将马克思主义的历史分析方法运用历史研究之中。这也表明,现代中国的资产阶级史学在整体上业已处于衰落之中。

譬如,朱谦之在1935年发表的《历史论理学》一文中,尽管也说过"唯物辩证法只是偏面的真理"的话,但他强调唯物辩证法对于历史学的重大意义,认为"没有唯物辩证法,历史论理学也就不能设起来了"。朱谦之指出:"唯物辩证法,就是'矛盾的论理学','革命的论理学'。所以从这方法起点,所见的人类历史,也不外乎就是人类社会之矛盾的发达史,就是阶级斗争的历史了。"又指出:"只要我们承认人类的历史,不仅是和平的历史,也是革命的历史;只要我们承认人类的社会,不仅有生理的现象,也有病理的现象,那末唯物辩证法,在史学方法论上便有重大的意义。"①应该说,朱谦之赞同唯物辩证法在历史学中的运用,乃是发自内心的,故而也是自觉的、真诚的。

---

① 朱谦之:《历史论理学》,《现代史学》第2卷第4期,1935年10月。

又譬如，吕思勉①早年深受康有为"大同及张三世"主张的影响，在 20 世纪 30 年代开始转向马克思主义的历史理论，尽管对马克思主义阶级斗争理论有所保留，但服膺马克思的"大同"理想并高度重视社会经济在历史进程中的作用，其所撰《吕氏中国通史》之"一贯精神"，乃是强调政治、文化均随经济而进，其自述一生思想经历"三次变化"：由钦佩康梁向往大同，进至信服法家，1930 年前后而服膺马克思学说②。吕思勉正是接受马克思主义的一些观点，所以所著《吕氏中国通史》在当时诸多通史著作中表征出独特的风格。

再譬如，时为燕京大学历史系学生、以后成为著名史学家的齐思和，尽管在大学阶段所接受的是资产阶级史学的教育，并且也承认"政治是人类最大的组织"，但他认为经济的研究有助于弄清"政治变迁的根本原因"。这很显然是受到马克思主义唯物史观的影响。齐思和在《论史学之价值》中指出："政治是人类社会最大的组织，我们当然不能忽视。但影响人类前途的除政治组织之外，尚有经济、思想，自然环境……等等要素，都不可轻轻撇过。并且除非把这些要素研究清楚，我们对于政治变迁的根本原因，也决不能了解。所以旧式的历史，拿现在的眼光来看，实在不配称做历史，至少我们可以说它是不完全的历史，因为他们只看见了事实的表面。"③此时，正在燕京大学接受资产阶级史学教育的齐思和，自然还不是马克思主义者，但他对于经济在政治变迁中的重要作用有如此的认识，正可见中国资产阶级史学业已处在暗淡的途程中。

又再譬如，陈啸江④本是 20 世纪 30 年代中国资产阶级"新史学"的重要承

① 吕思勉（1884—1957），字诚之，笔名驽牛、程芸、芸等。江苏省常州市人。中国近代历史学家。先后在常州府中学堂、南通国文专修科、上海私立甲种商业学校、沈阳高等师范学校、苏州省立第一师范学校、沪江大学、光华大学等校任教，曾担任光华大学历史系主任、代校长。1951 年入华东师范大学历史系任教，被评为历史学一级教授。著有《吕著中国通史》、《秦汉史》、《先秦史》、《两晋南北朝史》、《隋唐五代史》、《吕思勉读史札记》、《宋代文学》、《先秦学术概论》、《中国民族史》、《中国制度史》、《文字学四种》等。

② 姜义华、武克全主编：《二十世纪中国社会科学·历史学卷》，上海人民出版社 2005 年版，第 165 页。

③ 齐思和：《论史学之价值》，《燕大月刊》第 7 卷第 1—2 期，1930 年 12 月 25 日。

④ 陈啸江（1912—？），名国治，福建闽侯（今福州）人。1930 年考入厦门大学历史系，1932 年转入中山大学史学系，师从朱谦之研究中国古代史。后任教于中山大学和复旦大学。1948 年移居美国，任教于哥伦比亚大学。代表性著作有《西汉社会经济研究》、《三国经济史》、《当前经济的根本问题：一个历史派经济学者的看法》等，有《陈啸江史学论文集》行世。关于陈啸江的史学成就，可参见苏钱：《陈啸江与中国社会史研究》，华东师范大学硕士学位论文，2015 年；殷飞飞：《陈啸江与中山大学"现代史学"运动》，山东大学硕士学位论文，2016 年。

继者,但他认为"能使新史学的科学基础更为巩固的,便是好似很时髦而却十分真实的唯物论辩证法"。这是因为,唯物辩证法有一个极为重要的特征,这就是主张事物"飞跃的必然性","进化论主张一切事物的进展,是渐渐地变化的;反之,唯物论的辩证法则证明一切事物的进展,是由量到质的变化,而呈出所谓飞跃现象"①。在陈啸江看来,"唯物论的辩证法是自然、社会及思维的发展法则",它是以"正—反—合"即"肯定—否定—否定之否定"的方法来解释一切事象之进展,其对于事象的把握有四个基本观点:(1)"一切事物,都是不断的运动,所以必须在运动中去把握";(2)"一切事物,都是不断的矛盾,所以必须在矛盾中去把握";(3)"一切事物,都是不断的变化,所以必须在全面上去把握";(4)"一切事物,都是互相的作用,所以必须在关联上去把握"②。由此,陈啸江极力主张将唯物辩证法运用于史学研究之中,指出:"我们知道辩证法的成立,是由研究历史得来的。大家愈研究历史,便愈知道事物的进展,是合于辩证的发展。至应用辩证法来考察历史,只是把他反过来罢了。……我们知道物的世界,到底只是物的世界,无论他怎样变化纷纭,怎样千头万绪,总是有条理可寻的。在以前我们未能用具体的方法去把捉,所以常常被其滑过;但是有了新方法我们便能用之权衡一切事物,而理清其本来面目。在以前我们考证事物的真伪,评判事物的是否,常常在故纸堆中,作校勘比较的工作,这样对于科学的真实性,确是有点可疑的;但是现在已有最高的思维原则来指导我们了,我们尚怕的什么呢?"③尽管陈啸江对于唯物史观的认识也有很大的局限性,但受其导师朱谦之的影响,接受了运用唯物史观研究中国社会经济史的主张。他认为,尽管马克思关于历史分期的结论"不可当作一般公式用",但"马克思分期的根本方法,乃其一生研究所得的结晶品,却示我们一条坦坦的大道",这就是"历代的生产方式"这个历史"分期的根本标准"。陈啸江指出:"马克思分期的根本标准,乃历代的生产方式。所谓生产方式,乃谓当着生产过程之社会的经营的方式。但此种经营方式,多是强者支配弱者的。所以我们说古代的生产方式,即指自由民支配奴隶的经营方式;封建的生产方式,即指领主支配农奴的经营方式;近世有产者的

---

① 陈啸江:《新中国的新史学运动》(1932年5月),《厦大周刊》(历史学会历史学专刊)1932年第12卷第13期。

② 陈啸江:《新中国的新史学运动》(1932年5月),《厦大周刊》(历史学会历史学专刊)1932年第12卷第13期。

③ 陈啸江:《新中国的新史学运动》(1932年5月),《厦大周刊》(历史学会历史学专刊)1932年第12卷第13期。

生产方式即指资本家支配无产者的经营方式。它是形成社会经济结构之基础的。……或人以为生产方式即是生产关系。其实两者却有一点点不同。后者乃指生产状态下（生产现实时）所发生的阶级关系；而前者则指生产过程（生产未现实时）之经营方式，所以除看到人与人的关系外，并能看到人与自然的关系。……此外，此种分法尚有一个妙处，即能看到统一社会中相互对立的部分，藉见矛盾之进展及突变，所以是完全适于辩证法的。"①中国资产阶级"新史学"的承继者，此时强调将唯物辩证法运用到社会历史之中，注重历史演变中的内在矛盾及历史发展的飞跃，主张以社会的生产方式为主线来研究历史的变迁，借以从而在变化纷纭、千头万绪中循着历史演进的"条理"，这已经不是原本意义上的资产阶级的史学了，而是在很大程度上脱离了资产阶级史学的轨道。陈啸江在 20 世纪 30 年代的史学思想表明，马克思主义的历史研究理论在 20 世纪 30 年代的中国史学界得到更多的认同，现代中国的资产阶级史学确实处于急剧的衰落之中。

（三）中国资产阶级史学的终结（1937—1949 年）

在抗战时期和解放战争时期，中国资产阶级史学在马克思主义史学强有力的影响下发生重大变化，一些学者通过学习和研究而接受了马克思主义的唯物史观，并在史学实践中加以具体运用，开始向马克思主义史学方向的转化。如陈垣、陈寅恪、顾颉刚、吕思勉、邓之诚、汤用彤等学者，不仅在政治思想上深受马克思主义思想的影响，而且在学术上积极开展中国历史的研究，并将整理中国文化遗产、彰显中国的民族精神作为学术研究的主攻方向，为中国史学的创造性发展及史学的民族性特色的形成作出了重要贡献。中国资产阶级史学家在 20 世纪 30 年代和 40 年代向马克思主义史学家的转变，这标志着中国资产阶级史学走向衰落，同时也预示着中国资产阶级史学即将走向终结。

中国资产阶级史学在近现代中国的产生、发展一直到结束的历程中，曾经有过其发展与兴盛的时期，也曾在中西文化的交汇中创造出不同以往传统史学的学术成就，但最后走向终结也是具有历史的必然性。

第一，从史学的指导思想来看，在现代中国新民主主义革命的历史语境之中，以进化论为指导的中国资产阶级史学必然让位于以马克思主义为指导的中

---

① 陈啸江：《西汉社会史研究发端：中国"租佃制"社会论略》，《现代史学》1933 年第 1 卷第 1 期。

国马克思主义史学。在马克思主义尚未传播到中国的情况下，以进化论为指导的中国资产阶级史学担负着从传统史学向现代史学转型的使命，其本身在批判传统史学中建构资产阶级史学理论体系，并且确实在历史演进过程的诠释、历史资料的梳理、史学考证等方面也取得了重要的成就，因而自然也是当时中国史学界的新生力量。但"五四"以后的情形，就完全不同了。"五四"以后中国马克思主义史学在创建和发展之中，并在 20 世纪 30 年代显示出强大的诠释力和社会影响。诚如有研究者所指出的那样：20 世纪 30 年代至 40 年代的三大论战，即关于中国社会性质问题论战、中国社会史问题论战以及中国农村社会性质问题论战，特别是中国社会史问题论战对中国史学界的影响尤为深远。"在这个论战中，马克思主义取得了胜利，中国的马克思主义史学由此得以建立在更加坚实的基础上。此后，中国继续出现了一批马克思主义史学的早期著作，逐渐形成了一支马克思主义史学队伍。马克思主义史学的胜利，甚至连敌人也不得不承认。可以说，30 年代末至 40 年代问世的一些马克思主义史学著作，不少是在这次论战的推动下写出来的。"①如果细细深究一下的话，进化论史学与传统史学相比尽管在诠释历史方面是重大进步，但进化论为指导的资产阶级史学在历史观方面：一是不能认识到社会突变（社会革命）问题，这显然与 1919 年以后的新民主主义革命的主潮不相契合，因而也就不能科学的诠释"五四"以后的中国社会变革问题，因而在中国社会性质问题论战及中国农村社会性质问题论战中不能正确认识当时的中国社会性质；二是不能就中国历史演变的独特性及其规律性作出符合社会发展实际的解释，故而在中国社会史问题论战中败下阵来；三是不能解释社会发展的动力问题，故而与"五四"以后的人民革命的历史进程相去甚远，自然也就得不到学术上的话语权。正是基于这样的认知，有学者指出："从总体上看，中国近代史学呈现出两种情形，一种是进化论史观发展到一定地步，便显现出其无力的一面；而新考据学又限制了研究的深化，特别是对中国历史总过程无法作出明确的阐释。另一种是在唯物史观指导下的中国马克思主义史学富有活力。无论在对历史发展过程的全面理解上，在对问题的探索的深度上，还是在观察问题的角度上，马克思主义史学家的成就都是前所未有的。这两种情形的交汇，便形成史学运动的趋向，这就是唯物史观指导的马克思主义史学成为中国近代史学的主流。"②在现代中国特定的社会历史条件之下，史学发展的社

---

① 白寿彝主编：《史学概论》，宁夏人民出版社 1983 年版，第 362 页。
② 刘新成主编：《历史学百年》，北京出版社 1999 年版，第 53 页。

会条件、社会需要和实践基础,史学指导思想上的不同及其与当下社会演进实际的契合程度,也就决定着史学发展的命运。

第二,从史学的阶级基础来看,包括史学在内的任何人文社会科学皆是一定阶级的代表和反映。中国资产阶级史学所代表的中国资产阶级力量,在"五四"以前曾作为先进生产力代表者、社会变革的领导者,为社会的变革和进步作出了重要贡献,这是不可否认的事实;但是,中国资产阶级在五四运动之后尽管还有某种革命的积极性,但由于其本身的软弱性,已经不能担负中国社会变革的领导地位,其领导责任不得不让位于伟大的中国无产阶级。因而,随着新民主主义革命的凯歌行进及新民主主义经济、政治、文化的建立和发展,资产阶级不得不逐步地退出了历史舞台,这也是不可逆转的历史发展趋势,是任何人也无法阻挡的。现代中国史学发展的态势,如果说在全面抗战的开始阶段还不明显的话,那么,到了解放战争时期国共两党的军事大决战阶段,则史学演进的结局就已经十分明朗不过了。故而,解放战争时期人民革命力量的发展,作为资产阶级代表的资产阶级史学,最终走向衰亡的道路,乃是不可避免的学术现象。

第三,从史学的社会实践基础来看,史学是关注社会走向、引领社会变革中的学术,同时也是在既有社会变革基础上的学术。就此而言,哪一种史学派别更能契合近现代中国社会变革的需要、更能科学地诠释近代以来中国社会的演变、更能解释中国历史发展的历史进程并展示中国历史演进的规律,就能在众多的史学流派中发展壮大,并取得其学术研究中的优势地位及其话语权。从史学的社会变革基础来看,"五四"以后进入中国新民主主义革命的实践阶段,而且这种实践在中国共产党领导和马克思主义中国化进程中不断推进,并向着建立全国性的新民主主义社会方向发展。在这样的前所未有的社会变革实践基础上的史学,显然只能是马克思主义的史学,而不可能是资产阶级史学。随着中国马克思主义史学自"五四"以后的前后相续发展,在相比之下,中国资产阶级史学越来越与中国社会变革的需要相远离,越来越失去其存在和发展的社会基础,故而在学术竞争中走向衰落也是必然之势。

第四,从史学的文化品格来看,史学作为文化中之文化,必须在融会古今、会通中西的学术进程中,在不断彰显中国的民族文化和总结社会变革的文化演进历程中,创造性地代表先进文化的前进方向,才能获得无穷的生命力。梳理近现代中国史学发展史,固然不能认为中国资产阶级史学在近现代中国社会中,在任何阶段都没有代表过先进文化、没有彰显中国的民族文化、没有融贯中西的学术实践。但不可否认的是,中国资产阶级史学在现代中国时段之内,总体上是处于衰退的状态,而且这种衰退的状态在 1937 年之后则更为显著,其突出的表现是中国资产阶级史学在文化创造力方面已经严重短缺,而其中不少重要的资产阶级史学家向马克思主义史学阵营前进则是显著的标志。相比之下,随着中国共产党领导的新民主主义革命的成功推进和新民主主义理论的建立与发展,中国马克思主义史学在新民主主义文化观指导下,凸显出既批判地继承优秀传统文化、又积极地汲取世界优秀文化的广阔视域,因而在文化建设中显示其强劲的态势。仅就文化方面而言,中国马克思主义史学最终取代中国资产阶级史学也是必然的。

(四) 现代中国代表性的资产阶级史学家

现代中国(1919—1949)是资产阶级史学演化的重要历史阶段。资产阶级史学在现代中国的代表人物亦有不少,前面对陈寅恪的史学思想及治学特色已有集中性的论述,以下试简要地介绍梁启超、胡适、顾颉刚、何炳松、傅斯年、朱谦之、陈垣、张荫麟等几位史学大家。

1. 梁启超晚年的史学思想

梁启超在学术界是公认的中国"新史学"的领袖、著名的历史学家,同时也是现代中国学术界少有的百科全书式的学术大师。早在 20 世纪初年,梁启超发出"史界革命"的号召,倡导"新史学",成为中国资产阶级史学的领袖。他在《中国史叙论》(1901 年)中对历史进行了进化论的解说,指出:"史也者,论述人间过去之事实者也",在于"探察人间全体之运动进步,即国民全部之经历,及其相互之关系"①。梁启超在《新史学》中,又以科学的"法则学"要求来检讨史学,认为"历史者,叙述人群进化之现象而求得其公例者也",故"善为史者,必研究人群进化之现象,而求其公理公例之所在"②。梁启超"五四"以后主要从事史学研究工作,勤于笔耕,写出了《中国历史研究法》、《历史统计学》、《中国历史研究法(补编)》、《中国文化史》、《五十年中国进化概论》、《清代学术概论》、《中国近三百年学术史》、《先秦政治思想史》等一批传世著作。梁启超晚年进入学术反思阶段,他的学术思想有较大的变化,史学思想的变化也较大,改变了先前的诸多看法。

梁启超在 1922 年出版的《中国历史研究法》中,对于史学作出了与过去有

---

① 梁启超:《中国史叙论》,《饮冰室合集·文集之六》,中华书局 1989 年版,第 1 页。

② 梁启超:《新史学》,《饮冰室合集·文集之九》,中华书局 1989 年版,第 10 页。

很大不同的解释。他指出:"史者何？记述人类社会赓续活动之体相,校其总成绩,求得其因果关系,以为现代一般人活动之资鉴者也。"①对于这样的关于"史"的定义,梁启超强调了史学的四个方面内容:

其一,"活动之体相"。梁启超将人类的"活动"作为史学记述的内容,这是由于他认为人类的"活动"与人类的"生存"有着不可分割的关系,亦即"人类为生存而活动,亦为活动而生存"。但是,所谓"活动",不仅有其"体"(活动本身),而且有其"相"(活动的外在表现),故而"活动"皆有其"体相"。在梁启超看来,史学记载人类的"活动",但又不是笼统地记载其活动,而是记载"活动之体相"。何谓"体相"？梁启超基于人类"活动"的内容及其表现,对"体相"作出这样的解释:"凡活动,以能活动者为体,以所活动者为相。史也者,综合彼参与活动之种种体,与其活动所表现之种种相,而成一有结构的叙述者也。是故非活动的事项——例如天象,地形等,属于自然界现象者,皆非史的范围;反之,凡活动的事项——人类情感理智意志所产生者,皆活动之相,即皆史的范围也。此所谓相者,复可细分为二:一曰活动之产品,二曰活动之情态。产品者,活动之过去相,因活动而得此结果者也;情态者,活动之现在项,结果之所从出也。……凡史迹皆人类过去活动之僵迹也,史家能事,乃在将僵迹变为活化——因其结果以推得其情态,使过去时代之现在相,再现于今日也。"②这里,梁启超通过对"体相"的解释,说明了人类活动及其成果的丰富性,这也使得史学在研究范围上得以扩大,凡是人类活动的种种事项及其表现皆为史学的范围。

其二,"人类社会之赓续活动"。梁启超强调,史学研究必须"以社会为范围",注重于社会的全体,"最少亦及于社会之一部",故而史学所记载的不是个人的活动,而是"人类"的活动;而这种"人类活动"乃是"赓续活动",于是"前代之人恒以其未完之业遗诸后代,后代袭其遗产而继长增高焉"。梁启超指出:"不曰'人'之活动,而曰'人类社会'之活动者:一个人或一般人之食息,生殖,争斗,忆念,谈话等等,不得谓非活动也;然未必皆为史迹。史迹也者,无论为一个人独立所造,或一般人协力所造,要之必以社会为范围;必其活动力之运用贯注,能影响及于全社会,——最少亦及于社会之一部,然后足以当史之成分。质言之,则史也者,人类全体或其大多数之共业所构成。故其性质非单独的,而社会

① 梁启超:《中国历史研究法》,《饮冰室合集·专集之七十三》,中华书局1989年版,第1页。
② 梁启超:《中国历史研究法》,《饮冰室合集·专集之七十三》,中华书局1989年版,第1—2页。

的也。复次,言活动而必申之以'赓续'者:个人之生命极短,人类社会之生命极长,社会常为螺旋形的向上发展,隐然若悬一目的以为指归;此目的地辽远无垠,一时代之人之所进行,譬犹涉涂万里者之仅跬一步耳。于是前代人之恒以其未完之业遗诸后代,后代袭其遗产而继长增高焉;如是递遗递袭,积数千年数万年,虽到达尚邈无其期,要之与目的地之距离,必日近一日;含生之所以进化,循斯轨也。"①因此,史学记载的范围不是"人类活动在空际含孤立性,在时际含偶现性断灭性",而是记载人类活动"在空际有周遍性,在时际有连续性者"。梁启超强调史学在于记载"人类社会之赓续活动",不仅有着人类全体的研究视域,而且突出了人类历史在"空际"上的"周遍性"特征与在"进化"上的前后相因、继长增高"的"连续性"特征。

其三,"活动之总成绩及其因果关系"。梁启超所说人类活动的"总成绩","非一个人一事业成功失败之谓,实乃薄录全社会之作业而计其总和"。这个"总成绩"有两类:一是"彰显而易见者",如"历史上大圣哲大英雄之出现,大战争大革命之经过,是其类也";二是"微细而难见者",譬如"一社会一时代之共同心理,共同习惯,不能确指其为何时何人所造,而匹夫匹妇日用饮食之活动皆与有力焉,是其类也"。在梁启超看来,史学不仅要记载人类活动的"总成绩",而且要探求其"因果关系"。梁启超说:"夫成绩者,今所现之果也,然必有昔之成绩以为之因;而今之成绩又自为因,以孕产将来之果;因果相续,如环无端,必寻出其因果关系,然后活动之继续性,可得而悬解也。"②梁启超提出要研究历史演变中"一果多因"、"一因多果"的情形,将探求人类总成绩的"因果关系"作为史学研究的内容。

其四,"现代一般人活动之资鉴"。梁启超强调史学的"资鉴"作用,认为史学著述应有服务于读者的目的,切合时代的需要。他指出:"今日之史,其读者为何许人耶?既已民治主义立国,人人皆以国民一分子之资格立于国中,又以人类一分子之资格立于世界;共感于过去的皙识之万不可缺,然后史之需求生焉。质言之,今日所需之史,则'国民资治通鉴'或'人类资治通鉴'而已。史家目的,在使国民察知现代之生活与过去未来之生活息息相关,而因以增加生活之兴味。睹遗产之丰厚,则欢喜而自壮;念先民辛勤未竟之业,则矍然思所以继志述事而不敢自暇逸;观其失败之迹与夫恶因恶果之递嬗,则知耻知惧,察吾遗传性之缺

---

① 梁启超:《中国历史研究法》,《饮冰室合集·专集之七十三》,中华书局1989年版,第2页。

② 梁启超:《中国历史研究法》,《饮冰室合集·专集之七十三》,中华书局1989年版,第3页。

憾而思所以匡矫之也。夫如此,然后能将历史纳入现在生活界使生密切之联锁;夫如此,则史之目的,乃为社会一般人而作,非为某权力阶级或某智识阶级而作,昭昭然也。"①梁启超在这里希望史学能够成为"国民资治通鉴"或"人类资治通鉴",认为史学的目的就在于"为社会的一般人"服务,增加国民"生活之兴味",并有助于"匡矫"民族的"遗传性之缺憾"。这集中地体现了梁启超的"民史"的理念和史学"致用"的追求。

梁启超在《中国历史研究法》中提出的史学研究的主张,有着重大的变化甚至出现观点反复的情况,即使在同一部著作中有时也不能将自己的观点贯彻始终。譬如,上面提到梁启超强调史学的"致用"的功能,主张史学"为社会的一般人"服务。但梁启超在该著的"史之改造"部分,却有对史学服务现实的目标提出批评,提出"为历史而治历史"、"以史为目的而不以为手段"的主张,并认为史学必须坚持"纯客观的研究",只有追求客观才能造成"信史",而只有"信史"之后才能有"良史"。他说:"吾侪今日所渴求者,在得一近于客观性质的历史。我国人无论治何种学问,皆含有主观的作用——搀以他项目的,而绝不愿为纯客观的研究。……惟史亦然,从不肯为历史而治历史,而必侈悬一更高更美之目的——如'明道''经世'等;一切史迹,则以供吾目的之刍狗而已。其结果必至强史就我,而史家之信用乃坠地。此恶习起自孔子,而二千年之史,无不播其毒。"又说:"夫史之性质,与其他学术有异;欲为纯客观的史,是否事实上所能办到,吾犹未敢言。虽然吾侪有志史学者,终不可不以此自勉;务持鉴空衡平之态度,极忠实以搜集史料,极忠实以叙论之,使恰如其本来。……乃至对本民族偏好溢美之辞,亦当力戒。良史固所以促国民之自觉,然真自觉者决不自欺,欲以自觉觉人者尤不宜相蒙。故吾以为今后作史者,宜于可能的范围内,裁抑其主观而忠实于客观,以史为目的而不以为手段。夫然后有信史,有信史然后有良史也。"②梁启超的这两段论述,固然在于批判传统史学的"文以载道"传统,追求史学的"科学性"目标,使史学能够建设成为有如自然科学那样的科学,但很显然的是,其主张与前面提出的史学的致用功能是相矛盾的。当然,梁启超对于是否能够最终地撰写"客观性质的历史"也是表示怀疑的,故而不敢就"纯客观的史,能否事实上所能办到"这个问题下结论。可能是由于这种对史学客观化目

①　梁启超:《中国历史研究法》,《饮冰室合集·专集之七十三》,中华书局1989年版,第3页。
②　梁启超:《中国历史研究法》,《饮冰室合集·专集之七十三》,中华书局1989年版,第31—33页。

标所抱有的怀疑态度,梁启超在其后的《中国历史研究法(补编)》中,对自己提出的"为历史而治历史"、"以史为目的而不以为手段"的看法又予以修改,认为史学研究的目的就在于"将过去的真事实予以新意义或新价值",就在于为现代人提供"活动之资鉴"。他在《中国历史研究法(补编)》中,指出:"甚么是历史的目的? 简单一句话,历史的目的在将过去的真事实予以新意义或新价值,以供现代人活动之资鉴。……吾人做新历史而无新目的,大大可以不作。历史所以要常常去研究,历史所以值得研究,就是因为要不断的予以新意义及新价值以供吾人活动的资鉴。……研究历史也同做电影一样:吾人将许多死的事实组织好,予以意义及价值,使之活动,活动的结果,就是供给现代人应用。"①梁启超还就这个研究目标"分段细细解释",从"求得真事实"、"予以新意义"、"予以新价值"、"供吾人活动之资鉴"等方面作出分析性的说明。在《中国历史研究法(补编)》中,梁启超批评了"为学问而学问"的高调,申明了史学"致用"的主张,指出:史学研究在于"供吾人活动之资鉴。所谓活动,亦有二种解释,即社会活动方面与个人活动方面。研究两方面的活动,都要求出一种用处。现在人很喜欢倡'为学问而学问'的高调。其实'学以致用'四字也不能看轻。为甚么要看历史? 希望自己得点东西。为甚么要作历史? 希望读者得点益处。学问是拿来致用的,不单是为学问而学问而已。"②不难看出,梁启超这个主张虽然又回到《中国历史研究法》一开始提出的史学服务现实的"致用"目标上,但因为经历了一个关于史学"客观化"的思考,因而此时的史学"致用"目标乃是其认识上的提高,故而也就不是学术主张的简单"回归"。

梁启超晚年史学思想的变化,不仅体现在对史学功能的认识上,也体现在对因果规律的认识上。在《中国历史研究法》中,梁启超认识到历史规律的复杂性特征,但认为史家是难以掌握历史规律的。由此,梁启超对于史学能否把握历史规律表示怀疑,认为以自然科学的规律来对待历史不仅"不可能",而且是极为"有害的",其结果是失去"历史之真相";但他此时由于有着既有的科学信念,又不得不承认历史研究中梳理因果关系的必要性,只不过他认为这种历史中的因果关系,不能等同于自然科学的规律。他指出:"宇宙之因果律,往往为复的而非单的,为曲的而非直的,为隔的伏的而非连的显的,故得其真也甚难。自然界

---

① 梁启超:《中国历史研究法(补编)》,《饮冰室合集·专集之九十九》,中华书局1989年版,第5页。

② 梁启超:《中国历史研究法(补编)》,《饮冰室合集·专集之九十九》,中华书局1989年版,第10页。

之现象且有然,而历史现象其尤甚也。严格论之,若欲以因果律绝对的适用于历史,或竟为不可能的,而且有害的,亦未可知。何则？历史为人类心力所造成,而人类心力之动,乃极自由而不可方物。心力既非物理的或数理的因果律所能完全支配,则其所产生之历史,自亦与之同一性质。今必强悬此律以驭历史,其道将有时而穷,故曰不可能;不可能而强应用之,将反失历史之真相,故曰有害也。然则吾侪竟不谈因果可乎？曰,断断不可。不谈因果,则无量数繁赜变幻之史迹,不能寻出一系统,而整理之术穷;不谈因果,则无以为鉴往知来之资,而史学之目的消灭。故吾侪常须以炯眼观察因果关系,但其所适用之因果律,与自然科学之因果律不能同视耳。"①这可见,此时的梁启超在历史规律的问题上,处于一种十分矛盾的心理。此时的梁启超尽管对史家能否掌握历史因果关系表示怀疑,但并没有否认历史因果关系的存在,相反他还反对历史研究中"不谈因果"的做法,这也推动梁启超研究历史学与自然科学的区别,并进而发现历史因果关系的独特性。在他看来,自然现象与历史现象的区别,主要在三个方面:

一是"自然科学的事项,常为反复的、完成的;历史事项反是,常为一度的、不完成的"。这里是说,自然现象"常在必然的法则支配下","同样条件,必产同样结果";然而,历史现象则不同,"天下从无同铸一型的史迹",凡史迹皆如庄子所谓"新发于硎",还"未有缫演乎其旧者","不宁惟是,每一段史迹,殆皆在前进之半途中,作若行若止之态,常将其未竟之绪之一部分贻诸方来",故而在历史现象中"欲求如自然科学之截然表示一已完成之定形定态以供人研究者,殆不可得"。正是自然现象与历史现象有这样的区别,梁启超说"自然科学可以有万人公认之纯客观的因果律,而历史盖难言之矣"②。

二是"自然科学的事项,常为普遍的;历史事项反是,常为个性的"。梁启超在"普遍性"与"独特性"的视域之中看待自然现象与历史现象,强调历史的"个性"特征,并认为这是自然现象所无法比拟的。他说,二加二等于四,氢氧化合生成水,数学上没有不同质的"二",化学上也没有不同质的"氢"与"氧",故而有"二加二等于四"的法则,有氢氧化合的法则。但"历史不然",因为"历史由人类所造"。梁启超说:"人类只有一个孔子,更无第二个孔子;只有一个基督,更无第二个基督。……盖历史纯为个性发挥之制造品,而个性直可谓之无一从同,

① 梁启超:《中国历史研究法》,《饮冰室合集·专集之七十三》,中华书局1989年版,第110—111页。

② 梁启超:《中国历史研究法》,《饮冰室合集·专集之七十三》,中华书局1989年版,第111页。

又不惟个人为然耳。历史上只有一个文艺复兴时代,更无绝对与彼相同之第二个时代;世界上只有一个中华民族,更无绝对与我相同之第二个民族。凡成为历史事实之一单位者,无一不各有其个别之特性。此种个性,不惟数量上复杂不可偻指,且性质上亦幻变不可方物。而最奇异者,则合无量数互相矛盾的个性,互相分歧或反对的愿望与努力,而在若有意若无意之间,乃各率其职以共赴一鹄,以组成此极广大极复杂极致密之'史纲'。人类之不可思议,莫过是矣。"由此,梁启超认为:"史家之职责,则在此种极散漫极复杂的个性中,而觑见其实体,描出其总相,然后因果之推验乃可得施。此其所以为难也。"①

三是"自然科学的事项,为超时间空间的;历史事项反是,恒以时间空间关系为主要基件"。梁启超还以"二加二等于四"及氢氧化合生成水的例子说明,自然现象是"超时间空间的",但历史现象不同,时间和空间是历史现象的基本要件,历史也就有着时间和空间的特征。他指出:"历史反是:某时代关系极重要之事项,移诸他时代或成为绝无意义;不宁惟是,同一事件,早一年发生与迟一年发生,乃至早一日一刻发生与迟一日一刻发生,其价值可以相去悬绝。空间方面亦复如是,甲处所发生事件,假令以同型的——其无绝对同型的不俟论——移诸乙处,其所取得历史上之意义与价值,迥乎不相侔。质而言之,史迹之为物,必与'当时''此地'之两观念相结合,然后有评价之可言。故史学推论的方式,比诸自然科学,益复杂而难理也。"②

梁启超将自然现象与历史现象进行比较,申明了历史现象的独特性,有助于纠正那种将历史现象混同于自然现象的史学观。因而,对于历史研究是有意义的。梁启超"指出自然现象与人类历史现象存在着显著的不同特点,历史现象具有一度性、不完全性和特殊性,受时间和空间条件的严格制约,因而历史的因果律与自然科学的因果律也有很大的区别,应当说是正确的"③。但是,梁启超由于过分地看到历史现象的"独特性",又有否定历史规律的倾向。这也是值得指出的。

梁启超在《中国历史研究法》之后的 1922 年底,作了《研究文化史的几个重要问题》的讲演。该讲演在李凯尔特思想的影响下,彻底否定了自己曾经主张的历史因果律的思想,不仅对自己在《中国历史研究法》的相关主张加以批评和

---

① 梁启超:《中国历史研究法》,《饮冰室合集·专集之七十三》,中华书局 1989 年版,第 112 页。

② 梁启超:《中国历史研究法》,《饮冰室合集·专集之七十三》,中华书局 1989 年版,第 112—113 页。

③ 洪认清:《中国史学思想通史·近代后卷》,黄山书社 2002 年版,第 157—158 页。

修改,而且还用西方的意志自由的观点加以论证。他说:

> 史学向来并没有被认为科学,于是治史学的人因为想令自己所爱的学问取得科学资格,便努力要发明史中因果。我就是这里头的一个人。我去年著的《中国历史研究法》内中所下历史定义,便有"求得其因果关系"一语。我近来细读立卡儿特著作,加以自己深入反复研究,已经发觉这句话完全错了。……历史为文化现象复写品,何必把自然科学所用的工具扯来装自己门面? 非惟不必,抑且不可,因为如此便是自乱法相,必至进退失据。当我著《历史研究法》时,为这个问题,着实恼乱我的头脑。我对于史的因果很怀疑,我又不敢拨弃他。……我现在回看这篇旧著,觉得有点可笑。既说"以因果律驭历史,不可能而且有害",何以又说"不谈因果断断不可"? 我那时候的病根,因为认定因果律是科学万不容缺的属性,不敢碰他,所以有这种矛盾不彻底的见解。当时又因为调和这种见解,所以另外举出历史因果律与自然科学因果律不同的三点。其实照那三点说来,是否还可以名之为因果律,已成疑问了。①

梁启超在《研究文化史的几个重要问题》文章中,否定历史因果律的重要理由,就是认为人类历史为"自由意志"所创造。他说,所谓"因果"就是"有甲必有乙,必有甲才能有乙,于是命甲为乙之因,命乙为甲之果",故而因果律也就叫作"必然的法则"。但是,人类历史是由自由意志造成的,其中并不存在"必然"的问题。为此,梁启超就历史现象中是否有"因"与"果"的问题进行辨析。就"因"的问题来看,"佛陀本是一位太子,物质上快乐尽够享用,原可以不出家,为什么他要出家? 出家成道后,本来可以立刻'般涅槃',享他的精神快乐,为什么他不肯如彼,偏要说四十九的法? ……试问:有什么必然的因果法则支配佛陀,令其必出家、必说法? 一点儿也没有,只是赤裸裸的凭佛陀本人的意志自由创造! 须知,不但佛陀和佛教如此,世界上大大小小的文化现象,没有一件不是如此。欲应用自然科学上因果律求出他'必然的因',可是白费心了。"就"果"的问题来看,恺撒北征雅里亚"本来对付内部绷标一派的阴谋,结果倒成了罗马统一欧洲之大业的发轫";而明成祖派郑和出海,其"目的不过想访拿建文,最多也不过为好大喜功之一念所冲动,然而结果会生出闽粤人殖民南洋的事业"。故而,"历史上无论大大小小都是如此,从没有一件可以预先算准那'必然之果'。为

---

① 梁启超:《研究文化史的几个重要问题》,《饮冰室合集·文集之四十》,中华书局1989年版,第2—3页。

什么呢？因为人类自由意志最是不可捉摸的，他正从这方向创造，说不定一会又移到那方向创造去；而且一个创造又常常引起（或不引起）第二、第三……个创造"。由此，"拿玻璃管里加减原素那种玩意来测量历史上必然之果"也就是"痴人说梦"。梁启超正是基于历史创造源于"自由意志"的理论，来分析历史现象中是否存在"因"与"果"的问题，其结论是："'必然'与'自由'，是两极端，既必然便没有自由，既自由便没有必然。我们既承认历史为人类自由意志的创造品，当然不能又认他受因果必然法则的支配，其理甚明。"①梁启超认为，历史现象为人类的"自由意志"所创造，历史现象不是受"因果律"支配，但这不是说历史现象之间没有"联带关系"，不过这种"联带关系"只是"互缘"，而不是"因果"。对此，梁启超的解释是："历史现象，最多只能说是'互缘'，不能说是因果。互缘怎么解呢？谓互相为缘。佛典上常说的譬喻，'相待如交芦'，这件事和那件事有不断的联带关系，你靠我、我靠你才能成立。就在这种关系状态之下，前波后波，衔接动荡，便成一个广大渊深的文化史海。我们做史学的人，只要专从这方面看出历史的'动相'和'不共相'。"②需要说明的是，梁启超以"互缘"来释读历史现象中的"联带关系"，否认了历史为因果律决定的主张，但也不认为"全部历史里头"没有一点"因果律"的存在。他从文化史的视角来解读历史，将历史分为"文化种"与"文化果"两大部门，认为"文化种"中受自由意志的支配，而"文化果"之中有"因果律"的作用。他说："然则全部历史里头，竟自连一点因果律都不能存在吗？是又不然。我前回说过，文化总量中，含有文化种、文化果两大部门。文化种是创造活力，纯属自由意志的领域，当然一点也不受因果律束缚；文化果是创造力的结晶，换句话说，是过去的'心能'，现在变为'环境化'。成了环境化之后，便和自然系事物同类，入到因果律的领域了。这部分史料，我们尽可以拿因果律驾驭他。"③尽管梁启超在某种程度上还承认史学领域之中有"因果律"存在的地方，但他实际上已经将"因果律"排除出在历史的主航道之外。梁启超在《中国历史研究法（补编）》中，进一步申明自己否定因果律的主张："历史不属于自然界，乃社会科学最重要之一，其研究法与自然科学研究法不同。历史为人

---

① 梁启超：《研究文化史的几个重要问题》，《饮冰室合集·文集之四十》，中华书局 1989 年版，第 3 页。

② 梁启超：《研究文化史的几个重要问题》，《饮冰室合集·文集之四十》，中华书局 1989 年版，第 4 页。

③ 梁启超：《研究文化史的几个重要问题》，《饮冰室合集·文集之四十》，中华书局 1989 年版，第 5 页。

类活动之主体,而人类的活动极其自由,没有动物植物那样呆板。我们栽树,树不能动;但是人类可以跑来走去。我们养鸡,鸡受支配。但是人类可以发生意想不到的行为。凡自然的东西,都可以用呆板的因果律去支配。历史由人类活动组织而成,因果律支配不来。有时逆料这个时代这个环境应该发生某种现象,但是因为特殊人物的发生,另自开辟一个新局面。……历史没有重复的时代,没有绝对相同的事实。因为人类自由意志的活动,可以发生非常现象。"①梁启超将历史解释为"自由意志"的产物,否认了历史中因果律的存在,这是梁启超晚年史学思想的重要表征。

梁启超晚年对于历史现象的"进化"问题也发生疑问,尽管在总体上还承认历史是进化的,但此时却认为所谓历史的进化也只是在一定的条件之下,并不是所有的历史现象都是进化的。梁启超在《研究文化史的几个重要问题》的讲演中,说自己此时还是认为历史是"进化"的,"并不曾抛弃这种主张,但觉得要把内容重新规定一回"。为什么要对历史"进化"问题加以"重新规定"呢?他说,自己原来对于孟子说的"天下之生久矣,一治一乱"这句话是很反对的,"因为和我所信的进化主义不相容",但现在对历史进化的主张"也不敢十分坚持了"。梁启超对历史进化主张发生疑问的一个重要原因,是此时受到了杜里舒讲学的影响。1922 年下半年,杜里舒曾在杭州讲演,认为"凡物的文明,都是堆积的非进化的",历史的进化只是表现在"心的文明"上,亦即"心的文明"是"创造的进化的"。梁启超虽然不完全赞同杜里舒的看法,但在思想上又"很认他含有几分真理"。于是,梁启超对历史现象"是否为进化"问题,有这样的说明:"我现在并不肯撤消我多年来历史的进化的主张,但我要参酌杜氏之说,重新修正进化的范围。我以为历史现象可以确认为进化者有二:一、人类平等及人类一体的观念,的确一天比一天认得真切,而且事实上确也著著向上进行。二、世界各部分人类心能所开拓出来的'文化共业',永远不会失掉,所以我们积储的遗产,的确一天比一天扩大。只有从这两点观察,我们说历史是进化,其余只好编在'一治一乱'的循环圈内了。但只须这两点站得住,那么,历史进化说也尽够成立哩。"②说明梁启超对"历史进化"主张的修改,并不是说此时的梁启超完全否认了历史的进化,而是说他在承认进化的同时也看到另一种"堆积"的情形。事实上,梁

---

① 梁启超:《中国历史研究法(补编)》,《饮冰室合集·专集之九十九》,中华书局 1989 年版,第 21—22 页。

② 梁启超:《研究文化史的几个重要问题》,《饮冰室合集·文集之四十》,中华书局 1989 年版,第 6—7 页。

启超对于"历史进化"还是非常重视的。在 1923 年初撰写的《五十年中国进化概论》中，梁启超以历史进化的观点考察了五十年中"中华民族之扩大"的事实，并充满乐观向上的态度，提出国民"新努力"对于民族振兴的意义。该文指出："民族扩大，是最可庆幸的一件事。因此可以证明我们民族正在青春时代，还未成年，还天天在那里长哩。这五十年里头，确能将几千年未了的事业了他几桩，不能不说是国民努力的好结果。……须知我们民族会往前进，别的民族也会往前进，今后我们若是没有新努力，恐怕只有兜截转来，再没有机会继续扩大了。"①《五十年中国进化概论》以进化的观念考察近代中国思想文化的变迁，认为中国人在学问和思想方面有了巨大的变化，科举制度的废除"到底算把这件文化障碍物打破了"，"用历史家眼光看来，不能不算是五十年间一件大事"；学习西方亦有显著的成效，"到如今'新文化运动'这句话，成了一般读书社会的口头禅。马克思差不多要和孔子争席，易卜生差不多要推到屈原"。中国思想界"由静而动"的"机势"，"谁也不能不说他是进化"，并且"确已替将来开出一条大进步的路径"。由此，梁启超将中国思想觉悟分为三个时期，"第一期，先从器物上感觉不足"，这感觉从鸦片战争开始，"很觉得外国的船坚炮利，确是我们所不及，对于这方面的事项，觉得有舍己从人的必要，于是福建船政学堂、上海制造局等等渐次设立起来"，而"制造局里头译出几部科学书"，也为第二期"不懂外国话的西学家""开出一条血路"。"第二期，是从制度上感觉不足"，这种"感觉"始自于中日甲午战争，"自从和日本打了一个败仗下来，国内有心人，真象睡梦中著一个霹雳，因想道，堂堂中国为什么衰败到这田地，都为的是政制不良，所以拿'变法维新'做一面大旗，在社会上开始运动"，"他们的政治运动，是完全失败，只剩下前文说的废科举那件事，算是成功了。这件事的确能够替后来打开一个新局面，国内许多学堂，外国许多留学生，在这期内蓬蓬勃勃发生"。第二期学问上最有价值的"要推严复翻译的几部书，算是把十九世纪主要思潮的一部分介绍进来"。"第三期，便是从文化根本上感觉不足"。文化上感觉不足的时间比较长，"从甲午战役起到民国六七年间止"，约有二十年时间，"觉得社会文化是整套的，要拿旧心理运用新制度，决计不可能，渐渐要求全人格的觉悟"。"恰值欧洲大战告终，全世界思潮都添许多活气，新近回国的留学生，又很出了几位人物，鼓起勇气做全部解放的运动"，所以"最近两三年间，算是划出一

————————

① 梁启超：《五十年中国进化概论》，《饮冰室合集·文集之三十九》，中华书局 1989 年版，第 42 页。

个新时期来了"①。但总体来说,就梁启超对"历史进化"主张的修改来看,晚年的梁启超还是坚持历史进化思想的,但在史学思想方面确实比 20 世纪初年倡导"新史学"时,确实有很大的"倒退",但这种"倒退"也是在新的思考中,从而在诸多方面亦有深入的地方。

梁启超晚年的史学思想与其早年倡导"新史学"相比,在历史因果律、历史进化等问题上的认识确实有很大的变化,并且更侧重于历史学的理论研究与方法研究。梁启超晚年从世界史学发展的格局中思考史学理论问题,注意到西方人文主义史学思潮的相关观点,并在事实上受到了李凯尔特等思想的影响,从文化的视角研究史学的进路及发展态势,从而对自己在 20 世纪初年所形成的进化史观有很大的修正。可见,西方史学思潮的变化及其梁启超本人对于西学的重新认识,乃是梁启超史学思想发生变化的重要原因。梁启超晚年注重对中国学术史的研究,加强对本国学术与文化的总结,撰写了《清代学术概论》、《中国近三百年学术史》等著作,这是其转向文化史研究的表现。也正是基于对本国文化与学术的重视,他晚年写出《中国历史研究法》、《中国历史研究法(补编)》等史学方法论的著作,力图在史学方法与史学方法论上形成体系。譬如,他在《中国历史研究法(补编)》中提出整理史料的五种方法:一是钩沉法:从日记或生人中钩出史料;二是正误法:核对史料;三是新注意法:从常人不注意的事情中搜寻史料,如诗歌、故事等;四是搜集排比法:从史料排比中发现问题;五是联络法:对历史事实的前因后果进行联系性的考察。梁启超乃是学术大家、史学名家,善于总体上驾驭历史的行进轨迹,故而"不论前期还是后期,梁之史学都有气象宏阔、重视历史的整体性、重视史学研究的具体数据、重视科际整合的特点"②。梁启超的史学思想尽管在五四时期呈现倒退之势,但在五四时期的学术界仍有重要的影响,不仅得到胡适、顾颉刚等人的推重,而且马克思主义学者李大钊等亦予以很大的关注。

2. 胡适的史学思想

胡适是中国现代学术史上的学术大家、一代宗师,不仅是现代中国的著名哲学家、文学家,而且也是很有影响的史学家,其史学思想直接影响了顾颉刚等人。

胡适的史学思想是以其所持有的历史进化论思想为指导而形成的思想体

---

① 梁启超:《五十年中国进化概论》,《饮冰室合集·文集之三十九》,中华书局 1989 年版,第43—45 页。

② 刘梦溪:《中国现代学术要略》(修订本),生活·读书·新知三联书店 2018 年版,第 111 页。

系,并始终贯穿着历史进步的理念,具有实验主义方法论的特点。胡适早年留学
美国,师从著名的实验主义哲学家杜威,不仅接受了实验主义哲学的分析方法,
而且力图将进化论与实验主义相结合,从而也就形成独具特色的思想体系与研
究方法。胡适曾说明,实验主义与进化论不仅不矛盾,而且贯彻了进化论的基本
理念,并在贯彻进化论的过程中形成了"历史的态度"。他指出:"进化的观念,
自从达尔文以来,各种学问都受了他的影响。……到了实验主义一派的哲学家,
方才把达尔文一派的进化观念拿到哲学上来应用;拿来批评哲学上的问题,拿来
讨论真理,拿来研究道德。进化观念在哲学上应用的结果,便发生了一种'历史
的态度'(The genetic method)。怎么叫做'历史的态度'呢? 这就是要研究事务
如何发生,怎样来的,怎样变到现在的样子:这就是'历史的态度'。……这种历
史的态度便是实验主义的一个重要的元素。"①胡适对于中国古代哲学史的研
究,也是在进化论指导下进行的,其主要努力就是运用进化论对中国哲学发展的
历史作新的梳理,以呈现中国哲学演进的轨迹及其特色。蔡元培在为胡适的
《中国古代哲学史》所作的"序"中说:"适之先生此编,不但孔墨两家有师承可考
的,——显出变迁的痕迹。便是从老子到韩非,古人划分做道家和儒墨名法等家
的,一经排比时代,比较论旨,都有递次演进的脉络可以表示。此真是古人所见
不到的。"②胡适史学思想中的"历史的态度"、"历史的考证法",皆源于其实验
主义的方法论。

　　胡适界定了"历史"这个概念,并赋予其多样性的内容。胡适指出:"历史是
多方面的:单记朝代兴亡,固不是历史;单有一宗一派,也不成历史。过去种种,
上自思想学术之大,下至一个字、一支山歌之细,都是历史"③。可见,胡适所说
的历史具有丰富的内容,不仅包括"朝代兴亡"等政治史,也包含思想、学术和文
化等各个方面的演变,因而凡是人类生活各方面的皆为历史的内容。这就极大
地扩大了历史的范围。基于这样的观点,胡适对于范围狭隘的旧史研究提出批
评:"做通史的人,于每一个时代,记载几个帝王的即位和死亡,几个权臣的兴起
和倾倒,几场战争的发动和结束,便居然写出一部'史'来了。但这种历史,在我
们今日的眼光里,全是枉费精神,枉费笔墨,因为他们选择的事实,并不能代表时
代的变迁,并不能写出文化的进退,并不能描出人民生活的状况。"④这里,胡适

　　①　《实验主义》,《胡适文集》(2),北京大学出版社1998年版,第212页。
　　②　蔡元培:《中国哲学史大纲·序》,《胡适文集》(6),北京大学出版社1998年版,第156页。
　　③　《〈国学季刊〉发刊宣言》,《胡适文集》(3),北京大学出版社1998年版,第11页。
　　④　《〈中古文学概论〉序》,《胡适文集》(3),北京大学出版社1998年版,第609页。

将"时代的变迁"、"文化的进退"、"人民生活的状态"等纳入历史的范围,极大地扩大了历史的范围。因而,在胡适的视域之中,所谓历史也就是反映人类社会生活变迁的"社会史"、"文化史"。正是因为历史的内容丰富多彩,胡适认为历史研究工作非一人的力量所能为,不仅学者之间要进行"分功合作",并且还要进行"专史"的研究,"用现在力所能搜集考订的材料,因陋就简的先做成各种专史,如经济史,文学史,哲学史,数学史,宗教史,……之类",而在"专史之中,自然还可分子目,如经济史可分时代,又可分区域;如文学史哲学史可分时代,又可分宗派,又可专治一人;如宗教史可分时代,可专治一教,或一宗派,或一派中的一人"①。胡适由"历史"范围的界定进而论及历史研究的范围,可见其有着广阔的历史视野与学术研究视野。

胡适对于"史学"的含义作了独特性的理解,内含着"史料"与"史论"的关系,力图将实证主义史学观与人文主义的史学观统合起来。在西方学术界,科学的观点被引用到史学研究,主张用自然科学的方法来搜罗史料,使史学建设成为具有"法则学"的历史科学,这是实证主义的史学研究路数;但同时,西方学术界也有人继续坚持史学的人文性特征,认为史学研究乃是有研究者价值观的参与,故而史学乃是一种艺术性的工作,因而重点应在史料的解释上,这是人文主义的史学研究路数。胡适注意到这两者的研究路数,力图使两者统合起来。他指出:"史学有两方面:一方面是科学的,重在史料的搜集与整理;一方面是艺术的,重在史实的叙述与解释。"②这里,胡适强调史料在史学研究中的基础性地位,故而所谓的史学首先是对材料进行科学的搜集与整理,使得史料具有真确性并形成一个系统,其次就是对史料的解读,发挥史学家的"叙述与解释"的作用。就此而言,史学即使在科学方面不容易有什么重大的贡献,但"在叙述与解释的方面我们正多驰骋的余地"。应该说,胡适对于"科学的"与"艺术的"这两者,都是高度重视的,并且强调两者的统一。他以宋儒与清汉学家的比较,说明两者之间的结合:"宋儒注重贯通,汉学家注重校勘训诂。但是宋儒不明校勘训诂之学(朱子稍知之,而不甚精),故流于空疏,流于臆说。清代的汉学家,最精校勘训诂,但多不肯做贯通的功夫,故流于支离破碎。"③具体而言,胡适所说"史学"的艺术性,实际上就是要求史家在研究中能更好地发挥"叙述与解释"的作用,亦即

①　《〈国学季刊〉发刊宣言》,《胡适文集》(3),北京大学出版社 1998 年版,第 15 页。
②　《介绍几部新出的史学书》,《胡适文集》(10),北京大学出版社 1998 年版,第 750 页。
③　《中国古代哲学史》,《胡适文集》(6),北京大学出版社 1998 年版,第 181 页。

史学研究中要有史学家研究理念、价值观念的积极参与,用胡适的话说就是要有史学家自己的"综合的理解",否则所谓史学"只有经师,而无思想家;只有校史者,而无史家;只有校注,而无著作"①;而"艺术的"治学要求,主要的工作就是史学家在"综合的理解"基础上所进行的"评判",当然这是一种"客观的"评判而非纯粹"主观的"评判。胡适以哲学史研究为例,指出:"那种'主观的'评判,没有什么大用处。如今所说,乃是'客观的'评判。这种评判法,要把每一家学说所发生的效果表示出来。这些效果的价值,便是那种学说的价值。这些效果大概可分为三种:(甲)要看一家学说在同时的思想和后来的思想上发生何种影响。(乙)要看一家学说在风俗政治上发生何种影响。(丙)要看一家学说的结果可造出什么样的人格来。"②同时,胡适强调史学研究中材料审定的极端重要性,认为如果研究中依据"不可靠"的史料,则"所作的历史便无信史的价值","若把那些不可靠的材料信为真书,必致(一)失了各家学说的真相;(二)乱了学说先后的次序;(三)乱了学派相承的系统"③。不难看出,胡适关于"史学"概念的诠释,重点阐明了"史料"与"史论"的关系。胡适在"史学"概念界定的基础上,对"历史家"的能力提出新的要求,认为"历史家须要有两种必不可少的能力:一是精密的功力,一是高远的想象。没有精密的功力,不能做搜求和评判史料的功夫;没有高远的想象力,不能构造历史的系统。"④

胡适著有《论国故学》、《研究国故的方法》、《〈国学季刊〉发刊宣言》等文章,主张以进化论的观点和科学的方法来梳理"国故",使"国故"从经学的体系中解放出来。"国故"在胡适的视域之中只是文化史上的重要材料,而没有过去的那种"经学"的神秘性。他说:"中国的一切过去的文化历史,都是我们的'国故';研究这一切过去的历史文化的学问,就是'国故学',省称为'国学'。'国故'这个名词,最为妥当;因为他是一个中立的名词,不含褒贬的意义。'国故'包含'国粹';但他又包含'国渣'。我们若不了解'国渣',如何懂得'国粹'?所以我们现在要扩充国学的领域,包括上下三四千年的过去文化,打破一切的门户成见;拿历史的眼光来整统一切,认清了'国故学'的使命是整理中国一切文化历史,便可以把一切狭陋的门户之见都扫空了。"⑤胡适由"国故"概念的重新界

① 《〈国学季刊〉发刊宣言》,《胡适文集》(3),北京大学出版社1998年版,第8页。
② 《中国古代哲学史》,《胡适文集》(6),北京大学出版社1998年版,第165页。
③ 《中国古代哲学史》,《胡适文集》(6),北京大学出版社1998年版,第172页。
④ 《〈国学季刊〉发刊宣言》,《胡适文集》(3),北京大学出版社1998年版,第15页。
⑤ 《〈国学季刊〉发刊宣言》,《胡适文集》(3),北京大学出版社1998年版,第10页。

定而提出国学研究的使命，"国学的使命是要大家懂得中国的过去的文化史"，"国学的目的是要做成中国文化史"，而所谓"文化史"也有"一个总系统"，其中包括十个部分，即"（一）民族史；（二）语言文字史；（三）经济史；（四）政治史；（五）国际交通史；（六）思想学术史；（七）宗教史；（八）文艺史；（九）风俗史；（十）制度史。"①在研究理念上，胡适高度重视"历史观念"在史学研究中的地位，主张国故的研究必须在"历史观念"的指导之下。他指出："现在一般青年，所以对于国故没有研究兴趣的缘故，就是没有历史的观念。我们看旧书，可当它做历史看。清乾隆时，有个叫章学诚的，著了一本《文史通义》。上边说：'六经皆史也'，我现在进一步来说：'一切旧书——古书——都是史也'。本了历史的观念，就不由然而然的生出兴趣了。如道家炼丹修命，确是很荒谬的，不值识者一笑。但本了历史的观念，看看他究竟荒谬到了什么田地，亦是很有趣的。把旧书当做历史看，知它好到什么地步，或是坏到什么地步，这是研究国故方法底起点，是'开宗明义'第一章。"②胡适重视"历史观念"在国故研究中的作用，就是要打破"经学"的神秘性，因为"在历史的眼光里，今日民间小儿女唱的歌谣，和《诗》三百篇有同等的位置；民间流传的小说，和高文典册有同等的位置，吴敬梓、曹霑和关汉卿、马东篱和杜甫、韩愈有同等的位置"。故而，也就需要"用历史的眼光来扩大国学研究的范围"，将"国故学"视为"包括一切过去的文化历史"③。胡适的论述说明，历史的观念对于"国故"的认识和研究非常重要，"国故"只有在历史观念之下才能成为研究历史的材料，从而达到"用历史的眼光来整理一切过去文化的历史"的目标④。值得注意的是，胡适重视"历史观念"在整理国故中的地位，但他还强调"系统的研究"亦即整体而又系统的学术梳理的独特价值，他所说的"系统的研究"就是在"历史观念"之下的历史沿革的研究，因而也就具有"史"的意义。他说："古时的书籍，没有一部书是'著'的。中国底书籍虽多，但有系统的著作，竟找不到十部。我们研究无论什么书籍，都宜要寻出它的脉络，研究它的系统。所以我们无论研究什么东西，就须从历史方面着手。要研究文学和哲学，就得先研究文学史和哲学史。政治亦然。研究社会制度，亦宜先研究其制度沿革史，寻出因果的关系，前后的关键，要从没有系统的文

---

① 《〈国学季刊〉发刊宣言》，《胡适文集》（3），北京大学出版社 1998 年版，第 14—15 页。
② 《研究国故的方法》，《胡适文集》（12），北京大学出版社 1998 年版，第 91—92 页。
③ 《〈国学季刊〉发刊宣言》，《胡适文集》（3），北京大学出版社 1998 年版，第 11 页。
④ 《〈国学季刊〉发刊宣言》，《胡适文集》（3），北京大学出版社 1998 年版，第 14 页。

学、哲学、政治等等里边,去寻出系统来。"①同时,胡适还强调"科学方法"对于国故整理的意义。在他看来,"清朝的'汉学家'所以能有国故学的大发明者,正因为他们用的方法无形之中都暗合科学的方法。钱大昕的古音之研究,王引之的《经传释词》,俞樾的《古书疑义举例》,都是科学方法的出产品。这还是'不自觉的'(Unconscious)科学方法,已能有这样的成绩了。我们若能自觉的科学方法加上了许多防弊的法子,用来研究国故,将来的成绩一定更大了。"故而,"我们应该尽力指导'国故家'用科学的研究法去做国故的研究,不当先存一个'有用无用'的成见,致生出许多无谓的意见"②。胡适关于"国故"的解读使"国故"成为文化史上的材料,而他将研究的"历史观念"与研究的"科学方法"这两者视为史学研究的重要门径,在当时的中国学术界又是很有特色的。

胡适在进化论指导下,特别重视史学研究方法的探讨,主张在史学研究中运用"历史考证的方法",并特别注意史学方法论的研究,认为史学方法论最终集中为"大胆的假设,小心的求证"这十个字。他在《古史讨论的读后感》中,讨论了两个基本方法:"一个是用历史演变的眼光追求传说的演变,一个是用严格的考据方法来评判史料。"③胡适倡导的"历史的方法",强调的是研究者运用历史演变的观念(即胡适称之为的"历史的态度")来研究历史演进的进程,特别"重在每一种传说的'经历'与演进上,亦即"用历史演进的见解来观察历史上的传说"④,这实际上是进化论观念在历史研究中的具体运用,其具体要求是:(1)把每一件史事的种种传说,依先后出现的次序排列起来,(2)研究这件史事在每一个时代有什么样子的传说,(3)研究这件史事渐渐演进由简单变为复杂,由陋野变为雅驯,由地方的(局部的)变为全国的,(4)遇有可能时,解释每次演变的原因。胡适倡导的"考证的方法",主要侧重于对史料的考证态度与考证方法,要求"对于'证据'的态度是:一切史料都是证据。但史家要问:(1)这种证据是在什么地方寻出的?(2)什么时候寻出的?(3)什么人寻出的?(4)地方和时候上看起来,这个人有做证人的资格吗?(5)这个人虽有证人资格,而他说这句话时有作伪(无心的,或有意的)的可能吗?"⑤这里的基础性工作,就是通过搜求史料来"证实",而"证实之法,最可靠的是根据最初底本,其次是最古传本,其次

---

① 《研究国故的方法》,《胡适文集》(12),北京大学出版社1998年版,第93页。
② 《论国故学:答毛子水》,《胡适文集》(2),北京大学出版社1998年版,第328页。
③ 《介绍我自己的思想》,《胡适文集》(5),北京大学出版社1998年版,第516页。
④ 《古史讨论的读后感》,《胡适文集》(3),北京大学出版社1998年版,第82页。
⑤ 《古史讨论的读后感》,《胡适文集》(3),北京大学出版社1998年版,第86页。

是最古引用本文的书。万一这三项都不可得,而本书自有义例可寻,前后互证,往往也可以定其是非,这也可算是一种证实"①胡适认为,将"历史的方法"与"考证的方法"结合起来,就是史学研究的"科学方法",进一步概括就是"大胆的假设,小心的求证"这十个字。胡适说:"我要读者学得一点科学精神,一点科学态度,一点科学方法。科学精神在于寻求事实,寻求真理。科学态度在于撇开成见,搁起感情,只认得事实,只跟着证据走。科学方法只是'大胆的假设,小心的求证'十个字。"②胡适所揭示的"大胆的假设,小心的求证",集中地体现其史学方法论。

对于胡适提出的"大胆的假设,小心的求证"这十个字所反映出的史学方法论,需要进行具体分析并作出客观的评价。胡适提出的"大胆的假设,小心的求证"这十个字,有两层含义:一是要求假设要大胆,因为"假设不大胆,不能有新发明";二是要求求证要小心,因为"证据不充分,不能使人信仰"③。在胡适看来,"大胆的假设,小心的求证"本身就是实验主义所倡导的"科学的方法",这种方法不仅关涉到"材料"而且也关涉到"方法",既说明"同样的材料,方法不同,成绩也就不同"的道理,又说明"同样的方法,用在不同的材料上,成绩也就有绝大的不同"的道理,可见"科学的方法,说来其实很简单,只不过'尊重事实,尊重证据'。在应用上,科学的方法只不过'大胆的假设,小心的求证'。"④这就是说,在胡适的思想与学术视域中,所谓科学方法就是"假设"与"求证",其原因就在于"科学方法的两个重要部分,一是假设,一是试验。没有假设,便用不着试验"⑤。可以说,"大胆的假设,小心的求证"是胡适实验主义思想贯彻到史学研究中的产物,故而也是一种实验主义的学术方法论。对此,胡适在《我的歧路》中承认:"实验主义自然也是一种主义,但实验主义只是一个方法,只是一个研究问题的方法。他的方法是:细心搜求事实,大胆提出假设,再细心求实证。一切主义,一切学理,都只是参考的材料,暗示的材料,待证的假设,绝对不是天经地义的信条。"⑥胡适对于"实验主义"不是从本体论、认识论来认识的,而主要的是将其作为一种方法来解读的,从而阐明实验主义的方法论意义及其在史学

---

① 《校勘学方法论》,《胡适文集》(5),北京大学出版社 1998 年版,第 111 页。
② 《介绍我自己的思想》,《胡适文集》(5),北京大学出版社 1998 年版,第 518—519 页。
③ 《清代学者的治学方法》,《胡适文集》(2),北京大学出版社 1998 年版,第 302 页。
④ 《治学的方法与材料》,《胡适文集》(4),北京大学出版社 1998 年版,第 105 页。
⑤ 《清代学者的治学方法》,《胡适文集》(2),北京大学出版社 1998 年版,第 285 页。
⑥ 《我的歧路》,《胡适文集》(3),北京大学出版社 1998 年版,第 365 页。

研究中的要求。如他说："实验主义的两个根本观念：第一是科学试验室的态度，第二是历史的态度。这两个基本观念都是十九世纪科学的影响。所以我们可以说：实验主义不过是科学方法在哲学上的应用。"①胡适在思想上师承杜威，认为杜威的"试验室方法"有五个步骤：一、疑难的境地；二、指定疑难之点究竟在什么地方；三、假定种种解决疑难的方法；四、把每种假定所涵的结果想出来，看哪个假定能够解决这个困难；五、证实这种解决，使人信用，或证明这种解决的谬误，使人不信用。② 胡适特别重视杜威提出的"假设"的意义，认为"思想的真正训练，是要要使人有真切的经验来作假设的来源；使人有批评判断种种假设的能力；使人能造出方法来证明假设的是非真假"，并指出："杜威一系的哲学家论思想的作用，最注意'假设'。试看上文所说的五步之中，最重要的就是第三步。第一步和第二步的功夫只是要引起这第三步的种种假设；以下第四第五两步只是把第三步的假设演绎出来，加上评判，加上证验，以定那种假设是否适用的解决法。这第三步的假设是承上起下的关键，是归纳法和演绎法的关头。"③显然，胡适的"大胆的设想"思想直接源于杜威的"假设"主张，这一点胡适自己也承认："杜威先生教我怎样思想，教我处处顾到当前的问题，教我把一切学说理想都看作待证的假设，教我处处顾到思想的结果。"④胡适由于坚持实验主义的基本理念，在史学上不仅特别重视"假设"的重要性，而且也一直倡导"疑古"的主张，强调史学研究中"求证"的必要性。他曾说："证实是思想方法的最后又最重要的一步。不曾证实的理论，只可算是假设；证实之后，才是定论，才是真理。"又说："没有证据，只可悬而不断；证据不够，只可假设，不可武断；必须等到证实之后，方才奉为定论。"⑤"求证"就必须要有怀疑的眼光，不能尽信既有的看法，亦即需要"疑古"，只有"疑古"之后才会"求证"。故而，胡适所谓"大胆的假设，小心的求证"方法有着实验主义的理论支撑，同时也是与其所倡导的疑古思想相联系的，或者可以说是疑古思想在学术实践上的必然要求。概而言之，"大胆的假设，小心的求证"这十个字是胡适史学方法论的集中概括，突出地反映了胡适史学方法论中将中国传统的疑古、考信思想与西方实验主义思想相结合的特色，这在中国现代史学史上可以说是独树一帜的。

---

① 《实验主义》,《胡适文集》(2),北京大学出版社1998年版,第212—213页。
② 《实验主义》,《胡适文集》(2),北京大学出版社1998年版,第233页。
③ 《实验主义》,《胡适文集》(2),北京大学出版社1998年版,第238页。
④ 《介绍我自己的思想》,《胡适文集》(5),北京大学出版社1998年版,第508页。
⑤ 《介绍我自己的思想》,《胡适文集》(5),北京大学出版社1998年版,第518—519页。

　　胡适不仅在史料的整理与考证上有突出的贡献,而且写作了大量以历史考证为基础的学术专著。他提出了系统地整理史料的三种方法,一是"索引式的整理",即是"把一切大部的书或不容易检查的书,一概编成索引,使人人能用古书";二是"结账式的整理",一方面"把这一种学术里已经不成问题的部分整理出来,交给社会",另一方面是"把那不能解决的部分特别提出来,引起学者的注意,使学者知道何处有隙可乘,有功可立,有困难可以征服",因而"结账是(1)结束从前的成绩,(2)预备将来努力的新方向";三是"专史式的整理",就是分门别类的整理,先做成"经济史,文学史,哲学史,哲学史,数学史,宗教史,……之类"①。胡适也身体力行地进行古史的考证工作,他对于《老子》、《红楼梦》、《西游记》、《水经注》等作出了考证,尤其是对《水经注》的考证,花费了胡适晚年的二十年时间。胡适以考证为基础,撰写了大量的带有史学性质的学术专著,如《中国古代哲学史》、《章实斋先生年谱》、《戴东原的哲学》、《科学的古史家崔述》、《国语文学史》、《白话文学史》、《先秦名学史》等著作,在学术界有着很大的影响。

　　胡适的史学思想在现代中国的史学发展史上产生过重要的影响,其对顾颉刚的影响就是一个显例。顾颉刚在北大听了胡适的课,接受了胡适关于古史研究的思想。胡适对顾颉刚的研究工作给予了鼓励和指导,他曾在1921年致信顾颉刚,信中说:"大概我的古史观是:现在先把古史缩短二三千年,从《诗三百篇》做起。将来等到金石学,考古学发达了科学轨道以后,然后用地底下掘出的史料,慢慢地拉长东周以前的古史。至于东周以下的史料亦须严密评判,'宁疑古而失之,不可信古而失之'。"②顾颉刚说,他在胡适的《水浒传考证》和《井田辨》等文字中得到了"历史的方法"的启示,运用"历史演进的方法"进行古史辨的工作。正是在胡适的影响下,顾颉刚形成了"层累地造成的古史"的学术见解,其内容是三点:"(1)可以说明时代愈后,传说的古史期愈长。(2)可以说明时代愈后,传说中的中心人物愈放愈大。(3)我们在这上,即不能知道某一件事的真确的状况,也可以知道某一件事在传说中的最早状况。"胡适赞赏顾颉刚的"层累地造成的古史"的主张,称这一主张是"今日史学界的一大贡献",并表示"我们应该虚心地仔细研究他,虚心地试验他,不应该叫我们的成见阻碍这个重要观念的承受"。同时,胡适还将顾颉刚关于"层累地造成的古史"的三点见解称为"剥

　　①　《〈国学季刊〉发刊宣言》,《胡适文集》(3),北京大学出版社1998年版,第11—15页。

　　②　《胡适书信集》上卷,北京大学出版社1996年版,第269页。

皮主义"，对于古史不仅要剥去经学的外衣，而且"还要研究那一层一层的皮是怎样堆砌起来的"①。胡适的史学思想对于傅斯年、陈垣等人的历史考证也有重要的影响。

胡适尽管在现代中国学术界并不是纯粹的史学家，但他"无论是在研究内容、方法还是材料上，都具有眼界开阔、兼收并蓄的特点"②，故而他的史学思想在中国现代学术史上却有着重要的地位。甚至可以说，"在王国维之后，对中国近代实证史学的创立起了重大作用的学者应该说是胡适"③。具体来看：一方面，他将西方实验主义方法与中国传统的考据学结合起来，形成了独具特色的史学理论体系；另一方面，他在理论上接受西方的进化论的指导，形成了实验主义的治学方法和方法论。胡适的史学方法论，可以说是独树一帜：以历史进化的观点为其基本理念，运用进化的观点梳理中国的历史与文化，同时又对清代的考证学加以继承，从而形成了"大胆的设想，小心的求证"的治学风格与治学路径。自然，胡适的史学思想亦有其局限性，其倡导的实验主义方法基本上是在经验主义的范围之内；胡适对于史学的建设，总的来说是"实验的多，完成的少，他的作用主要在得风气之先和对史学研究的'科学方法'的提倡"④；而且，就其所著《中国哲学史大纲》来看，尽管"在中国的新学界上也支配了几年"，但很难说对于中国古代的实际情形已经"摸着了一些儿边际"，其原因就在于"社会的来源既未认清，思想的发生自无从说起"，故而对于胡适所作的"整理"工作，仍然有"重新'批判'的必要"⑤。胡适虽在某种程度上也承认唯物史观的作用，甚至还说过"唯物的历史观，指出物质文明与经济组织在人类进化社会史上的重要，在史学上开一个新纪元，替社会学开无数门径，替政治学说开许多生路"⑥这样的话，但他在治学过程中却排斥唯物史观研究方法的运用，反对唯物史观把经济基础作为社会历史变动的"最后之因"，认为"唯物（经济）史观至多只能解释大部分的问题"⑦。尽管如此，胡适的史学思想在当时还是有着较为新颖的内容，在现代中国的学术界曾产生过很大的影响。

---

① 《古史讨论的读后感》，《胡适文集》(3)，北京大学出版社1998年版，第81页。

② 赵世瑜：《范式更新的意义：回首百年史学》，北京市社会科学界联合会组织编写：《学界专家论百年》，北京出版社1999年版，第56页。

③ 林甘泉：《20世纪的中国历史学》，《历史研究》1996年第2期。

④ 刘梦溪：《中国现代学术要略》（修订本），生活·读书·新知三联书店2018年版，第112页。

⑤ 郭沫若：《中国古代社会研究》（外二种），河北教育出版社2004年版，第6页。

⑥ 《问题与主义》，《胡适文集》(2)，北京大学出版社1998年版，第277页。

⑦ 《答陈独秀》，《胡适文集》(3)，北京大学出版社1998年版，第173页。

3. 顾颉刚"层累地造成的中国古史"的思想

顾颉刚是中国现代著名历史学家、民俗学家,古史辨学派创始人,现代历史地理学和民俗学的开拓者、奠基人。顾颉刚在学问上固然有着晚清今文经学的影响,但更主要的是深受胡适治学方法的影响。顾颉刚对自己在北大读书时,有一个回忆:"第二年,改请胡适之先生来教。'他是一个美国新回来的留学生,如何能到北京大学里来讲中国的东西?'许多同学都这样怀疑,我也未能免俗。他来了,他不管以前的课业,重编讲义,开头一章是'中国哲学结胎的时代',用《诗经》作时代的说明,丢开唐虞夏商,竟从周宣王以后讲起。这一改,把我们一班人充满着三皇五帝的脑筋,骤然作一个重大的打击,骇得一堂中舌挢而不能下。"①顾颉刚师承胡适的史学思想,提出了"层累地造成的中国古史"说,成为中国现代史学"古史辨"派的领袖,在中国现代史学史上有着重要的地位。

顾颉刚(1893—1980),名诵坤,字铭坚,号颉刚,笔名有余毅、铭坚等。江苏省苏州人。1920年,毕业于北京大学,后历任厦门大学、中山大学、燕京大学、北京大学、云南大学、兰州大学等校教授。新中国成立后,任中国科学院历史研究所研究员、中国民间文艺研究会副主席、民主促进会中央委员等职。主要著作有《古史辨》(第一至第七册)、《汉代学术史略》、《中国疆域沿革史》、《中国影戏略史及其现状》、《崔东壁遗书·序言》、《古籍考辨丛刊》(第一集)、《史林杂识》(初编)、《秦汉的方士与儒生》、《尚书通检》、《中国历史地图集(古代史部分)》、《中国上古史研究讲义》、《顾颉刚古史论文集》(第一至第三集)、《顾颉刚读书笔记》、《汉代学术史略》、《中国现代学术经典·顾颉刚卷》、《浪口村随笔》、《中国当代史学》、《中国疆域沿革史》、《我与〈古史辨〉》、《西北考查日记》、《〈尚书〉校释译论》、《顾颉刚全集》、《国史讲话》、《顾颉刚日记》、《国史讲话全本》等。

顾颉刚在中国学术界提出"层累地造成的中国古史"的独特性主张,源于其关于上古史的史学实践,特别是关于尧舜禹地位问题的研究。他研究了《诗经》、《论语》等儒家经典著作,发现了有关尧、舜、禹的地位乃是有着古人的观念性的延续,于是产生了古史是层累地造成的看法。他在《答柳翼谋先生》的文章中,即对古史上的尧舜禹地位发生怀疑,指出:"我对于古史的最早怀疑,是由《尧典》的古史事实与《诗经》中的古史观念冲突而来。在这个冲突中,中枢的人物是禹,所以使我对于禹在传说中的地位特别注意。从此旁及他种传说,以及西

---

① 顾颉刚:《古史辨》第1册,上海古籍出版社1982年版,第36页。

周、东周、战国、秦、汉各时代人的历史观念,不期然而然在我的意想中理出了一个古史成立的系统。"①在顾颉刚看来,"禹"字在《说文解字》中解说为"虫也","禹"在夏代九鼎上只是动物,可后来演变,从神变成了传说中的古圣人。这样,关于"禹"的地位,就有可疑之处。顾颉刚在 1923 年的《与钱玄同先生论古史书》中,更进一步指明"禹"的最早记载在《诗经》中,但到西周后期,禹却被说成"最古的人王",这就是大禹传说的形成过程。顾颉刚是以"疑古"的观念对待既有的古史,认为是"随口编造"的产物,他曾说:"中国的古史全是一篇糊涂账。二千余年来随口编造,其中不知有多少罅漏,可以看得出它是假造的。但经过了二千余年的编造,能够成立一个系统,自然随处也有它自卫的理由。"这说明,顾颉刚关于古史的看法起源于他对于先秦典籍中历史观念的梳理。也就是在这封《与钱玄同先生论古史书》信中,顾颉刚不仅对中国传说古史予以怀疑,而且正式地提出"层累地造成的中国古史"的主张,其基本观点是:

(1)"时代愈后,传说的古史期愈长"。如周代人心目中最古的人是禹,到孔子时有尧、舜,到战国时有皇帝、神农,到汉代以后有盘古等。

(2)"时代愈后,传说中的中心人物愈放愈大"。如舜,在孔子时只是一个"无为而治"的圣君,到了《尧典》就成了"家齐而后国治"的圣人,到孟子时就成了孝子的模范。

(3)"我们在这上,即不能知道某一事件的真确的状况,但可以知道某一事件在传说中的最早的状况;我们即不能知道东周时的东周史,也至少能知道战国时的东周史;我们即不能知道夏商时的夏商史,也至少能知道东周时的夏商史。"②

顾颉刚在《与钱玄同先生论古史书》中提出的根本看法是,中国传说的古史系统,不是自古就有的,也不是一成不变的,而是随着历史的变迁而经过了不同时代"层累式的造成的"。故而,有关传说的古史不可信,有些是后人依据某些需要造出来的。"疑古"的观念开启了顾颉刚此后的史学研究道路。正是在这篇《与钱玄同先生论古史书》中,顾颉刚认为"古代的文献可征的很少,我们要否认伪史是可以比较各书而判定的",而对于古史研究而言,"凡是一件史事,应当看它最先是怎样的,以后逐步逐步的变迁是怎样的?我们既没有实物上的证明,单从书籍上入手,只有这样做来可得一确当的整理,才可尽我们整理的责任"。

---

① 顾颉刚:《答柳翼谋先生》,《古史辨》第 1 册,上海古籍出版社 1982 年版,第 223 页。

② 顾颉刚:《与钱玄同先生论古史书》,《古史辨》第 1 册,上海古籍出版社 1982 年版,第 60 页。

顾颉刚的"疑古"首先表现在对《六经》的怀疑上,他否定的内容皆是源于《六经》的记载,故而他的"疑古"直接指向统治中国学术的"经书",因而也是对经学地位的挑战。

概而言之,顾颉刚在《与钱玄同先生论古史书》中提出的"层累地造成的中国古史"说,是以其持有的"疑古"观念来对待经学的地位及历史的种种传说,这是对于历史研究中长期以来盛行的传统的"信古"观念的大胆挑战,其目的在于打破经学对于史学的垄断地位,这在当时的学术界产生很大的影响。

顾颉刚的这封《与钱玄同先生论古史书》信件在《读书杂志》上发表后,引起学术界的高度关注。据他后来的回忆:"信一发表,竟成了中国古史的一个原子弹。连我自己也想不到竟收着了这样巨大的战果,各方面读些古书的人都受到了这个问题的刺激。因为在中国人的头脑里向来受着'自从盘古开天地,三皇五帝到于今'的定型的教育,忽然听到没有盘古,也没有三皇、五帝,于是大家不禁哗然起来。"[1]顾颉刚的主张吸引了不少学者参加古史问题的讨论,但也有不少学者不同意顾颉刚的看法。刘掞藜[2]反对顾颉刚的主张,认为顾颉刚"这种翻案的议论,这种怀疑的精神,很有影响于我国的人心和史界",需要加以讨论并予以反对。刘掞藜在《读书杂志》上著文指出:"我对于古史,只采取'察传'的态度,参之以情,验之以理,断之以证。"又指出:"我对于经书或任何子书,不敢妄信,但也不敢闭着眼睛,一笔抹杀;总须度之以情,验之以理,决之以证。"[3]刘掞藜的主张,实际上代表了南高师史学的观点,史学的南北对峙可见一斑。

在这场讨论中,顾颉刚得到了钱玄同、胡适等的支持。钱玄同在《答顾颉刚先生书》中,认为顾颉刚的主张"精当绝伦",尤其是顾颉刚"举尧、舜、禹、稷及三皇、五帝、三代相承的传说为证,我看累了之后,惟有欢喜赞叹",并勉励顾氏继续前行,"用这方法,常常考查,多多发明,廓清云雾,斩尽葛藤,使后来学子不致再被一切伪史所蒙"。钱玄同还依据顾颉刚的看法,来反思自己的认识:"我以前以为尧舜二人一定是'无是公','乌有先生',尧,高也;舜,借为'俊',大也(《山海经》的《大荒东经》作'帝俊')。尧舜的意义,就和'圣人'、'贤人'、'英雄'、'豪杰'一样,只是理想的人格之名称而已。中国的历史应该从禹说起。各

①　顾颉刚:《我是怎样编写古史辨的》,《古史辨》第 1 册,上海古籍出版社 1982 年版,第 17—18 页。

②　刘掞藜(1899—1935),字楚贤,湖南省娄底市新化县大同镇时荣桥村(今为邵阳市新邵县坪上镇时荣村)人。历史学家,"信古派"的代表,"南高史地学派"的成员。

③　转引自《胡适文集》(3),北京大学出版社 1998 年版,第 83 页。

教都有'洪水'的传说,想来是实有其事的,大概洪水以前便全无历史可稽了。尧舜这两个人,是周人想象洪水以前的情形而造出来的;大约起初是民间传说,后来那班学者,便利用这两个假人来'托古改制'。"①钱玄同不仅支持顾颉刚的看法,他本人也是"古史辨派"中的一个重要人物,其思想对顾颉刚亦有很大的影响。尤其重要的是,钱玄同1923年在《读书杂志》第12期的文章,提出了辨伪的三项主张:一是要注意前人辨伪的成绩;二是要勇于疑古;三是在治史中不可存"考信于《六艺》"之见,而是要"考古务求其真",并从思想上打破经学的束缚②。这不仅对顾颉刚的影响很大,而且有助于"古史辨派"的形成。胡适在《古史讨论的读后感》文章中,高度赞赏顾颉刚的观点,认为顾颉刚的"层累地造成的古史"的见解"真是今日史学界的一大贡献",并特别地提出,顾颉刚在方法上"是用历史演进的见解来观察历史上的传说","他这个根本方法是愈用愈见功效的"。胡适对于顾颉刚的研究方法作出梳理,他指出:"他(顾颉刚)的方法所以总括成下列的方式:(1)把每一件史事的种种传说,依先后出现的次序,排列起来。(2)研究这件史事在每一个时代有什么样子的传说。(3)研究这件史事的渐演进:由简单变为复杂,由陋野变为雅驯,由地方的(局部的)变为全国的,由神变为人,由神话变为史事,由寓言变为事实。(4)遇可能时,解释每一次演变的原因。"③由于得到钱玄同、胡适等著名学者的鼎力支持,顾颉刚关于古史的主张迅速传播开来,并在学术界尤其是史学界产生很大的影响。

顾颉刚提出的考订古史的四条原则及关于打破四个偶像的主张,进一步细化和发展了他的"层累地造成的中国古史"说,并使其史学思想形成体系。他在《答刘胡两先生书》中,提出考订古史的四条原则。其一,是"打破民族出于一元的观念",确认中国民族是多元的,各民族有着各自的祖先,故而需要寻出各个民族的系统。其二,是"打破地域想来一统的观念",古史研究应该以各时代的区域为区域。其三,是"打破古史人化的观念",祛除历史传说、神话中神被"人化"的观念,厘清历史真实与神话、宗教的区别。其四,是"打破古代黄金世界的观念",认识到所谓"黄金世界"只不过是战国后人造的观念。1933年后,顾颉刚又提出古史中存在的四大偶像,即"帝系所代表的是种族的偶像"、"王制为政治的偶像"、"道统是伦理的偶像"及"经学是学术的偶像"。因而,古史研究就需要

---

① 钱玄同:《答顾颉刚先生书》,顾颉刚:《古史辨》第1册,上海古籍出版社1982年版,第67页。

② 马金科、洪京陵编著:《中国近代史学发展叙论》,中国人民大学出版社1994年版,第301—302页。

③ 《古史讨论的读后感》,《胡适文集》(3),北京大学出版社1998年版,第81—82页。

打破这四大偶像，"使古人只成为古人而不成为现代的领导者"，"使古史只成为古史而不成为现代的伦理教条"，"使古书只成为古书而不成为现代的煌煌法典"。顾颉刚提出的考订古史的四条原则及打破四个偶像的主张，是以"疑古"思想及现代考证方法为其根基的，体现了史学研究的"破"与"立"的有机结合，推动了史学界中古史观念的转变，促进了古史研究不断地走向深入。诚如有学者所评价的那样："顾颉刚提出的四偶像和四条原则，进一步发展了'层累地造成的中国古史'说，这使他对旧史的看法更加系统、完整，对古史更有一种整体的把握和深刻的认识。……顾颉刚的疑辨精神为中国的新古史研究开辟了道路。"①

顾颉刚提出的"层累地造成的中国古史"说，将古史系统与时代联系起来，亦即是在时代的演变中看待古史系统，以求得对于真正"古史"的科学认识；同时，也是力求将"疑古"思想贯穿于史学的研究之中，要求剥去那种附加在"古史"之中而不合历史事实的传说，因而也就有着史学批判与史学反思的重要意义。"时代"是顾颉刚研究古史的核心理念，所谓"时代愈后，传说的古史愈长"，"时代愈后，传说中的中心人物愈放愈大"等看法，皆是以"时代"来看待史学的变迁，体现了史学研究中的"历史变迁"的研究理念，这是历史进化论在史学研究中的突出体现。顾颉刚在撰写的《春秋时的孔子和汉代时的孔子》文章中也说："各时代有各时代的孔子，即在一个时代中也有种种不同的孔子呢（例如战国时的孟子和荀子所说的，宋代的朱熹和陆九渊所说的）。各时代的人，他们心中怎样想，便怎样说，孔子的人格也就跟着他们变个不歇。害得一般人永远摸不清头路，不知道孔子的真面目究竟是怎么样的。"顾颉刚晚年撰写的《我是怎样编写〈古史辨〉的？》文章中，还坚持自己自20世纪20年代业已确立的"古史辨"的观点，强调真实的历史与观念中历史的不同，并提出区别两者的必要。他说："我认为古史的传说固然大半由于时代的发展而产生的自然的演变，但却是实有许多出于后人政治上的需要而有意伪造的。王莽为了要夺刘氏的天下，恰巧那时五行学说盛行，便利用了这学说来证明'新'的代'汉'合于五行的推移，以此表明这次篡夺是天意。刘歆所做的《世经》分明是媚莽助篡的东西，而《世经》里排列的古帝王的五德系统，也分明是出于创造和依托的，这中间当然会造出许多伪史来。对这个问题，我曾写了《五德终始说下的政治与历史》一文来重新加以估定。"以"时代"的变迁来解说古史系统，强调客观的古史与人们心中的古史

---

① 洪认清：《中国史学思想通史·近代后卷》，黄山书社2002年版，第194页。

之间的不同,亦即真实的历史与观念中的历史之不同,以及强调历史意识对于古史系统形成的重要作用,并进而提出要对这种基于传说构筑的古史系统采取"怀疑"与批判的态度,这是顾颉刚史学思想的重要创新。自然,一味地"疑古",有时也可能导致否定一切的毛病的。这在中国现代史学上也曾产生不好的影响。

顾颉刚在治学方法上承继了胡适的历史进化论思想,同时也承继了中国传统史学的"疑古"思想,有着深厚的中国传统学术的根底。清代的崔述、近代的康有为、章太炎等皆对历史记载提出过质疑。顾颉刚在北大读书时,对于康有为的《孔子改制考》、《新学伪经考》等著作的"疑古"思想表示赞赏,遂产生"对于古史不信任的观念";顾颉刚在北大,也常到校外听章太炎的讲学,赞成章太炎用哲人、学者的眼光看待孔子、对待六经,说章太炎做学问"薄致用而重求是",但同时也批评章氏"信古之情比较求是的信念强烈的多"的毛病,这使顾颉刚的疑古的思想得以发展。清代学者崔述对经学采取批判的态度,其《考信录》对西周以前和孔子的历史进行考辨,这对顾颉刚的治学也有很大的影响。胡适曾说,"崔述剥古史的皮,仅剥到'经'为止,还不彻底",而"顾先生还要进一步,不但剥的更深,并且还要研究那一层一层的皮是怎样堆砌起来的"[1]。顾颉刚在研究方法上深受胡适历史考证思想的影响,他曾说:"适之先生带了西洋的史学方法回来,把传说中的古代制度和小说中的故事,举了几个演变的事例,使人读了不但要去辨伪,要去研究伪史的背景,而且要去写出它的渐渐演变的线索,就从演变的线索上去研究。"[2]胡适提出"大胆的假设,小心的求证",顾颉刚在此基础上加以发展和创新,提出"用证据去修改假设"的方法,其主要的工作就是"作归纳,立假说,搜集证成假设的证据而发表新主张",同时"更从证据去修改假设,日益演进,自可日益近真"[3]。故而,顾颉刚的史学方法乃是批判地承继了中国传统的疑古思想,同时又在胡适的影响下而有所创新和发展。

顾颉刚开创了中国现代史学史上的"古史辨派",在学术研究上做出了显著的成绩,是中国现代学术史上当之无愧的"古史辨派"的领袖。顾颉刚的史学主张最初是在《读书杂志》上发表而产生学术影响的,并引起学术界关于古史的辩论。后来,《读书杂志》停刊。顾颉刚又在北大的《国学门周刊》上继续讨论有关

---

① 《古史讨论的读后感》,《胡适文集》(3),北京大学出版社 1998 年版,第 81 页。

② 顾颉刚:《自序》,《古史辨》第 1 册,上海古籍出版社 1982 年版,第 78 页。

③ 顾颉刚:《自序》,《古史辨》第 1 册,上海古籍出版社 1982 年版,第 95 页。

古史的问题。1926 年,顾颉刚编纂了《古史辨》第一册,汇集了当时古史讨论的文章,并收入了胡适、钱玄同等人讨论辨伪书的来往信件 30 多封,在学术界产生很大的影响,疑古派的学术群体也就正式地被人们称为"古史辨派"。《古史辨》从 1926 年至 1947 年共出 7 册。第一册经书辨伪,第二册上编讨论古史,中编讨论孔子和儒家,下编是别人对《古史辨》第一册的评论。第三册主要研究《易》与《诗经》,打破《周易》中伏羲、神农的古圣地位,认为它是卜巫书,又将《诗经》还原其乐歌面貌。第四册主要讨论诸子。第五册讨论汉代今古经文问题。第六册讨论先秦诸子与老子。第七册是对十余年"古史辨"活动的总结。第一、二、三、五册为顾颉刚编,第四、六册为罗根泽编,第七册为童书业编。① "古史辨"的工作打破了经学对史学的支配地位,将古代经籍视为史学研究的材料,并在史料的整理和考证方面做出了显著成绩。在中国现代学术史上,说起"古史辨派"则自然说到顾颉刚的独特贡献。可以说,顾颉刚是"古史辨派"当之无愧的学术领袖,他为"古史辨派"的形成和发展作出了别人所无法替代的贡献。

顾颉刚的"疑古"思想及其提出的"层累地造成的中国古史"的主张,对于中国现代史学观念的发展和研究方法的创新有着重要的影响,而他关于古史诸多问题的研究亦有重要的学术价值。从学术渊源来看,顾颉刚的"疑古"思想有着乾嘉学派的朴实风格,主张通过严格的考据手段来求取史料的真实性,因而也就体现了求真务实的治学态度;从中国近现代史学发展的历程来看,顾颉刚的"疑古"思想既是将梁启超对传统史学的批判态度及其进行的考证和辨伪工作进至到史学实践的境地,同时又是将胡适所倡导的实验主义方法有机地融入到史学之中,借以通过史料的考辨来还原历史的真实状况;从方法论方面来看,顾颉刚属于强调"知行合一"并积极地身体力行的学者,体现着从思想上"疑古"到学术上开展"释古"、"考古"的学术进路,亦即《纪念钱玄同先生》一文中所说,是开始于"疑古"、继而"由疑古进而释古,又由释古而考古"。当然,顾颉刚的"古史辨派"的工作也有很大的局限。如他对历史上一切的传说皆持否定的态度,这就走向了极端化的地步。事实上,传说中的历史虽然与真实的历史有着很大的距离,但传说本身乃是人们在长期的过程中"历史意识"的凝聚,因而也就成为后人探索"历史意识"起源的基本文本。从研究的角度来看,通过对传说进行文化的解读,既能发现传说中的历史,又可以对文字以前的历史作某种学术上的"复原"。又如,"古史辨派"虽然表示不反对唯物史观,但在实际的研究中并不

---

① 马金科、洪京陵编著:《中国近代史学发展叙论》,中国人民大学出版社 1994 年版,第 301 页。

重视唯物史观对社会研究的具体指导,因而也就不善于对于历史上宏观的重大问题进行理论上、整体上的抽绎,而其主要的工作只是集中于史料的考证方面,这不利于历史规律的研究和社会发展进程的宏观把握,故而也就不能算是真正的、科学的研究。尽管如此,顾颉刚等的"古史辨派"的工作,还是应该值得肯定的。顾颉刚是现代中国"古史辨派"的主要代表,在中国现代史学史上有着重要的地位。

4. 何炳松的史学思想

在现代中国"致力于输入西方史学,尤其是致力于输入现代美国新史学派的代表人物,当推何炳松"①。在五四时期中国史学界,何炳松乃是具有影响力的重要学者。

何炳松(1890—1946),字柏丞,浙江金华人。1912 年,公费保送到美国留学。1913 年初先入美国的伯克莱加利福尼亚大学选修法语、政治学、经济学等课程。同年夏,考入威斯康辛大学,学习史学及政治学。1915 年毕业获学士学位,并转入普林斯顿大学研究所,专攻现代史及国际政治,1916 年毕业获政治科硕士学位。1917 年 9 月,为北京大学文科预科和史学系本科开设"西洋文明史"、"万国史"、"万国地理","历史研究法"、"中古欧洲史"、"近世欧洲史"等多门课程。1924 年将鲁滨逊的《新史学》译成中文出版,并以鲁滨逊的代表作《新史学》作为教材。编著有《历史研究法》、《通史新义》、《浙东学派溯源》、《五代时之文化》等。

何炳松所著《历史研究法》著作,是一部内容比较全面的中国新史学著作,比较系统地体现了他的史学主张,对中国新史学理论体系的建构有着特殊的影响。

何炳松在《历史研究法》中,比较系统地提出了史学的学科特征。这方面,他主要是通过对历史研究法与社会学研究法的界定及文学与历史的区别,来给予说明的。他指出,历史研究法和社会学研究法有着根本的不同,两者不能混同为一。他说:"我以为第一点就是两者的目的不同。社会学的目的是在求人类活动的通则,而历史的目的在于研究人类活动的浑沦。第二点两者所用的方法,亦不相同。社会学的方法,是在过去活动中求相同的地方;而历史则在过去人类的活动中,求不同的地方。因此他们研究所得的结果,亦完全两样:社会学研究

所得的结果，是人类活动的定律；历史研究所得的结果，是人类活动的浑沦。"①何炳松不同意用纯社会学的方法来研究历史，而主张历史学有其独立的研究领域与研究方法，这样才能使历史恢复本来的面目。何炳松还对文学与历史的区别作了比较好的阐说，主张对历史与文学的界限应该绝对划清，特别是在研究方法上不能用文学的手法来研究历史。他说："我们断不可用文学的手段去做历史的工作。因为历史的根据是固有的事实，文学的根据是作者的神思——就是所谓想象力。神思是可以凭虚御空的，事实是不能由我们自由去颠倒或虚构的。……历史的文章处处要受史料——或者不如说事实的真相——的限制，绝对没有自由行动的余地。一旦有了自由，那就是文学的作品，不是历史的作品。"②虽然，何炳松对文学创作的源泉缺乏认识，对历史研究者主体作用的认识有所不够，但他所主张的历史与文学的区分、文学创作与历史研究的差别，这应该说是有很大的合理性的。何炳松对历史作出不同于社会学、文学的界定，旨在揭示历史学的特征与功能，更好地推进史学研究而纳入科学的轨道，从而彰显历史在现实生活中的独特地位。这样的努力，是应该值得肯定的。

何炳松主张历史学与自然科学有所不同，认为历史是人类的活动，其本身有独特性之所在，因而历史活动也不是通常的自然科学的"定律"所能限制的，这同时也决定了历史"不能有所谓定律"。他在 1927 年说："故历史者，研究人类活动特异演化之学也，即人类特异生活之记载也。夫人类之特异生活，日新月异，变化无穷。故凡属前言往行，莫不此往彼来、新陈代谢。此历史上所以不能有所谓定律也。盖定律以通概为本，通概以重复为基。以往人事，既无复现之情，古今善恶，又无一辙之理，通概难施，何来定律乎？"③关于历史学与自然科学的区别问题，何炳松在 1929 年发表的《历史研究法》中，作为一个极为重要的问题而给予了具体的说明。总的来看，何炳松认为，历史研究不能像自然科学研究那样求得"定律"，人们也无法从历史中直接寻求现实的借鉴。因此，何炳松极力主张历史学与自然科学要有严格的分别。他指出，历史研究法和自然科学研究法有不同的地方认为两者在观察点、学科性质、研究方法等方面有着巨大的差异："第一，就是观察点的不同。科学方法里面的观察点，是在各种实质上求他

① 何炳松：《历史研究法》，《民铎》第 10 卷第 1 号，1929 年 1 月 1 日。
② 何炳松：《历史研究法》，《民铎》第 10 卷第 1 号，1929 年 1 月 1 日。
③ 何炳松：《历史研究法》，商务印书馆 1927 年版，第 2 页。

们相同的地方;而历史的观察点,完全注意于实质上各种不同的地方。"在何炳松看来,科学方法是在各实质上求同;而历史方法是在各实质上求异。因而,历史和科学是两门性质不同的学科。"第二,就是研究对象的性质不同。"何炳松认为,两者在性质上的差别主要在三个方面:一是由于科学所研究的,未注意在许多实质中某一种原质,所以非常单纯;而历史所研究的,并不是研究许多事实里面的某一点,乃是将一件事实的各方面,作普遍的各个的研究。二是由于科学研究的范围是有一定的,它总是由复杂而简单;而历史研究的范围是不确定的:人们可以研究一个朝代的历史,也可以研究一个小时的历史;人们可以研究一个民族的历史,也可以研究一个人的历史。三是由于历史处处受时间空间的限制,也就是说历史的事实绝对不能离开地方和时代,时与地实在是历史事实必要的原素;而科学就可不受时间和地点的限制,因为科学的真理一旦发见以后,无论古今中外都可以应用起来。"第三,历史研究法的步骤和自然科学研究法的步骤,也不相同。"何炳松认为,自然科学方法所用的步骤是观察和实验;而历史所研究的事迹都是已经过去了,没有办法可以观察、可以实验。在对自然科学研究法和历史研究法作这样的区别后,何炳松将两者的差别概括为:"历史这种学问,可以说是纯粹主观的学问;而自然科学,大体上可以说完全是客观的学问。"[1]需要指出的是,何炳松将历史同自然科学作这样的区分,并不是拒绝自然科学在史学中的运用,相反他是为了说明和解释历史学科的本质属性。事实上,何炳松是赞成把自然科学的方法引入历史研究领域的,希望通过自然科学的方法能更好地反映历史的真实。当然,他同时也指出,自然科学的方法不是万能的,都有一定的局限性,如数学统计法只能获得某些历史现象;生物学只能说明人类生老病死等生理现象。由此可见,何炳松虽然不主张历史学等同于自然科学而具有严格的学科性质,但他并不拒绝自然科学的方法,而且是力主吸收自然科学的成果和研究方法来促进历史学的研究。

何炳松认为研究历史的过程,实际上就是研究者对历史认识的过程,故而历史研究工作者本身的史学素养、历史研究的步骤以及分析史料和叙述史事的方法等,也就尤为重要了。

首先,何炳松强调历史研究工作者要具有很高的素质。在何炳松看来,开创中国新史学就必须有一批新型的史学工作者,而这些史学工作者必须具有新的条件。他指出,"我以为历史材料的供给者和一般著作家必须具备下列几个理

---

① 何炳松:《历史研究法》,《民铎》第 10 卷第 1 号,1929 年 1 月 1 日。

想的条件:(一)耳目聪明;(二)意诚心正;(三)至公无私;(四)学问渊博;(五)识见卓越;(六)长于文才";假如我们自身没有具备这几个条件,"我们就不配而且也不应该做著作家或者史料的供给者"①。何炳松把史家的身体素质放在重要的位置,他对史家的第一项要求就是"耳目聪明",这是对史家体质状况的要求,是治史者必备的"生理"条件。而第二、三两项则是要求史家具有良好的思想道德素质,是对史家"心术"的要求。所谓"意诚心正"与"至公无私",就是要求史家具有高尚的道德风格,具有孜孜追求和刚正不阿的性格。而何炳松所说的第四、五、六这三项,则是继承中国传统史学家"三长"(即才、学、识)的具体内容。由此可见,何炳松关于史家素质的论述,既继承中国优秀的史学传统但又有所发展,鲜明地提出了治史者的"德"和"体"条件和良史"三长"要求,这是对构建新史学的史家提出的新标准。

其次,何炳松对历史研究的过程提出自己的见解。在何炳松看来,研究任何学问都必须按照一定的步骤进行,而研究历史则必须严格按照"三个大步骤"。"第一步是搜集材料,这是一个基本的工作"。材料的搜集尽可能广,包括正面的材料和反面的材料、间接的材料和直接的材料。只有材料充足,才能为历史研究工作奠定基础。"第二步是分析。把搜集到的材料,按其性质,加以种种解剖的工夫"。传统史学家如乾嘉学派往往注重史料的搜集,然而缺乏对材料的科学分析。中国资产阶级新史学兴起后,有些学者往往又存在对史料的任意发挥。何炳松认为,对史料的分析又有一个相互连续的过程,历史材料的种种解剖工作都应该包括"辨别真伪、知人论世和明白意义三个阶段"。这就是说,分析过程不仅仅局限于"辨别真伪",而主要的目的在于"知人论世"和"明白意义",亦即要充分发挥史家的主体积极性,加强对材料的理解和把握,进而阐明其意义之所在。"第三步是综合。将分析研究所得的结果,全部综合起来"。强调对材料进行分析和综合,这是何炳松史学思想的重要特色。他所说的"综合",实际上是指史家进入历史的全面研究的过程,这也是史学家历史研究的主体阶段。何炳松认为"综合"这一步骤必须经过"断定事实、编比成文和勒成专著三个阶段"②。应该说,何炳松所提出的历史研究三步骤的主张,是符合历史研究的基本程序的,因而也是应该加以肯定的。

最后,何炳松提出了历史著述的基本要求。在何炳松看来,研究历史在于为

---

① 何炳松:《历史研究法》,《民铎》第 10 卷第 1 号,1929 年 1 月 1 日。

② 何炳松:《历史研究法》,《民铎》第 10 卷第 1 号,1929 年 1 月 1 日。

人类服务、为现实社会生活提供其"意义",而历史的研究过程虽然"搜集材料是起点",但"著作成书是终点"。因此,历史著述这一工作事关历史研究的成效如何及研究成果的影响。因而,何炳松极力注重历史著述工作,他把历史著述的基本要求,概括为两个最重要的方面:一是"历史著作中引用成文愈多愈妙"。他认为,历史学家和文学家不同,历史学家在历史著述的时候"决不可过用割裂剪裁的工夫",历史研究文章"不应该自己造作",应以充分的史料为基础,并在文字叙述中尽可能保留原有的材料。特别是"对于有一定程式的史料和足以表示历史人物个性的成语,尤其不可凭文学上'言不雅驯'的理由,任意的去改头换面。因为这样,才能保存史事的真相"①。二是"叙述史事的时候,下笔要特别慎重"。何炳松认为,学术上最可贵的美德,就是"忠实"两个字。他特别赞同章学诚提出的"传人适如其人,述事适如其事"的主张,认为历史学家叙述史事时要表现出"史文和史料"的"表里相符"的风格,具体而言,"史文应该绝对反照事实的真相;丝毫不得增减。可疑的应直言其可疑,可信的应直言其可信。是非虚实,秉笔直书,才算是正当的办法。"②何炳松反对对材料的任意剪裁,强调尊重史料,颂扬"秉笔直书"主张,倡导史学著述忠实于历史实际,这是就新史学关于著述历史著作要求的具体化。

何炳松在比较系统地论述他的新史学主张的同时,尤其注重整理中国史的工作,体现出西方新史学思想与中国历史研究相结合的理念。关于中国史的研究,何炳松提出了许多富有启发意义的见解。首先,何炳松主张对中国史进行整体的研究。他认为,传统的中国史研究"差不多统是注重在片面的同部分的方面","中国从前的历史著作是破碎的,不是整个的;是死的,不是活的"。比如,传统史学叙述中国文化的状况,只知道分门别类地直叙下来,至于中华民族在某一时代中整个的文化状况怎样,则不加注意;又如传统史学研究官制的沿革,只知道将历代的官制平铺起来,其变化的情形怎样,史家对此却不加注重。鉴于这种情况,何炳松主张要依据进化论的史学观整体地研究中国史,具体而言,中国历史要反映中国的历史实际,尤其要"能够注重到综合的和变化的一个方面"③。何炳松强调中国史研究要反映中国历史的全貌,要阐发历史内在变化及其原因,这一见解无疑是很有学术意义的。其次,中国史的研究要走"分工合作"的道

---

① 何炳松:《历史研究法》,《民铎》第 10 卷第 1 号,1929 年 1 月 1 日。
② 何炳松:《历史研究法》,《民铎》第 10 卷第 1 号,1929 年 1 月 1 日。
③ 何炳松:《历史研究法》,《民铎》第 10 卷第 1 号,1929 年 1 月 1 日。

路。何炳松认为，整体中国史，因为规模太大，非一人的能力所能办到，所以"我们提倡一个分工的办法：这就是各人就他的能力和兴趣所及，分头担当中国史上任何一个问题，切切实实研究出一个结果来"。个人的分工研究不能"抱着一手包办的野心"，而"应该从研究小规模的问题着手"，研究成果必须对问题"得以彻底解决，不劳后人再起炉灶"①。何炳松认为，分工研究是基础，将来中国史上所有的问题都一一研究和解决了，那么"就可以利用这种材料编成一部尽善尽美的中国史"②。何炳松所主张的中国史研究"分工合作"方向，是渊源于他的历史研究方法论中的"先分析，后综合"的思想，亦即历史研究是在个案研究基础上走归纳法的道路。他所主张的整体研究中国史、中国史研究走分工合作的道路，实际上表达的是"整体架构、分工合作"的学术理念，这应该说在中国史研究上是很有见识的。

事实上，何炳松对于中国史学发展也是充满期待的。关于中国史学的发展历程，何炳松指出："吾国史学之发展，大抵可分为三个时期。第一期，自孔子作《春秋》以迄荀悦述《汉纪》，前后凡七百余年，实为吾国史学上两种主要体裁——编年与纪传——由创造而达于成熟之时代。荀悦而后以迄于北宋末年，其间约千年，吾国史家除继续发挥编年与纪传二体外，颇能致力于通史之编纂。然所谓通史，乃《史记》式之通史，非吾人今日之通史也。故此期可称为旧式通史之发挥时代。南宋之世，实吾国学术融会贯通之一大时期，自古以来儒、释、道三大宗门之思想至是皆始成系统，而儒家一派独演化而成所谓浙东之史学以迄于现代。故此一期实为吾国史学形成派别并大有进步之时代。"③何炳松认为，南宋以后中国史学发生重大变化，其突出的表征是史学在文史哲三者相混中而取得独立的地位，并形成史学的"派别"。何炳松说，中国的"经、史、文三种学术往往混而不分。或轻史重文，成喧宾夺主之势；或以经驾史，抱褒贬垂训之观。故学者之于史学，或视同经学之附庸，或作为文学之别子，史学本身几无独立之地位焉。自南宋以后，浙东史学大兴，当时道学家至诟浙学为'知有史迁而不知有孔子'，其盛极一时之情形即此可见。"④应该说，何炳松关于中国史学史的看法具有创新性，其强调浙东学派在中国史学发展中具有独特地位等等，对于中国史学史成为一门独立学科也是有启发意义的。

---

① 何炳松：《历史研究法》，《民铎》第 10 卷第 1 号，1929 年 1 月 1 日。
② 何炳松：《历史研究法》，《民铎》第 10 卷第 1 号，1929 年 1 月 1 日。
③ 《中国史学之发展》，《何炳松文集》第 2 卷，商务印书馆 1997 年版，第 311 页。
④ 《中国史学之发展》，《何炳松文集》第 2 卷，商务印书馆 1997 年版，第 312—313 页。

何炳松是五四时期通晓西学的著名史学家,其史学活动以宣传西方现代史学思想为重点,推进20世纪初西方新史学思潮在中国的发展。何炳松在继承西方新史学思想的同时,又重点研究章学诚的史学思想,力图吸收中国传统史学的优良传统,建构具有中西合璧特色的史学理论体系。总体来看,何炳松对鲁滨逊《新史学》的译介和宣传,对历史科学化的倡导,为推进西方史学思想的"本土化"作出了重要贡献;而他撰写的《历史研究法》等代表作及对中国史学史的研究,也使他成为五四时期新史学潮流的中坚人物。

5. 傅斯年的史学思想

傅斯年(1896—1950),字孟真,山东聊城人,现代中国著名的史学家。主要著作有《东北史纲》(第一卷)、《性命古训辨证》、《古代中国与民族》等,有《傅斯年全集》行世。傅斯年的史学思想,主要表现在以下几个方面:

其一,民族主义的治学理念。傅斯年的民族主义治学理念在史学研究中表现得十分显著,并与其接续中国文化与学统的愿望紧密联系在一起。傅斯年自述自己"实在是一个爱国之人,虽也不免好名,然总比别人好名少多矣"①。事实也正是这样。他在史学研究中,始终以爱国之心来从事着自己的事业。可以说,发掘民族文化,整理民族的遗产,彰显民族精神,是傅斯年持之以恒的学术追求,也是傅斯年史学思想的基本特征。

傅斯年在留学时就有志于用西方自然科学的方法来研究中国的历史文化,希望承接顾炎武、阎若璩的学统,开创中国学术的新局面。其中,就有民族主义思想在起作用。如他在1926年给胡适的信中说:"我以性之所近(或云习之所近),将随颉刚而但论古代的,不下于南朝。这些东西,百分之九十是言语学及文句批评,故但追亭林(言语学)百诗(章句批评)之遗训,加上些近代科学所付我们的工具而已。"②于此可见,顾颉刚关于古史问题的研究,在很大程度上引发了傅斯年从事古史研究的兴趣,但其治学的方法则很显然是借鉴和传承了传统学人如顾炎武、阎若璩等人的。

在《历史语言研究所工作之旨趣》中,傅斯年在关于历史语言研究所设置缘由的陈述中,洋溢着深沉的民族主义意识。该文中有这样一段话最能表明其心迹:"在中国的语言学和历史学当年之有光荣的历史,正因为能开拓的用材料,后来之衰歇,正因为题目固定了,材料不大扩充了,工具不添新的了。不过在中

① 《致胡适》(1942年2月6日),《傅斯年全集》第7卷,湖南教育出版社2003年版,第234页。

② 《致胡适》(1926年8月),《傅斯年全集》第3卷,湖南教育出版社2003年版,第39页。

国境内语言学和历史学的材料是最多的,欧洲人求之尚难得,我们却坐看他毁坏亡失。我们着实不满这个状态,着实不服气,就是物质的原料以外,即便学问的原料,也被欧洲人搬了去乃至偷了去。我们很想借几个不陈的工具,处治些新获见的材料,所以才有这历史语言研究所之设置。"①傅斯年手拟的"中央研究院历史语言研究所研究员聘书"草稿中也说:"我国历史语言之学本至发达,考订文籍,校勘史料,固为前修之弘业。分析古音,辨章方言,又为朴学之专旨。当时成绩,宜为百余年前欧洲学者所深羡,而引以为病未能者。不幸不能与时俱进,坐看欧人为其学者,扩充材料,扩充工具,成为今日之巨丽。"这里,不难看出傅斯年挽救民族文化、与西洋学术抗衡的心态。

傅斯年的民族主义意识主要表现为力图接续中国悠久的学术文化传统,开创中国学术研究的新局面,使顾炎武、阎若据的事业能够发扬光大。如他说:"我们宗旨第一条是保持亭林、百诗的遗训。这不是因为我们震慑于大权威,也不是因为我们发什么'怀古之幽情',正因为我们觉得亭林、百诗在很早的时代已经使用最近代的手段,他们的历史学和语言学都是照着材料的分量出货物的。他们搜寻金石刻文以考证史事,亲看地势以察古地名。亭林于语言按照时和地变迁的这一个观念看的颇清楚,百诗于文籍考订上成那末一个伟大的模范著作,都是能利用旧的新的材料,客观的处理实在问题,因解决之问题更生新问题,因问题之解决更要求多项的材料。这种精神在语言学和历史学里是必要的,也是充足的。本这精神,因行动扩充材料,因时代扩充工具,便是惟一的正当途径。"②由此也可以看出,傅斯年提出"扩充材料"、"扩充工具"的学术主张,在很大程度上源于由顾炎武、阎若据所开创的治学传统,其接续中国学统的意识格外强烈。

虽然,傅斯年因过分强调史料的价值而曾反对历史研究中"疏通"工作,不主张历史直接为现实政治服务,但他还是注意到历史在启发"民族主义"意识中的不可替代的地位。傅斯年明白地说,研究历史可以"启发民族意识",由此"我们应该借历史锻炼国民的自重心(不是自大心),启发强固的民族意识,以便准备为国家之独立与自由而奋斗。同样我们也应该借历史陶冶文化大同思想,使中国人为世界文化之继承者、促进者。"③在他看来,"历史一科与民族主义之密

---

① 《历史语言研究所工作之旨趣》,《傅斯年全集》第3卷,湖南教育出版社2003年版,第8页。

② 《历史语言研究所工作之旨趣》,《傅斯年全集》第3卷,湖南教育出版社2003年版,第8—9页。

③ 《闲谈历史教科书》,《傅斯年全集》第5卷,湖南教育出版社2003年版,第61页。

切关系"是不待讨论的事实,发挥本国史的教育价值,就要"说明中国人对世界文化上的贡献","亲切的叙述历代与外夷奋斗之艰难","亲切的叙述国衰、国亡时之耻辱与人民死亡","详述民族英雄之生平","详述兴隆时代之远略"等①。傅斯年是这样倡导的,也是这样实践的。九一八事变以后,傅斯年本人邀集同人共同撰写《东北史纲》,以翔实的历史证据说明:"就此二三千之历史看,东北之为中国,与江苏或福建之为中国又无二致也。"②

傅斯年举起"科学的东方学正统在中国"的大旗,将大批人才团结在史语所中,当时的学界泰斗陈寅恪、赵元任、李济等分任史语所历史、语言、考古三组之组长,学界名流陈垣、顾颉刚、朱希祖、徐中舒、岑仲勉、罗常培、刘半农、李方桂、董作宾等亦网罗其中,以后成为大家的陈乐素、严耕望、陈述、劳干、全汉生、郭宝均、丁树声等也都得到傅斯年的赏识或史语所的培养。史语所在二十年左右的时间里,印行了各种专刊 30 种、单刊 25 种、集刊 22 种、《人类学集刊》2 卷、刊布论文 500 余篇。档案整理也取得重大成绩,1928 年接受了明清内阁大库档案 12 万多斤,1928—1937 年对河南安阳考古发掘 15 次,获得甲骨近 25000 片;1930 年在居延发掘两汉简牍 14000 余枚。值得一提的是,史语所成立了"明清史料编刊会",整理出版了《明清史料》4 编共 40 册,《史料丛刊》7 种。史料整理工作是保存民族文化、实现"科学的东方学"的基础性工程,傅斯年为此付出了巨大的辛劳。

其二,历史编纂学的治学路径。傅斯年治学最大的特点是强调对史料的搜集与整理,"史学便是史料学"也就成为他的名言。史学家重视史料乃是当然的,但在中国近现代史学史上,将史料的地位提到如此的高度,傅斯年确实是个极为典型的人物。由此,有人也称傅斯年是史料学派的代表。但在笔者看来,由傅斯年对史料提到无以复加的地步以及他在史学实践上主要是进行史料的搜集和整理工作来看,他在学术上走的是一条历史编纂学的治学路径。

傅斯年走历史编纂学的道路,源于他对中国文化的看法。早在"五四"时期,傅斯年在论及"国故"时,就将古书作为史学研究的内容,遂使古书的原有之义相继失去,而仅成为历史研究的材料。因而,在傅斯年的认识视野中,古书也不再有高下之别和轻重之分。这一方面是对传统的"六经皆史"思想的发展,扩充了史学研究的范围,另一方面又是对经学传统的有力冲击,使经学在历史长河

---

① 《闲谈历史教科书》,《傅斯年全集》第 5 卷,湖南教育出版社 2003 年版,第 61 页。

② 《东北史纲》,《傅斯年全集》第 2 卷,湖南教育出版社 2003 年版,第 375 页。

中业已形成的那种至高无上的地位得以打破。傅斯年说："国故的研究是学术上的事,不是文学上的事;国故是材料,不是主义。"又说："中国是个很长的历史文化的民族,所以中华国故在'世界的'人类学、考古学、社会学、言语学等等的材料上,占个重要的部分。"①傅斯年反对的是"大国故主义",强调的是国故的材料地位,且主张"用科学的主义和方法"来研究国故,于是古书中所含的经学思想也就自然地被边缘化了。虽然,五四时期的傅斯年还未确立起毕生研究史学的宏愿,但从他对"国故"的态度来看,历史编纂学的思想却已经产生。

傅斯年提出史料在史学研究中的崇高地位,并以是否重视"史料整理"作为评判学术成败的标准,这是历史编纂学治学路径的突出体现。如他评价北大研究所国学门的学术成就时就说,北大这一研究机构"论其成绩,史料整理第一",尽管有"每每为政治牺牲品,旋作旋辍"的毛病,"然其 tradition 犹在",具有特定的治学"传统"②。史料的整理工作是傅斯年史学实践的主要方面,而他关于史料整理的思想应该说在北大读书时就已经确立了。如他在 1919 年 4 月发表的《清代学问的门径书几种》中,就将"整理中国历史上的一切学问"作为一大"事业"来做,明白地说："中国学问不论哪一派,现在都在不曾整理状态之下,必须加一番整理。"③这里,虽是就整理"学问"的问题而言,自然也就包括学问中资料的整理。

傅斯年强调史料的扩充,不仅注意到考古发掘于历史研究的特别意义,而且也特别注重对现有文献资料的整理工作。他在《与顾颉刚论古史书》中,一方面强调考古发掘对于"中国初期文化史"的极端重要性,在另一方面也清醒地意识到考古发掘在提供历史材料上所具有的有限性。如他说："掘地自然可以掘出史前的物事,但这只是中国初期文化史。若关于文籍的发觉,恐怕不能很多(殷墟是商社,故有如许文书的发现,这等事例岂是可以常希望的)。"④也许正是傅斯年对所能得到考古史料的现实估计,他对古代文献整理与利用予以特别的重视,提示人们注意现存文献的价值,并要求人们对考古发掘的意义予以重新的估

---

① 《毛子水〈国故与科学的精神〉识语》,《傅斯年全集》第 1 卷,湖南教育出版社 2003 年版,第 262 页。

② 《傅斯年致杭立武》,1939 年 5 月 17 日。此件存台北"中央研究院"史语所"傅斯年档案"。转引自罗志田:《史料的扩充与不看二十四史》,《历史研究》2000 年第 4 期。

③ 《清代学问的门径书几种》,《傅斯年全集》第 1 卷,湖南教育出版社 2003 年版,第 233 页。

④ 《与顾颉刚论古史书》,《傅斯年全集》第 1 卷,湖南教育出版社 2003 年版,第 447 页。

量。他指出："现存的文书如不清白,后来的工作如何把它取用。偶然的发现不可期,系统的发掘须待文籍整理后方可使人知其地望。"①当时的中国史学界,对于考古发掘的作用充满了乐观的情绪,由此一些学者对文献采取了极端怀疑的态度,认为现有文献都要待地下材料来验证。在这种对待考古发掘的乐观声中,傅斯年却提醒人们特别要注重文献的整理,并认为文献的整理对于考古发掘具有先导性作用,这一主张在当时是很有学术意义的。

傅斯年对史料的重视,也反映在他对直接史料与间接史料关系的看法上。直接史料与间接史料何者为重,这在中国史学界是没有问题的。但在史学实践中又存在着新的偏向,即对于间接史料的使用有着重视不够的问题。傅斯年对直接史料与间接史料的关系有其独特的见解,主张在重视直接史料的前提下要科学合理地运用间接史料。他提醒人们要对间接史料给予重新认识,他指出:"史料可以大致分做两类:一、直接的史料;二、间接的史料。凡是未经中间人修改或省略或转写的,是直接的史料;凡是已经中间人修改或省略或转写的,是间接的史料。……自然,直接的材料是比较最可信的,间接材料因转手的缘故容易被人更改或加减,但有时某一种直接的材料也许是孤立的,是例外的,而有时间接的材料反是前人精密归纳直接材料而得的,这个都不能一概论断,要随时随地的分别着看。"②在傅斯年看来,重视直接材料是应该的,因为"每每旧的材料是死的,而一加直接所得可信材料之若干点,则登时变成活的"③。但这并不意味着史学家将注意点始终落在直接材料上,而就史学的实践而言,实际的情形"皆新发见的直接史料与自古相传的间接史料相互勘补的工作"。由此,作为一位史学家"必于旧史史料有功夫,然后可以运用新史料;必于新史料能了解,然后可以纠正旧史料。新史料的发见与应用,实是史学进步的最要条件;然而但持新材料,而与遗传者接不上气,亦每每是枉然。"④傅斯年以王国维以甲骨文证史为例,说明直接材料与间接材料之间的关系及其应有的态度。他指出:"假如王君不熟习经传,这些材料是不能用的;假如熟习经传者不用这些材料,经传中关涉此事一切语句之意义及是非是不能取决的。"⑤正是有这样的认识,傅斯年在直接史料与间接史料、新史料与旧史料关系问题上,极力主张"应该充

① 《与顾颉刚论古史书》,《傅斯年全集》第1卷,湖南教育出版社2003年版,第447页。
② 《史料论略》,《傅斯年全集》第2卷,湖南教育出版社2003年版,第43页。
③ 《〈新获卜辞写本后记〉跋》,《傅斯年全集》第3卷,湖南教育出版社2003年版,第113页。
④ 《史学方法导论》,《傅斯年全集》第2卷,湖南教育出版社2003年版,第335页。
⑤ 《与史学方法论》,《傅斯年全集》第2卷,湖南教育出版社2003年版,第312页。

量用尚存的材料"①。

从语言分析入手来研究历史,是傅斯年治史的一个特色,也是其历史编纂学治学路径的重要体现。在他看来,"以语言学的观点解释一个思想史的问题",是史学研究的重要途径;其所以如此,是因为思想很受语言的支配,"语言又是和思想分不开的",故而虽然"思想既以文化提高了,而语言之原形犹在"②,所以能够通过语言的分析来还原其思想的本来面目。傅斯年以解读佛学典籍来说明这一观点:"今试读汉语翻译之佛典,自求会晤,有些语句简直莫名其妙,然而一旦做些梵文的功夫,可以化艰深为平易,化牵强为自然,岂不是那样的思想很受那样的语言支配吗?"③由此,他的看法是:"思想不能离语言,故思想必为语言所支配,一思想之来源与演变,固受甚多人文事件之影响,亦甚受语法之影响。"④在语言学解释历史观点的支配下,傅斯年的重要代表作《性命古训辨证》乃是一个积极的尝试,其目的在于"以语言学的观点解决思想史中之问题"。傅斯年这一方法应该说是对中国传统学术方法的继承。他在《性命古训辨证》的"引语"中,曾对阮元的学术路径加以肯定,认为阮氏"《性命古训》一书最关重要",并从中国学术演变的过程中确认阮元开创的语言分析方法治史的重要性。他说,阮元《性命古训》一书"此中包有彼为儒家道德论探其原始之见解,又有最能表见彼治此问题之方法,故是书实为戴震《原善》、《孟子字义疏证》两书之后劲,足以表显清代所谓汉学家反宋明理学之立场者也。……然而戴氏之书犹未脱乎一家之言,虽曰疏证孟子之字义,固仅发挥自己之哲学耳。至《性命古训》一书而方法丕变。阮氏聚积《诗》、《书》、《论语》、《孟子》中之性、命字,以训诂学的方法定其字义。而后就其字义疏为理论,以张汉学家哲学之立场,以摇程朱之权威。夫阮氏之结论固多不能成立,然其方法则足为后人治思想史者所仪型。其方法惟何? 即以语言学的观点解决思想史中之问题是也。"⑤

傅斯年基于"史学便是史料学"的观点,一方面强调史料在史学研究中的至上性,将史学研究落实到史料的整理与挖掘,力主在重视现存文献基础上处理好直接史料与间接史料的关系;另一方面则是主张从语言分析入手来解决文化史

---

① 《评〈秦汉统一之由来和战国对于世界的想像〉》,《傅斯年全集》第1卷,湖南教育出版社2003年版,第474页。
② 《性命古训辨证》,《傅斯年全集》第2卷,湖南教育出版社2003年版,第506页。
③ 《性命古训辨证》,《傅斯年全集》第2卷,湖南教育出版社2003年版,第507页。
④ 《性命古训辨证》,《傅斯年全集》第2卷,湖南教育出版社2003年版,第508页。
⑤ 《性命古训辨证》,《傅斯年全集》第2卷,湖南教育出版社2003年版,第505页。

和思想史的问题,从而使历史编纂学的研究路数得以展开。这也使得傅斯年在上古文化史、思想史研究上有重大创获,而列于中国现代史学大家之林。

其三,泛科学主义的研究范式。历史学是不是科学以及是何种意义上的科学,这在西方是实证主义与人文主义争论的一个焦点。傅斯年受西方科学主义思潮的影响,在史学界高举科学的大旗,以研究工具是否科学来评判史学的成功与否,主张历史学要不断"扩张研究工具",力图将史学建设成与自然科学纯然一样的科学,其泛科学主义的研究范式是十分显著的。

傅斯年将科学精神视为史学研究的根本,并以科学的普适性来衡量史学的科学性,这从他对顾颉刚史学研究的评价中表现出来。他认为,顾颉刚的古史考辨工作是包含着"科学家精神"的,其层累地造成的古史观是"史学的中央题目",而"这一个题目,乃是一切经传子家的总锁钥,一部中国古代方术思想史的真线索,一个周汉思想的摄镜,一个古史学的新大成"①。傅斯年对顾颉刚史学成就作如此高度的评价,是以"科学"的标准来论定的。傅斯年说:"大凡科学上一个理论的价值,决于它所施作的度量深不深,所施作的范围广不广,此外恐更没有甚么有形的标准。你这个古史论,是使我们对于周汉的物事一切改观的,是使汉学的问题件件在它支配之下的,我们可以到处找到它的施作的地域来。"②可见,傅斯年对顾颉刚古史论的高度评价,就在于认为其符合科学的原则,具有普遍的适用性,能够为此后的研究提供方向。正是从科学的观点出发,傅斯年将史料的整理看作是科学的事业,认为"去把史事无论钜者或细者、简单者或综合者,条理出来,是科学的本事"③。

傅斯年认为历史学要成为科学的历史学,除了要在"扩张研究的材料"上下功夫,就是要不断地"扩张研究的工具",而这"研究工具"则必须是自然科学的方法。在他看来,科学在现代已大为发展并已形成各门科学,可以能为史学提供研究工具了,而史学也确实需要自然科学的"资助"。他指出:"现代历史学研究已经成了一个各种科学方法之汇集。地质、地理、考古、生物、气象、天文等学,无一不供给研究历史问题者之工具。顾亭林研究历史事迹时自己观察地形,这意思虽然至少,但如果他能有我们现在可以向西洋人借来的一切自然科学的工具,成绩岂不更卓越呢?若干历史学的问题非有自然科学之资助无从下手,无从解

① 《与顾颉刚论古史书》,《傅斯年全集》第1卷,湖南教育出版社2003年版,第447页。
② 《与顾颉刚论古史书》,《傅斯年全集》第1卷,湖南教育出版社2003年版,第449页。
③ 《历史语言所工作之旨趣》,《傅斯年全集》第3卷,湖南教育出版社2003年版,第5页。

决。"①概而言之,历史学成为科学就必须用自然科学的方法来研究史料,才可以使史学建设成严整的科学。因此,傅斯年心目中的历史学,就其本质属性而言是利用自然科学的方法对史料整理的学问,故而他在《历史语言研究所工作之旨趣》中开宗明义地申明:"历史学不是著史:著史每多多少少带点古世中世的意味,且每取伦理家的手段,作文章家的本意。近代的历史学只是史料学,利用自然科学供给我们的一切工具,整理一切可逢着的史料,所以近代史学所达到的范域,自地质学以至目下新闻纸,而史学外的达尔文论正是历史方法之大成。"②从傅斯年的论述来看,利用自然科学的方法来研究史料,是史学成为科学的必备条件。所以他提出:"要把历史学语言学建设得和生物学地质学等同样,乃是我们的同志!"③

傅斯年在强调科学方法的同时,对史学研究中的比较研究方法可谓情有独钟,认为比较研究方法是科学方法,而史学的方法也主要就是比较研究的方法。他指出:"假如有人问我整理史料的方法,我们要回答说:第一是比较不同的史料,第二是比较不同的史料,第三还是比较不同的史料。"④他鉴于史学便是史料学的认识,认为对史料的比较、鉴别、筛选就是比较方法在史学中的运用,同时也就是科学的方法。他指出:"因为史料是不同的,有来源的不同,有先后的不同,有价值的不同,有一切花样的不同。比较方法的使用,每每是'因时制宜'的,处理每一历史的时间,每每取之特别的手段,这手段在宗旨上诚然不过是比较,在迎合事体上都是甲不能转到乙,乙不能转到丙,丙不能转到丁……"⑤由于对历史比较方法的格外重视,傅斯年还具体地对比较方法在史学中的运用进行专门研究,总结出对勘互证的八条比较方法:即直接史料对间接史料、官家的记载对民间的记载、本国的记载对外国的记载、近人的记述对远人的记述、经意的记载对不经意的记载、本身对旁涉、直说对隐喻、口说的史料对著文的史料。傅斯年不仅努力倡导史学比较法,而且身体力行地实践。如他的代表作《夷夏东西说》,就是运用比较方法来说明远古中国东西文化之不同,提出中国上古史只有东西之分,并无南北之限,认为夷与殷在东、夏与周在西,商人发迹于东北,这对研究中国文化之渊源及其分合关系有着重要的学术意义。

①　《历史语言所工作之旨趣》,《傅斯年全集》第3卷,湖南教育出版社2003年版,第7页。
②　《历史语言所工作之旨趣》,《傅斯年全集》第3卷,湖南教育出版社2003年版,第3页。
③　《历史语言所工作之旨趣》,《傅斯年全集》第3卷,湖南教育出版社2003年版,第12页。
④　《史料论略》,《傅斯年全集》第2卷,湖南教育出版社2003年版,第308页。
⑤　《史料论略》,《傅斯年全集》第2卷,湖南教育出版社2003年版,第309页。

傅斯年强调以科学的观念来对待史学,因而对于史学的"客观性"提出了具体要求,并因此主张治史方法的"多元主义",这使得他的泛科学主义的研究范式有了鲜明的目标。在科学主义看来,一门学问之所以成为科学不仅体现在研究工具上,而且也反映在研究结果的"客观性"上,即能够不以研究者的主观思想及其价值观念参与其中。傅斯年将"客观性"问题引入史学之中,并力求在"方法"上来保证这种客观性。在笔者看来,史学的"客观性"要求与治史方法的"多元主义"思想,在傅斯年著作中是一个问题的两个方面,且着力于科学精神的贯彻,推进史学向科学的方向迈进。傅斯年以科学精神来立论,追求史学等人文社会科学研究的"客观"性,认为"客观之一事,在社会科学和自然科学一样,是个理想的境界";然而,要向"客观"的境界逼近,就需要在研究方法上采取"多元主义",以代替"主观主义"。他指出:"谈社会科学,是离不了社会的立点",因而也就不可避免地具有一定的主观性,"但从各种不同角度看,主观性可以渐渐减少,客观性因而增加",因此"用多元主义代替主观主义,也许是现在社会科学方法论上的一个迫切的要求"①。这里,傅斯年遵循科学主义的观念,将史学的客观性与其研究方法联系起来,力图通过史学方法的"多元主义"来保证史学的"客观性",从而使史学成为真正的科学。

其四,中西文化的学术渊源。傅斯年幼承家学,学有所本,打下国学的初步基础;进入北大,既受国学之教育,又领略新学之风貌,且受"五四"民主科学思潮的洗礼,在学问家的道路上迈出了重要一步。其后,傅斯年留学欧洲重点吸取先进文明的成果,系统地接受西方科学知识与科学方法,因而学贯中西,博古通今。傅斯年回国后以史学为职业,不断从中西文化中吸收营养,为学既有世界的眼光,又有中国传统学术的传承,显示出学术思想上中西兼容的特殊风格。

傅斯年学术思想有着中西文化根基,与他所受到的教育是分不开的。傅斯年出身于世代官宦家庭,少年时代家境虽然已经破落,但仍然受到较为良好的国学教育,从而打下了中学基础。1913年,傅斯年考入北京大学预科,1916年又升入国学门,1919年从北大毕业。在北大的6年中,傅斯年除了继续接受国学的教育,又初步地接受了西方的自然科学,并深受民主科学思潮的熏陶,民族主义意识继涨增高;他参加了五四新文化运动,创办《新潮》杂志,成为当时的学界领袖。1919年冬,傅斯年考取山东省官费出国留学,先在英国伦敦大学主修实验

① 《台湾大学法学院〈社会科学论丛〉发刊词》,《傅斯年全集》第3卷,湖南教育出版社2003年版,第368—369页。

心理学,选修了物理、化学、数学等课程,涉猎了文学、史学、政治等学科。1923年9月,傅斯年转入德国柏林大学修习了比较语言学、物理学等课程,广泛涉猎西方的自然科学。1926年冬回国。在英国和德国的7年中,傅斯年深受西方科学理论和科学方法的熏陶,为此后学术发展奠定了厚实的科学理论基础,并为他成为学界领袖创造了重要条件。

傅斯年的史学思想显示了中西合璧的学术取向,这是他就中外治史方法进行总结和提炼的结果。他在为《史料与史学》所作的"发刊词"中,不仅表达了史料至上的观点,而且显现了中外史学对他这一观点形成的巨大影响。他说:"本所同人之治史学,不以空论为学问,亦不以'史观'为急图,乃纯就史料以探史实也。史料有之,则可因钩稽有此知识,史料所无,则不敢臆测,亦不敢比附成式。此在中国,固为司马光以至钱大昕之治史方法,在西洋,亦为软克、莫母森著史立点。"①这里,傅斯年将中国的司马光、钱大昕等与西洋的软克(兰克)、莫母森(莫田森,1817—1903)联为一体,以中外史学家治史方法作为立论的根据,并进而论证自己所主张方法的合理性,集中地反映出傅斯年史学思想的中西学术渊源。在傅斯年的行文中,"固为"与"亦为"两语具有特别的含义,足以表明他对西学与中学这两者等同观之的学术取向和取鉴中外的治学态度。

中学是傅斯年史学思想的重要来源,传统史学的有益成果为傅斯年所吸收。在此意义上,傅斯年是中国传统史学文化在现代中国的传承者和开新的人物。傅斯年对《史记》较为推崇,说《史记》是"一部金声玉振的集大成书","是读古书治古学的门径"②。他虽批评《史记》"并非客观历史,加入主观思想",但仍然认为其"有特殊见解,为综合史体","成一家之言"。他指出:"《史记》之长处:A.比较编年学之观念之早现;B.《史记》八书即中国古代之文化史;C.自《史记》以后纪传体即成立,后来史学界有编年、纪传两派,所有著述都不外此两种,虽工拙有别,而摹拟则一;D.自《史记》而后,史始自成一派,实为承前启后之一大著作"③。傅斯年从近现代史学演变的视角,对《史记》予以高度的评价,认为《史记》"能那样子传信存疑以别史料,能作八书,能排出列国的纪年,能有若干观念比十九世纪的大名家还近代些"④。对于《通鉴考异》,傅斯年也是赞许有加,认

---

① 《〈史料与史学〉发刊词》,《傅斯年全集》第3卷,湖南教育出版社2003年版,第335页。

② 《〈史记〉研究》,《傅斯年全集》第2卷,湖南教育出版社2003年版,第355页。

③ 《中西史学观点之变迁》,《傅斯年全集》第3卷,湖南教育出版社2003年版,第151—152页。

④ 《历史语言所工作之旨趣》,《傅斯年全集》第3卷,湖南教育出版社2003年版,第4页。

为其"可以代表利用新发现之材料以考订古事,自此始脱去八代以来专究史法文学之巢穴而转注于史料之搜集、类比、剪裁,皆今日新史学之所有事也"①。傅斯年对于顾炎武、阎若据在历史学、语言学上的贡献更是推崇备至,说:"顾炎武搜求直接的史料订史文,以因时因地的音变观念为语学,阎若据以实在地理订古记载,以一切比核辨证伪孔,不注经而提出经的题目,并解决了他,不著史而成就了可以永远为法式的辨史料法。亭林、百诗这样对付历史学和语言学,是最近代的;这样力点便是不朽的遗训。"②傅斯年认为顾炎武、阎若据最能代表近代史学的精神,因而将史语所工作的第一条宗旨定为"保持亭林、百诗的遗训"。

傅斯年史学思想就其西学渊源方面来说,显然是有着西方实证主义的思想背景,但笼统地认为其思想来源于西方实证主义也是不十分到位的。事实上,在西学方面,傅斯年不是直接地继承那种"首先是确定事实,其次是构成规律"的实证主义,而是接续了如柯林武德所说的那种继承了实证主义精神的"19 世纪的历史编纂学",亦即是实证主义影响之下所出现的"实证主义的历史编纂学"。这种"19 世纪的历史编纂学接受了实证主义纲领的第一部分,即收集事实,尽管它排斥了第二部分,即发现规律。但是它依然以一种实证主义的方式来设想它的那些事实"。就此而言,这种"19 世纪的历史编纂学"在处理历史事实时有两个显著的特点:一是认为"每桩事实都被看作是可以通过一项单独的认识行为或研究而被确定的事物;于是,历史可知的整个领域便被分割成无数细微的事实,每件事实都要单独予以考虑"。二是对于"每件事实都要被思考为不仅独立于其他一切事实之外,而且也独立于认知者之外",因而要求历史学家要"一概删除"自己的"一切主观成分",并且"一定不要对事实作任何判断",而"只应该说事实是什么"③。傅斯年的史学思想,其突出方面是注重材料的细微之处,强调史料的至上地位,捍卫史学的"客观性"要求,反对史家主体意识的参与,这种情形与"19 世纪的历史编纂学"思想保持着巨大的一致性。由此可以认为,傅斯年继承的是这种"19 世纪的历史编纂学",而非那种通常所说的实证主义的史学观。

这里需补充指出的是,傅斯年受西学思想的影响,但并非就一定是来源于兰克。学术界普遍地认为傅斯年史学思想来源于兰克,如何兹全先生说:"傅斯年

① 《中西史学观点之变迁》,《傅斯年全集》第 3 卷,湖南教育出版社 2003 年版,第 152 页。
② 《历史语言所工作之旨趣》,《傅斯年全集》第 3 卷,湖南教育出版社 2003 年版,第 4 页。
③ [英]柯林武德著,何兆武、张文杰译:《历史的观念》,商务印书馆 1997 年版,第 194—195 页。

的史学思想受兰克很大影响"①；又如，张广智先生说"傅斯年服膺兰克的客观主义"，傅斯年与兰克"治史的路数当属同一途径。"②论者提出这样的看法，大多是引用《历史语言研究所工作之旨趣》中这样一段话："我们反对疏通，我们只是把材料整理好，则事实自然显明了。一分材料出一分货，十分材料出十分货，没有材料便不出货。两件事实之间，隔着一大段，把它们联系起来的一切涉想，自然也是多多少少可以容许的，但推论是危险的事，……材料之内使它发现无遗，材料之外我们一点也不越过去说。"在笔者看来，以这段材料来说明傅斯年史学思想来源于兰克，无论是从证据方面、还是内容方面都是不充分的。中国人对兰克多有误解，说到按自然科学方法来整理史料，就想当然地认为来源于兰克的思想。其实，兰克虽然是极注重史料的整理，但兰克也不只是重视史料的问题，因而将兰克定位在注重史料整理这一个方面显然是不妥的。傅斯年确实是注重史料的整理，并且重视到将史料等同于史学的地步，然而却很难看出其与兰克之间具有学术上的渊源关系。第一，在关于历史学的性质问题上，兰克与傅斯年的观点相差很大。兰克认为："历史是艺术，同时也是科学。它必须满足批判上和学术上的一切要求，……同时还应当象任何成功的文学创作那样，使有教养的人们感到乐趣。"③亦即兰克除了承认历史学具有科学性质的一面，又承认历史学具有艺术的性质。而傅斯年则认为历史学应该是同自然科学一样的纯然的科学，并且主张历史学就是"史料学"，反对史学所具有艺术、文学的性质。这与兰克的主张有很大的不同。第二，在关于历史学的功能问题上，兰克与傅斯年的看法相距甚远。兰克承认历史对现实的巨大作用，而不是将历史的作用仅仅局限在学术研究的领域。如他说："历史已被赋与的任务就是判断过去，为我们的将来的利益教育我们。"④傅斯年则主张把历史学的作用限定在学术领域，反对史学直接地为现实政治服务，如他认为历史学不应是"普及"的工作，历史不是"什么经国之大业不朽之盛事，只要有十几个书院的学究肯把他们的一生消耗到这些不生利的事物上，也就足以点缀国家之崇尚学术了——这一行的学术。"⑤仅就

---

① 　何兹全：《傅斯年的史学思想和史学著作》，《历史研究》2000 年第 4 期。
② 　张广智：《傅斯年、陈寅恪与兰克史学》，《安徽史学》2004 年第 2 期。
③ 　[美]J.W.汤普森著，孙秉莹、谢德风译：《历史著作史》下卷，第 3 分册，商务印书馆 1988 年版，第 250 页。
④ 　[美]J.W.汤普森著，孙秉莹、谢德风译：《历史著作史》下卷，第 3 分册，商务印书馆 1988 年版，第 249 页。
⑤ 　《历史语言所工作之旨趣》，《傅斯年全集》第 3 卷，湖南教育出版社 2003 年版，第 10 页。

以上两点,就很难说明傅斯年史学思想源于兰克。再者,据王汎森的查考,傅斯年的藏书中没有一本兰克的书,而他在德国留学的选课单中,也没有选修史学理论一类的课,其一生的著述中只提到兰克两三次。因而,在笔者看来,要说明傅斯年史学思想渊源于兰克,不仅在理论上难以疏通出来,而且在实证的层面也还难有足够的证据。由此,笔者同意这样的看法,"傅氏从德国带回来的,主体上并非兰克学派的教条,而应该是当时欧洲先进的科学技术,如自然科学及考古学,还有先进的学术观念,如组织研究院、进行集体合作等"①。

总体来看,傅斯年与胡适有着"半师半友"的关系,其史学的取向与治学门径上大致不出胡氏所提倡的"新问题、新材料、新方法"的范围,但傅斯年的史学成就却超过了胡适②。自然,傅斯年史学思想有着诸多的突出之处,但亦有其缺点之所在。其缺点主要是:一是仅将史学研究集中在史料的研究上,忽视了对历史规律的探索;二是拒绝历史观在史学研究中的运用,对史料的"疏通"予以坚决的反对,如他申明"我们反对疏通,我们只是把材料整理好,则事实自然显明了"③;三是割断史学研究与现实社会的关联,力图使史学成为"几个书院的学究"所从事的书斋式学术。尽管如此,傅斯年在中国现代学术史上还是有着极其重要的位置。

6. 朱谦之的史学思想

朱谦之在 20 世纪 20 年代就开始历史学理论的研究,是现代中国著名的史学家、历史教育家。朱谦之早年在《历史的真意义》文章中,对"历史"作了泛化的界定,既批判了中外史家将政治史视为历史的看法,又批评了梁启超关于"史者记述人类社会赓续活动之体相"的主张,认为"人类不过是宇宙活动之一部分,政治更不过人类活动之一部分"。在他看来,所谓历史"应该包括宇宙全体","历史之意义,非包万有而并载之不能够算做完全,如果历史只讨究人类进化的现象,而不究及人类之从何而来,那末这个历史,只能算做半截子的,一部分的了"④。此文,朱谦之批判了那种将历史理解为"堆积"的思想,不仅阐发生命

---

① 狄笙:《史家与史学:20 世纪三位学人治史门径蠡测》,《北京大学学报》1996 年第 4 期。

② 姜义华、武克全主编:《二十世纪中国社会科学·历史学卷》,上海人民出版社 2005 年版,第 35 页。

③ 《历史语言研究所工作之旨趣》,《傅斯年全集》第 3 卷,湖南教育出版社 2003 年,第 9—10 页。

④ 朱谦之:《历史的真意义》,黄夏年编:《中国近代思想家文库·朱谦之卷》,中国人民大学出版社 2015 年版,第 40 页。

在历史进程中的意义,而且强调"时间"对于历史演进的价值,认为"没有时间,便历史失其命脉",而历史中所谓"时"就"应当比如一根很长的铁链,每一环虽有每一环的独立存在,但是前一环和后一环却有互相衔接的关系"。基于历史乃是环环相扣的认识和历史具有"绵延"的特征,该文提出了历史学家的所担负的"职务"问题。他指出:"历史家如果能够把过去的僵迹,完全无缺的记载下来,还不算尽了史家的职务,须知史家之所以为史家,在他能够将过去同现在、未来联络起来,如果历史同现在的中间,留一个空间,那可见这个历史家是万要不得了。因为生命的真相,是且进且成,所以由微而著,积小至大,他是时时刻刻的创新,过去的保存无已,所以未来的扩张,也永没休歇。历史的职务,就在一方面仰倚着'过去',一方面俯恃着'未来',一个是过去的保存永无穷期,一个是未来的前进不可预测。无如现在所有历史的著作,都好像一个很坏的脑筋,所'堆积'的事实,都不足使我们明了我们的现状,更不足以应付未来的问题,所以只成为其为死的历史了。"①这里,朱谦之关于历史是"过去"、"现在"及"未来"相联络的主张,是其主张的历史乃是环环相扣思想的延伸,并且显然也是来自于柏格森关于时间"绵延"的思想。

朱谦之在史学上有着建设"历史科学"的追求,他发表了多篇关于"历史科学"的文章,在说明"历史"这个范畴的基础上,重点阐发历史学进于历史科学的主张。在《历史科学论》等文章中,朱谦之一方面承认历史学与其他相关学科的联系,但另一方面又强调历史学进于历史科学的必要性及历史科学所应有的独立性,并从学科的视域将史学与哲学、文学等科学区分开来。

关于何谓"历史"的问题,朱谦之基于历史学与自然科学的不同,从"空间"与"时间"两个方面对于学术界既有看法加以辨析。他指出:

> 何谓历史?关于这个问题,我们可以举出许多代表的或者著名的历史定义,来作批判的研究。

> 从空间方面来说,历史所纪录的,应该包括宇宙全体,然而因此便如萧一山先生所说:"历史者宇宙现象之叙述录也"(《清代通史》导言),这又未免犯了很大错误。因为历史与自然科学不同,自然科学可以空间为标准,而历史则以时间为标准,如果历史只是宇宙现象之叙述录,那和自然科学有何区别?

---

① 朱谦之:《历史的真意义》,黄夏年编:《中国近代思想家文库·朱谦之卷》,中国人民大学出版社 2015 年版,第 47—48 页。

从时间方面来说,许多学者以为过去的就是历史的,甚至于新史家亦不出此例。Robinson 说:"历史是一种研究人类过去事业的广泛的学问。"约翰生·亨利(Johnson Henry)说:"就广义的说起来,历史是曾经遇到过的无论什么东西,历史就是过去的本身,不管过去是什么。"最妙不过的,就是同在以过去为历史之定义中还分两派,一派主张历史为过去的记载,如法国书院辞典于历史下一定义,谓历史为"值得记忆的事物的追述";一派相反地主张"历史之定义只能谓为吾人对于过去所有之知识而已,非过去之记载也"。然而据实来讲,历史不但不是过去的记载,也不是什么对于过去的知识。历史如不是以时间为标准罢了,要是我们承认历史就是时间的学问,那末历史便应该将现在同未来同过去一样看待,而不应只是回忆过去的史迹,历史应该阐明从过去而现在而未来而不断的生命之流。①

朱谦之在上述文字中,对于学术界各种关于"历史"的定义进行了辨析,显示出两个重要的理念:一是认为历史学不同于自然科学,故而也就不能将历史视为"宇宙现象之叙述录",这一点就使他与西方的实证主义科学观分别开来;二是认为历史是"从过去而现在而未来"的"生命之流",这固然是强调历史的延续性特征,但很显然的是具有柏格森的"生命哲学"的色彩。观诸朱谦之的思想状况,他在五四时期就曾接受了柏格森生命哲学的影响,以生命哲学来诠释史学也是他治学的一个特色。譬如,他在 1935 年发表的《历史论理学》中,就有这样的言论:"从生命辩证法看来,则历史进化自过去而现在,过去即在现在当中,所以他是时时刻刻的累积,时时刻刻的创新,即因过去的保存无已,所以未来的扩张增大无已,即因未来的扩张增大无已,所以历史进化也永远没有休歇。"②这样看,他主张历史具有"生命之流"也就自有其演进的逻辑了。

朱谦之对于"史学是不是科学以及成为何种科学"的问题,提出了自己的看法。当时,无论是西方还是中国的学术界,对于史学是否是科学的问题,皆有很大的争论。有人不承认历史的科学性质,其理由有二:一是"科学是普遍的,历史是特殊的";二是"科学是发于批评精神的,历史是基于教权的"。也有认为历史是一种科学,赞同 19 世纪西方实证论关于历史是科学的主张。朱谦之对于学术界这两种对立的看法皆不满意,他说:"我以为他们虽均能持之有故,言之成

---

① 朱谦之:《历史科学论》(1939 年),转引自吴枫、杜文君主编:《中华现代思想宝库》,吉林人民出版社 1991 年版,第 2138 页。

② 朱谦之:《历史论理学》,《现代史学》第 2 卷第 4 期,1935 年 10 月。

理,却是单在学理上讨论,就未免太抽象了吧。如果要知道历史之是否为一种科学,我以为须先对于此问题下一个历史的研究。史学本身可以最初不是科学,而现在变成一种科学;也可以说最初属于文学之内,而现在却脱出于文学之外而独立。所以我们只要:第一,承认史学本身有一段长的而且复杂的历史;第二,承认知识所包括的范围,即关于科学知识的分类,也有一段长的而且复杂的历史。那末,把两者合拢比看一下,便可发见史学在科学分类中之史的发展,因而明了现代史学之所以为一种科学的原因了。"①这里,朱谦之实际上提出了研究史学学科性质的两条路径:一条路径是在历史学的发展进程中来研究史学的学科性质,另一条路径即是在科学分类的视域之中探讨史学的性质。

那么,史学既然属于科学,那么应属于何种科学呢? 随之而来的问题是,史学作为具有科学性质的学科,那它与哲学、文学等学科有着怎样的关系呢? 朱谦之尽管受到柏格森生命哲学的巨大影响,强调历史乃是具有"生命之流",但他并不因此就否认历史学的科学性。相反,他认为历史学具有研究规律的使命,史学在这方面与自然科学有着相似性,故而历史学成为历史科学乃是其必然性的要求。他指出:"历史学的最大任务,即在于根据历史的一切事实,来发现一切统辖人类发展之定律的。所以历史正和自然科学一样。自然科学对自然界的一切事物,都可以用自然的目光去解释他;而历史的一切事实,亦可以用历史的目光去解释他。"②朱谦之基于这样的看法,探讨了历史学成为历史科学以及历史科学与哲学、文学的关系。他指出:

> 历史在科学中的位置不是文学,不是哲学,而为一种科学。然而所谓历史科学,并不是孤立的东西。从前以为历史不过是文学式的叙事文,固然不对;现代历史亦非不要历史文学,不过所须要的乃为科学的历史文学。同样,从前也有人以为历史只是沉思玄想之一理论物,固然不对;然而现代史学亦非不要历史哲学,不过所需要的乃为科学的历史哲学。所以要说历史与文学、哲学的关系,我们很可以大胆地从其本质上承认,历史本身即含有一种历史文学、历史哲学与历史科学。历史文学是一种"著史术",是教我们著述历史,应该采用何种适宜的问题,如何才能有优美的历史艺术。然而这种讨论,并不涉及历史学的本身,所以在最初时代所认为重要的,现在已

---

① 朱谦之:《历史科学论》(1939 年),转引自吴枫、杜文君主编:《中华现代思想宝库》,吉林人民出版社 1991 年版,第 2138 页。

② 朱谦之:《历史科学论》,《现代史学》第 2 卷第 3 期,1935 年 1 月。

成为次要的东西了。复次，历史哲学是历史家在他著作里头所隐含的哲学思想。许多史家解释历史的现象，的确能独抒己见，特具见解。可是这种见解应该是依据历史的事实出发，所以和哲学的空谈理论不同。而那些哲学家的历史哲学，在史家看来，也都成为不切题的空议论了。所以归根结底，历史虽有文学和哲学，而文学和哲学毕竟不是历史本身。历史本身不是文学不是哲学，而为一种科学。①

朱谦之关于历史学与文学、哲学关系的讨论，实际上是以进化论来说明历史学进于历史科学的历史进程。在他看来，这个进程的结果就是使史学由文学的性质、哲学的性质而进于科学的性质，即历史学在经历了"历史文学"的"第一时代"、"历史哲学"的"第二时代"之后，最后进于历史学的"第三时代"即"历史科学"。他说："历史与文学、哲学的关系，即就本质上说，历史文学为一件事情，历史哲学又为一件事情。历史文学代表历史之第一时代，历史哲学代表历史之第二时代。现在更进来说历史与科学的关系。则在历史学中，历史科学又为一件事情，而可代表历史之第三时代的。这就是说，我们现代的历史，是以历史科学为中心。在这时代，非无历史文学，然而所谓历史文学，实为科学的历史文学；非无历史哲学，而所谓历史哲学，实为科学的历史哲学。虽然同在以历史是一种科学的思想中，主张各自不同。如有的以历史属于生物学，有的以历史属于心理学或社会学，有的以历史为复杂科学。然而无论如何，均主张以历史为一种科学，换言之，即主张历史为历史科学的时代。"②朱谦之将史学发展进程梳理为"历史文学"、"历史哲学"及"历史科学"这三个时代，并申明在"历史科学"的时代仍然需要有"历史文学"及"历史哲学"的存在，只不过此时的"历史文学"和"历史哲学"皆是在"科学"话语之中。他举例说："自有了科学的历史文学发生，于是历史便与文学绝对不同。而旧史家将文学与史学混同的观念，也不能成立了。因为历史本身不能不成为一种科学，所以历史的文学亦不能不成为一种科学的历史文学。"③因而，在朱谦之的学术视域之中，此时的"历史文学"是"科学的历史文学"，而此时的"历史哲学"则是"科学的历史哲学"，其根本的原因就在于"我们现代的历史，是以历史科学为中心"。

朱谦之具有强烈的现实意识，他在抗战时期提出"考今"的学术主张，希望

---

① 朱谦之：《历史科学论》，《现代史学》第 2 卷第 3 期，1935 年 1 月。

② 朱谦之：《历史科学论》，《现代史学》第 2 卷第 3 期，1935 年 1 月。

③ 朱谦之：《历史科学论》（1939 年），转引自吴枫、杜文君主编：《中华现代思想宝库》，吉林人民出版社 1991 年版，第 2138 页。

史学界更多地关注现实的社会生活，为全民族的抗战事业而服务。他说："在七七抗战展开以后，这种纯粹考古考证的史风，似乎已经急剧地转变。民族意识的增强，使我们对于本国文化的价值，从极端怀疑古史中解放出来，考证考古的工作一转而从事抗战史料的搜集，社会经济史料的搜集，民族文化史料的搜集，这种努力，使研究工作与现在问题发生密切的联系，不能不说是有很重大底历史意义的。"①朱谦之赞同克罗齐"一切历史都是当代史"的治学理念，强调"现代史学"以关注现实为目标而与传统史学不同，反对史学界那种"纯粹考古考证的史风"，尤其不满意于傅斯年提出的"近代的历史学只是史料学"主张、顾颉刚致力于考辨古籍古物的研究路径，认为："现代史学的第一职务，乃在怎样理解目前世界和中国历史的大转变，换言之，即是'考今'。"在他看来，历史是有时间延续的，"时间的意义就是现在"，而"过去是现在之积，现在是过去之续，所以有'古'即有'今'，考古即以考今，所以'温故知新'便是"。基于这样的看法，"现代史学与从前史学的不同，即在从前史学以'考古'为目的，现代史学则以'考古'为方法，而以'考今'为目的"。他指出："现代史学为要明了我们的现状，故将现在同过去同未来联成一条生命，而以'现代'为历史生命的中心，所以现代史学不应只是考古，更应该注重'考今'，不然读破'二十四史'，尚不知何谓'现代'，亦有何价值？有何益处？"②朱谦之关于"现代史学"的"考今"主张，体现了关注现实的研究风格及其史学研究的爱国主义情感。

正是朱谦之关注现实问题的研究，因而其史学研究有着经世致用、服务于民族独立的政治取向。朱谦之在抗战时期发表的《历史学研究的新阶段》文章，以经世致用的治学理念对待历史学的前进方向，对"历史研究的新途径"提倡自己的看法：

> 我们史学研究者，应该适应现代的环境，抗战建国的计划，另辟历史研究的新途径。现代是科学时代，我们便应该研究科学史。我曾经提倡新型历史，并谋历史学者与自然科学者通力合作起见，而提倡组织"中国科学史社"，倡立科学史奖金。又因现代是工业科学时代，我们所拟之"中国科学史丛书"于抽象科学、普通科学、特别科学、合成科学以外，更特别注重应用科学，如工程学史、冶金学史之类。然而我们现在更明白了，现代乃是军事

① 朱谦之：《考今》，黄夏年编：《中国近代思想家文库·朱谦之卷》，中国人民大学出版社2015年版，第208页。

② 朱谦之：《考今》，黄夏年编：《中国近代思想家文库·朱谦之卷》，中国人民大学出版社2015年版，第208页。

科学时代,我们从今以后,为实践抗战建国需要,更应注意与国防有关各专门史的研究,在军事上有特殊重要的历史科目,如战术史、兵器史、军事地理沿革、国防史、边疆史之类。总而言之,现代乃是科学时代、工业科学时代、军事工业科学时代,如蒸汽机为一般工业科学时代的标帜似的,无畏舰、潜水艇、飞行机、坦克车实为现代军事工业科学时代的标帜。我们如不欲民族生存则已,如欲民族生存,便须迅速发达此种军事科学史的研究,因为中国只有这种研究,才是现代我们史学研究的新途径。①

经世致用的学风也使朱谦之在学术界提倡"现代史学",并为创建"现代史学派"而不懈努力。朱谦之在中山大学创办《现代史学》杂志,力图建立"现代史学派"。这是我们考察其史学思想时需要加以关注的。朱谦之自 1932 年 12 月开始,自费筹办《现代史学》杂志。1933 年 1 月,《现代史学》创刊。朱谦之在《现代史学》的创刊号上,发表《本刊宣言》、《什么是历史方法》、《文化哲学》等文章,其志向在于在中国创建"现代史学派"。其后,朱谦之在《现代史学》上发表不少史学研究论文,如在《现代史学》第 1 卷第 2 期发表《史的论理主义与史的心理主义》文章;在《现代史学》第 1 卷第 3、4 合刊上开辟"经济史研究专号",发表《经济史研究序说》文章;在《现代史学》第 2 卷 1、2 合刊上发表《中国史学之阶段的发展》文章,提出"现代史学"不仅要集考证考古之所长,而且要汲取唯物史观派之所长;在《现代史学》第 2 卷第 3 期发表《历史科学论》文章,阐明了历史学建设成为"历史科学"的必然要求;在《现代史学》第 2 卷第 4 期发表《历史论理学》文章,提出建设历史研究理论的主张;在《现代史学》第 3 卷第 1 期发表《社会科学与历史方法》文章,主张历史研究必须汲取其他社会科学的研究方法;在《现代史学》第 3 卷第 2 期发表《宋儒理学对于欧洲文化之影响》,梳理了宋儒思想对于欧洲文化影响的历史轨迹。在这些文章中,朱谦之在《现代史学》第 4 期中发表《中国史学之史的发展》是一篇方法论文章,该文说明"现代史学派的产生,是在综合两种历史方法:一方面有主张考证考古派,以历史为叙述的科学,着重古代史与史料的搜集和整理;一方面有主张历史哲学派,以历史为说明的科学,着重现代史与历史进化的方法。前者的缺点是无中生有侥幸成名,后者的缺点是公式主义。现代史学的产生,即在考证考古派与历史哲学派之尖锐对立中,而完成其特殊之历史的使命,如以考证考古派的方法为'正',则史观派

① 朱谦之:《历史学研究的新阶段》,转引自黄夏年编:《中国近代思想家文库·朱谦之卷》,中国人民大学出版社 2015 年版,第 261—262 页。

为'反',而《现代史学》就是'合'了。"①还应注意的是,朱谦之在《本刊宣言》中,具体地提出了现代史学的三个使命:其一是现代性把握,其二是现代史学方法的运用,其三是开展现代史、科学史、社会史、经济史的研究。关于史学研究中的现代性把握问题,朱谦之说:"一切历史原来就是现代的历史。一切代表时代的历史哲学家,也几乎同声一致地对现在取决定的态度。……普通一过去的事实为历史事实,不知历史事实须经过今我思想的活动,即将过去涌现于现在当中,而后才有历史的意义。所以真有生命的历史,都是现在的,失却现在即不能成其为历史,只好说是过去的历史,不过无生命的形骸而已,木乃伊而已。……真正的青年史家们,我们宣言,我们不能建设有生命的历史罢了,既然要建设历史创造文化,便不得不毅然决然舍弃了历史的残骸,而从事现代性的历史之把握,所以现代性的历史之把握,就是现代史学之第一使命。"②关于现代史学的方法问题,朱谦之指出:"我们甚至可以承认现代史学与过去史学的不同,即在于所用方法之不同。……历史有进化的方法同时又有历史构成的方法,即前者为社会科学所共同采用的历史方法,后者为历史科学所特别采用以建设历史的方法。……我们看重后者方法,因其能为人类历史建立下进化的根本法则;我们亦置重前者,因其能为历史进化法则建立下史料之确实的基础,所以现代治史方法之应用,就是现代史学之第二使命。"③关于现代史学研究的领域问题,朱谦之说:"我们又不但从历史方法学上看出现代治史方法的应用,我们还且从史学的历史上看出研究现代史与社会史的重要。……所以我们现在不谈历史则已,一讲历史,现代历史即为文化史,尤其是文化史中之社会史经济史科学史。我们在发展的历史中,不但要有一个解释社会现象的发展,社会之历史的形态,社会形态的变迁之历史哲学。我们还要在叙述史上面建立一种叙述社会现象的发展,社会之历史的形态,社会形态的变迁之社会史学。但是这么一来,我们又不得不特别注重社会史的现阶段,就是现代史的研究了。所以注重现代史与社会史经济史科学史等研究,也就是现代史学之第三使命。"④可以说,这篇《本刊宣言》乃是创建"现代史学派"的宣言。《现代史学》是一本重要的史学研究刊物,倾注了朱谦之的大量心血,即使在晚年他还有着格外珍爱的情结。朱谦之晚年对这

---

① 朱谦之:《世界观的转变》,黄夏年编:《中国近代思想家文库·朱谦之卷》,中国人民大学出版社 2015 年版,第 251 页。

② 朱谦之:《本刊宣言》,《现代史学》第 1 卷第 1 号,1933 年 1 月。

③ 朱谦之:《本刊宣言》,《现代史学》第 1 卷第 1 号,1933 年 1 月。

④ 朱谦之:《本刊宣言》,《现代史学》第 1 卷第 1 号,1933 年 1 月。

本《现代史学》杂志,有这样的回忆:

> 《现代史学》的印刷费,前几期都是完全由我负担的,第四期以下,便得
> 到史学系各教授的捐助,第三卷以下,我们以史学会名义,请求学校每月补
> 助印刷费三十元。迁址澄江以后,为着印刷的困难,曾由编者以油印本刊
> 出。直至1941年我主持文学院院务才提议将《现代史学》收归学校办理,
> 作为中大学术刊物之一。再到1944年我主持研究院文科研究所,将《现代
> 史学》作为历史学部和史学系合编的刊物。又自本刊诞生以后,按期卷首
> 均有我的研究论文,所著如《文化哲学》、《中国音乐文学史》、《现代史学概
> 论》、《中国思想对于欧洲文化之影响》、《扶桑国考证》各书,均有一部分先
> 在《现代史学》发表。本刊作者均为中大教授或青年史家,对于史学均有所
> 贡献。尤其可注意的,就是本刊曾发表许多专号,如《中国经济史专号》、
> 《中国现代史专号》、《史学方法论专号》、《文化学专号》,均为开风气之先
> 者。我从本刊创立以后,始悉创业者的艰难和奋斗者的成功。①

朱谦之在史学理论的研究中有着较为丰富的学术思想,在现代中国的"历
史学"科学化进程中有着重要的意义,但他此时归根到底是以进化论来研究历
史学理论的,并且也有着生命哲学的色彩。尽管他在很大的程度上承认唯物辩
证法对于"历史论理学"建立的意义,如他说:"唯物辩证法,就是'矛盾的论理
学','革命的论理学'。所以从这方法起点,所见的人类历史,也不外乎就是人
类社会之矛盾的发达史,就是阶级斗争的历史了。"又说:"只要我们承认人类的
历史,不仅是和平的历史,也是革命的历史;只要我们承认人类的社会,不仅有生
理的现象,也有病理的现象,那末唯物辩证法,在史学方法论上便有重大的意义。
虽然唯物辩证法只是偏面的真理,然而没有唯物辩证法,历史论理学也就不能设
起来了。"②但在根本上,朱谦之没有建立起对唯物辩证法的信仰。朱谦之也强
调历史的进化,并承认"历史的继续",认为历史有着"发达和进步的趋向",但他
在对历史连续性的解释中又反对"历史之社会的经济的解释",认为这种解释的
结果是把历史"都看作社会的或经济的产物",甚至还说这种解释"实在最错误
不过","完全把历史的意义埋没了"③。故而,朱谦之的史学思想应归类到现代

---

① 朱谦之:《世界观的转变》,黄夏年编:《中国近代思想家文库·朱谦之卷》,中国人民大学
出版社2015年版,第251—252页。

② 朱谦之:《历史论理学》,《现代史学》第2卷第4期,1935年10月。

③ 朱谦之:《历史的真意义》,黄夏年编:《中国近代思想家文库·朱谦之卷》,中国人民大学
出版社2015年版,第40—41页。

中国资产阶级史学的序列之中。

7. 陈垣的史学成就及史学思想

陈垣(1880—1971),广东新会人,号援庵。14 岁阅读《四库全书总目提要》,打下史学基础。年轻时还读过赵翼的《廿二史札记》等著作,对于"史法"、"史事"有着浓厚的研究兴趣。1917 年发表第一篇论文——《元也里可温考》,引起史学界重视。1917—1927 年在北京从事学术研究,曾任北京大学国学门导师,1924 年任"清室善后委员会"委员,其后担任京师图书馆馆长、故宫文献馆馆长。1937 年留在辅仁大学任教,以史学为武器宣传爱国主义,并写出《明季滇黔佛教考》、《南宋初河北新道教考》、《清初僧诤记》、《中国佛教史籍概论》等。1943—1945 年写出《通鉴胡注表微》,此著为其重要的代表作。1949 年后继续在辅仁大学任教。1952 年院系调整,辅仁大学与北京师范大学合并,任北京师范大学校长。陈垣是中国现代著名的史学家,在宗教史、元史、年代学、避讳学、校勘学研究方面取得突出的成就。

陈垣在《中国史料的整理》文章中,强调了史料整理的重要性,并主张吸取西方的史料整理方法,重视目录和索引的编制。当时,有人鉴于史料的繁多,感觉到整理上的极大困难,遂提出将史料烧掉的极端看法。就此,陈垣指出:"这种焚书的办法到底不是根本的解决。譬如蒙古西藏我们暂时不能积极经营,断无把它放弃之理。我以为我们若是肯大家来想法子,把这些史料都弄成整个有用的东西,或很容易运用的史料,那自然也不用烧了。反之,我们若是自己不来整理,恐怕不久以后,烧又烧不成,而外人却越俎代庖来替我们整理了,那才是我们的大耻辱呢!"①那么,为什么要整理史料呢? 陈垣给予了这样的说明:"为什么我们的史料要整理呢? 理由是很简单的:人类的寿命有限,史料的增加却是无穷,举一个很浅显的例,唐宋人研究历史须研究到唐宋为止,我们现在就要研究唐宋以后的历史了;不止这样,唐宋人研究历史的范围只局于中国及中国附近,我们现在因为交通便利,东西文化接触的结果,就要把范围扩大到全世界去;这么一来,我们若是不想法子先把中国的史料整理起来,就不免要兴庄子的'吾生也有涯,而知也无涯,以有涯随无涯殆已'之叹了。"②陈垣将史料的整理与民族的存亡联系起来,体现了史学研究的经世致用理念。陈垣在史料的整理上,有这样几个特别的地方:一是强调工具书在排列和编制方面皆需要依据目录学而进

---

① 陈垣:《中国史料的整理》,《史学年报》1929 年第 1 期。

② 陈垣:《中国史料的整理》,《史学年报》1929 年第 1 期。

行改良。在他看来,工具书是学问的工具,应该有助于研究者的使用,这就需要在编制上有目录学的基础。他指出,整理史料要做好目录的工作,无目录的要加上目录,有目录的要加上总目,有总目的要编为索引。二是提出史料整理八法。陈垣提出整理史料的八种方法,即:分类、分年、分部、分省、分人、分事、摘由、编目,主张按照这八种方法将史料整理出不同的种类,以便研究者分类使用。三是强调目录和索引对于史料整理的重要性。在陈垣看来,整理史料的方法必须以目录和索引为前提,而要编制好目录和索引,除了继承中国传统目录学的方法之外,还应该吸收西方学者的做法。他指出:"西洋近出的书籍差不多都有索引,故学者研究学问极省而效能高。我以前听宣道师的说经,见他们每举一经节,皆能将所有同意义的经节散见于《新、旧约》者征引无遗,心中颇佩其记性之强;到后来一问,才知道他们所靠的是一部《圣经索引》。这样看起来,索引的功用是何等的大啊!倘若我们能够把我们的重要史籍,如《左传》,如《史》、《汉》,如《资治通鉴》等都编出索引来,那么除了专门研究历史的以外,什么人都可以不读《左传》《史》《汉》《通鉴》而能利用它们了。"①陈垣在编制史料上,一方面承继了中国传统的史料整理方法,但同时又汲取了西方学者索引的编制方法。

陈垣的《通鉴胡注表微》是一部弘扬民族精神的史学著作,体现了陈垣治学上的经世致用特色。《通鉴胡注表微》是陈垣的代表作之一,该著写于1943年至1945年。"通鉴胡注"指的是胡三省为《资治通鉴》所作的批注。胡三省(1230—1302)是南宋著名史学家,拒绝在元朝做官,完成了《资治通鉴》的注释,并在注释之中表现其民族理念。胡三省为司马光的《资治通鉴》作注,一方面是发扬司马光的"考异法"治学精神,引用大量资料对《通鉴》全部内容及注释进行全面的考订,指出其史实上的错误;另一方面就是引用大量材料对《通鉴》进行补充,以充实《通鉴》的内容,从而更广泛地反映社会历史发展的面貌;而更为重要的是,是把注史和史论相结合,通过史评来揭露元代统治者的残暴行为,表达自己"致用"的史学思想、反对民族压迫的政治主张。陈垣写作《通鉴胡注表微》一书时,正是日本人统治北平、奴役中国人民之时。他不甘心受日本人的统治和压迫,以史学为武器表达自己的反抗情绪和民族独立的愿望。故而,陈垣著《通鉴胡注表微》,就在于彰显"胡注"的爱国主义精神和反抗民族压迫的思想。陈垣后来在重印此著时说:"我写《胡注表微》的时候,正当敌人统治着北京;人民

---

① 《中国史料的整理》,《陈垣史学论著选》,上海人民出版社1981年版,第249页。

在极端黑暗中过活,汉奸更依阿苟容,助纣为虐。同人同学屡次遭受破坏,我自己更是时时受到威胁,精神异常痛苦,阅读胡注,体会了他当日的心情,慨叹彼此的遭遇,忍不住流泪,甚至痛哭。因此决心对胡三省的生平、处境,以及他为什么注《通鉴》和用什么方法来表达他自己的意志等,作全面的研究,用三年时间写成《通鉴胡注表微》二十篇。"①该著由 20 篇文章构成,前 10 篇言史法,后 10 篇言史事。前 10 篇是:本朝篇、书法篇、校勘篇、解释篇、避讳篇、考证篇、辨误篇、评论篇、感慨篇和劝诫篇。这 10 篇主要在说明"史法",亦即历史研究的方法,反映了陈垣在历史文献学上对于校勘、辑佚等的具体看法。后 10 篇是:治术篇、臣节篇、伦纪篇、出处篇、边事篇、夷夏篇、民心篇、释老篇、生死篇和货利篇。这 10 篇阐发"史事",表现陈垣对于历史的看法。《通鉴胡注表微》的学术成就:一是在"史法"上,发展了中国传统的文献学的方法,将考证、校勘、辑佚、目录、避讳等历史文献学方法统合起来,构成了一个互相联系的有机整体,形成了具有科学性的史学研究的系统方法。二是在"史论"上将考史与论史有机结合起来,一方面将考证总结为"书证"(即是用文献材料考证)、"物证"(即是以"出土之金石证史")、"理证"(即是"凡无证而以理断之者,谓之理证")这三种类型;另一方面又不主张为考证而考证,而是强调考证为辨误服务,要求评论以史实的考证为基础,寓论于史,史论结合,相互支撑,相得益彰,并系统地阐发了作者关于历史人物、历史事件的基本观点,从而形成了独具特色的史学叙述范式。三是重视史学社会功能的讨论,强调史学在社会变革中的地位与作用,认为胡三省为《资治通鉴》作注就在于"陈古证今",从而很好地表达了作者的经世致用的撰述理念,凸显了史学的现实价值和史学传承爱国主义的功能。"《通鉴胡注表微》全面反映陈垣的史学思想、治史成就和学风特征,是他史学发展到一个重要阶段的标志"②。

陈垣在年代学、史讳学、校勘学、元史研究等方面有突出的成就:

(1)年代学。陈垣在年代学上作出重要的探索,使年代学成为一门重要的学问。陈垣在伊斯兰教史研究时注意到,中西历法有着不同之处,而回历在年代的换算上更是容易出差错,这就直接影响了伊斯兰教史的研究。他说:"辛亥革命以前,中西历法不同,西历岁首,恒在中历岁暮,少者差十余日,多者差五十余

---

① 《通鉴胡注表微·重印后记》,《陈垣史学论著选》,上海人民出版社 1981 年版,第 541—542 页。

② 马金科、洪京陵编著:《中国近代史学发展叙论》,中国人民大学出版社 1994 年版,第 366 页。

日。今普通年表,多只为中西年之比照,而月日阙焉。据此计年,中西历恒有一岁之差异。"①而回历在时间的计算上,与中西历相差更多。因为回历不置闰月,采用纯阴历的方法纪年,每年只有 354 天或 355 天,隔 30 多年就与中历或西历相差一年。历法上的这种差异,不仅而造成历史研究工作的不便,而且使历史的年代发生严重差误。为了研究工作的方便,陈垣早在 1922 年曾请一位历法研究者编制了《回历岁首表》,在表中列出每年的一月一日相当于中历及西历的何年何月何日。在此基础上,陈垣通过将中、西的月份进行对照,编制出《中西回史日历》和《二十四朔闰表》,使三种历法有了换算的工具。接着,陈垣将两千年来中历的朔(每月的初一日)、闰月考订出来,于 1925 年编成《二十史朔闰表》。据此,就可以查出中历每月的初一,相当于西历、回历的哪一月哪一日。在此基础上,陈垣根据西历四年一闰的特点,将考订的中历的朔、闰及回历的月首,一一填入表中,形成中历、西历、回历的对照,并于 1925 年编成 20 卷的《中西回史日历》这部著作。陈垣从史学研究的需要出发,认为有必要编制日历的换算方法,"兹事甚细,智者不为,然不为终不得其用。余之不惮烦,以期为考史之助"②。陈垣重视历法的研究,并在中西历法的换算上着力,就在为史学研究提供时间上的准确性。他的《二十史朔闰表》及《中西回史日历》这两部著作,是历史年代学的代表作,并成为史学研究的重要工具书。陈垣编制日历的换算方法并就日历问题作出理论上的研究,促进了年代学这门学科的建立。

(2)史讳学。陈垣著有《史讳举例》一文,使史讳学成为史学门类中的专门学问。中国古代对于君主和尊长的名字,避免直接说出或写出,即使与其名同形、同音的字,也要回避,以他字代之,此为"避讳"。"避讳"为中国文化的重要现象。大致来说,避讳起源于周朝,但尚无完备的制度。秦汉以降,儒学在封建上层建筑领域占统治地位,避讳制度日臻完备,至唐宋时期达于高峰。避讳依照所避对象的不同,大致分为两类:一是对君王的避讳,此为"国讳"。如因汉高祖名"邦",故而汉代改"邦"字为"国"字。由此,《论语·微子》中"何必去父母之邦",在汉代石经残碑上作"何必去父母之国"。二是对尊长的避讳特别是对家族范围内的名字避讳,此为"家讳"。如苏轼的祖父名"序",故苏轼作序时常改"序"为"叙"或"引"。陈垣在《史讳举例》中认为,避讳为中国古代社会中特有的风俗,尽管前人对避讳问题有所论述,但只是散落在各书之中,未能为有系统

---

① 《〈中西回史日历〉自序及例言》,《陈垣史学论著选》,上海人民出版社 1981 年版,第 210 页。

② 《〈中西回史日历〉自序及例言》,《陈垣史学论著选》,上海人民出版社 1981 年版,第 212 页。

之整理,更未能应用于校勘学、考古学上。在此情形下,如能掌握避讳的特点与规律,"反而利用之,则可以解释古文书之疑滞,辨别古文书之真伪及时代,识者便焉。盖讳字各朝不同,不啻为时代之标志,前乎此或后乎此,均不能有是"。故而,"研究避讳而能应用之于校勘学及考古学者,谓之避讳学"①。该文以大量的史料和秦汉以来至清的具体例证,共举 82 个例子,论述了历史上避讳的情况;并从建立避讳学的高度,对于避讳的方法、避讳的种类、避讳篡改史实之情形、因避讳而生的讹异,以及避讳学应注意的事项、避讳学应用的途径等问题,作了系统的分析和具体的说明,"意欲为避讳史作一总结束,而使考史者多一门路一钥匙"②。胡适尽管对于《史讳举例》中的有些看法有不同意见,但他高度评价了陈垣在这方面努力的意义,指出:"援庵先生此书'意欲为避讳作一总结束,而使考史者多一门路,一锁钥也'。这书的第八卷详述'历朝讳例',使人知道避讳的制度是'渐臻严密'的,其间有宋人的最严制度,又有元朝的完全不避制度,又有明朝的由最轻进到天启崇祯的稍严,又有满清一朝由顺治时不讳变成乾隆时的'以讳杀戮多人'。这个历史的沿革,是避讳学的最有趣又最有用的方面,必须严格的了解这古今的不同,避讳学才可以成史学的一种有用的'补助科学'。此第八卷乃是避讳学的历史,又是它的骨干。其第五、六、七诸卷,都是依靠这历史的骨干,讨论避讳学的功用和流弊。陈先生此书,一面是结避讳制度的总账,一面又是把避讳学做成史学的一个新工具,它的重要贡献,是我十分了解的,十分佩服的。"③陈垣关于避讳问题的研究,构建了史讳学的学术体系,从而使史讳学成为史学的辅助学问。

(3)校勘学。陈垣所著《校勘学释例》是校勘学的名著,该著在前人校勘成就的基础上,结合自己长期从事校勘工作的经验,系统地提出"校法四例"。陈垣长期从事《元典章》的校勘,当他在广州读到《元典章》的旧抄本时,即为此书的史料价值所吸引。在二十多年中,陈垣搜集了几种《元典章》的刻本和抄本,有沈家本的刻本和方功惠的旧藏抄本,同时还借到故宫藏的元刻本。陈垣以元刻本对校沈家本的刻本,然后又用其他几种版本互校,发现沈家本的刻本错误较多,从而校出 12000 多条错误,写成了《沈刻元典章校补》十卷;同时,陈垣又从中选出具有代表性的 1000 多条,作为例子,加以分析和归纳,说明其错误的原

①　《史讳举例》,《陈垣史学论著选》,上海人民出版社 1981 年版,第 237 页。
②　《史讳举例》,《陈垣史学论著选》,上海人民出版社 1981 年版,第 237—238 页。
③　《读陈垣〈史讳举例〉论汉讳诸条》,《胡适文集》(10),北京大学出版社 1998 年版,第 162 页。

因,写出《元典章校补释例》六卷,这就是《校勘学释例》这部名著。在《校勘学释例》中,陈垣提出了"校法四例":一、对校法。"即以同书之祖本或别本对读,遇不同之处,则注于其旁"。此法纯属机械法,其主旨"在校异同,不校是非"。故而,此法其短处在不负责任,虽祖本或别本有讹,亦照式录之;而其长处则在不参己见,得此校本,可知祖本或别本之本来面目。因此,"凡校一书,必须先用对校法,然后再用其他校法"。二、本校法。"本校法者,以本书前后互证,而抉摘其异同,则知其中之谬误"。例如《元典章》,以纲目校纲目,以目录校书,以书校表,以正集校新集,最后发现节目讹误。至于字句之间,则循览上下文义,通过少则数页、多则数卷的本校,往往可发现自相抵牾之处,从而达到校勘的目的。因此,"此法于未得祖本或别本以前,最宜用之"。三、他校法。"他校法者,以他书校本书。凡其书有采自前人者,可以前人之书校之,有为后人引用者,可以后人之书校之,其史料有为同时之书所并载者,可以同时之书校之。此等校法,范围较广,用力较劳,而有时非此不能证明其讹误"。四、理校法。此法是根据书文的体例和遣词造句的特色,对书的内容加以校勘的一种方法。如郦道元的《水经注》一书,原本中"经"与"注"混在一起,很难释读,而戴震潜心研究该书体例和行文特色,归纳出区分"经"与"注"的三条原则,终于使该书易于释读。"所谓理校法也,遇无古本可据,或数本互异,而无所适从之时,则须用此法。此法须通识为之,否则卤莽灭裂,以不误为误,而纠纷愈甚矣。故最高妙者此法,最危险者亦此法"①。陈垣所总结的校勘四法,第一及第二种校法(即"对校法"和"本校法")是以本书的不同版本或本书内部进行校勘,故而亦可称之为"内校法";而第三种校法(即"他校法")是以要校对的书以外的各种有关的比较可靠的记载来校勘,所以又称之为"外校法";第四种校法(即"理校法")是在以上三种校法均不能校正的情况下,根据上下文并联系当时各种历史发展的背景和线索,运用逻辑思维来考证的一种方法,需要校者见识高远、思维敏捷、学识俱佳,既要有深厚的史学功力和从事史学研究的经验,又需要有敏锐的直觉、广博的学识,具有演绎推理、归纳总结、举一反三、触类旁通的能力,故而也是校勘学中最高级、最难运用的一种方法。胡适高度评价了《校勘学释例》的学术贡献,指出:"援庵先生的《释例》所以超越前人,约有四端:第一,他的校改是依据最古刻本的,误是真误,故他的'误例'是已证实了的误例。第二,他是用最古校本校书,而不是用'误例'校书;他的'误例'是用来'疏释'已校改的谬误的。第三,他明明白白的

---

① 《校勘学释例》,《陈垣史学论著选》,上海人民出版社1981年版,第294—299页。

说他的校法只有四个,此外别无何种'误例'来校书的懒法子。第四,他明说这些'误例'不过是用来指示'一代语言特例,并古籍窜乱通弊'。他所举的古书窜乱通弊不过那最普通的七条(十二至十八),而全书的绝大部分,自十九例以下,全是元代语言特例,最可以提醒我们,使我们深刻的了解一代有一代的语言习惯,不可凭借私见浅识来妄解或妄改古书。他这部书的教训,依我看来,只是要我们明白校勘学的最可靠的依据全在最古的底本;凡版本不能完全解决的疑难,只有最渊博的史识可以帮助解决。书中论'他校法'一条所举'纳失失'及'竹忽'两例是最可以供我们玩味的。"①陈垣的校勘四法总结了我国文献研究的基本方法,不仅将文字的校勘延伸到内容正误的校勘,而且使校勘有着清晰可寻的基本程序,并说明了各种校勘方法之优劣得失,同时又阐发了各种校勘方法之间的逻辑关系和内在进路,这是对校勘学的重要贡献。陈垣的《校勘学释例》使校勘成为一门科学的学问,该著将校勘方法提升了规律性的高度,不仅阐明了"校勘四法",而且使校勘学具有了方法论,从而使校勘学走上了科学的道路并使之成为史学的辅助学科。

　　(4)元史研究及宗教史研究。陈垣在元史研究方面有着深厚的学术功力,并由元史的研究深入到元代宗教史的研究,继而又由元代宗教史的研究而扩展到其他朝代宗教的研究。在元史研究方面,陈垣于1924年撰写了《元西域人华化考》8卷,提出中国文化对外来人影响的主张,认为元代西域人"一旦入华地,亦改从华俗,且于文章学术有声焉,是真前所未有,而为元所独有也"。陈垣注重对《元典章》各种版本的研究,写出《沈刻元典章校补》10卷。他还搜集《元朝秘史》的各种版本,不仅考查蒙语译成汉语的年代,而且考释译文用字的状况,写成《元秘史译音用字考》。陈垣对元代史料的掌握,进而对元代宗教进行研究,其成名作《元也里可温考》在1917年出版后,又根据新搜集的资料加以充实,前后经过四次比较大的修改,才于1934年定本。该著不仅利月了《元典章》中的资料,而且利用了《元史类编》、《元史语解略》、《元史氏族表》、《元史译文证补》的有关资料,同时还利用了地方志中的资料,确认《元史》中的"也里可温"是元代的基督教,并说明"也里可温教"中有孝子、良医、名宦等情形,确认外来宗教入华后受到中国传统儒学的影响。陈垣在研究元代"也里可温"的同时,还将宗教史研究的范围进一步扩大,对佛教、犹太教、火袄教、摩尼教等在中国的流

---

　　① 《校勘学方法论:序陈垣先生的〈元典章校补释例〉》,《胡适文集》(5),北京大学出版社1998年版,第118—119页。

传情况进行深入的考察,1918 年写成《记大同武州山石窟寺》,1919 年写成《开封一赐乐业教考》,1922 年写成《火祆教入中国考》,1923 年写成《摩尼教入中国考》。陈垣将这四篇宗教史论著,称为"古教四考"。在"古教四考"的基础上,陈垣又研究道教和伊斯兰教,1924 年将搜集的自汉至明有关道教碑文 1300 多种编成《道家金石略》100 卷,1927 年又写成《伊斯兰教入中国史略》。抗战时期,陈垣写出"宗教三书",即《明季滇黔佛教考》、《南宋初河北新道教考》、《清初僧诤记》,此外还写出《中国佛教史籍概论》等著作①。陈垣研究宗教史有着显著的特色:一是基于历史演变的线索和发展的特点,重点阐发宗教兴起、演变、发展的历程,呈现出宗教演进的整体态势及其基本面貌;二是对宗教产生和发展的情况作细致的考证,不仅重视文献记载上的材料,而且对于相关的碑文、地方志等资料亦详加搜集与考辨,使研究结论建立在可靠的资料基础上;三是将宗教史的研究与文化的研究、社会状况的研究有机地结合起来,剖析宗教产生和发展的社会基础及其特征,重点说明宗教与社会经济、政治、文化的关系;四是将宗教史研究与爱国主义情感结合起来,彰显民族精神和文化发展的规律,从而凸显史学研究的"致用"功能。

陈垣是现代中国土生土长的运用"土法"进行史学研究的著名历史学家,但他能够汲取五四时期的科学理念,自觉地将西方的历史进化观念与中国传统史学方法结合起来,不仅在历史的众多领域辛勤耕耘而产生标志性的成果,而且注重历史学方法的提炼与总结,从而又形成了独特的史学方法论,其在校勘学、年代学、史讳学上的探索皆上升到方法论的高度。陈垣在全面抗战之前,其史学研究以史料的考证为其特色,但其考证之中亦贯穿着历史进步的理念,脱去了传统考据学的窠臼,而带有鲜明的时代特征;在全面抗战后,陈垣自觉地将史学研究与民族的命运联系在一起,强调史学为民族的生存而服务,努力发挥史学的"致用"功能。陈垣在抗战后期自觉地学习马克思主义,将历史事件置于社会历史的视域之中,向马克思主义史学研究的方向前进,故而他的史学思想又有着与时俱进的显著特征。陈垣是现代中国极为少有的史学大家,在中国现代学术史上有着重要的地位。

8. 张荫麟的历史哲学思想

张荫麟是现代中国著名的史学家,其历史哲学思想富有特色,所著《中国史

---

① 马金科、洪京陵编著:《中国近代史学发展叙论》,中国人民大学出版社 1994 年版,第 362—363 页。

纲》亦是史学领域的学术名著。

张荫麟(1905—1942),无字,号素痴,亦常作笔名,广东东莞人。著名学者,历史学家。1905 年 11 月出生于官宦之家,1922 年毕业于广东省立第二中学。次年,考入清华学堂中等科,三年级肄业。其间,在《学衡》杂志第 21 期上发表处女作《老子生后孔子百余年之说质疑》,针对史学家梁启超对老子事迹考证提出异议,得到梁启超的激赏。1924 年 6 月,又发表论文《明清之际西学输入中国考略》,分析明清两代传入的西方学术的差异及其对中国文化的影响。清华求学 7 年,先后在《学衡》、《清华学报》、《东方杂志》、《燕京学报》、《文史杂志》、《国闻周报》等刊物,发表论文和学术短文 40 多篇,深得当时史学界称赞。1929 年,以优异成绩毕业于清华大学,并获公费到美国斯坦福大学攻读西洋哲学史和社会学。留美 4 年,提前修完课程,获哲学博士学位返国。1934 年,回国应清华大学之聘,任历史、哲学两系专任讲师,并兼北大历史、哲学课。1935 年暑假后应教育部之聘,编撰高中历史教材《中国史纲》。1937 年卢沟桥事变,南下浙江大学作短期讲学,曾一度到清华、北大、南开合并的长沙临时大学任教。于 1938 年春返回石龙小住,后赴昆明,在西南联大任教。1940 年初转到浙江大学任教。是年,其专著《中国史纲》(上古篇)由重庆青年书店出版。1941 年参与发起刊行《时代与思想》月刊,并创立"时代与思想社"。1942 年 10 月在遵义病逝,年仅 37 岁。曾任国防设计委员会研究员、中央研究院社会科学研究所《中国社会经济史集刊》主编。著作有《张荫麟文集》、《中国史纲》等。

《中国史纲》是张荫麟一生中唯一的史学专著,出版后颇获学界好评。他在《自序》(作于 1940 年 2 月)中说:"在这抱残守缺的时日,回顾过去十年来新的史学研究的成绩,把他们结集,把他们综合,在种种新史观的提警之下,写出一部分新的中国通史,以供一个民族在空前大转变时期的自知之助,岂不是史家应有之事吗?"张荫麟按照这一原则,为该著确立新异性、实效性、文化价值性、训悔功用性、现状渊源性这五条取裁标准,"选择少数的节目为主题,给每一所选的节目以相当透彻的叙述,这些节目以外的大事,只概略地涉及以为背景;社会的变迁、思想的贡献和若干重大人物的性格,兼顾并详。"该著 16 万字左右,共 11 章,以商朝为撰写的起点,止于东汉的建立。基本架构是:第一章"中国史黎明期的大势",第二章"周代的封建社会",第三章"霸国与霸业",第四章"孔子及其时世",第五章"战国时代的政治与社会",第六章"战国时代的思想",第七章"秦始皇与秦帝国",第八章"秦汉之际",第九章"大汉帝国的发展",第十章"汉初的学术与政治",第十一章"改制与'革命'"。张荫麟的《中国史纲》虽然部头不大,但自出版以来就在中国史学界有着很好的学术声誉,被当今中国学术界誉为与梁启超的《清代学术概论》、章太炎的《国学概论》、王国维的《宋元戏曲史》等并列的学术名著。

张荫麟在清华大学任教时开设过历史哲学的课程,注重历史哲学的研究。他在留学美国前的 1928 年发表的《论历史学之过去与未来》,及归国后于 1933年发表的《传统历史哲学之总结算》等文章,比较系统地表明自己的历史哲学思想。1999 年上海古籍出版社再版张荫麟的《中国史纲》,著名学者王家范在为该著撰写的"导读"文章中指出:"在我看来,荫麟《论历史学之过去与未来》、《传统历史哲学之总结算》两文,代表了他那个时代史学理论认识的制高点。"可以说,张荫麟治学的显著特色之一,是力图调和科学与艺术的对立关系,为史学寻找新的空间。

张荫麟对于历史认识及史学性质有着自己的认识。在他看来,历史认识皆是在一定的观念指导下进行,是受着特定的历史观所制约的,因而在一定时代下形成的史学认识也就有着不断变革的必要。他指出:"史家之解释历史现象,必以其时代所公认或其个人所信仰之真理为标准。而人类之智识,与时代俱进化。后世所证明为谬者,先时或曾认为真理,而史家莫能逃此限制也。"[1]史学研究亦即是对于人类过去的探索,而所谓"历史之探索,乃根据过去人类活动在现今之遗迹,以重构过去人类活动之真相"[2]。关于史学是科学还是艺术,当时的西方学术界除马克思主义学派以外,形成两大对立的意见:一种是科学主义一派所主张的,认为史学是科学,能够像自然科学那样而具有其规律;另一派是西方人文主义所主张的,认为史学不同于科学,历史的演进不可能重复,因而所谓历史乃是艺术的。张荫麟力图统合史学性质的"科学"论与"艺术"论这两者,认为历史研究尽管是以表现"真境"为目标,但由于历史本身乃是"有感情、有生命、有神彩之境界",而且史学研究对于历史资料又需要有艺术的表现来完成,故而作出史学是兼具科学与艺术的结论。他指出:

> 史学应为科学欤?抑艺术欤?曰:兼之。斯言也,多数绩学之专门史家闻之,必且嗤笑。然专门家之嗤笑,不尽足惬也。世人恒以文笔优雅,为述史之要技。专门家则否之。然历史之为艺术,固有超乎文笔优雅之上者矣。今以历史与小说较,所异者何在?夫人皆知在其所表现之境界,一为虚一为

---

① 张荫麟:《论历史学之过去与未来》,《学衡》第 62 期,1928 年 3 月。

② 张荫麟:《传统历史哲学之总结算》,《思想与时代》第 19 期,1933 年 2 月。

实也。然此异点,遂足摈历史于艺术范围之外矣乎? 写神仙之图画,艺术也。写生、写真,毫发毕肖之图画,亦艺术也。小说与历史之所同者,表现有感情、有生命、有神彩之境界,此则艺术之事也。惟以历史所表现者为真境,故其资料必有待于科学的搜集与整理。然仅有资料,虽极精确,亦不成史。即更经科学的综合,亦不成史。何也? 以感情、生命、神彩,有待于直观的认取,与艺术的表现也。①

张荫麟认为史学是科学与艺术两者的性质兼而有之,显然是在消解科学与艺术的对立状态,其目的在为史学提供发展的路径,使史学成为能够统合科学与艺术的学问。这大致说,是为了回应西方史学界科学主义史学(实证主义史学)与人文主义史学的对峙局面。在西方史学界,实证主义史学响应实证主义哲学大师孔德的号召,力图将史学建设成为有如自然科学那样的实证科学。但自19世纪末20世纪初以后,实证主义史学遭到质疑和批判,以狄尔泰为代表认为自然科学与精神科学(人文学科)在研究对象及所要达致的研究目标上是完全不同的,人文主义史学在西方得以勃兴。继狄尔泰之后,人文主义史学继承者在德国是新康德主义的历史哲学家——师生二代的文德尔班和李凯尔特,这就是以历史哲学和价值问题为主要研究任务的西南学派,又称巴登学派或弗莱堡学派。西方现代史学这样的衍化态势,也就直接影响着包括梁启超在内的中国史学家。就此来看,张荫麟关于史学兼有科学和艺术性质的论述,大致也就属于梁启超一系,尽管他的文章对梁启超提出批评意见。

进化史观与黑格尔辩证法思想的结合,乃是张荫麟历史哲学思想最鲜明的特色。张荫麟对于历史循环论予以严肃的批评,主张历史是在进化中行进的。关于历史循环论,他指出:"以吾人观之,谓一切人类史上之事变,皆取循环之形式,此说(假若有人持之者)显难成立。譬如'孔子在齐闻韶三月不知肉味',此为孰一循环变化之一部分? 秦始皇焚书,此孰一循环变化一部分? 张衡发明候风地动仪,此又为孰一循环变化之一部分?"②张荫麟对近代以来西方的哲学和社会学有着相当的研究,接受了黑格尔辩证法思想的影响,并将黑格尔哲学的"正反合"思想与历史衍化进程结合起来,说明他所主张的历史演进的进化史观。他指出:"任何人群组织之现实状况,恒不得完满,其中却涵有若干日渐增加而日渐激烈之先觉先进者,憧憬追求一更完满之境界。现状之保持者可视为

---

① 张荫麟:《论历史学之过去与未来》,《学衡》第62期,1928年3月。

② 张荫麟:《传统历史哲学之总结算》,《思想与时代》第19期,1933年2月。

'正',而理想之追求者可视为反。此两种势力不相容也。守旧与维新,复古与解放,革命与反动之斗争,此亘古重演之剧也。然斗争之结果,无一全胜,亦无一全败,亦可谓俱胜,可谓俱败:于是产生一新组织,社会在其中,理想实现其一部分,旧状保持其一部分,是为合之阶段。"①可以说,张荫麟整个的历史哲学思想是在进化史观指导下建构起来的,有着黑格尔辩证法思想的影响。

张荫麟的历史哲学体系中所根本主张的乃是历史进化论,而在历史观上则恪守唯心主义史观,不仅认为历史演变是个人意志在起决定性作用,而且认为历史演进在整体上缺乏统一性。譬如,张荫麟对历史发展动力的研究,有着唯意志论的倾向。他指出:"要之,吾人依从证据所能发现者,除个人意志及其集合的影响外,别无支配历史之意志;除个人私独的及共同的目的与计划外,别无实现于历史中之目的与计划。一切超于个人心知以外之前定的历史目的与计划,皆是虚妄。又事实所昭示,人类历史,在一极长之时期内,乃若干区域之独立的、分离的发展,其间即互有影响亦甚微小。此乃极彰著之事实。彼以全部世界为一整个之历程者,只是闭眼胡说而已。"②又譬如,张荫麟对于整体上的"螺旋式进步"论持否定的态度,认为这不是历史衍化的"通则"。当时的马克思主义学者是主张历史的"螺旋式的进步"的,而张荫麟不同意这种主张。在张荫麟看来,历史衍化是进步的、向上的,但这种进步不是直线式之进步,所谓"螺旋式的进步"并非历史的普遍法则。张荫麟指出:"除生产工具,思想方法,及文化内容之繁赜化以外,吾人似不能在任何民族之历史中发现直线或(即不为退步所间断的)进步。于是主张他种进步论者,或以螺旋式之进步而代直线式之进步。所谓螺旋式的进步论者,承认盛衰起伏之更代,惟以为每一次复兴辄较前次之全盛为进步,此在知识之内容方面似或有然。然若视为普遍之通则,则螺旋式之进步说亦难成立,譬就政治上之自由,法律上之平等及生活上之互助,及大多数人之幸福而论,吾不知宋代全盛时有以愈于唐代全盛时几何? 唐代全盛有以愈于后汉全盛时几何?"③据张荫麟的这段论述来看,他在一般意义上并不反对"螺旋式进步"论,但坚决反对将"螺旋式进步"视为"普遍之总则",亦即不承认历史的"螺旋式进步"乃是一种历史演进的规律性的表现。在笔者看来,不认为历史演进皆是"直线"式的,这在学理上有其正确性的一面,并且有助于凸显历史演变

① 张荫麟:《传统历史哲学之总结算》,《思想与时代》第 19 期,1933 年 2 月。
② 张荫麟:《传统历史哲学之总结算》,《思想与时代》第 19 期,1933 年 2 月。
③ 张荫麟:《传统历史哲学之总结算》,《思想与时代》第 19 期,1933 年 2 月。

的复杂性、曲折性,因而也是应该予以肯定的;但是,不能因为反对历史的"直线"论就进而反对历史的"螺旋式进步"论,更不可以由此而否认历史的革命性变革。再譬如,张荫麟尽管承认历史衍化有着"趋势",但他认为这种"趋势"只是在小范围内呈现,因而也就"不可为范纳一切史象之模型"。他指出:"任何民族或国家,其全国的历史为一演化的历程,然若抽取其一部分、一方面而考察之,则容或可发现一种'趋势'之继续发展(进步);一种状态复演,或数种状态更迭复演(循环性);或两种势力其相反相尅而俱被'扬弃'(辩证法)。进步,循环性,辩证法,皆可为人类史之部分的考察之导引观念、试探工具,而皆不可为范纳一切史象之模型。此吾对于史变形式之结论。"①这里,张荫麟认为历史的辩证法尽管可以作为"人类史之部分的考察之导引观念、试探工具",但并不能有效地诠释整体的"全国的历史",这就在整体上对历史辩证法采取了否定的态度。可见,张荫麟的历史哲学思想与马克思主义学者的历史哲学观有着很大的距离。

总体上看,张荫麟的历史哲学思想有着进步性的一面,可以说是在进化论史观下的有限度的创新,因而对于中国现代史学的发展还是有着积极意义的。譬如,张荫麟以"正反合"来解读马克思主义的历史辩证法,将统治阶级的压迫、被统治阶级反抗压迫以及社会革命所引起的社会经济组织的变动视为辩证法的历史进程。他指出:"马氏历史辩证法之具体观念,特别侧重经济生活。其说略曰:一人群之经济组织,范围其他一切活动。过去自原始之共产社会崩溃后,在每一形成之经济组织中包涵对峙之两阶级。其一为特权阶级,其一为无特权阶级。其一为压迫者,其一为被压迫者。经济组织之发展愈臻于全盛或益以新生产方法之发明,则阶级之冲突愈剧烈,压迫阶级要求现状之维持,是为一'正',被压迫之阶级要求新秩序之建立,是为一'反'。此两阶级对抗之结果为社会革命,而最后乃产生一新经济组织,将对抗之两势销纳,于是阶级之斗争暂时止息,是为一'合'。"②张荫麟依据黑格尔的辩证法来解释马克思主义的阶级斗争史观,一定程度上承认阶级斗争的合理性及其在社会变迁中的作用,因而在社会历史观上又表现出比较进步的倾向。但是,张荫麟对于马克思主义唯物史观又不以为然,他说:"其以生产工具为文化之决定因素者,可称为狭义的唯物史观;其以经济制度(包括生产条件,如土地、资本之所有者,与直接从事生产者间之一切关系)为文化之决定因素者,可称为广义的唯物史观。然二者皆难成立。吾

①　张荫麟:《传统历史哲学之总结算》,《思想与时代》第 19 期,1933 年 2 月。
②　张荫麟:《传统历史哲学之总结算》,《思想与时代》第 19 期,1933 年 2 月。

人并不否认生产工具（如耕种、罗盘及蒸汽机之发明等）或经济制度上之变迁，对于文化其它发明恒发生重大之影响，惟史实所昭示：许多文化上重大变迁，并无生产工具上之新发明，或经济制度之改革为其先导。关于前者，例如欧洲之农奴制度之成立，唐代授田制度之实行是也。关于后者，例如佛教在中国之兴衰，晋代山水画之勃起，宋元词曲之全盛，宋代理学及清代考证学之发达皆是也。其实类此之例，可列举无穷。"①这说明，张荫麟在历史分析中所表现的进步性，与马克思主义的唯物史观的根本要求又相去甚远。又譬如，张荫麟强调历史的联系性的研究，比较注重历史的"全体"的研究视域，提出要重视"社会之全部的新异"的探讨。他指出："历史不是一盘散沙，众史事不是分立无连的；我们不仅要注意单件的史事，并且要注意众史事所构成的全体；我们不仅要注意社会之局部的新异，并且要注意社会之全部的新异；我们不仅要注意新异程度的高下，并且要注意新异范围的大小。新异性不仅有'深浓的度量'，并且有'广袤的度量'。设如有两项历史的实在，其新异性之'深浓的度量'可相颉颃而其'广袤的度量'相悬殊，则'广袤的度量'大者比小者更为重要。"②何谓"新异性"？据张荫麟1930年就《中国史纲》所撰写的"自序"所说："正因为我们的史事富于'内容的特殊性'，换言之，即富于'新异性'。众史事所具'内容的特殊性'的程序不一，换言之，即所具'新异性'的程序不一。我们判断史事的重要性的标准之一即是史事的'新异性'。按照这标准，史事愈新则愈重要。"可见，这里所谓"新异性"是说史事"内容的特殊性"，乃是张荫麟提出的史学研究的重要标准之一。张荫麟不仅提出社会"全体"研究的重要性，而且提出要研究"社会之全部之新异"的各个方面，并且认为应该在社会的"全部之新异"的"程度的高下"和"范围的大小"这两个方面加以探讨，具体地阐发社会"新异性"所表征的"深浓的度量"及"广袤的度量"。这应该说是一种积极的、创新性的学术主张，有助于深化社会全体的研究及社会演化特色的研究。

张荫麟是一位思想深邃且富有独立性的史学家，成名很早但因为英年早逝，故而其历史哲学思想尚未得以系统地展开，但他的学术研究在当时的中国学术界就有很大的影响，并引起学人的高度重视。哲学家贺麟说："张荫麟先生，史学家也，亦哲学家也。其宏博之思，蕴诸中而尚未及阐发者，吾固无从深悉。然其为学，规模宏远，不守一家言，则时贤之所夙推而共誉也。"又说："昔明季诸

① 张荫麟：《传统历史哲学之总结算》，《思想与时代》第19期，1933年2月。
② 张荫麟：《论史实之选择与综合》，《思想与时代》第18期，1943年1月。

子,无不兼精哲史两方面者。吾因荫麟先生之殁,而深有慨乎其规模或遂莫有继之者。"①仅以张荫麟留存的相关论文及《中国史纲》来看,他的历史哲学思想极富有特色,可以说是自成一家。张荫麟在中国现代学术史上有着重要的地位。

(五) 两个"中国史学会"并存局面

中国资产阶级史学在演进过程中,通过相关的学术组织加强史学研究者的联系与交往。这种史学组织具有社会组织(社团)的性质,实际上乃是满足于史学研究的学术共同体加强联合的需要,同时也反映了学术共同体存在着增进联系、协同研究的自觉意识。值得注意的是,在现代中国史学的发展过程中,曾出现两个"中国史学会"并存的局面:

一是1929年1月在南京成立的中国史学会。该组织渊源于南京高等师范学校(后改为东南大学)文史地部和其他科系学生组织的史地研究会。史地研究会于1920年5月成立,其成员以南高文史地部学生为主。这个史地研究会的前身是1919年10月1日成立的地学研究会。史地研究会以"研究史学、地学为宗旨",规定"凡本校史学系、地学系或其他各科系同学有志研究史地者"及"本校毕业同学愿入会者"皆可成为会员;会务分讨论、演讲、调查、编辑等项;有会员100人左右,诸葛麒、陈训慈、胡焕庸、向达等先后担任总干事;张其昀、陈训慈、缪凤林、陆维钊等人相继担任总编辑或编辑主任;柳诒徵、竺可桢、白眉初、王毓湘、朱进之、梁启超、徐则陵、陈衡哲、顾泰来、萧纯锦、曾膺联、杜景辉等担任指导员。《史地学报》在1921年11月到1926年10月的5年间,共出版了4卷21期。主要栏目有卷首插图、评论、通论、史地教学、研究、古书新评、读书录、杂缀、世界新闻、气象报告、书报介绍、史地界消息、调查、史地家传记等。大致在1928年底1929年初,鉴于胡焕庸留法回国后任教于中央大学并与张其昀一起创办了《地理杂志》、"史"与"地"已经分裂的情形,柳诒徵与缪凤林、陈训慈、范希曾、郑鹤声等人倡议创设《史学杂志》,成立史学会。于是,柳诒徵于1929年1月在南京成立了中国史学会,并于同年3月创刊《史学杂志》。史学会计划开展整理旧史,编订新书,探险考察,保存古物,组织图书馆博览室,从事近史研究等工作。

二是北方的朱希祖等于1929年1月成立的中国史学会。1929年1月10

---

① 熊十力:《哲学与史学:悼张荫麟先生》,《张荫麟先生文集》上册,台湾大学出版委员会1984年版,第3页。转引自刘梦溪:《中国现代学术要略》(修订本),生活·读书·新知三联书店2018年版,第121页。

日,朱希祖与罗家伦等拟定了中国史学会简章。1 月 13 日,中国史学会开成立会。到会者,有北京大学、清华大学、师范大学、燕京大学、辅仁大学、女子师范大学六校教授、学生共 94 人,朱希祖以 74 票当选为首席委员,其他被选为委员的陈垣 60 票、罗家伦 49 票、钱玄同 43 票、王桐龄 41 票、张星 39 票、沈兼士 33 票、陈衡哲 31 票、马衡 30 票,另有陶孟和、袁同礼、萧一山、刘崇鋐、翁文灏五人为候补委员。1 月 20 日,开中国史学会第一次委员会,朱希祖当选为主席。朱希祖等决计将史学会的影响扩大到全国,在学术界形成重大的影响,因而计划史学会开展以下几方面具体工作:办史学杂志;发展会员,扩大组织;分组进行工作;改良史学教育;推动史学研究;重修清史,修民国史和整理档案;改良地方史志等①。

三、现代中国史学的科学化进程

中国现代史学的发展与西方历史学界的变化有着不可分割的联系,现代中国学者关于历史学是否是科学的讨论也承继着西方讨论的话题。这场讨论就中国历史学发展进程而言,实际上是在现代中国学术界确立历史科学的话语体系,提升历史学在学术界的地位和历史学在学科体系中的位置,并增强历史科学对历史进程的解释能力。从 19 世纪后半期以来,西方学术界就历史学是否是科学进行了讨论,由此分析的、批判的历史哲学相继兴起。这一学术思潮对 20 世纪上半期中国历史学建设产生很大的影响,无论是正在形成中的中国马克思主义历史学还是正在发展中的进化论历史学,都参与了历史学是否是科学的讨论,并在讨论中加深了对历史学学科性质的认识,从而推动了中国现代史学科学化的进程。

(一) 20 世纪 20 年代历史学科学化的起步

历史科学的话语系统进入中国学术界,是与五四时期科学思想的传布密切联系在一起的,但也是与当时中国史学发展的实际状况分不开的。20 世纪 20 年代西方的各种史学思潮在中国不断传入,马克思主义理论也在中国传播开来,中国现代史学的建设呈现各学派竞争的局面。这一时期既是中国马克思主义史

---

① 参见朱希祖:《发起中国史学会的动机和希望》,《清华周刊》第 30 卷第 11、12 合期。

学的产生阶段,同时也是中国实证主义史学的发展阶段。无论是处于开创阶段的中国马克思主义史学,还是正在发展中的中国实证主义史学,都不能不对西方自19世纪后半期以来关于历史学学科性质问题争论采取积极的回应态度。于是,中国学术界关于历史学是否是科学的讨论拉开了序幕,历史科学的话语系统在中国也就处于构建之中。

中国马克思主义史学在创立之初就将历史学学科性质的讨论作为重要内容,认为依据马克思主义的唯物史观,则历史学显然是科学的学科。李大钊是中国马克思主义史学的创建者,他认为历史学是科学这一论断不应动摇,历史学向科学前进的方向与总趋势也不可改变。他说:"今日的历史学,即是历史科学,亦可称为历史理论。史学的主要目的,本在专取历史的事实而整理之,记述之,嗣又更进一步,而为一般关于史的事实之理论的研究,于已有的记述历史以外,建立历史的一般理论。严正一点说,就是建立历史科学。此种思想,久已广布于世间,这实是史学界的新曙光。"①在李大钊看来,历史学之所以在今日未能成为严正的科学,并不在历史学的本身,而在于研究者还未能进行充分的关于"史的事实之理论的研究"。因为"观于实际,则治史学者,类多致其全力于记述历史的整理,而于一般史实理论的研究,似尚置之度外;即偶有致力于此者,其成功亦甚微小,以致历史科学尚未充分发展至于成形"②。所以,李大钊要求历史学家加快历史学科学化进程的努力,特别要注重历史理论的研究,认为这是使历史学成为历史科学而不可逾越的阶段。他说:"理论史家为自己的企图的便利起见,不能不自己下手去作特殊事实的研究,或于记述史家所未顾及的事实加以考证,或于记述史家所曾考证的事实,更依自己的立脚点用新方法以为考察,当自辟蹊径,不当依赖他人。这样的研究下去,历史理论即历史科学,终有完全成立的一日。"③瞿秋白虽然不是历史学家,但他从社会发展史的角度来分析历史的规律,认为历史是人类社会的历史,社会现象必然有其规律之可寻,而作为研究社会的历史学自不能在科学之外。他指出:"人类离自然而独立自由,完全在于探悉自然界的公律。人类历史的发展里,人若欲求得自由,欲求脱离社会现象之'自生自灭性'的压迫,而进于自由处置社会现象的威权,亦必须探悉社会现象里的'必然'因果律。"④大体而言,中国马克思主义历史学派在形成阶段,在创建中

---

① 《史学要论》,《李大钊全集》第4卷,人民出版社2006年版,第409页。
② 《史学要论》,《李大钊全集》第4卷,人民出版社2006年版,第412—413页。
③ 《史学要论》,《李大钊全集》第4卷,人民出版社2006年版,第414页。
④ 瞿秋白:《自由世界与必然世界》,《新青年》季刊第2期,1923年12月20日。

国马克思主义历史学的过程中,除了李大钊写出《史学要论》专门探讨历史学学科性质外,大多侧重唯物史观的宣传和对近代中国历史状况的研究,对历史学进行学理性探讨不是很充分。但中国马克思主义学派所明示的历史学的科学性质,却为后继的马克思主义者所继承和发展,并使历史科学的话语系统建立在马克思主义唯物史观基础上。

梁启超是中国实证主义史学的重要代表人物,他在五四时期却对历史的科学性表示怀疑,这也使得他在历史科学话语系统中处于边缘的位置。虽然梁启超在20世纪初倡导"新史学"时承认历史的因果联系,但到五四时期却否认了历史的因果性,认为历史至多只存在"因缘",而不具有因果联系,所以历史学不能成为科学,当然也就不能用科学的因果律予以解释。梁启超在1922年底所作的《研究文化史的几个重要问题》的演讲中,明确否定了历史因果律的存在。梁启超表示,他在《中国历史研究法》中将史学定义为"求得其因果关系",但"近来细读立卡儿特(李凯尔特,引者注)著作,加以自己反复研究,已经发觉这句话完全错了"。其理由是,历史是由人类的自由意志所造成的,"既自由便没有必然",当然也就不能遵循"必然的法则"(因果律),所以,"我们既承认历史为人类自由意志的创造品,当然不能又认他受因果必然法则的支配,其理甚明"。梁启超又进一步解释说:"历史现象,最多只能说是'互缘',不能说是因果。互缘怎么解呢?谓互相为缘。佛典上常说的譬喻,'相待如交芦',这件事和那件事有不断的连带关系,你靠我,我靠你才能成立。就在这种关系状态之下,前波后波,衔接动荡,便成一个广大渊深的文化史海。我们做史学的人,只要专从这方面看出历史的'动相'和'不共相'。倘若拿'静'的'共'的因果律来凿四方眼,那可糟了。"①梁启超是当时学术界的大师级人物,他的史学观的转变对中国实证主义史学家颇有影响。

但是,由于五四时期是科学的时代,科学在学术界占有相当大的话语权势,故年轻一代的实证主义史学家大多不能同意梁启超关于历史非科学的见解。他们在当时中国的学术界,借鉴和吸收近代西方历史学科学化的思路,移植西方历史学的话语系统,积极倡导历史学是科学的观点。如谷凤池认为历史具有因果规律,指出:"宇宙间各科现象,无不有因果关系存在;征之人类历史,尤其显

---

① 《研究文化的几个重要问题》,梁启超:《饮冰室合集·饮冰室文集之四十》,中华书局1989年版,第4页。

著，……无果不有因，有因必有果，这是历史的通性。"①缪凤林②也认为历史学必须用归纳法研究，历史学具有"公例之学"的特征，指出："历史为演进活动，无始亦无终，故其事迹至繁至赜，非研究归纳，御之以简，殊非吾人所能问津，且亦无以为用。此求历史之公例，实治史者之一要图，而史之能成科学与否，亦即以此为断。盖科学之特色，为系统之知识。换言之，即有公例之学耳。"③当然，当时中国的实证主义史学处在发展的进程中，也有学者对历史学是否是科学以及历史如何转变为科学的问题，采取模糊两可的态度。如陈训慈说："至于史学之能成科学与否，实非至要之问题。史学当有条件的采用科学方法，已为必然之趋势。惟详考其性质，最近学者皆确信其与自然科学迥殊。故纵多以科学相称者，亦必声明其非自然科学之意。然则史学之所包含者广，吾人但求其实际之裨益，初无须以为必成科学，而后足见史学之伟大也。"④总体而言，当时中国实证主义史学家大多肯定历史学的科学性质，至少承认用科学方法研究历史学的正当性，这在当时是一个显见的学术趋势。

20 世纪 20 年代后期，中国的实证主义史学有了进一步的发展，对历史学的学科性质的探讨也有进展，历史科学的话语系统还在被积极地承继着。傅斯年关于历史学的科学观是建立在西方实证主义的基础上，他强调史料即史学的观点，承认史学属于科学的序列，主张用自然科学的方法从事历史研究，以使历史学建设成有如自然科学那样的科学。他说："现代的历史学研究，已经成了一个各种科学的方法之汇集。地质、地理、考古、气象、天文等学，无一不供给研究历史问题者之工具。顾亭林研究历史事迹时，自己观察地形，这意思虽然至好，但如果他能有我们现在可以向西洋人借来的一切自然科学的工具，成绩岂不更卓越呢？若干历史学的问题，非有自然科学之资助，无从下手，无从解决。"⑤当时，也有些学者虽然没有对历史学是否是科学的问题进行系统的论证，但认为历史

① 谷凤池：《历史研究法的管见》，《史地丛刊》第 1 卷第 3 期，1922 年 2 月。
② 缪凤林（1899—1959），字赞虞，浙江富阳县城人。现代中国史学家、教育家。1919 年夏考入南京高等师范学校史地部，与陈训慈、张其昀均为柳诒徵高足弟子，后任中央大学（南京大学）史地系教授。著作有《中国通史要略》、《中国史论丛》、《中国民族史》、《中国民族文化》、《西洋古代中世哲学史大纲》、《近代西洋哲学史大纲》等。缪凤林执教数十年，及门弟子有蒋孟引、刘毓璜、章巽、洪诚等最为著名。
③ 缪凤林：《历史与哲学》，《史地学报》第 1 卷第 1 号，1921 年 11 月。
④ 陈训慈：《史学观念之变迁及其趋势》，《史地学报》第 1 卷第 1 号，1921 年 11 月。
⑤ 傅斯年：《历史语言研究所工作之旨趣》，《国立中央研究院历史语言研究所集刊》第 1 本第 1 分册，1928 年 10 月。

研究的特点决定了历史学具有科学性质。如徐琭清就说:"历史只能就现实的材料——实物、记载、传说等等——去寻觅证据。有时实物等等没有,只剩纪载,没法子,也得请到'故纸堆翻斤斗'。这是像历史这样科学的特色,是历史所以和其他科学不同的地方。虽然一方面看来,是研究史学的大缺憾;然而从别一方面看来,历史有了这种死的限制,才产生出它的纯粹科学的方法,寄托它的真精神。"①徐琭清还承认了用科学方法研究历史学的正当性,如他指出:"科学方法在现代是研究学术的基础,在史学上更须用着它。然而用的着的,只不过是科学的方法。科学本身并不因为时代需求或它的实利,而一定要去研究。换句话说,我们要拿科学方法从活的方面去研究历史,但是不能因为时代需要科学,便以为历史没有研究的价值。学术界实利主义化,万不是一个好现象。"②实证主义史学在 20 世纪 20 年代后期中国学术界的发展表明,历史学是科学的观点在当时的学术界地位得到确立,历史科学的话语系统在学术界占有一席之地。

20 世纪 20 年代的中国历史学界,由于一些学者对历史学的科学性与自然科学差异的研究,又使一部分学者对历史学的科学性发生不同程度的质疑,并进而怀疑到历史学的科学性的存在。何炳松在五四时期承认历史学在学科性质上属于科学,如他在 1922 年的《新史学导言》文章中说:"历史要变为科学的,必先变为历史的才可,——就是说,研究历史,不但研究历史的'然',而且要研究历史的'所以然'。19 世纪以前的历史家,统是没有人类进步的观念的,到了现在,我们才知道世界是一个变化的东西;各种制度,统是多年进步的结果。'历史的继续',是一个科学的真理;研究变化的程序,是一个科学的问题。这就是历史同文学不同的原因,亦就是历史所以升为科学的缘故。"但到 1929 年,何炳松却认为:"历史这种学问,可以说是纯粹主观的学问;而自然科学,大体上可以说完全是客观的学问"。因而,历史学的性质不能等同于自然科学的性质,不能认为历史学即是科学。为了说明历史学与自然科学的不同,何炳松提出这样几点理由:"第一,就是观察点的不同。科学方法里面的观察点,是在各种实质上求他们相同的地方;而历史的观察点,完全注意于实质上各种不同的地方。概括的说:科学方法,是在各实质上求同;历史方法,是在各实质上求异。第二,就是研究对象的性质不同。科学所研究的,专注意在许多实质中某一种原质,所以非常单纯;而历史所研究的,并不是研究许多事实里面的某一点,乃是将一件事实的各方面,作普遍的各个的研究。还有科学研究的范围,是有一定的,它总是由复杂而简单。至于历史研究的范围,就没有一定了:我们可以研究一个朝代的历史,也可以研究一个小时的历史;我们可以研究一个民族的历史,也可以研究一个人的历史。还有一点,就是历史研究处处要受时间空间的限制,换句话说:就是历史的事实绝对不能离开地方和时代。时与地实在是历史事实必要的原素。至于科学就可不受这种限制。科学的真理,一旦发见以后,无论古今中外,都可以应用起来。第三,历史研究法的步骤和自然科学研究法的步骤,也不相同。自然科学所用的步骤,是观察和实验;而历史所研究的事迹,都是已经过去的了,没有方法可以观察,可以实验。所谓'生死人而肉白骨',是一件绝对不可能的事情。"①何炳松历史学思想的倒退,不仅在当时前进中的中国历史学界颇值得注意,而且也从一个侧面提示中国实证主义史学所构建的历史科学话语系统自身存在着问题。

20 世纪 20 年代是历史学在中国成为科学的年代,创建中的中国马克思主义历史学与发展中的中国实证主义历史学,这两派虽然在当时中国学术界所处的位置有所不同,对历史学科学性质所具有的内涵的理解也有差别,但大致都对历史学的科学性地位表示认同,从而在中国构建历史科学的话语系统中作出了贡献。这两派之间的分歧固然存在并有不断扩大的趋势,但其分歧不如他们与传统史学的分歧那样大,在维护历史学科学地位上、在构建历史科学话语系统上有着共同性的目标(尽管两派所要构建的历史科学话语系统的图景有很大的不同)。正是在这种情形之下,历史科学的话语系统在 20 世纪 20 年代的中国现代学术界初步确立起其地位。

(二) 20 世纪 30 年代历史学科学化的进展

构建历史科学话语体系的努力在 20 世纪的 30 年代有重大进展,而这种进展又是在当时中国学术界的状况下进行的。20 世纪 30 年代,西方人文主义思想在中国有进一步的影响,分析的与批判的历史哲学的不少观点引起中国学者的注意。中国学术界所开展的三次论战(中国社会性质问题论战、中国农村社会性质问题论战和中国社会史性质问题论战),促进了中国历史学的发展和中国马克思主义学派的壮大。又由于 30 年代民族矛盾的尖锐及其与阶级矛盾的交错,历史的研究与现实的关联处于不断的强化之中。正是在诸多因素的影响

---

① 何炳松:《历史研究法》,《民铎》第 10 卷第 1 号,1929 年 1 月 1 日。

之下,促成了 20 世纪 30 年代中国学术界对历史学学科性质的探讨走向深化。这一时期公然反对历史学是科学的学者已为数很少,其主张者逐步退居到学术界的边缘位置。因此,关于历史学学科性质的讨论,主要不是历史学是否是科学的问题,而是讨论历史学是何种科学、历史学又为什么还没有现实地进到科学等一系列问题。这又使得正在发展中的中国马克思主义学派在历史科学化进程中逐步居于主导地位,并使历史科学话语系统的构建置于马克思主义唯物史观的指导之下。

不少学者在承认历史学科学地位不可动摇的前提下,将作为科学的历史学与自然科学的关系进行讨论,力图充分显现历史科学的特点。这实际上是对早期实证主义史学家所信奉的历史科学话语系统的积极矫正。如有学者认为,历史学作为科学可以发现人类社会的规律,但这种规律与自然规律的精确性有所不同。齐思和[①]当时就认为:"历史不但可以帮助我们了解现在,并且还可以推测将来的趋势。但是历史对于将来,也只能推测其大势而已,决不能如许多读历史的人所想的,读读历史,便可对于将来的事情,未卜先知。"[②]时为北大史学系学生的白宝瑾[③]亦发表文章,认为历史学并不是有如统计学的那种"独立科学",故而历史学需要统计学为其服务,但统计学仅能解决史学中"几部分观念",而"不能尽史学上之能事","倘若史学上的一切现象,统计学都能做到",那就没有必要"设历史学一科"了[④]。历史学家朱谦之不同意这种似是而非的说法,他在1935 年认为,历史学与自然科学一样,"历史在科学中的位置不是文学,不是哲学,而为一种科学"。他的这一观点是将历史学与自然科学的对比中得出的,如他说:"历史学的最大任务,即在于根据历史的一切事实,来发现一切统辖人类发展之定律的。所以,历史正和自然科学一样。自然科学对自然界的一切事物,都可以用自然的目光去解释他;而历史的一切事实,亦可以用历史的目光去解释他。"[⑤]以上这些学者研究历史科学,正是将历史学与自然科学关系的比较和分析中来加深对历史科学性质的理解,其目的是克服将历史学简单地比同自然科

① 齐思和(1907—1980),字致中,直隶宁津(今属山东宁津)人。1931 年毕业于燕京大学历史系,1935 年获美国哈佛大学哲学博士学位。中国现代著名史学家,曾任教于北平师范大学、燕京大学、北京大学。著有《中国史探研》、《匈奴西迁及其在欧洲的活动》等。

② 齐思和:《论史学之价值》,《燕大月刊》第 7 卷第 1—2 期合刊,1930 年 12 月 25 日。

③ 白宝瑾(1910—1995),河北赤城县人。1928 年毕业于宣化师范,1936 年毕业于北京大学史学系。

④ 白宝瑾:《历史和其他科学的关系》,《史学》第 1 期,1935 年 1 月。

⑤ 朱谦之:《历史科学论》,《现代史学》第 2 卷第 3 期,1935 年 1 月。

学的倾向,这应该说是对实证主义历史科学话语系统的有力批评。

对于历史学的科学地位何以形成的问题,许多进步学者提出了新的认识视角,在建立马克思主义历史科学话语系统方面进行创造性努力。李则纲①认为,史学所应用的研究方法与史学的性质是有密切联系的,由史学所使用研究方法则能推断史学的学科性质,因此,"历史的研究,只要能应用科学方法,我们就不能否认它为科学"②。朱谦之于1939年出版《中国通史》一书的序中,从史学自身发展的历程而不是与自然科学的比附中来说明历史学为科学的原因:"有的说历史不是科学,因为(a)科学是普遍的,历史是特殊的;(b)科学是发于批评精神的,历史是基于教权的;有的说历史确是一种科学,如十九世纪实证论者以历史为科学是不错的。但是关于这一个问题的讨论,我以为他们虽均能持之有故,言之成理,却是单在学理上讨论,就未免太抽象了吧。如果要知道历史之是否为一种科学,我以为须先对于此问题下一个历史的研究。史学本身可以最初不是科学,而现在变成一种科学;也可以说最初属于文学之内,而现在却脱出于文学之外而独立。所以我们只要:第一,承认史学本身有一段长的而且复杂的历史;第二,承认知识所包括的范围,即关于科学知识的分类,也有一段长的而且复杂的历史。那末,把两者合拢比看一下,便可发见史学在科学分类中之史的发展,因而明了现代史学之所以为一种科学的原因了。"当时还有的学者认为,历史学的研究要能够给人们提供系统的知识,则必须以承认史学是科学为前提,因为系统的知识体系是与科学密切联系在一起的。如陈啸江指出:"研究历史的人,都企望把历史变成有系统的知识。我们知道所谓有系统的知识云者,并不是篇章整齐,排列有序之谓。是谓其间所描述的东西,能作有机的连贯,息息相通,牵一发而全身动。……要达到这地步,必然地又要大家对于历史可以成为科学研究的这一命题,有大胆的信任而继续努力。"③翦伯赞作为马克思主义史学家在其所著《历史哲学教程》中,充分肯定马克思主义使历史学成为历史科学的重要地位,认为唯物史观的确立才使历史学进到科学的阶段,"旧来的历史理论之能进

---

①　李则纲(1891—1977),安徽省枞阳县茂岭人,毕业于国立武昌高等师范学校史地系。著名历史学家、文史理论家。曾任教于中国公学大学、安徽大学等高校,著有《史学通论》、《始祖的诞生与图腾》、《中国文化史纲》、《革命大事年表》、《从农村破产想到陶渊明》、《安徽历史述要》、《欧洲近代文艺》、《历史形态的研究》(《历史形态学》)、《李则纲遗著选编》等。

②　李则纲:《历史学与科学》,《学风》第5卷第1期,1932年2月。

③　陈啸江:《建立史学为独立的(非综合的之意)法则的(非叙述的之意)科学新议》,《现代史学》第2卷第4期,1935年10月。

到真正的科学阶段,是由马克思、恩格斯的史的唯物论之建立";而"所谓史的唯物论的历史观,是要求对于整个世界史'从其联系上、运动上、错综上、生产过程上,去理解的——从辩证法看来,上述的现象正是辩证的方法,辩证的论据'。"①以上这些讨论,虽然对于历史学成为科学原因的分析还不全面,并且讨论者也并非全然地是马克思主义学者,但无疑的是,对于学术界认识和研究历史学成为科学的历史必然性是有启发意义的。以上讨论亦表明,实证主义历史科学话语系统逐步远离学术界主流地位。

20世纪30年代的历史学界,对于历史学至今何以未能成为严正的科学的问题,也进行了学术上的讨论。陈啸江认为,历史学的科学性质之所以不为人们所明了,是由于历史学自身的特殊性使其成为历史科学的进程较长的缘故,但这不能否认历史学的科学性,相反这就需要史学家加快历史学科学化的进程。陈啸江指出:"历史科学成立的步骤,与其他纯粹的科学无不同——一切科学成立的途径,都是要经过:A,材料之搜集;B,材料之分析与叙述,才能达到C,材料之综合的阶段的。历史科学因其复杂的性质,所以经过A与B的预备时间极长,而至今日,尚在综合研究阶段的开头。但这只能说明历史科学之难于研究,历史科学家较其他任何科学家应有更巨大的毅力,更广博的知识,才有成功的希望。"②华岗认为,历史学是科学与历史学至今还未成为科学是两回事。在他看来,历史学的研究特别是有关中国历史的研究之所以还未进到科学的层面,是因为从事中国历史研究的历史学家没有掌握社会发展的规律。他说:"许多中国历史书所以不能成为真正的科学的东西,最主要的原因就是由于那些所谓史家,根本没有找到一把真正研究社会历史规律的锁钥。那些专门替大民贼小民贼做家谱或起居注的奴才,固然不必说他了。就是那些号称所谓史家者,也都不能致力于历史发展的社会动力的研究,它们首先的着眼点,不是社会生产者的历史,劳动者的历史,民众的历史,而往往把社会发展的历史归结于少数突出人物的行动,归结于少数英雄的一时'胜利者'与'征服者'的活动"③。华岗的观点是,现在的历史研究之所以没有成为科学,不是因为历史学本身是不是科学的问题,而是因为许多史学家的研究没有进行社会发展的研究。换言之,是研究者自身的问题和研究取向之所致。学者们尤其是马克思主义学者们对现实历史学并未成

① 翦伯赞:《历史哲学教程》,河北教育出版社2001年版,第49—50页。
② 陈啸江:《建立史学为独立的(非综合的之意)法则的(非叙述的之意)科学新议》,《现代史学》第2卷第4期,1935年10月。
③ 华岗:《研究中国历史的锁钥》,《读书月报》第1卷第10期,1939年12月1日。

为科学的讨论,既是为了反击那些以现实中历史学并未形成科学为借口而反对历史学科学地位的人,同时也是为建设科学的历史学、构建马克思主义历史科学话语系统,来进一步认知当时的学术背景。

历史学既然可以,而且应该并且亦必然地成为科学,那么它应成为何种科学呢? 这是中国马克思主义史学家在构建历史科学话语系统中,所必须回答和解决的问题。这方面,翦伯赞提出历史学是"实践性的科学"的论断,使历史学科学派的理论有了实质性推进。翦伯赞指出:"历史本身,就是实践生活的发展之纪述,因而历史科学,也就是具有实践性的科学。由于人类在实践生活上,遭遇的环境之不同,因而对于历史上诸现象之认识,也必然因为现实生活之不同,而表现为不同的意识。……由此,产生了对历史之不同的认识论,从而产生了不同的历史观。个人根据其自己所持之历史观,以建立其历史理论的体系。从而发生了理论的争论。……所谓理论上的争论,不过是由实践生活的矛盾中反映出来的敌对的阴影而已。"①翦伯赞在1938年出版《历史哲学教程》一书,强调历史科学的阶级性特征,并将阶级性看成是马克思主义历史科学话语系统的基本特征。在他看来,历史的发展具有阶级性,因而历史学家撰写的历史学著作也不能超然于自己阶级立场,故历史学作为历史科学也具有阶级性的特征。他说:"历史科学,主要的是对于其先行时代的诸事实之分析与批判;同时也反映着社会正在敌对着的诸种倾向与其意识形态。所以当着分析或批判一切历史事实的时候,便必然直接地当然地站在一定的阶级立场上,而表现出不同的甚至相反的认识。""正因为历史科学是具有阶级性的科学,所以除了最进步的阶级之外,任何阶级也不能给予历史以真正科学的认识。"②翦伯赞关于历史学是"实践性的科学"、是阶级性的科学的论断,不仅揭示了历史学走向科学化的思想性、现实性内涵,而且也使中国马克思主义历史科学的话语系统置于唯物史观的指导之下。

历史科学的任务与作用的探讨关系到历史科学话语系统存在的依据,同时也是建设中国马克思主义历史学的重要内容。翦伯赞认为,建设科学的历史学在于探索历史发展的规律,但在具体的历史研究中则必须依据唯物史观来研究和论证"历史发展的合法则性",因而需要在历史研究中自觉地将研究"历史发展的合法则性"作为基本任务。他指出:"历史科学的任务,是从人类之一系列

① 翦伯赞:《历史科学中的观念论及其批判》,《中山文化教育馆季刊》第4卷第3期,1937年7月。

② 翦伯赞:《历史哲学教程》,河北教育出版社2001年版,第36—37页。

的实践活动中,即从具体的历史事实中、抽象出一个历史发展的合法则性。这种合法则性,固然好象是一种抽象化了的概念,但它是从具体的历史事实中抽象出来的。所以,只有当这种概念是反映着具体历史事实的时候,才能成为历史之合法则性;反之,'这种抽象,如其本身从现实的历史脱离出来,就完全没有什么价值'。这即是说,如果不把这种概念归结到物质的基础上,便失去其对于历史的合法则性。"①李则纲认为,科学的历史研究能培养人们的科学精神与科学态度,这是由于"科学的精神,也是史学的精神。拿这种态度求学,则真理可明。拿这种态度作事,则功业可就"。反过来,"由历史的研究,也可以增进我们的科学的精神",也就是说"历史学本身,对于人们科学的训练,亦有莫大的助力"②。在历史学具有科学地位前提下来探讨历史科学的现实作用和研究历史的任务,是20世纪30年代历史学科学化建设的重要方面,这对于历史科学话语系统的完成和历史学在科学轨道上进一步的发展有重要的学术价值。

20世纪30年代中国学术界关于历史学的科学问题探讨,加深了人们对历史学如何成为科学以及历史学成为何种科学的认识,摆脱了过去仅仅停留在历史是否是科学的争论层面,历史学向科学化的方向迈出了决定意义的一步,这推进了中国马克思主义的历史科学话语系统成功地建立起来。这在当时强化了历史学是科学的话语权势,扩大了马克思主义科学历史观在历史解释方面的影响力,并对此后中国的历史学学科建设产生深远的影响。

(三) 20世纪40年代历史学科学化的完成

20世纪40年代中国学术界对历史学学科性质的探讨虽然有些反复,历史不是科学的观点固然也一再被提示出来,但历史学是革命的、科学的学科的观点更进一步深入,马克思主义在历史学发展进程中的作用不断增强,历史学科学化的进程明显加快,马克思主义历史科学话语系统得到发展和提升。尤为显见的是,这一阶段由对历史学科学性质的讨论向建设科学历史学的方向发展,形成了以马克思主义诠释历史学性质和建设历史科学的思路,并在中国的历史学界占据中心地位。

这一时期也有些学者对历史学是科学的观点提出异议,但就是在这种异议

---

① 翦伯赞:《历史科学中的观念论及其批判》,《中山文化教育馆季刊》第4卷第3期,1937年7月。

② 李则纲:《历史学与现代人生》,《学术月刊》第1卷第5期,1932年1月。

中,也不得不承认历史学与科学的关联性。金兆梓①虽然认为历史学不是科学,但主张可以用科学的方法来研究。他指出:"历史虽不是科学,而我们研究历史却不能不用科学的态度。历史是不是科学是一件事,而研究历史应否用科学态度又另是一件事。犹之历史不是文学,而历史的叙述却不能不用文学的技术。研究历史要用科学态度,为的是要求得先民活动的真相;历史叙述要用文学的技术,为的是要将先民活动的真相重现于今日。所以我们不能因为历史的叙述须用文学的技术,便说'历史是文学';同样我们也不能因为历史的研究须用科学态度,便说'历史是科学'。"又说:"研究历史的目的,就是要在这一个角色,这一个舞台所演出的戏剧中,求出他日新月异而岁不同的表演,来定这一个角色的进境如何。不像科学要从异时异地的事实或现象中,求出一共通之理。所以我在此可以用两句简单的话来说明历史是不是科学——就是科学是于变之中求其一,历史是于一之中求其变。"②金兆梓虽然不能赞同历史学是科学的观点,但他主要的是就历史学与自然科学的区别来立论的,不同意那种认为历史学是与自然科学一样的科学的观点,因而并没有能根本动摇历史学的科学地位(因为学科性质与学科的研究方法虽有区别,但学科性质与学科的研究方法毕竟是密切联系着的);而他提倡历史学研究的科学方法,从一个侧面也显见历史科学在当时学术界的话语权势地位。

有些学者对历史学科学性的具体表征进行研究,认为历史学的科学性不能笼统地等同自然科学的科学性,而是有其独特的内涵。李絜非③对历史学有如自然科学那样具有因果规律虽然表示怀疑,但他认为历史学仍然属于科学的范畴,只不过历史学属于那种完全"推理的科学"。一方面,他认为历史现象甚为复杂,非因果所能解释,与一般的自然科学截然不同:"历史家研究一段事实,寻出其前因后果,究不能就说有此因必有此果。纵使找了许多事实作根据,下一结论,也难作为推求得一项原理。诚以历史不同于理化科学,只能类分事实,寻出事实之连贯,终不能制为定律。盖历史现象太为复杂,概然性非常之大,数学关

① 金兆梓(1889—1975),字子敦,号芚厂,浙江金华人。著名语言学家、文史学家。著作有《芚厂治学类稿》、《国文法之研究》、《实用国文修辞学》等。

② 金兆梓:《历史是否是科学》,《改造杂志》创刊号,1946年11月。

③ 李絜非(1907—1983),安徽盱眙县明光镇(今明光市)人,现代中国史学家。1931年毕业于国立中央大学史学系。1936年受聘于国立浙江大学,先后任史地系副教授(1944年)、教授(1947年)。著有《东北小史》、《台湾》、《台湾革命史》、《美国与太平洋》、《浙史纪要》、《中国近世史》、、《中国史学通论》、《历史教学法》等。

系难得,因之定律与原理之推求,为历史家最感困难之事。"①另一方面,他又认为历史学就其研究方法而言,虽然不能运用直接的观察法,而只能进行推理与分析,但仍然具有科学的性质。他说:"历史方法与其他一切科学方法有别。历史方法凭着推理间接存在资料来考证,以替代直接观察这些事实。因之,凡一切历史的知识,是间接的,所以历史完全是一种推理的科学。"②孙毓棠③认为,历史学至今没有成为纯粹的科学,并不是历史学本身缺乏科学性,而在于历史学研究材料的不完全;但经过历史学家的努力,特别是运用科学的态度与科学的方法,是能够逐步地寻求历史的真实的,尽管这种"真实"仍具有相对性的意义。孙毓棠指出:"历史学到今天还不能成为一种纯粹的科学,原因不在方法,而在材料。历史学与自然科学最大的不同处,即后者研究的对象是宇宙与自然,可供为研究的材料,取之不尽用之不竭。反之,前者研究的对象,是已往人类的活动,材料全凭前代遗留的记录。这些记录本身已不完全,不确实,再加以兵火浩劫,这些记录能流传者更不过十之一二。从科学的立场讲,不完备的材料,得不到科学的真果。历史学就因为材料的不完备,所得的结果遂不能成为科学的绝对的'真实'。当然,历史家的目的,乃在努力求得此科学的'真实'。所以,态度与方法,仍然要取科学的态度与方法。……运用科学方法所得到的结论,虽不能说即是'真实',但其去'真实'总不会距离太远。所以我们可以说,用科学方法研究历史,所得到的至少是一种'大概如此的'实在的知识。"④这里所说历史学提供"'大概如此的'实在的知识",并不是否认历史学的科学性地位,而是说历史学所提供的知识没有自然科学那样的精确性。这样的看法,是在遵循历史学的科学性前提下,对历史学所具有的独特性的积极探索。从李絜非等的观点来看,这些学者是在承认历史学科学的学科性质的前提下,具体研究历史学作为科学所表现的特色。这使得当时的历史科学话语系统摆脱了泛科学化的色彩,而更切合历史学的学科实际。

马克思主义历史学家及其他学科的马克思主义学者,从历史学的研究方法

---

① 李絜非:《论历史方法》,《思想与时代》第28期,1943年10月。

② 李絜非:《论历史方法》,《思想与时代》第28期,1943年10月。

③ 孙毓棠(1911—1985),江苏无锡人。历史学家。1933年毕业于清华大学历史系,1935年留学日本东京帝国大学。历任云南大学、西南联大师范学院史地系讲师、副教授,清华大学历史系教授。1959年转任中国科学院历史研究所(后改为中国社会科学院历史研究所)研究员。著有《中国古代社会经济论丛》、《孙毓棠学术论文集》、《抗戈集》等,编有《中国近代工业史资料》第一辑。

④ 孙毓棠:《历史与文学》,《国文月刊》第1卷第7期,1941年5月。

和指导思想层面来说明历史学进到历史科学的条件,使中国马克思主义的历史科学话语系统富有学理的特征和理论的色彩。翦伯赞认为,历史学是科学的学问,关键是在历史研究中有正确的"历史方法";而具有正确的历史研究方法,则能够使历史研究进到科学的层面而发现社会发展的规律。他指出:"研究历史的方法,就是从历史事实中发见历史发展的原理原则;再用这种原理原则去说明历史的事实。换言之,即从这千头万绪的历史事实中,找出他们的相互关联,找出他们的运动法则,找出他们发展的倾向。这样,任何交错复杂的历史事实,在我们面前,便不是混乱一团,而是一定的历史阶段上所表现出来的应有的现象。这样,我们也就不仅可以知道历史上的任何事实,'怎么样'发生发展,而且也可以知道他'为什么'要发生和发展。"[1]王亚南提出,唯物史观是科学的历史观,历史学的科学性是由唯物史观的科学性所决定的。因而,在历史研究中必须坚持正确的历史观,才能发现历史的规律。"比如,我们如其把资本制也看成封建制或其他社会制度一样,是一个历史过程,我们就必然会去探索历史发展演变的基本动因,或者就必然会在以往经济学研究中,去发现去体认何者为历史发展演变的基本动因"[2]。潘梓年[3]认为,历史学是科学这一论断是确信无疑的,问题是怎样使历史研究现实地成为科学的研究,亦即以怎样的历史观为指导才能使历史学成为科学的历史学。在他看来,只有以马克思主义的唯物史观为指导从事历史研究,才能使历史学成为科学。他指出:"如果社会历史的研究能够找出了社会历史的发展规律,如果这个研究不是从社会的精神生活中去找寻社会的物质生活的来源,而是反过来,从社会的物质生活中去找寻社会的精神生活的来源,如果社会的发展规律不是从社会的精神生活中去找寻的,而是从社会的物质生活中去找寻的,如果这种发展规律能够使我们预见,如果这种预见能够由行动、实验来证明,如果这种发展规律能使我们得出实际上的行动结论,而和实践和实际活动获得联系,获得一致,那末,这样的社会历史的研究就是变成了科学。"[4]吴玉章认为,以马克思主义来指导历史学的研究,则历史学的科学性质有

① 翦伯赞:《略论中国史研究》,《学习生活》第4卷第5期,1943年。

② 王亚南:《政治经济学史与新史学》,《新中华半月刊》第12卷第7期,1949年4月。

③ 潘梓年(1893—1972),江苏宜兴人,中国现代著名哲学家。早年毕业于北京大学哲学系,1930年任社会科学家联盟负责人,抗战后参与筹办《新华日报》。1949年随军南下武汉,任武汉市军事管制委员会文教接管部部长。著有《物质与精神的关系》、《大家来学点哲学》、《逻辑与逻辑学》、《文学概论》、《辩证法是哲学的核心》等,论文集为《潘梓年文集》。

④ 潘梓年:《社会历史的研究怎样变成科学》,《读书月报》第2卷第1期,1940年3月。

了鲜明的政治特色。他指出："历史是一种科学,它是要发现整个人类社会发展变化的规律的科学。尤其要研究劳动者推进人类社会发展的规律的科学。但是,一切过去社会的历史,除了原始的状态以外,都是劳动者被奴役和争取解放的历史,都是阶级斗争的历史。因此现在我们研究过去的历史,主要的是研究一定阶级社会的产生、发展和衰落的科学;是研究阶级斗争的科学。同时要研究怎样消灭阶级,以达到无阶级的社会的科学。"[①]从历史研究方法和历史研究指导思想来研究历史学成为科学的条件,不仅反映中国马克思主义历史学家对历史理论研究的深化,而且也说明中国马克思主义的历史科学话语系统很注重理论的建设和学术研究方法的极端重要性。

马克思主义历史学家还从历史运动的特点、历史学研究的资料情形、历史研究的目的等方面,就建设科学的历史学进行深入的探讨,提升了马克思主义历史科学话语系统的学术地位。马克思主义学者潘梓年从自然与社会统一的辩证唯物主义观点出发,认为既然自然科学是科学,则社会历史的研究也必然是科学。他指出:"社会与自然的关系是辩证的统一,既然世界是可以认识的,既然我们关于自然界发展规律的知识,乃是具有客观真理的确实知识;那末,社会生活、社会发展,也同样是可以认识的。而科学关于社会发展规律的论据,就是具有客观真理意义的确实论据。因为社会历史已成为社会之规律性的发展,所以社会历史之研究就也变为科学。"[②]史学家周谷城[③]认为,过去学者对历史的研究只是"于一切断体之中,摘取若干零件,嵌入自己的文章,以炫学问之博,以增文章之美;或又摘取若干零件,灌入他人之脑海,以博他人之信任,以坚自己之主张",这些"皆与史学无关",不能称之为史学。真正的史学是科学的史学,应该有探索历史发展规律的目的,"首在阐明历史之自身,或历史发展之必然趋势。整个的历史发展之必然趋势,如果得到阐明,则其为用,将较摘取零件之用高出万万。"[④]鉴于学术界将历史学与科学对立起来的观点,周谷城明确表示,"史学与其他科学相较,虽有不同,然非对立;不同者,谓史学与其他科学各有个性,未可

---

① 吴玉章:《研究中国历史的意义》,《知识》第 11 卷第 6 期,1949 年 7 月。

② 潘梓年:《社会历史的研究怎样变成科学》,《读书月报》第 2 卷第 1 期,1940 年 3 月。

③ 周谷城,(1898—1996),湖南益阳人,毕业于北京高等师范学校。中国著名历史学家、教育家、社会活动家。先后任教于中山大学、复旦大学、暨南大学,曾任全国人大常委会副委员长,中国史学会常务理事兼首任执行主席。著作有《生活系统》、《农村社会新论》)、《中国社会史论》(3卷)、《中国通史》(2卷本)、《中国政治史》、《中国史学之进化》、《世界通史》(3卷本)、《古史零证》、《形式逻辑与辩证法》、《史学与美学》、《诗词小集》、《周谷城史学论文选集》等。

④ 周谷城:《中国史学之进化》,《复旦学报》1944 年 10 月。

强之使用;非对立云云,则谓史学与其他科学,同属科学范围,并非完全相反。"①
在确认史学是科学的前提下,周谷城尤为强调史学的学科性质与史学功用的一致性,并阐发史学的"求真"与史学的"致用"的内在统一关系。他指出:"往日学者,不以客观独立存在之'历史'为'史学'之对象,常不惜寸寸断之,使各自成体;复于一切断体之中,摘取若干零件,嵌入自己之文章,以炫学问之博,以增文章之美;或又摘取若干零件,灌入他人之脑海,以博他人之信任,以坚自己之主张。凡此等等,皆与史学无关;史学非不重视功用者,特其重视之道,与此截然不同:首在阐明历史之自身,或历史发展之必然趋势。整个的历史发展之必然趋势,如果得到,则其为用,将较摘取零件之用高出万万。史学成立之经过,当在求真;其存在之理由,则为致用;求真以致用可,若欲致用而首先毁灭其真,则大不可。"②中国马克思主义历史学家关于历史运动的特点、历史学研究的资料情形、研究的目的等方面的论述,使中国历史学理论建设在马克思主义历史理论与历史学研究的具体实际的结合上有了新的进展,这也是关于历史学科学化的讨论以及最终建立历史科学的努力极其重要的显现成果,标志着马克思主义历史科学话语系统建设在中国学术界的成功,同时也预示着中国马克思主义历史学有着自己的独立发展道路。

　　20世纪20—40年代是中国现代史学走向科学形态的重要阶段,也是中国马克思主义史学成长所必然要经历的过程,其结果是最终在学术界确立了历史科学的话语系统。这一过程是以西方实证主义的科学观与马克思主义科学观在中国的传入为起点,并逐步与历史研究的具体实际相结合,使历史学的科学性质思想在中国学术界初步扎根下来;继而,中国马克思主义学者在唯物史观的指导下,通过探讨历史学的指导理论、历史学研究方法、历史学研究的任务等一系列问题而加快了历史学科学化的历史进程,使学术界关于历史学是否是科学的讨论转变为建设马克思主义历史科学的实践过程,从而使历史学成为科学的思想建立在马克思主义的唯物史观基础上。当时的情形是,以马克思主义为指导的历史科学话语系统具有较为完备的理论形态,在马克思主义与历史研究的结合中显示出强劲的生命力,并在学术界逐步地占据主流位置,历史学的研究置于"历史科学"的话语权势之下,从而使历史科学思想不仅成为进步史学家的知识学基础,而且大大增强了马克思主义对历史活动的解释能力。这是中国现代史

①　周谷城:《中国史学之进化》,《复旦学报》1944年10月。
②　周谷城:《中国史学之进化》,《复旦学报》1944年10月。

学发展的重要成果,并为新中国成立后马克思主义史学的发展奠定了基础。

四、中国现代历史学的基本特点

史学是人文社会科学体系中的重要学科,但同时又是属于社会的上层建筑,不仅建立在社会变迁的基础上,而且也以学术的形式和文化演进的方式表征社会的变迁。中国现代史学五四运动之后至1949年的这三十年间,既有马克思主义史学的创建与发展及在学术界占有主流位置,又有资产阶级史学在短暂发展中的衰落,同时又在现代中国社会变迁的基础上经历了科学化的历程,进而也就在学科体系、学术体系、话语体系及学术共同体和知识谱系上形成了一些比较鲜明的特征。

(一)中国现代史学发展中涌现出大批杰出历史学家

中国现代史学在发展的进程中,涌现了大批杰出的历史学家,这在既往的历史阶段是极为罕见的。这在中国现代学术史上也是一个突出的现象。史学作为学科是学科体系中的重要组成部分,史学大家的大批涌现正是学术处于繁荣期的重要表征。诚如史学家戴逸在为河北教育出版社"二十世纪中国史学名著"所作的"总序"中所说,在中国历史上,一百年内出不了几个杰出的历史学家。两千多年前出现了伟大的史学家司马迁;司马迁死后一百多年,产生了班固;班固死后五十多年产生了荀悦;又过了八十多年产生了陈寿。11世纪产生了欧阳修和司马光及其助手刘恕、刘攽与范祖禹,12世纪产生了郑樵。18世纪历史学家比较多,像赵翼、钱大昕、王鸣盛、全祖望、章学诚等。但在20世纪的20至40年代中,三十年间产生了梁启超、陈垣、顾颉刚、钱穆、胡适、陈寅恪、傅斯年、李大钊、郭沫若、范文澜、翦伯赞、吕振羽、侯外庐等一批杰出的历史学家,这在中国史学史上是极为罕见的。即使是新中国成立以后至今的七十多年的和平环境中,也很少产生出这样大师级的历史学家。按照戴逸的看法,现代中国的历史学家可以分为两个部分,"一部分是实证史学家,另一部分是马克思主义史学家"。"近代新史学诞生之初,梁启超、王国维、陈寅恪等继承乾嘉学派的余绪,又吸收了西方实证主义的观点与方法,对中国上古史、中古史、蒙古史、宗教史、中外交通史、学术思想史、历史文献学进行了多方面的开创性研究,取得了巨大成绩。稍后,马克思主义传入中国,李大钊发表《史学要论》,把马克思主义的观点、方法运用于历史研究。1930年，郭沫若发表《中国古代社会研究》，揭示了中国古代社会的发展规律。此后范文澜出版了《中国通史简编》和《中国近代史》二书，对于整个中国历史作了全面的阐明，还有翦伯赞的《历史哲学教程》，系统地阐述了唯物史观的理论和方法。他们的研究成果为20世纪中国马克思主义历史学的发展奠定了基础。"①这里，戴逸列举的只是主要的、并且是学术影响极其重大的历史学家，其实，现代中国有大批的历史学家，这是一个数量可观的学术共同体。著名学者刘梦溪也指出："中国现代学术之史学一门最见实绩，真可以说是人才济济，硕果丰盈。梁(任公)、王(静安)、胡(适之)、顾(颉刚)和二陈(陈寅恪、陈援庵)、钱穆之外，张荫麟、郭沫若、范文澜、翦伯赞、吕振羽，都是具有通史之才的史学大师。郭的恣肆、范的淹博、翦的明通、吕的简要，为学界所共道。"②值得重视的是，在现代中国的学术界，还有许多学者即使最后并不是以史学家名世，但在历史学的研究上亦有重要的贡献。历史学家的大批涌现是中国现代学术史上的突出现象，这集中地反映了现代中国史学处于辉煌的发展时期。

（二）中国现代史学由进化论史学到马克思主义史学的转型

1919年至1949年间的中国现代史学，是在现代中国的新民主主义革命的历史进程中而不断发展的、变化的，并在发展和变化中实现了由进化论史学到马克思主义史学的成功转型。由进化论史学到马克思主义史学的转型是中国现代史学的标志性特征，形成于中国现代史学发展的过程之中。中国的进化论史学形成于近代中国社会之中，有着近代中国社会变迁的主因。鸦片战争以来，近代中国的史学经历了从中国传统史学到近代资产阶级史学的过渡，资产阶级"新史学"的崛起是最显著的标识。梁启超的《中国史叙论》(1901年)、《新史学》(1902年)是中国资产阶级新史学体系的奠基著作，他对"历史"进行了进化论的解释："史也者，论述人间过去之事实者也"，在于"探察人间全体之运动进步，即国民全体之经历，及其相互之关系"。他认为，以前史家"不过记述人间一、二有权力者与兴亡隆替之事，虽名为史，实不过一人一家之谱牒；近世史家，必探察人间全体之运动进步，即国民全部之经历及其相互之关系"③。梁启超以进化论为指导，把历史归纳为"人种"、"种族"的发达与竞争，甚至认为因为地理因素

① 戴逸：《中国历史学的百年历程》，北京社会科学界联合会组织编写：《学界专家论百年》，北京出版社1999年版，第47—48页。
② 刘梦溪：《中国现代学术要略》(修订本)，生活·读书·新知三联书店2018年版，第119页。
③ 《中国史叙论》，梁启超：《饮冰室合集·文集之六》，中华书局1989年版，第1页。

"然后文明以起,历史以成"①。梁启超是以进化论来界定历史和历史学的,是中国学者力图建设科学的历史学的积极努力,成为中国资产阶级新史学的创建者。其后,在进化论的指导下,中国产生了王国维、罗振玉等为代表的资产阶级历史学家。进入"五四"以后,一方面是进化论史学在继续发展之中,但另一方面同时也是极为重要的发展态势,就是李大钊等十月革命的影响下成为中国马克思主义史学的开创者,在批判地承继中国资产阶级"新史学"的基础上,推进了以唯物史观为指导的马克思主义学派的崛起,使中国马克思主义史学在与现实的社会变革的结合中表现出强劲的发展态势,并在学术竞争中逐步成为现代史学发展的主流。就现代中国史学发展的格局而言,进化论史学在现代中国的史学竞争中,在取得短暂的兴盛之后却走向衰落,一部分史学家在指导思想和研究方法上等方面转向马克思主义史学;而马克思主义史学在批判地借鉴传统史学、吸收进化论史学的优点、密切联系中国历史与现状的基础上,在 20 世纪 30 年代至40 年代得以创造性的发展,产生了马克思主义史学"五大家"(郭沫若、范文澜、侯外庐、翦伯赞、吕振羽)和一批标志性的史学著作,不仅进一步提升了马克思主义在史学研究中的指导地位和对于社会历史的诠释能力,而且在史学研究中运用马克思主义方法方面达到更加娴熟的地步,实现了对非马克思主义史学的引领作用,从而成为中国现代史学发展的主流。在这个过程中,中国共产党对史学研究的组织和领导起了非常重要的作用②。就现代中国史学的发展态势而言,进化论史学与马克思主义史学处于相互的竞争之中,最终成功地实现了由进化论史学到马克思主义史学的转型。

(三)中国现代史学研究中体现出强烈的爱国主义精神

中国现代史学积极关注民族存亡问题,史学家尽管亦有思想差异和学术派别之分,但重视以史学研究的方式反映并服务于现代中国的社会变革,并充分地彰显出强烈的爱国主义精神。爱国主义是一个永恒的主题、现实的主旋律,这源于民族的生存与发展乃是一切发展的前提。毫无疑问,爱国主义乃是中国传统史学的主线,并且也是中国史学所形成的优秀传统,这一传统在中国现代史学的发展中得以有效地承继和发展。就中国现代史学的进化论史学、马克思主义史学这两大学术体系而言,其指导思想无论是进化论还是唯物史观都是外来的,受

---

① 《中国史叙论》,梁启超:《饮冰室合集·文集之六》,中华书局 1989 年版,第 5 页。
② 吴汉全:《中共民主革命时期推进史学研究的努力及其特色》,《学术界》2022 年第 4 期。

近代西方学术影响是一个基本事实。就学术观念演进而言,唯物史观正是在一定程度上认同进化论的前提下,将物质的、经济的因素作为历史变迁的基础,在探求历史演进规律中而实现了对进化论的根本性的超越。因而,这两大史学体系在学术指导思想上尽管不同,但在学术研究中也有某种内在的联系或关联,并非是绝对的对立,而爱国主义则是贯穿其中的主线。对此,可以从现代史学中不同派别的共同性视域,加以分析。在笔者看来,现代中国的马克思主义史学与进化论的资产阶级史学,尽管属于不同的史学派别,但大致也有这样几个共同点:其一,两者都认为历史是进步的、发展的,而不是退落的、循环的,故而皆着力于批判封建主义史学;其二,两者都强调经世致用的研究目标,主张历史研究要为现实社会服务,在中国就是要解决最为迫切的民族生存问题,实现史学为社会发展服务的功能;其三,两者在发展过程中都与中国传统文化有着某种联系,尽管在联系程度与联系方式上有所不同,故而皆程度不等地汲取了中国传统史学的优秀成果,从而增进了中国史学在现代发展时段中的连续性特征;其四,两者皆存在于现代中国社会之中,有着民族危亡的现实背景和社会变革的现实需要,在史学研究中也就不能不高度地凸显国家独立、民族复兴的学术追求,这也就必然地要不断地强化爱国主义意识。因此,在现代中国史学发展进程中,无论是中国马克思主义史学还是中国的进化论史学,都高扬史学研究的爱国主义精神,并将爱国主义、国家独立、民族复兴等基本性的理念贯彻到史学研究的具体实践之中,这就使得中国现代史学在发展中呈现出爱国主义的主旋律。

（四）中国现代史学演进中呈现出科学化、本土化的进路

中国现代史学尽管有马克思主义史学与资产阶级史学的分别,但作为整体的中国现代史学又是处在古今中外的学术语境中,既接受现代科学与民主思想的影响,又承继民族主义的光荣传统,故而在衍化中呈现出科学化、本土化的发展进路。从现代中国学术演进态势来看,现代中国的学术研究走向科学化、本土化的道路,乃是必然的发展进路,现代中国史学的发展也不例外。所谓"科学化",这在学科的研究中就是将研究的对象置于科学的评判体系之中,将规律的探寻作为学问进至科学的关键所在,从而使学问成为"法则学"而具有科学的品位。所谓"本土化",在学问的研究上就是将研究工作指向民族化的方向,不仅在研究的对象上,而且要在研究理念、研究的资料、研究目标以及研究方法上等方面集中地体现本民族的特点,并使研究工作深刻体现本民族的政治诉求、文化底蕴、思想资源。中国现代史学的科学化、本土化特征是非常显著的,并且这样

"化"的进程是不断推进的、继长增高的。具体来看,现代中国的史学无论是马克思主义史学还是进化论史学,由于处于特定的民族救亡、社会转型的历史时代,不仅有着经世致用、服务现实的研究取向,而且皆有着古今会通、中外会通的研究走向,同时又坚持史学科学化、本土化的学术方向。一方面,历史学是不是科学、史学应该建设成为何种科学,这在现代中国史学发展中是一个不断被提出的重大问题,但依据科学精神和科学方法研究史学、实现科学与史学的结合,积极地推进史学的科学化进程,则是现代中国史学界的基本共识,尽管各派对于科学的理解和认知、对于史学与科学结合的路径等等方面还有较大的距离;另一方面,现代史学如何承继中国传统史学的积极成果、如何在处于民族性与时代性关系中创造性发展,对于这个问题的处理,尽管马克思主义史学与进化论史学还有较大的分歧,但史学在整体上的本土化、民族化的方向则是一致的。从中国现代学术演进的历程来看,史学之中尽管有不同的派别、有着不同的学术主张,并且史学与其他学科之间还有极为复杂的关系,但由于史学的科学化、本土化方向上的一致性以及史学发展的内在联系性,因而中国现代史学所呈现出的整体性特征是很显著的。

(五) 中国现代史学有着社会史研究的目标趋向

中国现代史学在对传统史学的"政治史"研究范式的矫正下,向着综合研究社会各种现象的社会史研究的方向前进。中国现代史学是在引进西方史学观念(包括马克思主义史学观)的情况下形成和发展起来的,但也是在对传统的"政治史"研究模式的批判中开辟道路的,这个道路就是注重社会现象的各个层面的演变、力求在整体上梳理历史演进的轨迹的社会史研究范式,尽管中国现代史学之中有马克思主义史学与进化论史学的分野。中国传统史学奉行的乃是"政治史"的研究范式,将政治置于社会生活的最高地位,而将经济的、文化的现象附属其中。由此,中国传统史学中的官修正史基本上是帝王将相的历史、一家一姓的历史、重大政治事件的历史,史学家大多也是以服务于阶级的政治统治的目的来撰写史书,不仅将政治现象、政治人物的记载作为主要部分,而且依据的材料也大多是政治方面的文书档案,而历史解释的方法与进路大致也是以政治统帅一切并以政治变动来诠释历史变迁。应该说,传统的"政治史"研究范式的弊端是显而易见的,实现这种范式的变革与转换乃是必然的选择,亦即史学变革具有历史演进和学术发展的必然性。这诚如沃勒斯坦等人所指出的那样:"史学家一直都比较擅长研究过去的政治,而不太擅长于研究过去的社会生活和经济生活。史学研究往往侧重于个体和机构的动机，而在分析处于长时段中的那些不那么具有个性特征的过程和结构时就显得有点力不从心了。结构和过程似乎完全被忽略了。所有这一切都必须通过扩大史学研究的范围来加以改变，也就是说，必须加大经济与社会史的比重，并赋予它一种独立的品格，使之成为理解一般历史的钥匙。"①当然，"这倒不是说在这种范式支配之下就没有对经济现象、史学和文化现象等等的历史研究，而是说'政治高于一切'，不仅政治事件、政治人物等的比重被无限加大，而且对经济、思想及其它方面的研究都被赋予政治的功能和政治性的解释。"②在中国现代史学发展史上，不管是梁启超提出"新史学"，还是李大钊开创中国马克思主义史学，皆是以批判中国传统政治史研究范式为前提的，都表现出社会史研究的趋向，尽管中国的唯物史观史学（马克思主义史学）与进化论史学（资产阶级史学）在对社会现象的认识及研究的方法上有很大的分歧。自 20 世纪 30 年代后，马克思主义史学家郭沫若、吕振羽、侯外庐等人的研究，将社会史研究向前推进一大步，成功地实现了由"政治史"研究范式到"社会史"研究范式的转变，其影响是巨大的、深远的。在现代中国的学术界，"马克思主义对历史学的突出贡献就在于这个经济史观，或者可以说是经济史的范式。人们有了崭新的解释工具，就是寻找一切历史表象的经济动因，它比以前就事论事的政治标准更科学，更实证，更深入，因此也就更有说服力。沿着这样的轨道，中国的马克思主义史学家在社会发展史和经济史领域取得了突出的成就，这种成就在新中国成立以后的古史分期、土地所有制、资本主义萌芽等问题上体现得尤其明显，许多研究领域得到开拓和深化。"③可见，中国现代史学已经认识到传统的政治史研究范式的弊端，特别是在马克思主义指导下，努力将史学研究向社会史研究范式的方向推进。

中国现代史学的相关特征是在现代中国社会变迁的背景下，在历史学科学化的进程中不断地呈现出来的。就现代中国史学的演进历程而言，起初是资产阶级进化论史学与马克思主义史学处于对峙状态，两者在竞争中体现出互进、互变的演进态势，但较量的最后结局是，进化论史学走向衰落而退居现代中国学术

①　［美］沃勒斯坦等著，刘锋译：《开放社会科学》，生活·读书·新知三联书店 1997 年版，第 44—45 页。

②　赵世瑜：《范式更新的意义：回首百年史学》，北京社会科学界联合会组织编写：《学界专家论百年》，北京出版社 1999 年版，第 55 页。

③　赵世瑜：《范式更新的意义：回首百年史学》，北京社会科学界联合会组织编写：《学界专家论百年》，北京出版社 1999 年版，第 59 页。

的边缘,而中国马克思主义史学经过 20 世纪 30 年代至 40 年代的发展进入到初步的成熟阶段,并占据现代中国史学发展的主流位置。诚如有研究者所指出的那样,中国现代史学发展 1949 年,"马克思主义史学从边缘到中心,在中国史坛上形成为最活跃的历史学派"①。更为重要的是,中国马克思主义史学不仅有其自身的体系结构与话语体系,而且成为中国马克思主义学术体系中基础性、核心性的部分之一,推动了诸如政治学、社会学、文学等意识形态较强学科在马克思主义指导下的发展和壮大。这是一个显见的事实。现代中国史学是中国现代学术体系中不可或缺的重要组成部分,不仅在中国现代学术史上占有基础性的位置,而且其所积淀的学术成果及所显现的相关特征,对新中国成立后史学的演进乃至对新中国成立后整个的学术研究皆有极为重要的影响。

---

① 姜义华、武克全主编:《二十世纪中国社会科学·历史学卷》,上海人民出版社 2005 年版,第 32 页。